INTRODUCTION À L'INGÉNIERIE FINANCIÈRE

Du même auteur :

En collaboration avec G. Rouyer à la Revue Banque Éditeur

Banque et l'entreprise (La)
G. Rouyer et A. Choinel, CFPB, 1996 (3e éd.)
Marché financier : structures et acteurs (Le)
A. Choinel et G. Rouyer, CFPB, 1996 (6e éd.)

Au PUF, collection Que sais-je ?

Système bancaire français (Le)
A. Choinel et G. Rouyer, n° 1264 (5e éd.)
Trésorerie de l'entreprise (La)
A. Choinel et G. Rouyer, n° 1781 (2e éd.)

ISBN : 2.86325-254.2 - N° Diffuseur : 60174

Diffusé par les Éditions d'Organisation, 1, rue Thénard, 75240 Paris Cedex 05

INTRODUCTION À L'INGÉNIERIE FINANCIÈRE

Deuxième édition refondue

Alain CHOINEL

Chargé de cours
à l'Institut Technique de Banque

Préface de
Alain LAMBERT
Sénateur de l'Orne
Rapporteur général de la Commission des finances du Sénat
Président du Conseil supérieur du notariat

BANQUE Éditeur

Chez le même éditeur

Analyse et dynamique du marché des capitaux
P. Prissert et D. Besnard, CFPB, 1995 (4e éd.)

Analyse financière normative des entreprises
B. Manceau, 1992

Banque et l'entreprise (La)
G. Rouyer et A. Choinel, CFPB, 1996 (3e éd.)

Banques, votre pub m'intéresse
M. de Robien, 1997

Capital-investissement (Le)
F.-D. Poitrinal, 1996

Circulation internationale des valeurs mobilières
C. Karyotis, 1994

Comptabilité bancaire (La)
J.-M. Gélain, 1992 (nouvelle éd. entièrement refondue)

Contrôle de gestion bancaire et financier (Le)
M. Rouach et G. Naulleau, 1994 (2e éd.)

Droit bancaire international
J.-P. Mattout, 1997 (2e éd.)

Échanges et finance internationale, les acteurs
Ph. d'Arvisenet et J.-P. Petit, CFPB, 1997

Échanges et finance internationale, les enjeux
Ph. d'Arvisenet et J.-P. Petit, CFPB, 1996

Entreprises en difficulté, pratique bancaire et juridique (Les)
J.-M. Daunizeau, 1996

Exploitant bancaire & le risque crédit (L')
M. Mathieu, 1995

Exploitant de banque de banque et le droit (L')
P. Bouteiller et Fr. Ribay, 1996 (2e éd.)

Fiscalité de la cession d'entreprise
J.-C. Parot, 1997

Fiscalité des entreprises (La)
G. Morel, CFPB, 1997 (8e éd.)

Fiscalité, placements et réductions d'impôt 1998
G. Morel, CFPB

Fonds commun de créances
Ch. Le Hir, 1995

Gestion obligataire (La)
M. Debeauvais et É. Maina, 1996

Introduction au droit du crédit
Fr. Peltier, 1990 (2e éd. revue et complétée)

Marchés financiers et droit commun
Fr. Peltier, 1997

Marché financier : structures et acteurs (Le)
A. Choinel et G. Rouyer, CFPB, 1996 (6e éd.)
Mélanges AEDBF-France 1997. Droit bancaire et financier
J.-P. Mattout et H. de Vauplane
Moyens de paiement (Les)
GM Consultants Associés, 1997
Notation financière (La)
D. Karyotis, 1995
Opérations bancaires avec l'étranger (Les)
P. Prissert, P. Garsuault et S. Priami, CFPB, 1993 (6e éd.)
Post-marché et valeurs mobilières
G. Hélie, 1993
Réforme des procédures civiles d'exécution (La)
J.-M. Delleci, 1997 (2e éd.)
Statut juridique de la monnaie étrangère (Le)
L. Nurit-Pontier, 1994
Terminologie bancaire, financière & économique, anglais/français
Terminologie bancaire, financière & économique, allemand/français
J.-M. Cicile, 1995
Traité de comptabilité bancaire, doctrine et pratique
Y. Bernheim, J.-P. Caudal, F. Églin et V. Salignon, 1993

SOMMAIRE

PRÉFACE

Je suis particulièrement heureux de préfacer la deuxième édition de l'ouvrage d'Alain Choinel, car le financement de l'investissement, le développement harmonieux de l'entreprise créatrice de richesse et d'emplois, la mise en place et l'optimisation des outils financiers, juridiques, fiscaux et institutionnels qui concourent à la réalisation de ces objectifs, dans le respect et la juste considération des contributions apportées par chacun au progrès économique et social, sont au cœur de mes préoccupations de parlementaire et de praticien du droit.

Il n'est pas de pays industrialisé qui ne possède cette discipline de l'ingénierie financière à un haut degré, et la France en a fait progressivement l'acquisition au cours des deux dernières décennies, en dépassant les clivages traditionnels entre économie de fonds propres et économie d'endettement d'une part, entre financement bancaire et financement par les marchés financiers d'autre part.

La finance d'aujourd'hui ne peut plus être basée sur des réglementations ou des sophistications générées par l'empilement de dispositifs surannés dont il conviendrait de pourchasser davantage l'inutile complexité et la charge qu'ils font peser sur le système et les acteurs, pour ne garder que le substrat indispensable à l'encadrement des initiatives décentralisées.

L'ouvrage d'Alain Choinel nous aide à cheminer de façon claire et bien ordonnée dans cet univers complexe, en nous faisant pénétrer dans les mondes connexes de l'évaluation d'entreprise, du droit des affaires, de l'investissement en capital, de la bourse et de la fiscalité des opérations qui s'y rattachent.

Il a l'immense mérite de construire les passerelles entre ces différentes disciplines et ainsi mettre en évidence, de façon synthétique, dans une matière pourtant très évolutive, des principes directeurs de fonctionnement et d'action davantage que des recettes.

Enfin, on doit saluer le sens de la mesure et de l'éthique qui imprègne l'ouvrage, sous-jacent indispensable, mais trop souvent laissé au second plan des préoccupations de certains opérateurs. La maîtrise technique n'est rien si elle ne s'accompagne d'une prise en compte équilibrée des aspirations des hommes ainsi que des organisations qui entourent l'entreprise et apportent une valeur ajoutée à son développement.

Cela aussi, Alain Choinel sait le mettre en évidence et donner les clés de la rencontre entre entrepreneurs, investisseurs, banquiers et salariés au service de projets d'intérêt commun, dans le cadre d'une économie que nous souhaitons de moins en moins étatique et toujours mieux centrée sur la recherche de l'efficacité dans la conduite des affaires, conditions sine qua non de la production de richesses à constituer et à répartir équitablement aujourd'hui et pour les générations futures.

Alain LAMBERT

Sénateur de l'Orne
Rapporteur général de la Commission
des finances du Sénat

INTRODUCTION

L'ingénierie, qui s'est progressivement substituée dans le langage courant au mot anglais engineering, est généralement définie comme **l'ensemble des activités intellectuelles qui permettent de concevoir un ouvrage d'une façon rationnelle et fonctionnelle, en assurant la coordination des diverses disciplines qui concourent à sa réalisation.**

D'origine ancienne, la notion est plus volontiers associée à l'art militaire, dont elle est issue, au génie civil, à la maîtrise de l'énergie et des matières premières, ou, plus récemment, aux télécommunications et à l'informatique, qu'aux métiers de l'argent. Ce n'est que depuis quelques années que le concept **d'ingénierie financière** a fait son entrée dans l'univers de l'entreprise et de ses actionnaires. Il s'impose aujourd'hui sans qu'il soit toujours bien aisé d'en dessiner nettement les finalités, les ouvrages ou le champ de manœuvre.

Que recouvre cette appellation ? S'agirait-il d'une transposition un peu trop hardie, un vocable emphatique décrivant la mise en œuvre de quelques recettes juridiques ou fiscales ? L'ingénieur financier n'est-il pas tout simplement un spécialiste des valeurs mobilières auquel on peut faire appel, de façon ponctuelle, pour une mission bien précise, à caractère technique ? Un auxiliaire qui donne un espace de liberté supplémentaire au stratège ?

A quoi sert l'ingénierie financière ? Doit-on la considérer comme un service spécialisé de la banque à vocation multiple, chargé d'adapter à une clientèle élargie, des opérations de marché ou de gré à gré autrefois réservées aux entreprises ayant noué des relations intimes avec une banque d'affaires ? Est-ce l'affaire des non banques, cabinets de conseil de toutes tailles et de toutes origines ?

Les ingénieurs financiers méritent-ils un statut spécifique ? Dans l'univers bancaire, doivent-ils être autonomes, voire filialisés, ou au contraire intégrés dans des structures aux finalités plus larges dont ils ne seraient que le faire-valoir ? Au demeurant, est-ce encore de la banque ? Les difficultés rencontrées pour définir de façon précise les fonctions de l'ingénierie financière, en situer la position optimale dans un organigramme, dans un processus de décision, en mesurer le domaine d'action, l'intérêt et l'efficacité, justifient l'approfondissement d'une approche sémantique.

A l'origine, l'ingénieur est, dans toute entreprise, **le spécialiste capable de discerner toutes les composantes techniques d'une réalisation** et qui se porte garant de la fiabilité des solutions retenues qu'il a d'ailleurs sélectionnées personnellement. Peu à peu, la sophistication des techniques, la complexité croissante des process industriels, la diversité des filières, l'ont amené à travailler en équipe. Désormais, **il ne saurait prétendre dominer seul l'ensemble des connaissances nécessaires** à la réalisation d'un projet.

En dépit de son caractère récent, l'ingénierie financière n'échappe pas à ces tendances lourdes : point de rencontre entre le droit des valeurs mobilières, la fiscalité, l'actuariat, elle requiert aussi une bonne connaissance des secteurs économiques traités, une compétence relative aux règles et pratiques étrangères ou internationales. C'est **une équipe, plus qu'un homme** qui apporte sa contribution. Cette équipe doit avoir **une capacité à s'adapter rapidement aux changements en faisant preuve d'esprit créatif, de précéder ou d'accompagner la réflexion de son client, d'innover à ses côtés ou lui faire partager un acquis personnel.** Elle doit être en mesure de faire coïncider sa réponse au plus près des spécifications requises, quitte à reconfigurer des solutions même éprouvées à chaque cas d'espèce, et ce, sans faire prendre de risques anormaux à son donneur d'ordre.

Enfin, il convient d'affiner le spectre par quelques réflexions sur le contenu de la démarche :

- **l'ingénierie financière a pour objectif principal de mener à bien un projet.** Elle peut - et souvent doit - intégrer en amont une dimension de conseil stratégique ou d'analyse financière mais elle ne saurait s'identifier à une mission d'expert qui trouverait sa finalité dans la rédaction d'un rapport et la formulation d'une préconisation dont la mise en œuvre serait décidée et gérée par d'autres ;
- **l'ingénierie financière apporte des réponses globales qui s'appuient essentiellement sur le support des valeurs mobilières :** une syndication de crédits bancaires, le financement ou la cession d'un bien immobilier, un risque-pays ne retiendront son intérêt que s'ils paraissent influer significativement sur la fiabilité ou la rentabilité d'une opération financière englobant les problèmes qu'ils soulèvent ou les opportunités qu'ils suscitent ;
- **l'intervention en ingénierie financière prend du temps, se conclut par un ou plusieurs contrats qui ne sont que très rarement des contrats d'adhésion.** La partie « négociation » est souvent au moins aussi délicate que la partie « montage » dans la mise au point d'une opération, chacune des parties concernées pouvant faire valoir des exigences ou des contraintes particulières. Les contrats, même s'ils comportent souvent des clauses type sont en effet le reflet de la diversité des situations rencontrées, de la capacité de négociation relative des signataires, de l'innovation en matière financière.

Le présent ouvrage, dont la finalité est de **faciliter l'accès des entreprises de taille moyenne et de leurs dirigeants aux opérations « haut de bilan »** et plus particulièrement « fonds propres », engage le débat sous l'angle micro-économique. Il renvoie au livre **« Le Marché Financier, structures et acteurs »** (A. Choinel et G. Rouyer) (1) pour un approfondissement des mécanismes fondamentaux des marchés financiers, ainsi qu'au livre **« La Banque et l'Entreprise, techniques actuelles de financement »** (G. Rouyer et A. Choinel) (1) pour une approche plus générale du financement.

---

(1) Chez le même éditeur, dans la Collection « Banque - ITB ».

Dans le périmètre de réflexion ainsi défini, trois axes d'étude seront retenus :

- la connaissance intime de l'entreprise objet de l'opération et celle de ses potentialités économiques ou financières déterminent une **valeur** convenable dont le degré de réalisme exerce une influence prépondérante sur l'équilibre d'une opération, voire sa faisabilité ;
- l'environnement juridique et fiscal de l'entreprise, les objectifs des actionnaires, constituent parallèlement un domaine d'investigation indissociable du précédent qui débouche sur une capacité de lecture des **montages** financiers, voire leur maîtrise pratique ;
- enfin, la dimension commerciale de l'ingénierie financière doit être soulignée : la réflexion doit en effet se conclure par la vente de **produits** plus ou moins complexes, plus ou moins gourmands en capitaux, plus ou moins risqués, générant des commissions, des encours et une meilleure qualité de relation.

L'approche « ingénierie financière » de l'entreprise ne peut en effet s'effectuer in abstracto sans que celle-ci soit connue en profondeur, non seulement sous l'angle financier, ce qui correspond à une démarche d'engagements bancaires classique, mais d'après l'ensemble de ses potentialités et faiblesses. Au-delà de l'appréciation traditionnelle du risque, il y a lieu en effet d'anticiper un taux de croissance et des besoins de capitaux propres induits pour juger de l'opportunité de toute intervention.

Une investigation serrée, doublée d'une approche prévisionnelle, servent ainsi un diagnostic stratégique sur lequel viendra se greffer l'évaluation séparée d'actifs. On pourra en déduire une valeur globale d'entreprise, ainsi que, dans certains cas, le prix de valeurs mobilières véhicules d'opérations complexes ou différées dans le temps.

L'évaluation de l'entreprise qui se justifie parfois pour des raisons purement fiscales, sert le plus souvent à **approcher un prix tout en apportant simultanément des indications sur les potentialités** de valorisation ou les conditions de revente d'un investissement.

Il s'avère parfois que diagnostic et évaluation, plus qu'une aide à la fixation d'un prix, déterminent purement et simplement la crédibilité ou la faisabilité du montage ou de la sortie envisagée, et peuvent conduire à différer, abandonner ou renégocier les modalités d'une opération.

Dans l'entreprise moyenne, souvent discrète, et dont les titres – généralement non cotés – ne font que rarement l'objet de transactions régulières et amples, cette phase d'étude et d'échange d'information constitue un préalable indispensable au montage.

(1re partie : Diagnostic et évaluation)

La connaissance de l'entreprise n'est qu'une facette de la réalité d'un dossier. En fait, **l'ingénieur financier est d'abord plus au service de ses mandants,** actionnaires, actuels ou futurs, majoritaires ou minoritaires, et il doit choisir très rapidement son camp lorsqu'il se trouve confronté à des intérêts qui peuvent être opposés.

Outre l'entreprise, il doit donc très rapidement **analyser** aussi **les objectifs** poursuivis par les protagonistes, afin de mieux les satisfaire ou les combattre. Une compréhension plus fine facilite une approche commerciale, l'obtention d'un mandat, l'esquisse des solutions, l'accès au consensus requis le cas échéant. Elle permet aussi de **mieux lire l'existant,** le non-dit des organigrammes, de situer de façon précise les centres d'intérêt dans un groupe déjà constitué, d'établir, de commenter ou de proposer d'amender une carte des périmètres ou des flux financiers pour en améliorer l'efficience.

En dehors même de tout projet immédiat en ce domaine, la maîtrise de certaines techniques juridiques ou fiscales permet d'accéder à une vue plus complète de la stratégie financière d'un chef d'entreprise, de rendre plus consistant le dialogue avec ce dernier, de monter en gamme dans la hiérarchie des interlocuteurs, de dissiper enfin de fausses représentations ou de déjouer des pièges. Menée de façon volontariste, **l'approche des montages financiers, existants ou suggérés, apparaît ainsi comme le pivot d'un relationnel fort.**

(2ᵉ partie : Montages financiers)

La connaissance de la situation et la maîtrise des techniques déterminent alors **le choix des produits d'ingénierie** financière qui pourront être évoqués puis **mis en place après négociation.** A cet égard, la summa divisio n'est plus entre les produits à base de fonds propres et à base de dette, ou même entre les affaires cotées et non cotées. Le clivage des projets dépend des modifications induites au niveau des positions d'actionnaire, ce qui détermine deux types de situations de base.

S'agit-il d'**ouvrir le capital sans modification significative du contrôle,** pour financer l'investissement ou refinancer l'actionnaire ? Deux solutions peuvent être mises en concurrence, ou choisies successivement : le capital investissement ou l'appel au marché financier.

Convient-il au contraire de **prendre ou de céder le contrôle** ? On opposera alors la transmission à titre gratuit, à la mise sur le marché des cessions-acquisitions dont les modes de financement sont devenus plus audacieux avec l'essor des opérations à effet de levier, la transmission familiale n'excluant pas, dans certains cas, la vente.

Ces quelques lignes de produits nécessitent, de la part des intermédiaires, des avantages compétitifs différents et complémentaires, carnet d'adresses, technicité, puissance financière, acceptation du risque. Les moyens mis en œuvre devront être en accord avec les produits proposés sur les segments de clientèle retenus.

(3ᵉ partie : Produits d'ingénierie)

Première partie

Diagnostic et évaluation

L'évaluation d'entreprise constitue classiquement un compartiment hautement spécialisé et pointu de la science financière, nécessitant des études lourdes menées sur un petit nombre de cibles par des analystes attentifs à faire respecter la spécificité de leur métier, avec deux grandes catégories d'applications, l'acquisition d'entreprise ou sa cession d'une part, l'investissement ou le désinvestissement boursier d'autre part.

Mis à part les collaborateurs des banques « d'affaires », la première de ces deux spécialités a longtemps concerné assez peu le banquier d'entreprise, la mission d'évaluation étant le plus souvent confiée à un expert issu d'un cabinet comptable, juridique, ou fiscal. Par ailleurs, dans le domaine de l'évaluation boursière, l'éloignement naturel des activités financières par rapport à l'exploitation bancaire séparait pour des raisons tant déontologiques que pratiques, les analystes qui sont chargés d'épauler les gestionnaires de portefeuille (recherche de la valeur marchande d'un titre), de ceux qui appartiennent à l'univers du crédit ou du réseau commercial (étude du risque).

Affaire de **spécialistes,** l'évaluation d'entreprise le reste assurément aujourd'hui, et l'on doit beaucoup à ceux qui, issus de l'administration, des professions libérales, du monde des affaires ou des entreprises du secteur financier, ont fait avancer cette discipline à pas de géant depuis la fin des années 60. Grâce à l'action d'institutions ou d'organismes tels que la Commission des Opérations de Bourse, le Conseil National de la Comptabilité, ou la Société Française des Analystes Financiers, des progrès considérables ont été accomplis, tant au niveau de la diffusion d'information par les entreprises, qu'au plan du traitement de celle-ci et de la pertinence des méthodes d'évaluation. D'autres chantiers sont en cours ou à ouvrir, dans le domaine de la consolidation des comptes, du traitement de l'incorporel etc.

Par ailleurs, outre la compétence et l'expérience qu'il véhicule, le spécialiste dispose d'un accès privilégié aux banques de données macro-économiques ou sectorielles ainsi qu'aux moyens de calcul informatisés, conditions sine qua non d'un travail méticuleux et fiable.

La mobilité croissante du capital, la multiplication des catégories de valeurs mobilières, la structuration des entreprises en groupe, la compétence acquise dans ce domaine par des entrepreneurs de plus en plus nombreux, et, bien sûr, l'intervention désormais quotidienne des banques dans les opérations financières ou en accompagnement de celles-ci, sont à l'origine de **nouvelles exigences.**

Conforter l'analyse du risque, calibrer des garanties, apprécier de façon plus réaliste les potentialités d'une opération ou d'une relation, conduire plus efficacement le dialogue commercial et la négociation qui le prolonge, sont autant de circonstances ou d'objectifs impliquant une assez bonne connaissance de ce qui concourt à valoriser une entreprise.

Au-delà, déceler l'opportunité d'une opération financière, alerter ceux qui auront la responsabilité d'en négocier la prise en charge, voire participer le plus étroitement possible au travail de l'équipe qui la met au point, constituent un deuxième volet de préoccupations, plus immédiates, et justifiant l'acquisition d'un bagage opérationnel.

C'est à la réalisation de cette double ambition de bien des responsables d'entreprise, experts, banquiers ou autres, que cette première partie se propose d'apporter une contribution.

Afin d'adapter au mieux la démarche à l'objectif poursuivi, c'est par rapport aux phases pratiques de réalisation d'une évaluation d'entreprise que sera découpé, de façon didactique, le propos.

- Une évaluation débute par l'**identification** d'un donneur d'ordre, des objectifs poursuivis et finalités de l'étude, et de l'entité à évaluer : une bonne compréhension entre les parties concernées dissipe toute ambiguïté sur la conduite du processus et facilite la réalisation de la mission
(chapitre I : Contexte de l'évaluation).
- Une connaissance personnelle, approfondie et précoce des éléments d'environnement ainsi que d'aspects plus spécifiques liés à l'entreprise, est indispensable pour fonder le plus tôt possible un **jugement qualitatif** sur les forces et les faiblesses de celle-ci. Cette investigation fouillée peut déboucher dans certains cas sur un audit
(chapitre II : Approche diagnostique de l'entreprise).
- L'analyse du patrimoine et du bilan conduit ensuite à une interrogation particulière sur la **valeur de certains biens** susceptibles de participer de façon significative à la valorisation de l'ensemble
(chapitre III : Analyse spécifique de certains éléments d'actif).
- D'autres retraitements des documents comptables sont justifiés pour apprécier des éléments d'actif, de passif ou hors bilan, sans valeur marchande intrinsèque mais de nature à influer sur les fonds propres de l'entreprise et l'interprétation de ses comptes notamment consolidés. Un certain nombre d'options doivent ensuite être prises, de façon à utiliser ultérieurement des **hypothèses de travail** homogènes, ainsi que des agrégats ou des concepts spécifiques
(chapitre IV : Autres études et retraitements).
- Ce n'est qu'après avoir achevé cette préparation lourde que l'analyste peut, selon son intime conviction et en respectant un certain équilibre, sélectionner des **méthodes** d'évaluation, patrimoniales, par les flux ou composites, débouchant sur un faisceau de résultats
(chapitre V : Les méthodes d'évaluation).
- Enfin, certains **cas particuliers** méritent de façon complémentaire un mode de raisonnement qui leur est propre, en raison de la nature de la valeur mobilière support, des circonstances de l'opération ou des caractéristiques spécifiques de l'entreprise-cible
(chapitre VI : Corrections liées à des situations particulières).

Chapitre I

Contexte de l'évaluation

Les circonstances à l'occasion desquelles il est envisagé d'effectuer une évaluation sont multiples. L'analyse préalable de ce contexte est indispensable de façon à vérifier le réalisme de la demande, fixer le cahier des charges de la prestation, mesurer l'impact de sa réalisation dans les relations avec le donneur d'ordre ou avec des tiers, et finalement fournir un document de synthèse satisfaisant.

Plan du chapitre

Section 1

La configuration de la mission

Bien analyser la configuration de la mission est un préalable essentiel. S'exonérer de cette réflexion liminaire serait source de malentendus.

1 - LE DONNEUR D'ORDRE

L'initiative de l'évaluation peut résulter d'un **besoin interne** d'une holding à l'intérieur de son groupe ou d'un **banquier** désireux d'asseoir son appréciation du risque, d'une sollicitation du **chef d'entreprise** lui-même, ou bien encore de celle d'un **tiers. Selon l'origine de la demande, un certain nombre de risques spécifiques peuvent apparaître. Il convient de s'en prémunir pour préserver l'intégrité de la fonction d'analyste.**

■ Evaluation pour répondre à un besoin interne

Un travail d'expertise est fréquemment requis en « circuit fermé », par exemple dans une banque, par l'exploitant pour éclairer son dossier de crédit, ou à l'intérieur d'un groupe de sociétés, par un directeur opérationnel pour se faire une idée plus précise sur une filiale.

L'analyste devra souvent attirer l'attention de son donneur d'ordre sur la lourdeur qu'implique une prestation de qualité. Il risque de rencontrer des difficultés pour collecter une information suffisante sur la cible s'il doit se contenter d'un **travail sur pièces**, qui peut rarement aboutir à un résultat satisfaisant. En tout état de cause, il paraît souhaitable que :

- la prestation demandée soit **bien proportionnée à l'enjeu,**
- **l'accès à l'entreprise** et à ses dirigeants ne soit pas fermé à l'analyste,
- dans l'hypothèse où elle a connaissance du travail en cours, les **objectifs de l'évaluation** soient expliqués de façon précise à la cible,

- l'on détermine d'entrée de jeu les **destinataires de l'étude,** donneur d'ordre, le cas échéant actionnaires de l'entreprise (ou quelques uns) ou autres, en tenant compte d'impératifs tant déontologiques que commerciaux.

■ Evaluation sollicitée par (ou destinée à) des tiers

Une grande **vigilance** s'impose en pareil cas. Porter préjudice à la cible, mais aussi à ses actionnaires, se retrouver mêlé à un délit d'initié, fausser le cours d'un titre, etc. figurent parmi les conséquences les plus désagréables d'un manquement au **devoir de réserve, voire** au **secret professionnel.**

De telles études sont néanmoins fréquemment conduites, par exemple, parce qu'elles servent à argumenter une préconisation boursière, ou parce qu'elles correspondent au souhait d'un minoritaire de céder un bloc de titres non coté à un prix équitable. Il conviendra notamment :

- de rechercher si possible un **consensus sur le principe de la prestation** de la part de l'ensemble des parties concernées, autres que le donneur d'ordre ;
- de soigner tout particulièrement la **rédaction du rapport,** et, le cas échéant, d'en organiser une prédiffusion restreinte de façon à vérifier auprès de destinataires « sensibles », qu'il ne contient pas d'aspérités insupportables ;
- de protéger l'indépendance de jugement de l'analyste boursier par son **appartenance à une structure ad hoc,** éloignée de la sphère d'influence du gestionnaire de portefeuille, ou de l'initiateur d'une opération financière.

■ Evaluation sollicitée par le chef d'entreprise

Le jeu est ici plus clair, toutefois l'analyste financier devra également dans ce cas, être conforté contre divers aléas :

- **insuffisance de l'information disponible** sur l'entreprise, notamment au plan prévisionnel, et sur les motifs de la demande ;
- **désaccord sur les résultats consignés** dans les conclusions de l'étude ;
- **utilisation ultérieure du dossier de façon peu plaisante.**

Les précautions à prendre seront de divers ordres :

- **un contrat devra être signé** de façon à codifier autant que faire se peut, les modalités de l'opération (moyens, délais), la rémunération de la prestation et l'usage qui sera fait des documents établis ;
- quels que soient les desiderata du donneur d'ordre, **la qualité de la signature du prestataire sur le document d'évaluation devra être préservée,** ne serait-ce que dans l'intérêt bien compris de ce dernier à moyen terme ;
- **une mission à haut niveau de risque devra être déclinée,** l'indépendance de l'analyste et sa liberté de jugement ne devant en aucune circonstance être remises en cause pour des raisons d'ordre commercial, à charge pour lui de faire preuve de trésors de diplomatie et de subtilité dans certains cas.

2 - L'ENTITE A EVALUER

L'entité à évaluer doit entrer dans le savoir-faire du prestataire et constituer en soi un ensemble homogène et autonome.

■ Evaluation d'entreprise et évaluation patrimoniale

L'évaluation d'entreprise n'est qu'une composante de l'évaluation patrimoniale et vice versa : le patrimoine de l'entreprise et le patrimoine de l'actionnaire sont distincts.

Rompu à l'évaluation d'entreprise, **l'analyste financier n'est pas compétent ès qualité, pour évaluer des biens** qui, soit sont éloignés de l'activité habituelle d'une entreprise (œuvres d'art, caves, etc.) soit constituent un des éléments prépondérants de l'évaluation de l'entreprise, aucun droit à l'imprécision n'étant dès lors admis (immeuble, fonds de commerce, licence de marque, etc.).

Le généraliste de l'évaluation qu'est **l'analyste de banque (ou l'expert comptable) orientera une demande par trop spécialisée vers un expert ad hoc,** mieux à même de donner une estimation précise du bien. Dans certains cas, il sous-traitera une partie de l'étude à ce dernier s'il ne s'agit que d'un sous-ensemble des actifs à prendre en compte. L'étude finale n'en sera que plus fiable, et les responsabilités de chacun dans le processus, mieux cantonnées.

■ L'objet de l'évaluation : un ensemble homogène et autonome

Ce peut être un exercice très difficile que de chercher, dans un groupe, la valeur d'une **simple filiale**, en particulier si elle dépend, pour ses approvisionnements, sa gestion, sa production ou ses ventes, d'une autre société du même groupe, ou détenue par les mêmes dirigeants. Dans ces cas, la stratégie d'ensemble du groupe se définit ailleurs. Elle risque de remettre substantiellement en cause les conditions d'exploitation du jour au lendemain, aucune projection ne pouvant raisonnablement être considérée comme fiable.

De même ne peut-on concevoir d'évaluer une société-mère sans intégrer dans l'approche, à travers des comptes consolidés, le poids et les performances de ses filiales les plus significatives.

Enfin, une entreprise dépourvue de patrimoine, d'une part de marché significative, voire d'un véritable fonds de commerce (cas des sous-traitants par exemple), et présentant toutes les caractéristiques d'une affaire personnelle ne vaudra que par la pérennité de son dirigeant à sa tête, ce qui rend délicate dans bien des cas l'évaluation de la petite entreprise.

Quelles que soient les circonstances, si l'exercice d'évaluation envisagé comporte une forte probabilité d'indétermination du résultat, il conviendra de renoncer au projet ou de reconsidérer le périmètre à évaluer, de sorte qu'une estimation réaliste puisse être obtenue.

3 - LES INFORMATIONS NÉCESSAIRES À L'ÉTUDE

On distinguera à cet égard les moyens d'information à collecter auprès de l'entreprise et la documentation disponible ou accessible à l'extérieur de celle-ci.

■ L'entreprise et son environnement immédiat

L'examen des trois derniers bilans d'une entreprise ne suffit pas !

L'approche se doit d'être stratégique avant d'être financière.

Les seuls documents comptables rétrospectifs ne peuvent apparaître dans le meilleur des cas que comme une traduction chiffrée, incomplète et peut-être un peu fausse de la stratégie menée. Aussi l'interview des dirigeants (plusieurs heures) et la visite des installations sont inséparables du déclenchement d'un processus d'évaluation correct.

L'approche n'est pas seulement rétrospective, elle est aussi prévisionnelle.

Bien des entreprises ne publient pas de prévisions financières, soit parce qu'elles n'existent pas, soit parce qu'elles sont trop aléatoires, soit parce qu'elles doivent rester secrètes. D'autres se contentent d'indiquer sommairement un chiffre d'affaires et un résultat du prochain ou des deux prochains exercices.

La qualité de l'information prévisionnelle a bien évidemment des répercussions immédiates sur la qualité de l'étude.

D'une part, des prévisions solides et fiables, donc argumentées, sont un gage de sécurité des conditions d'exploitation de l'entreprise, une preuve de la cohérence de la stratégie, un moyen de vérifier l'adéquation du propos aux objectifs et une charte d'action sur laquelle s'engagent les dirigeants. Et c'est là l'essentiel.

D'autre part, la plupart des méthodes d'évaluation, fondées sur les flux, s'appliquent à des données prévisionnelles qui ne sauraient être choisies empiriquement, voire laissées au libre arbitre de l'analyste lui-même.

Des calculs, si sophistiqués soient-ils, deviendraient bien pusillanimes, si les prévisions sur lesquelles ils se fondent étaient établies pour les seuls besoins de l'évaluation. **Circonstance de fait ou maquillage, l'absence de visibilité est un malus pour l'entreprise, pouvant aller jusqu'à remettre en cause l'intérêt même de l'évaluer.**

■ L'information externe

L'information nécessaire à l'évaluation ne porte pas que sur l'entreprise, qui doit être appréciée :

– dans un environnement économique et financier,

– par rapport à d'autres affaires analogues,
– sur un territoire géographique donné.

Une même activité, toutes choses égales par ailleurs, ne s'évaluera pas au même prix en France, aux Etats-Unis ou au Japon.

L'analyste ne peut donc procéder in abstracto. Il a besoin de **banques de données et de correspondants** pour construire son argumentation et étayer son jugement. L'évaluation devient même la responsabilité d'un groupe de travail dans les cas les plus complexes (groupe international, conglomérat, privatisation etc.).

On constate ainsi que **l'efficience d'une équipe d'évaluateurs croit avec sa taille, sa spécialisation, ou la qualité de son réseau de correspondants internationaux,** qui est indispensable pour appréhender correctement les grandes entreprises implantées significativement dans plusieurs pays. Les infrastructures nécessaires sont évidemment moins lourdes lorsqu'il s'agit d'évaluer une PME.

Section 2

Les finalités sous-jacentes

D'entrée de jeu, il est indispensable à l'analyste de connaître l'utilisation qui sera faite de son étude. Quels sont les objectifs poursuivis par le donneur d'ordre ? **Selon le cas, la nature des investigations, le mode de collecte de l'information, la pondération des méthodes de calcul, la fourchette des valeurs retenues pour encadrer une estimation ou une négociation seront très différents.**

Des connotations différentes selon les finalités

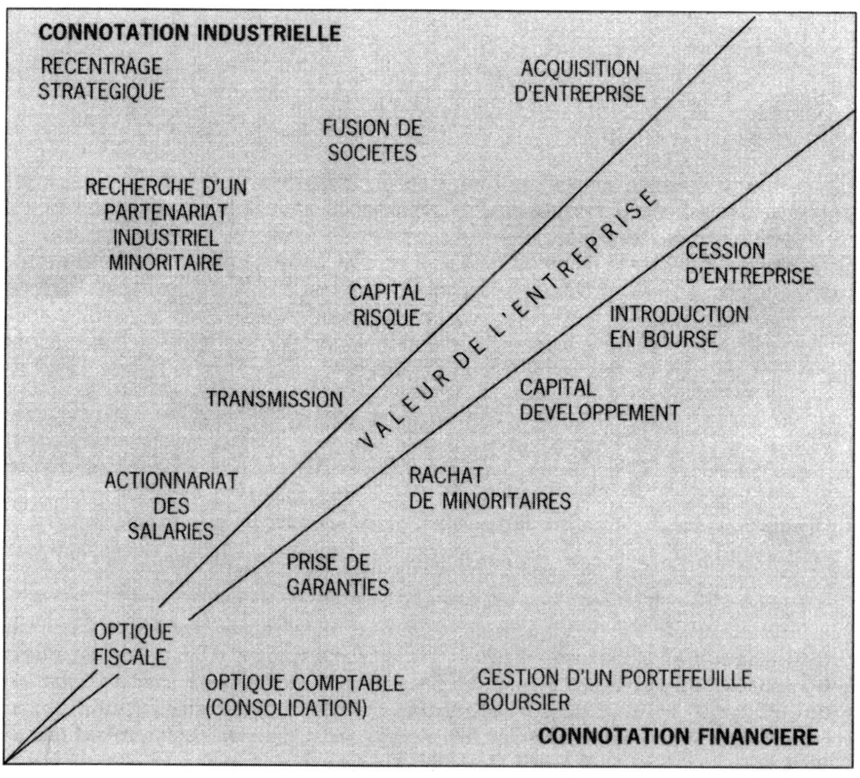

1 - EVALUATION A TITRE DE PREUVE OU EN VUE D'UNE NEGOCIATION ?

A - EVALUATION NE DEBOUCHANT PAS IMMEDIATEMENT SUR UNE TRANSACTION

Plusieurs cas peuvent être envisagés.

L'évaluation requise s'inscrit dans une démarche purement fiscale :

- au regard de l'impôt sur la fortune,
- dans le cadre d'une donation à l'intérieur d'un groupe familial,
- en vue de la constitution d'une holding de contrôle à laquelle les actionnaires apporteront leurs titres dans la société-cible, etc.

La plupart du temps, l'intérêt des parties concernées n'est pas de forcer la valeur de référence. Celle-ci doit néanmoins demeurer réaliste en s'appuyant sur les méthodes généralement utilisées par l'administration, de sorte qu'un redressement d'assiette ne soit pas à craindre.

La démarche peut également être celle d'un conseil d'administration qui entend, le plus objectivement possible, sans avoir à recourir à un expert désigné par l'autorité judiciaire, **fournir annuellement une information de qualité sur le prix équitable auquel pourraient s'effectuer, le cas échéant, des transactions entre actionnaires,** dans le cadre de cessions de gré à gré, ou à l'occasion de l'exercice d'un droit de préemption.

Enfin, **une entreprise peut s'intéresser en fin d'année à la valeur de son portefeuille de titres de participation ou de placement** lorsqu'elle examine l'opportunité de constituer ou de reprendre des provisions, spécialement si les titres ne sont pas cotés, dans un contexte de gestion de son propre résultat comptable qui, selon le cas, l'amènera à une appréciation plutôt optimiste ou plutôt pessimiste de la situation. Une démarche de cette nature permettra aussi de justifier des plus-values latentes susceptibles de valoriser l'appréciation que l'on portera sur l'actionnaire, par exemple une société de capital risque ou une société de portefeuille en général.

B - L'EVALUATION PREALABLE A UNE OPERATION FINANCIERE

La connaissance des intérêts défendus s'avère ici évidemment essentielle pour l'analyste, amené à jouer un véritable rôle d'avocat, et devant s'y préparer dès le recensement préalable des points forts et des points faibles de l'entreprise.

Dans son étude, il mettra en exergue une argumentation favorable à son donneur d'ordre, tout en préparant un dispositif de soutien destiné à **faire face aux objections attendues.** Le souci de ne pas perdre pied sur les pistes que ne manqueront pas d'ouvrir les négociateurs représentant la partie adverse l'amènera à **s'intéresser également à d'autres angles d'approche** dont il conviendra de chercher à minimiser l'impact défavorable sur la suite des discussions.

Dans un tel contexte, le choix des hypothèses et des méthodes d'évaluation reflète ainsi nécessairement une certaine **subjectivité.** L'analyste se doit cependant de veiller à demeurer suffisamment nuancé dans ses conclusions pour préserver sa crédibilité, son aura d'expert, et ainsi peser éventuellement sur les débats jusqu'à la conclusion des accords.

En tout état de cause, le responsable de l'évaluation a tout intérêt à se montrer **prudent** dans son propos, dans la mesure où le contexte de l'évaluation n'est pas immuable. En effet, **dans certains cas, le donneur d'ordre peut modifier sa stratégie** en cours de route et, par exemple, au lieu de céder l'entreprise, proposer à des financiers d'entrer au capital à ses côtés !

Le professionnalisme et le sérieux de l'évaluation répondent ainsi non seulement à une exigence éthique mais aussi à des considérations d'efficacité.

2 - EVALUATION D'UNE MAJORITE OU D'UN TITRE UNITAIRE

A supposer dans une première analyse, que tous les titres de capital émis par l'entreprise soient parfaitement identiques, la valeur unitaire de chacun d'eux n'est pas purement le quotient de la valeur globale de l'entreprise sur le nombre de titres émis.

En effet l'action représente un droit pécuniaire et une parcelle de pouvoir qui s'exprime par un droit de vote. Aussi convient-il d'examiner l'importance réelle de ce dernier attribut, pour le cédant et pour l'acquéreur.

On admettra communément une décote sur un bloc de titres qui ne permet pas de contrôler l'entreprise sans partage, tant au regard du droit commercial (seuils en droits de vote) que des ressources particulières offertes par le droit fiscal (seuils en droits pécuniaires).

Les titres marginaux qui permettent à l'acquéreur de franchir un des seuils précités peuvent avoir à ses yeux une valeur importante. Et c'est ainsi par exemple qu'en période d'offre publique d'achat, le titre unitaire détenu par un petit porteur verra sa valeur rejoindre celle d'un titre compris dans un bloc majoritaire en cours de constitution. Ainsi se trouve justifiés pleinement la flambée du cours sur simple rumeur, et, lorsqu'elle se concrétise par l'offre, le surprix proposé par l'initiateur de celle-ci.

Valeur théorique d'une participation en fonction du taux de détention du capital

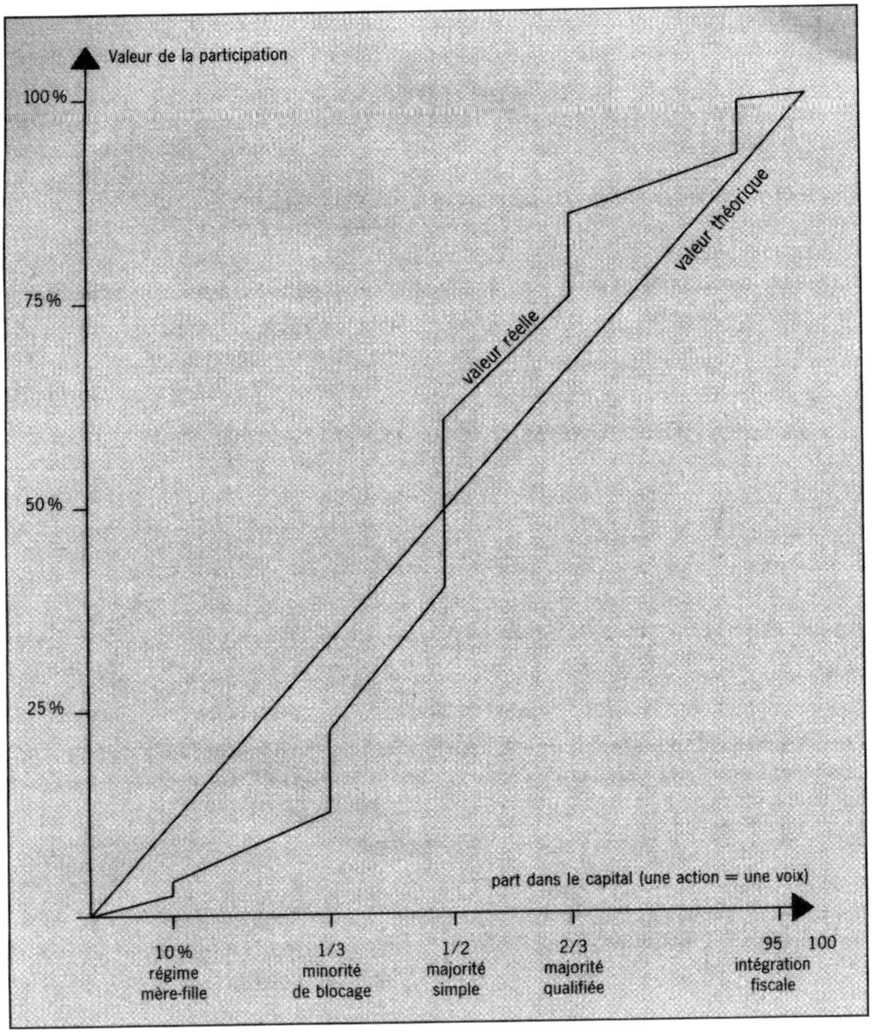

Les seuils les plus significatifs sont les suivants :

– 95 % seuil de l'intégration fiscale et de l'offre publique de retrait ;

– 66 2/3 % seuil des AGE dans la société anonyme ;

– 50 % seuil des AGO dans la société anonyme ;

– 33 1/3 % seuil de la minorité de blocage dans la société anonyme ;

– 10 % seuil du régime fiscal des sociétés-mères et filiales (sauf exceptions).

A l'inverse, on comprendra qu'un investisseur minoritaire cherche une compensation ou un avantage quelconque, par exemple :

- une décote par rapport à la valeur globale de la société. Citons le cas de TF1 vendu 4,5 MdF lors de sa privatisation, mais dont le public n'a payé en bourse que 1,5 MdF pour 49 % ;
- la liquidité de l'investissement : possibilité de revendre aisément les titres sur un marché organisé (sur le Premier Marché, sur le Second Marché, sur le Nouveau Marché...) ;
- une rentabilité minimale garantie sous forme de dividendes prioritaires par exemple ;
- l'engagement de rachat des titres, soit par l'actionnaire principal, soit par un autre partenaire, au terme de quelques années ;
- la possibilité de sortir du tour de table aux mêmes conditions que l'actionnaire majoritaire.

Ces différents exemples mettent en évidence que le prix de négociation d'un bloc de titres dépend non seulement de la valeur de l'entreprise mais aussi de la qualité des protections juridiques, légales, statutaires ou contractuelles dont l'acquéreur pourra bénéficier.

L'ampleur des abattements à pratiquer sur une participation minoritaire dépendra également de la répartition des autres actions : dans une grande société, on peut se retrouver actionnaire de référence avec 30 % du capital et payer à ce titre une prime de contrôle.

Section 3

Le titre support

1 - ACTION ORDINAIRE OU VALEUR MOBILIERE COMPLEXE ?

Dans un certain nombre de cas, de plus en plus fréquents, les sociétés émettent des titres de différentes natures ou de différentes catégories :

- actions de priorité,
- actions à dividende prioritaire sans droit de vote,
- certificats d'investissement ordinaires ou prioritaires,
- obligations convertibles,
- obligations à bons de souscription,
- titres divers donnant accès immédiatement et/ou à terme au capital.

L'existence de plusieurs catégories de valeurs mobilières, si elle ne remet pas toujours en cause la valeur globale de l'entreprise, peut peser de façon significative dans l'appréciation que l'on peut porter sur chacune d'entre elles.

Il conviendra donc de s'efforcer :

- de **quantifier l'impact de l'avantage relatif dont bénéficient certaines catégories de titres** et éventuellement du désavantage induit que subissent les autres ;
- d'**examiner de très près l'impact sur la valeur de l'entreprise et sur la répartition de son capital, de l'exercice des options consenties et annoncées,** qui est susceptible de diluer dans le futur très significativement, en termes de droits de vote, de part du patrimoine et de bénéfice par action, les porteurs d'actions existantes.

2 - TITRE NEUF (SOUSCRIPTION) OU TITRE ANCIEN (ACQUISITION) ?

A supposer que l'évaluation de l'entreprise en son état actuel, aboutisse à un chiffre qui rencontre l'accord des parties concernées, encore faut-il que celles-ci soient bien conscientes de l'effet de dilution qu'implique une opération en cours de montage, s'il s'agit d'une émission.

En effet, toute transaction sur titres anciens est indifférente a priori à la valeur de l'entreprise, (à supposer bien entendu que le réaménagement de l'actionnariat ne modifie pas ses perspectives de fonctionnement). En revanche, une augmentation de capital, par exemple, donne lieu à la création de nouvelles actions qui viennent immédiatement ou assez rapidement prendre part à la répartition du résultat, alors que ce dernier ne sera pas amélioré proportionnellement, tout au moins à court terme. Il en résulte donc une « dilution » du bénéfice par action. Dans le cas inverse, moins fréquent, on parlera de « relution ».

Ainsi pourra-t-on se montrer particulièrement vigilant dans les cas suivants :

- valorisation à l'occasion d'un **appel de fonds important** par rapport à la valeur de l'entreprise avant l'opération ;
- valorisation d'une **affaire à fort potentiel,** fondée davantage sur les flux futurs de revenus qu'elle dégagera que sur son patrimoine actuel ;
- valorisation d'une **affaire contrainte à brève échéance de faire à nouveau appel à ses actionnaires** pour boucler son plan de financement.

La dilution consécutive à une opération de marché primaire peut porter aussi sur la répartition des **droits de vote.** Le souci de préserver un taux de contrôle peut expliquer le prix prohibitif proposé par les actionnaires du tour de table aux candidats à l'entrée dans le capital. Là également, **l'approche de l'entreprise après réalisation de l'opération devra s'effectuer de façon interactive aux plans de l'évaluation et du contrôle, de sorte que la mise en place de dispositifs d'accompagnement en vue de protéger le contrôle permette de ramener l'évaluation sous-jacente de l'entreprise dans une zone acceptable par les nouveaux partenaires.**

Exemple :

Soit une affaire valant par hypothèse 100 MF, aujourd'hui.
Arithmétiquement 10 % valent 10 MF.

Mais, si les 10 MF précités sont utilisés pour souscrire une augmentation de capital réservée, la part du souscripteur dans le capital à l'issue de l'opération n'atteindra en fait que : $\frac{10}{100+10} \simeq 9{,}09\ \%$

S'il s'agit d'une opération consortiale de 40 MF à laquelle participent à parts égales 4 établissements, ces mêmes 10 MF ne représenteront en fait que : $\frac{10}{100+40} \simeq 7{,}14\ \%$

Si, en outre, le plan de financement de l'entreprise prévoit une autre opération au même prix et de même montant à échéance rapprochée, les 10 MF initiaux ne représenteront après le 2e tour de financement que : $\frac{10}{100+40+40} \simeq 5{,}5\ \%$

Au total, pour prendre puis préserver une part de 10 % dans le capital, l'investisseur devra en fait décaisser 18 MF.

Section 4

Valeur et prix

Quelles que soient la finesse de l'analyse du cahier des charges, la profondeur des investigations, la pertinence des méthodes de calcul utilisées, **l'évaluation n'est dans la plupart des cas, qu'un outil de travail, un moyen de fixer à travers plusieurs critères, la zone à l'intérieur de laquelle le prix sera, selon toute vraisemblance, établi.**

Dans l'hypothèse où la marchandise (l'entreprise ou plus fréquemment son titre) est un bien fongible dans un marché assez fluide et organisé, l'étude devra bien entendu tenir compte des forces du marché pour borner la zone de vraisemblance. Elle servira surtout à déterminer si les qualités intrinsèques de l'entreprise sont susceptibles d'être valorisées suffisamment ou non par le marché.

Si tel n'est pas le cas, et à condition que cela soit possible, l'évaluation démontrera l'intérêt de précipiter (en cas d'achat) ou au contraire de différer (en cas de vente) une opération.

Le donneur d'ordre doit être conscient qu'une entreprise même performante, peut valoir moins demain qu'aujourd'hui, et pas seulement sur une bourse, simplement parce que les conditions générales du marché ou l'appétit pour le secteur se seront délités entre-temps.

Il reste que **de trop grandes distorsions entre la valeur ou la zone de valeurs retenues par l'analyste et le prix finalement payé sont difficilement acceptées.** Si elles sont quelquefois des indices sérieux d'erreurs d'appréciation, elles peuvent également **résulter de facteurs relationnels ou psychologiques** difficiles à prendre en compte dans l'étude :

- méconnaissance de la problématique de la partie adverse dans une négociation bilatérale ;
- habileté des négociateurs ;
- volonté de traiter coûte que coûte chez l'une des parties ;
- surenchère imprévue déséquilibrant les rapports de force ;
- modification des conditions générales du marché pendant la période de négociation.

NOTE

Les services fiscaux et l'évaluation des entreprises

■ Cadre général

L'interaction du droit fiscal et de l'évaluation d'entreprise ou d'un bien se manifeste notamment dans trois types de **circonstances :**

– perception d'impôts, en particulier :

- droits de mutation,
- impôt sur les plus-values,
- impôt sur la fortune.

– contrôle fiscal :

- à l'occasion d'un acte de cession,
- en dehors de toute opération.

– relations ponctuelles avec l'administration, ainsi :

- expropriation,
- droit de préemption.

Qu'elles soient constatées par un acte notarié ou un acte administratif, ou bien encore par une simple déclaration déposée par les personnes concernées auprès de l'administration, la plupart des mutations, à titre onéreux (vente, apport), ou à titre gratuit (donation, succession), entrainent traditionnellement la **perception d'un impôt.**

Dans la plupart des cas, la base d'imposition est fondée sur l'évaluation des biens et les droits, conformément aux taux, tarifs et barèmes en vigueur sont calculés d'après elle.

Cette évaluation est effectuée le plus souvent par le contribuable et l'administration ne fait que la constater pour établir l'impôt, mais elle dispose d'un droit de contrôle.

■ Risques d'une sous-évaluation

Si l'administration estime que les prix ou les valeurs portés dans les actes ou les déclarations sont insuffisantes, elle peut les **remettre en cause** et :

– **pratiquer des redressements** qui serviront d'assiette à un complément d'impôt, assorti le cas échéant de pénalités ;

– voire dans certains cas, aller jusqu'à **modifier la nature de l'opération** au regard du droit fiscal (par exemple considérer qu'une vente à prix très minoré dissimule une donation) de façon à percevoir une imposition plus forte en la « requalifiant » dans une autre catégorie.

Enfin, les évaluations portées dans les actes ou déclarations à caractère fiscal peuvent avoir une **incidence non négligeable à l'occasion d'opérations effectuées ultérieurement par leurs auteurs.**

Ainsi, en est-il en particulier des **expropriations,** car la loi stipule que l'indemnité à allouer en pareil cas, au propriétaire, commerçant, industriel ou artisan doit tenir compte « de la valeur des évaluations administratives rendues définitives en vertu des lois fiscales, ou des déclarations faites par les contribuables avant l'ouverture de l'enquête ».

Il est à noter que les évaluations faites par les redevables de l'I.S.F. entrent dans les déclarations en question.

Sans être, à eux seuls, la base unique de l'indemnité, ces prix ou évaluations représentent un des principaux éléments d'appréciation sur lesquels la juridiction d'expropriation va fonder sa décision.

On mentionnera également certains **droits de préemption :**

- droit de préemption du locataire d'un appartement ;
- droit de préemption des sociétés d'aménagement foncier et d'exploitation rurale ;
- droit de préemption de collectivités, établissements publics ou de certaines sociétés d'économie mixte relatif à un immeuble situé en zone d'aménagement différé (Z.A.D.) ;
- droit de préemption des départements relatifs aux terrains situés en zone sensible, etc. ;
- droit de préemption de l'Etat qui, pendant 3 ou 6 mois selon le cas, peut être exercé sur un immeuble, fonds de commerce ou droit au bail, dont il estime le prix de vente insuffisant, en offrant de verser aux ayants droit le montant de ce prix majoré du dixième (procédure tombée en désuétude).

Enfin, un propriétaire peut se voir opposer l'évaluation qu'il a attribuée à son immeuble dans le cadre de **l'instruction d'une demande de prêt bonifié à la construction.**

■ Procédures administratives subséquentes

Les procédures de contrôle de l'évaluation des biens par l'administration s'inscrivent globalement dans les règles de droit commun des procédures fiscales :

- dans un premier temps, l'administration ayant constaté une insuffisance fait connaître au redevable son désaccord en lui adressant une **notification de redressement** motivée, comportant notamment l'indication des modes d'évaluation et des points de comparaison retenus ;
- en cas de désaccord persistant, la **Commission Départementale de Conciliation** peut ensuite être saisie par le contribuable lui-même ou par l'administration et elle émet un avis qui servira de base à l'action de recouvrement. Le redevable conserve le droit de présenter une réclamation contentieuse ;
- une réclamation contentieuse ouvre le droit au recours à une **expertise** adressée au tribunal de grande instance dans le ressort duquel sont situés les biens objet du litige ;
- **le tribunal** statue ensuite en audience publique, sans être lié aux conclusions de l'expertise, et peut éventuellement ordonner d'office une nouvelle expertise ;
- les jugements rendus en matière d'insuffisance ne sont pas susceptibles d'appel et ne peuvent être attaqués que par voie de **cassation.**

■ Règles de bonne conduite

La loi fiscale se réfère généralement à la **valeur vénale** des biens possédés ou transmis mais il n'existe pas de définition légale de celle-ci. De même, aucune méthode particulière n'est imposée par la loi aux agents du fisc chargés d'effectuer les contrôles.

Certains **principes** peuvent néanmoins être dégagés :

- l'administration préconise généralement l'utilisation de la méthode d'**évaluation par comparaison,** les autres méthodes n'étant admises que lorsque le bien est par trop spécifique et/ou ne s'insère pas dans un marché local bien ciblé ;
- les **transactions réalisées par les services de l'Etat ou de collectivités publiques, les décisions judiciaires d'expropriation** constitueront à cet égard une matière première privilégiée ;
- la psychologie de l'acheteur et du vendeur doit être exclue de l'assiette fiscale **(pas de prise en compte des facteurs dits « de convenance ») ;**
- **l'historique des transactions** sur le même bien (en particulier les immeubles) peut constituer un élément d'appréciation significatif ;
- la valeur à retenir est celle qui s'applique à la **date où le fait générateur de l'impôt est intervenu** (date de la cession, du décès, début de l'année civile pour l'I.S.F., etc.).

Chapitre II

L'approche diagnostique de l'entreprise

Fondement technique de la **compréhension globale** de l'entreprise dans ses aspects **culturels, manageriaux, économiques et financiers,** le diagnostic est une synthèse toujours imparfaite d'une réalité complexe :

Dans tous les cas, ayant bien cerné son **métier**, l'objectif final est de dépeindre la culture d'entreprise et de situer cette dernière dans un processus de **développement** ou au contraire dans un processus de **dégradation**, suivant trois angles d'une approche qui sera tant rétrospective que prospective :

D'abord typer l'entreprise dans le cadre d'un prédiagnostic stratégique, de façon à orienter l'étude :

- entreprise rentable et solide,
- entreprise rentable mais à croissance trop rapide,
- entreprise rentable mais vulnérable,
- entreprise victime d'un accident,
- entreprise non rentable,
- entreprise en difficulté...,

Ensuite, étudier le terrain, sur les plans juridique, social, fiscal et financier, c'est-à-dire la résistance ou la vulnérabilité de l'entreprise aux événements destabilisateurs, cerner des axes d'évolution, et ainsi trouver des repères de négociation,

Enfin, étudier la stratégie menée par les dirigeants et ainsi apprécier la qualité du management, en mesurer les impacts positifs et négatifs, ce qui débouche sur la **validation d'un plan de développement,** préalable indispensable à l'approche quantative ultérieure de la valeur.

Plan du chapitre

Section 1

Le prédiagnostic stratégique

Afin de déterminer si l'entreprise a choisi un bon « mix » et s'y trouve à l'aise, quatre points sont à privilégier d'entrée de jeu : la structure sectorielle et sa position dans son secteur, les couples marchés/produits, les conditions d'exploitation, le prédiagnostic financier.

1 - STRUCTURE SECTORIELLE ET IDENTIFICATION DE LA STRATEGIE

■ L'analyse doit évaluer d'entrée de jeu quelques données de marché

Le secteur est-il naissant, porteur, à maturité, en déclin, en recomposition ? Quel est son poids dans l'économie nationale, européenne, mondiale ?

Les **conditions d'entrée dans le secteur** résultent de données objectives telles que des barrières technologiques, capitalistiques, géographiques, institutionnelles, ainsi que des comportements (contrôle des circuits d'approvisionnement ou de distribution, capacité de réaction des firmes installées).

La concurrence potentielle des **produits ou services de substitution** se pose en des termes très différents selon que le secteur est mûr ou en évolution (jeune ou en déclin), ou que de nouvelles technologies ou de nouveaux modes de distribution sont en voie d'apparition.

Le pouvoir d'influence et de négociation des **fournisseurs** doit être examiné selon l'importance de la fonction approvisionnement dans le cycle d'activité. En tout état de cause une certaine indépendance de la politique d'approvisionnement constitue une sécurité appréciable.

Le pouvoir d'influence et de négociation des **clients** n'exclut pas une stratégie imaginative et offensive, toujours nécessaire, même (surtout) lorsque les rapports de force ne sont pas favorables.

L'intensité de la **rivalité entre les firmes** peut être caractérisée par le nombre de concurrents, la part du marché détenue par chaque intervenant significatif, et le comportement des uns et des autres, que le niveau des coûts fixes, la croissance du secteur, les possibilités de désengagement contribuent largement à façonner.

Dans cette recherche, qui est **essentielle pour la compréhension des marchés sur lesquels l'entreprise opère, ou envisage d'opérer, ou souhaite s'abstenir,** l'analyste n'obtient pas toujours spontanément une information suffisante, voire objective. Il doit se montrer volontariste, ne pas hésiter à recourir à des statistiques ou des études sectorielles, et procéder à des recoupements en étudiant les stratégies et performances de la concurrence (l'importance de ces travaux périphériques devant, en tout état de cause, être proportionnée à l'enjeu).

■ Dans la mesure où l'entreprise n'est pas en état de **dépendance** chronique vis à vis d'un environnement qu'elle ne peut maîtriser, – situation d'infériorité peu propice à une forte valorisation –, sa position par rapport à ces cinq déterminants doit conduire autant que faire se peut à la caractérisation de son **influence** puis de sa stratégie, fonction des forces et faiblesses mises en lumière.

Les stratégies de base sont au nombre de trois : supériorité en termes de coût, différenciation, spécialisation – concentration.

S'y ajoutent des **stratégies de croissance :** désengagement – redéploiement, intégration, diversification.

Stratégies de base et stratégies de croissance débouchent enfin sur des **stratégies concurrentielles :** leader – challenger – suiveur.

Chacune de ces stratégies requiert des ressources, des qualités et des caractéristiques organisationnelles particulières.

- Quelle stratégie est menée par l'entreprise ?
- Cette stratégie a-t-elle la souplesse et la permanence requises ?
- Les moyens financiers, juridiques, humains, commerciaux, techniques ont-ils été étudiés et mis en place en conformité avec cette stratégie ?

Dans chaque secteur, plusieurs stratégies peuvent co-exister, pour autant qu'elles soient menées avec réalisme : certaines stratégies sont néanmoins plus spécialement adaptées, selon le degré de maturité du secteur, la dispersion des compétiteurs etc. En tout état de cause, chaque entreprise doit se soucier de la stratégie des autres pour en mesurer l'impact sur la sienne, et consolider sa pérennité.

2 - COUPLES MARCHES/PRODUITS

L'étude du positionnement des produits sur leurs marchés comporte quatre objectifs principaux :

- étudier les produits clés pour l'entreprise et son degré de maitrise sur ceux-ci ;

- situer ces produits dans leur cycle de vie et la capacité relative de l'entreprise à les faire évoluer voire à les remplacer ;
- évaluer la répartition des efforts développés sur chacun des produits (en ressources techniques, commerciales, financières...) ;
- positionner l'entreprise en tant que leader technique, suiveur, sous-traitant...

■ A l'occasion de l'**étude des produits** on s'intéressera plus particulièrement aux points suivants :

- répartition du chiffre d'affaires (dépendance ou non par rapport à un mono-produit, ou un mono-client, équilibre d'une gamme, d'une clientèle, dispersion),
- concurrence et parts de marché (produits leaders, suiveurs, marginaux, notion de niche le cas échéant),
- ressources productives dédiées,
- marges contributives (approche analytique),
- mode de distribution, (qualité de cet accès, verrouillage éventuel),
- taux de croissance envisageables.

3 - CONDITIONS D'EXPLOITATION

Dans ce domaine, un juste équilibre doit être trouvé entre la gestion du quotidien et la prospective.

■ **L'outil de production** appelle pour sa part des remarques sur son état général (technologie, âge des machines, entretien, réparation), sur la façon dont on l'exploite (maîtrise des temps de fabrication, contrôle qualité, gestion des incidents), et sur les risques qu'il porte (sécurité/dispositifs anti-pollution).

La CAO (conception assistée par ordinateur) et la GPAO (gestion de production assistée par ordinateur) sont désormais des facteurs clés de performance dans bien des entreprises.

■ **L'utilisation des capacités et les conditions d'exploitation** actuelles (en régime de croisière) permettent de déduire le degré de flexibilité de l'outil face au stimulus du marché :

- charge de travail par rapport à la capacité de production,
- structure des coûts par produit et évolution,
- production à la commande ou selon des prévisions de ventes,
- adaptabilité de l'outil en cas de forte croissance.

■ **Dans le domaine de la gestion/organisation** on caractérisera tant la structure d'entreprise, que son style de management (en liaison avec l'audit social), et ses principaux outils de gestion, (et plus généralement adaptation de l'outil informatique).

Les entreprises ayant accédé aux normes de qualité « ISO 9000 » ne sont plus des cas isolés.

4 - PREDIAGNOSTIC FINANCIER

Son objet est multiple. La concordance entre la stratégie d'entreprise et ses ressources disponibles ou accessibles est au cœur même de la mission de l'évaluateur :

- analyse de la rentabilité,
- analyse de la croissance,
- analyse de la politique financière et calibrage des besoins,
- analyse de la vulnérabilité et des risques d'écart.

L'analyste détermine le plus rapidement possible un profil financier d'entreprise qui orientera ses investigations. Dans certains cas, le prédiagnostic va bien au-delà de la simple mise en forme d'un plan de travail. En effet, **l'affaire peut être en posture difficile et la crise, de par sa soudaineté, encore absente des documents comptables. Un certain nombre de points de repère ponctuels devront être captés ;** en effet, au fur et à mesure de la dégradation de la situation financière se multiplient les « symptômes physiques » de la difficulté. L'analyse de l'entreprise peut s'en trouver infléchie, voire recentrée.

Section 2

L'audit juridique et social

L'audit juridique et social doit s'appuyer sur une **bonne connaissance préalable des règles** applicables à l'entreprise et des **spécificités** de sa situation (secteur d'activité, nature de l'exploitation, droit du sol, environnement etc.)

Outil de **vérification** de conformité, mais aussi outil de **prévention** et moyen de **diagnostic,** l'audit ne peut être exhaustif mais il doit être suffisamment approfondi avant la fin d'une négociation, en particulier dans le cas d'une transmission d'entreprise.

Les investigations les plus pointues se situeront en général entre la rédaction d'un protocole et la signature d'un document définitif. **L'audit vient le plus souvent en aval de l'évaluation mais, dans certains cas, il contribuera à l'affiner.**

Les besoins de sécurité que l'audit vise à satisfaire se manifestent dans de nombreux domaines, en particulier les trois suivants :

- statut juridique des biens ;
- contrats commerciaux ;
- engagements sociaux.

1 - STATUT JURIDIQUE DES BIENS

■ Implantations

En ce qui concerne les **implantations**, une analyse précise de la propriété immobilière est souhaitable. Une vigilance particulière s'impose en cas de constructions sur sol d'autrui, s'il y a des contrats de crédit-bail en cours, des menaces d'expropriation, des indemnités à recevoir, des projets de cession etc.

Dans un certain nombre d'activités, cette approche se double de l'analyse d'un risque environnement (pollution de la nappe phréatique, traitement et sort des déchets etc.) qui est même systématique dans les grands groupes.

■ Brevets, marques de fabrique

Pour nombre d'activité, des éléments de différenciation tels que les **brevets ou les marques de fabriques** jouent un rôle essentiel. La nature, la durée restant à courir, les extensions possibles de ces éléments de patrimoine doivent être identifiés. Des incidents de parcours sont toujours à craindre pour le futur :

- Brevets : les taxes annuelles sont-elles bien acquittées ? Sont-ils concédés, nantis ? La propriété de ces brevets n'est-elle pas contestable (actionnaires anciens, concurrents, salariés) ? Quelle est leur durée de vie résiduelle ? Y a-t-il licence ? Quels en sont le périmètre et la durée ?
- Marques : conformité des marques avec la réglementation en vigueur : confusions et litiges possibles.

■ Assurances

La consultation et l'analyse des contrats d'assurance peut être une bonne entrée en matière pour apprécier les conditions d'exercice de l'exploitation. Qu'il s'agisse de l'assurance des biens, des pertes d'exploitation ou de couverture de la responsabilité, un examen approfondi s'avèrera nécessaire sous deux aspects principaux :

- conformité des valeurs déclarées avec les principes généraux d'évaluation énoncés dans les contrats d'assurance (reconstruction à l'identique pour les bâtiments ; remplacement à l'identique pour les matériels et agencements) ;
- vie des contrats (par exemple, l'assurance de responsabilité concerne généralement la défaillance des produits de l'entreprise après livraison ou leur non conformité avec les normes précisées au cahier des charges ou contractuellement fixées).

2 - CONTRATS INDUSTRIELS ET COMMERCIAUX

L'entreprise peut avoir conclu des accords cadre qui facilitent des rapports commerciaux suivis, mais comportent parfois des engagements plus ou moins contraignants et quelques risques. Elle peut même se trouver à la merci de clients et fournisseurs, soit en raison de clauses d'exclusivité, soit parce qu'une prestation isolée pèse de façon excessive dans la répartition des approvisionnements ou des ventes. L'analyse de ces contrats et notamment des risques encourus en cas d'incident peut être déterminante pour qualifier l'entreprise, ses chances, son horizon.

Si l'un des contrats ou marchés conclus est déterminant, le secret des affaires ne saurait être valablement opposé à l'analyste qui souhaiterait en avoir lecture des dispositions essentielles. Dans cette optique, on s'intéressera en particulier aux points suivants :

- validité des contrats commerciaux les plus importants (capacité, forme, délai, prix, durée, risques) (clauses de sous-traitance, de reconduction, de sauvegarde, de changement de contrôle, etc.),
- documents de garantie et de service après-vente,
- réglementation des produits : les produits fabriqués ou distribués par l'entreprise entrent-ils dans la catégorie de ceux qui sont soumis à une déclaration ou une autorisation préalable à leur mise sur le marché ? Sont-ils sensibles au titre des mesures relatives à la sécurité des consommateurs ou de l'environnement ? etc.

3 - LA DIMENSION SOCIALE

Le **bilan social** que publient obligatoirement les grandes entreprises donne une première approximation des caractéristiques physiques de la population des salariés. Ce document – s'il existe – doit, en tout état de cause, être complété par une information plus fine notamment dans les industries de main d'œuvre ou lorsqu'un sureffectif est présumé. Il convient d'effectuer également une approche soignée de la situation de l'entreprise par rapport à la **convention collective** et les **accords d'établissement** qui la complètent.

Les **contrats de travail** peuvent poser des problèmes d'interprétation lourds de conséquences juridiques et fiscales : personnel détaché à l'étranger, personnel appartenant à une structure de groupe, personnel de direction appartenant au groupe familial actionnaire de l'entreprise.

En cas de transfert d'activité, toute modification survenant dans la situation juridique de l'employeur laisse subsister les contrats de travail en cours. De même, la poursuite de l'activité entraîne celle des contrats de travail attachés à l'exploitation. A ce propos, il convient également de noter que la dénonciation par l'entreprise d'un contrat de **sous-traitance** peut avoir pour conséquence le transfert des salariés à l'entreprise utilisatrice qui aura donc la charge des licenciements.

Un certain nombre de contrats de travail sont **atypiques** (contrats à durée déterminée, contrats à temps partiel, main d'œuvre étrangère, contrats comportant une clause de non concurrence, VRP – agents commerciaux – affiliation à la S.S. ? –, aide à l'emploi). Les engagements de l'entreprise sont-ils respectés ?

Enfin, le savoir-faire développé par tel ou tel salarié lui appartient-il ou pas ? Bénéficie-t-il d'une clause lui permettant de faire cesser sa collaboration en cas de changement de direction ?

Par ailleurs, la contrainte financière des rémunérations doit être prise en compte de façon dynamique :

- Comment et selon quelles procédures pratique-t-on la révision des salaires dans l'entreprise ? D'autres leviers sont-ils utilisés (intéressement, options etc.) ?
- Y a-t-il des engagements particuliers vis-à-vis de tel ou tel groupe ou individu (pensions de retraite, reversion, logements ou véhicules de fonction) ? Ces engagements ont-ils été provisionnés ?
- Y a-t-il une véritable politique des rémunérations et quels en sont les principaux objectifs ?

Plus globalement, la politique sociale de l'entreprise soit être appréciée dans le cadre des **relations collectives** : le respect des réglementations est un minimum. Il peut y avoir des litiges en cours, des problèmes posés par les conditions de travail en matière d'hygiène ou de sécurité générateurs de charges potentielles (indemnisations, amendes, investissements à prévoir ; image d'entreprise à reconstruire etc.).

En cas de regroupement d'entreprise, il faut enfin avoir présentes à l'esprit les **répercussions de la situation de l'entreprise reprise sur l'entreprise repreneuse.** Ainsi, la reprise d'une firme à fort taux d'accident du travail peut pénaliser l'entreprise repreneuse en faisant basculer ses assurances et cotisations dans une tranche plus élevée.

L'audit juridique et social permettra de dresser un panorama aussi complet que possible des conditions dans lesquelles l'entreprise exerce son activité, ainsi que des sujétions et risques qui pèsent sur elle immédiatement ou potentiellement. On ne saurait omettre dans cette nomenclature, l'identification des litiges, et leur analyse sommaire.

Tous ces aspects extracomptables (sous réserve, le cas échéant, du jeu des provisions) peuvent peser lourdement sur l'appréciation finale de la valeur.

Section 3

L'approche fiscale et comptable

Partant des pièces qui sont mises à sa disposition (derniers contrôles fiscaux, URSSAF, ou autres, déclarations et liasses fiscales, documents comptables, traités d'apport ou de fusion etc.) l'analyste poursuit ici ses investigations autour de quatre idées :

- **vérifier que l'entreprise respecte l'ensemble des obligations que la réglementation lui impose** et ne prend donc pas de risques qui pourraient être générateurs de redressements importants ;
- **s'assurer que l'entreprise profite de toutes les opportunités autorisées par la réglementation,** qu'il s'agisse de régimes d'atténuation d'impôts ou d'exonération, d'options en faveur de mesures particulières, du choix de telle ou telle structure juridique...
- **contrôler l'opportunité des arbitrages rendus** et leur conformité avec ce qui peut avoir été dit sur l'état de santé de l'entreprise ;
- **préparer la liste des éléments d'actif ou de passif pour lesquels un réajustement spécifique devra être effectué** lors du calcul de l'actif net.

■ Gestion fiscale

Charge financière qui suppose une organisation et une gestion ad hoc, la fiscalité est une source de risque non négligeable (contrôle, redressement, requalification, sanction).

L'entreprise peut avoir une approche plus ou moins dynamique de la fiscalité, dont l'appréciation qualitative figure en bonne place dans les travaux préliminaires d'évaluation.

Une bonne gestion fiscale passe d'abord par une prise de conscience de l'intérêt d'une prévention des risques, une organisation et des procédures d'audit interne, garantissant la **régularité fiscale.**

La recherche de l'**efficacité fiscale** est une deuxième étape, et une nouvelle composante de la gestion ; l'utilisation des options ouvertes par le droit fiscal s'avérant très favorable à une réduction, en toute légalité, de la pression de l'impôt (« tax planning »).

L'ingéniosité fiscale poussée trop loin fait entrer l'entreprise dans une classe de risque supérieur, et ne doit pas lui faire oublier que parfois, un manque à gagner voire un sacrifice fiscal est opportun pour promouvoir les orientations de la politique générale.

Parmi les sujets d'intérêt pour l'évaluateur, on citera :
- l'ajustement des amortissements et des provisions,
- l'immobilisation des frais de recherche,
- l'option pour le report en arrière des déficits (carry back),
- l'utilisation ou non des mécanismes d'étalement de l'imposition en cas de plus-value,
- le stock de déficits reportables et leur échéance,
- l'imputation éventuelle des déficits sur les plus values à long terme,
- les options pour le régime mère/fille, pour l'intégration fiscale,
- les ajustements de revenus ou de charges dans les groupes de sociétés,
- les conséquences fiscales des opérations de restructuration (cession d'actifs, fusions...)

■ Gestion comptable

Bien comprendre les options comptables de l'entreprise est essentiel pour valider les **postes sensibles** tels que (liste sommaire à titre de simple illustration) :
- les **frais activés** au bilan, en particulier les frais de recherche et de développement ;
- la valeur nette comptable des **biens amortissables** qui dépend largement de la politique d'amortissement, de son évolution éventuelle ;
- la valeur des **stocks**, qui dépend des méthodes d'évaluation des prix de revient, des méthodes d'enregistrement des entrées et des sorties (dernier entré premier sorti ou autre) ;
- la valorisation des **travaux en cours ;**
- les techniques retenues pour découper d'un exercice à l'autre recettes et charges relatives aux **services en continu sur abonnements ;**
- les normes internes de **provisionnement de l'actif circulant** (stocks, clients...)

Ces vérifications s'accompagnent d'une **analyse des grands équilibres de haut et de bas de bilan,** permettant de constater si le fonds de roulement est correctement constitué et suffisant par rapport au besoin de fonds de roulement, dans une approche tant rétrospective que prévisionnelle.

Si des besoins de capitaux propres supplémentaires apparaissent, la valorisation de l'entreprise en son état actuel s'en ressentira. Si en revanche, l'affaire dispose d'un bilan très liquide, voire excessivement surfinancé, il doit en être également tenu compte.

Section 4

Le plan de développement

Dans une opération sur fonds propres, notamment une prise de participation minoritaire, **l'entrepreneur doit obligatoirement présenter un plan de développement.** Ce dernier doit être **réaliste :** le chef d'entreprise soulignera les points forts sans omettre les points faibles.

Le plan de développement se démarque du rapport d'audit sur deux plans :

- s'agissant, non d'une cession du contrôle mais de l'ouverture du capital, les exigences d'information ne pourront peut-être pas atteindre le degré de précision décrit au cours de la section précédente : l'audit juridique en particulier sera bien difficile ;
- le plan de développement peut être considéré comme l'exposé des motifs et des modalités d'une coopération future entre plusieurs groupes d'actionnaires. A ce titre, il comporte une substance beaucoup plus riche sur le plan prévisionnel. C'est une charte, non un rapport d'expert.

I - FINALITE ET CONCEPTION GENERALE

Le plan de développement est la **formulation quantitative et qualitative** du projet de l'entreprise. Il exprime les choix, les objectifs et les moyens mis en œuvre pour atteindre la réussite.

Il représente le schéma de développement de l'entreprise **connu des principaux cadres** qui devront le mettre en œuvre. Il pourra être **quelque peu modifié** d'un commun accord entre l'entrepreneur et l'investisseur. Mais ces modifications ne devraient généralement pas être fondamentales, faute de quoi elles dilueraient le projet d'entreprise.

Le plan comprend deux parties :

- Une première partie qualitative qui expose les **choix fondamentaux** et les stratégies de l'entreprise.

– Une seconde partie quantitative qui comprend les **tableaux chiffrés résultant de ces choix** (comptes d'exploitation et bilans prévisionnels, tableaux de financement et de trésorerie...).

Il doit respecter une marge de manœuvre afin de pouvoir **corriger la trajectoire** en fonction de l'environnement.

L'appréciation du facteur temps est un élément essentiel. Si l'entreprise existe déjà, les éléments du passé sont inclus. Le plan sur l'avenir de l'entreprise sera de trois années, voire une projection plus globale sur cinq années. L'incidence en termes de résultats, du décalage dans le temps de certaines performances, doit pouvoir être appréciée facilement.

2 - CONTENU

■ Résumé et conclusion

Cette présentation succincte et synthétique du projet soumis aux investisseurs est une tradition dans la profession d'analyste financier et boursier.

■ L'environnement économique, l'industrie - Le secteur

Ni exercice de style, ni recopie de documents préexistants, cette analyse est révélatrice à bien des égards de la pertinence de l'approche. Sa construction peut nourrir un dialogue interactif « émetteur-investisseur ». Elle portera sur les points suivants :

- Domaine d'activité dans lequel se situe le(s) projet(s) (biens d'équipements, biens de consommation, services...).
- Secteur (ex. électronique, biologie, instrumentation médicale...).
- Branche (ex. les instruments).
- Caractéristiques de l'industrie(s) ou du (des) service(s) concerné(s) :
  - Evolution de la technologie,
  - Changements récents et envisagés.
- Etude de la taille et de la croissance des marchés – estimation de l'offre et de la demande globales.
- Cycles économiques d'expansion et de récession éventuels, ainsi que leurs causes.

– Droits d'entrée sur le marché.

- En termes financiers : montants des investissements nécessaires pour prendre place ou pour accroître sa pénétration sur le marché.
- Autorisations, homologations ou accords touchant à l'exercice de la profession ou aux produits.

La présentation du projet

Après avoir fait le point sur la situation actuelle, points forts et points faibles, l'entrepreneur doit démontrer que la meilleure solution pour parvenir au succès est celle faisant l'objet du plan de développement.

S'il s'agit d'une création d'entreprise, l'aspect « calendrier » a encore davantage d'importance : renseignements sur la future société, timing de sa création, nom, choix du produit, investissements, fabrications, mises sur le marché...

Les objectifs visés

Les objectifs sont généralement à la fois commerciaux, financiers et qualitatifs :

Les objectifs de marché décrivent le plus souvent les parts désirées pour être bénéficiaire ou se maintenir sur le marché, l'évolution et les perspectives souhaitées par l'entreprise.

Les objectifs financiers se fixent classiquement en matière de chiffre d'affaires, de rentabilité d'exploitation, de rentabilité financière. S'y ajoutent dans le cas du capital investissement une simulation des perspectives de valorisation de la société, de rémunération en dividendes et en plus-value.

Les autres objectifs répondent le plus souvent à des considérations tactiques : faire face à la concurrence, motiver les salariés, fidéliser la clientèle, améliorer notoriété et image de l'entreprise et l'institutionnaliser.

Le marché

La clientèle actuelle et potentielle doit être décrite de façon précise. Sa détermination doit mettre en évidence un certain volontarisme de l'action commerciale, et l'harmonie entre les segments retenus, la structure de l'offre produits, les moyens mis en œuvre et le territoire géographique couvert.

Une approche réaliste des potentialités du marché, de la viabilité de l'entreprise au milieu de ses concurrents étayera la crédibilité de la stratégie. Les études de marché venant à l'appui de la démonstration devront être solidement construites, récentes et émaner d'une entité indépendante.

Le produit ou le service

Sa présentation physique et fonctionnelle est toujours évocatrice. Il convient aussi d'en démontrer les avantages par rapport à la concurrence, exposer succinctement la technologie à laquelle il fait appel et les filières auxquelles il se rattache.

L'impact et la longétivité du produit sont parfois spontanés mais peuvent aussi être confortés par une réglementation administrative (homologation, norme) une protection industrielle (brevet) ou commerciale (marque), ou bien encore par la conservation d'une avance technologique (R et D) qu'il conviendra de souligner.

Ressources de la société - management - organisation

Le dossier doit enfin faire apparaître la qualité des choix et la marge de manœuvre qui subsiste, dans les domaines suivants :

- Ressources financières :
  - Composantes de l'équilibre actuel entre les parties intéressées (actionnaires, banques, fournisseurs etc.).
  - Chiffrage des besoins résultant des choix ci-dessus.
  - Capacités contributives respectives.
- Ressources humaines :
  - Fonctions dans l'entreprise - qualification. Quels sont les hommes-clés ? Le management est-il efficace, l'équipe peut-elle être remodelée ou complétée ?
  - Un savoir-faire : ensemble de points déterminants qui font de l'entreprise une entreprise unique.
- Plan marketing : système de distribution des produits, publicité, informations et relations publiques, politique des prix, timing pour atteindre les objectifs, prévisions budgétaires.
- Politique industrielle : équilibre des moyens (matériels, sous traitance, stocks, investissements nécessaires...).
- Plan recherche – développement : budget d'investissements ; divisibilité des étapes ; risques de dépassement en montant et dans le temps.

*
* *

Le diagnostic stratégique est indispensable pour :

- mettre en évidence les points forts et les points faibles de l'entreprise et ainsi apprécier globalement son mode de vie voire ses chances de survie à court et à moyen terme ;

- se rendre compte si l'analyse stratégique effectuée par les dirigeants est en ligne avec celle que peut réaliser un observateur extérieur et s'interroger sur les éventuelles différences de perception ;
- formaliser un « score » de l'entreprise afin de mieux fixer ultérieurement la valeur de paramètres utilisés dans certaines méthodes d'évaluation (prime de risque par exemple) ;
- anticiper les opérations (renforcement des moyens, collecte de ressources...) qui seront nécessaires à court et moyen terme, pour appliquer la stratégie ;
- tenir compte de la probabilité de survenance de ces modifications pour corriger certains ratios et par conséquent certains résultats de l'évaluation.

L'ensemble de ces informations permet d'apprécier dans une perspective pluriannuelle, la **cohérence**, les **risques**, et les **opportunités** que présente l'entreprise. Seule une formulation détaillée, précise et pérenne est crédible. Des difficultés dans l'obtention de l'information, (informations incomplètes, obtenues au compte-gouttes, ou remaniées trop fréquemment) sont d'entrée de jeu un handicap sérieux pour effectuer une évaluation satisfaisante et par conséquent pour mener à bien rapidement une opération.

NOTES

Les différentes étapes de l'évaluation

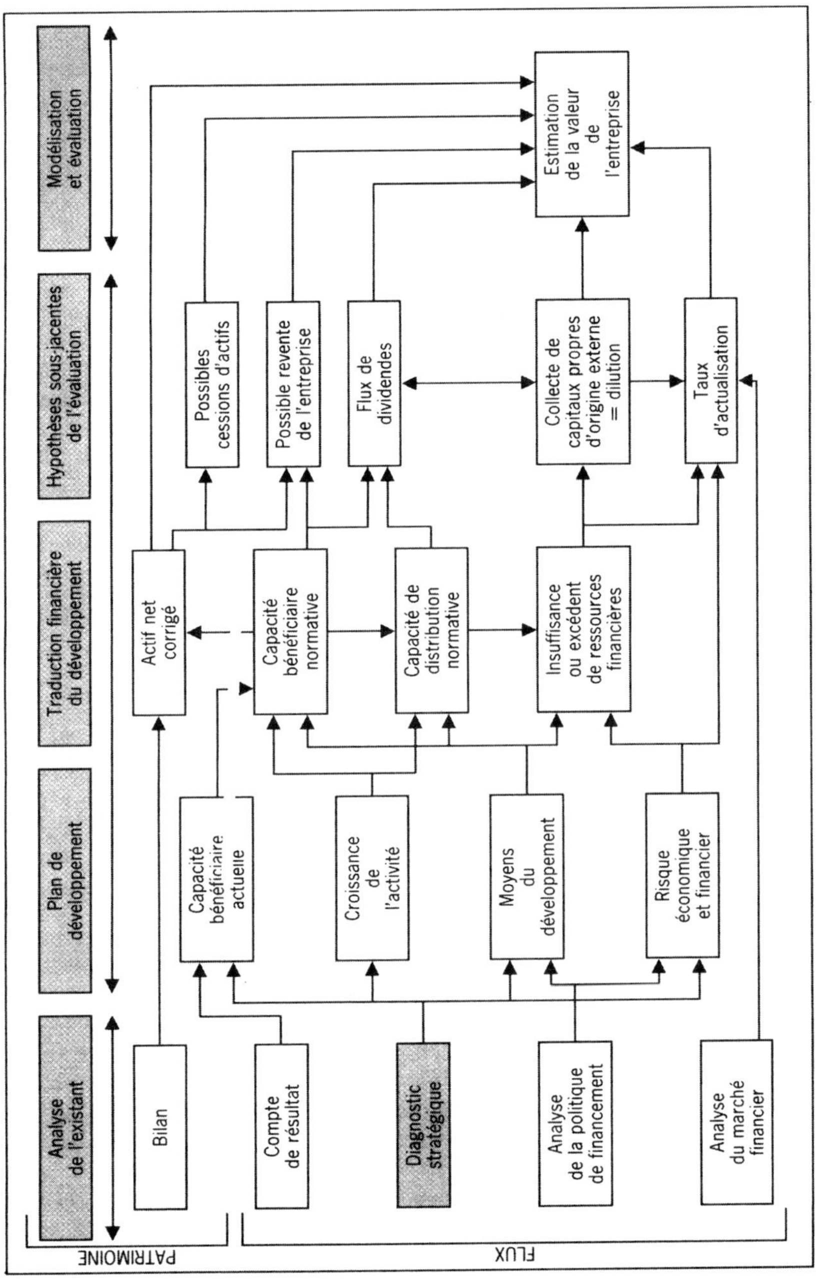

Documents et renseignements usuels

- Bilans, comptes de résultat et annexes des trois ou cinq dernières années et copies des déclarations fiscales.
- Dernier procès-verbal de l'assemblée générale.
- Derniers rapports du commissaire aux comptes (y compris rapport spécial).
- Date du dernier contrôle fiscal et conséquences.
- Plans des terrains et bâtiments avec surfaces développées, surfaces utiles.
- Dernières expertises d'assurance.
- Inventaire du matériel ou du moins des principaux matériels avec indication de l'âge.
- Liste et valeurs des participations, organigramme de groupe. Principaux accords techniques.
- Liste des marques et brevets appartenant à l'entreprise et de ceux appartenant à des personnes privées.
- Contrats de prêts, hypothèques, nantissement, etc.
- Contrats de location et de leasing.
- Catalogue des fabrications et tarifs.
- Répartition du capital social.
- Statuts de la société.
- Composition du portefeuille de titres.
- Ventilation des frais généraux.
- Organigramme de fonctionnement et, le cas échéant contrats avec certains membres du personnel.
- Contrats commerciaux avec identification des engagements pris par l'entreprise (crédit, garanties, maintenance, etc.).
- Tous documents que les dirigeants estimeront utiles de communiquer pour évaluer les risques et le potentiel de l'entreprise, ainsi que la qualité du management (budgets et plans prévisionnels notamment).
- Liste des filiales avec les mêmes renseignements.

Chapitre III

Analyse spécifique de certains éléments d'actif

Si l'entreprise est un tout, certaines de ses composantes contribuent à la valoriser, notamment en termes d'actif net.

D'une part les valeurs bilantielles sont historiques et souvent peu représentatives.

D'autre part, certains éléments d'actifs peuvent être cédés séparément, ce qui influe sur la détermination du prix, notamment si les actifs en question bénéficient d'une liquidité potentielle élevée.

Plan du chapitre

Section 1

Terrains

Une distinction doit être effectuée entre les terres agricoles et les terrains à bâtir.

1 - TERRAINS DE CULTURE ET TERRES AGRICOLES

A - SEGMENTATION

Les terrains et exploitations agricoles procèdent d'une grande diversité, tenant à :

- la nature du bien (terre labourable, bois, vigne, verger, etc.) ;
- les caractéristiques physiques du terrain (nature du sol, relief, entretien, conditions climatiques) ;
- la taille du terrain ou le morcellement de l'exploitation (valeur non proportionnelle à la surface) ;
- le statut de l'occupant (la présence d'un fermier qui bénéficie de mesures destinées à assurer sa stabilité, telles le droit de renouvellement du bail et le droit de préemption, est une cause de décote) ;
- les servitudes qui le traversent ;
- la proximité d'une grande agglomération (élément de plus-value très sensible notamment pour les cultures spécialisées) ;
- le dynamisme démographique et économique de l'environnement.

B - METHODES COMPARATIVES D'EVALUATION

Certains particularismes du milieu agricole font que **les termes de comparaison manquent bien souvent,** en raison du goût prononcé de cette catégorie socio-économique pour la discrétion. Toutefois, les acquisitions réalisées par les SAFER sont un élément de réflexion utile.

Dans le cadre d'une **approche comparative,** deux méthodes sont envisageables :

- l'estimation par la valeur moyenne à l'hectare, qui donne une idée assez globale mais sans doute réductrice de ce que peut être une exploitation dont les différents éléments sont susceptibles d'être très disparates ;
- l'évaluation par l'addition de la valeur moyenne des éléments composant l'exploitation.

En tout état de cause, l'estimation de la valeur des bâtiments peut poser problème. Des bâtiments vétustes, mal commodes, peuvent être affectés d'une valeur nulle, voire négative si les travaux à faire sont très importants.

C - APPROCHE PAR LE REVENU

Pour les propriétés affermées, les méthodes comparatives peuvent utilement être complétées par une **approche selon le revenu.** Celle-ci s'appliquera plus particulièrement :

- à la globalité d'une exploitation agricole ;
- aux aspects purement fonciers.

Le capital est obtenu en appliquant au revenu un coefficient, en principe assez faible, de l'ordre de 1 % du revenu brut, et dont le choix est déterminant pour le calcul.

En tout état de cause cette approche est limitée :

- par la volatilité des résultats obtenus selon le coefficient ;
- en raison du fait que la valeur peut être influencée par l'espoir de réalisation d'une opération immobilière sur le terrain à court ou moyen terme, davantage que par le seul revenu.

D - EVALUATION PAR REAJUSTEMENT D'UNE VALEUR ANTERIEURE

Enfin, **la réévaluation par réajustement d'une valeur antérieure** peut s'avérer un moyen de recoupement efficace, pour autant que :

- la valeur d'origine soit réaliste,
- la précédente transaction ne soit pas trop lointaine,
- le terrain et son environnement se situent dans un contexte local homogène et stable.

A cet égard, les services de l'Agriculture publient chaque année au Journal Officiel des prix moyens à l'hectare constatés, pour les terres labourables et les prairies naturelles, par région et par département. On peut s'y référer utilement.

2 - TERRAINS A BATIR

A - DEFINITION

Dans ce domaine, la première difficulté consiste à **bien identifier la désignation juridique du bien.** En effet, de nombreux propriétaires de terrains à usage agricole situés à proximité d'agglomérations en expansion entretiennent volontiers une certaine confusion en ce domaine, de façon à hisser la valorisation du bien au plus haut.

Un terrain à bâtir est en principe un **terrain nu, ou recouvert de bâtiments destinés à être démolis, un terrain sur lequel est édifié un immeuble inachevé,** ou encore s'y assimile un immeuble auquel s'attache un droit de surélévation. Cette liste définit l'ensemble des biens dont la mutation donne lieu à la **TVA immobilière.**

En outre, le Code de l'expropriation qualifie de terrains à bâtir ceux qui (un an avant l'ouverture de l'enquête d'utilité publique) sont :

- **desservis** par une voie d'accès, un réseau électrique, un réseau d'eau potable, et, le cas échéant un réseau d'assainissement ;
- situés dans une **zone constructible,** définie comme telle par le plan d'occupation des sols (P.O.S.) ou un document officiel d'urbanisme.

B - ASPECTS PHYSIQUES ET CONTRAINTES PARTICULIERES

La constructibilité du terrain, qui est essentielle pour en effectuer la valorisation, se détermine ensuite à partir d'une appréciation de ses caractéristiques physiques :

- **nature du sol** (naturel, artificiel, dur, meuble, etc.),
- **viabilité** du terrain,
- **superficie :** le prix n'est pas souvent proportionnel à la taille et tout dépend de l'usage qui est envisagé ; certaines opérations immobilières nécessitent une surface minimale pour que soient rentabilisés des équipements communs ; le **coefficient d'occupation des sols** détermine le nombre de mètres carrés de plancher autorisé, etc.
- **Configuration** du terrain (de préférence rectangulaire, sauf s'il s'agit d'un angle de rue et pour une construction à usage commercial).
- **Relief :** le niveau par rapport à la voie de desserte est essentiel, pour les usages industriels, ainsi que pour résoudre de façon satisfaisante les problèmes d'assainissement.
- **Environnement** (moyens de transport, centres d'activité...).

- **Emprises ou avantages divers** (bordure de voie privée, de voie d'eau, droit de passage concédé, servitudes EDF, embranchement SNCF, proximité d'un aérodrome, etc.).

C - REGLEMENTATION D'URBANISME

La nature et l'étendue des servitudes qui grèvent terrains et constructions sont décrites dans le certificat d'urbanisme qui est établi par la mairie, en fonction du **règlement national d'urbanisme (R.N.U.),** et le cas échéant, s'il en existe un dans la commune, le **plan d'occupation des sols (P.O.S.)** approuvé par l'Etat, ainsi qu'éventuellement un **plafond légal de densité (P.L.D.).**

■ Règlement national d'urbanisme (R.N.U.)

Il constitue l'ensemble des règles s'appliquant dans les communes où il n'existe pas de P.O.S. On s'intéressera tout spécialement à :

- la **règle de constructibilité limitée,** qui pose le principe de la restriction des possibilités de construire « en-dehors des parties actuellement urbanisées de la commune ».
- la **carte communale** qui, depuis 1986, donne aux communes la possibilité de suspendre la règle de constructibilité limitée, et de préciser les modalités d'application du R.N.U. ;
- les **dispositions concernant certains terrains :** terrains exposés à un risque naturel, faisant partie d'un site, riverains d'autoroutes, de superficie anormale par rapport aux constructions voisines, etc.

■ Plan d'occupation des sols (P.O.S.)

Le P.O.S. est un document d'urbanisme qui fixe les règles du jeu pour la commune. Il définit :

- des **zones urbaines,** déjà urbanisées ou constructibles :
  UA = centre ville
  UB = périphérie immédiate
  UC = zone pavillonnaire
  UE et UG = zones industrielles
- des **zones naturelles**
  NA = zone urbanisable à terme
  NC et ND = zones non constructibles

Dans les zones constructibles, le P.O.S. définit le **coefficient d'occupation des sols (C.O.S.)** qui fixe la densité de construction autorisée pour chaque zone sous la forme d'un coefficient.

Exemple :

Terrain de 1 500 m^2
C.O.S. de 0,30
plancher constructible : 500 m^2

Dans certains cas, le propriétaire peut construire en dépassement du C.O.S., sous réserve qu'il verse à la collectivité une indemnité dite de participation pour dépassement de C.O.S.

Le P.O.S. prévoit également les superficies et les façades minimales exigées pour construire.

■ Plafond légal de densité (P.L.D.)

Les communes ont la possibilité, sur tout ou partie de leur territoire, d'instaurer un plafond légal de densité, dont le dépassement génère, à l'instar de ce qui se pratique également pour le C.O.S., un versement à la commune.

D - METHODES D'EVALUATION

■ Deux méthodes sont privilégiées en règle générale.

• Evaluation au prix moyen du m^2

La plus communément répandue, elle nécessite cependant de n'effectuer les comparaisons qu'avec des biens de même nature, (qualité, superficie, etc.). On notera a contrario, que dans un secteur pavillonnaire, un prix dominant du terrain pourra être retenu, pour un lot, relativement indépendamment de sa surface.

• Evaluation par la charge foncière

La charge foncière d'une construction comprend le prix du terrain, les honoraires de géomètre, les dépenses relatives à son aménagement, ainsi que les taxes liées au projet (versement pour dépassement du P.L.D. par exemple).

La méthode part de la constatation que la valeur du terrain à bâtir peut être calculée par référence à la part des charges foncières dans le prix de revient du m^2 construit. On recherche donc, pour des constructions récemment réalisées dans les parages, le montant des charges foncières correspondantes, et, compte tenu de la surface totale habitable constructible du terrain à évaluer, on en détermine le prix.

Ce type d'évaluation, qui ne résulte pas de considérations de marché, est surtout utilisé par les promoteurs pour la sélection de leurs acquisitions foncières car elle nécessite une excellente technicité (évaluation des frais de consolidation du sol, de construction des aires de stationnement, etc.). Certains cas particuliers justifient un traitement spécial.

■ Certains cas particuliers justifient un traitement spécial.

• Terrains enclavés

L'intérêt particulier de convenance pour l'acquéreur peut faire monter sensiblement le prix d'une parcelle habituellement peu appréciée, et rendre inopérantes les techniques usuelles d'évaluation.

• Terrains encombrés

Un terrain est dit « encombré » lorsqu'il supporte des constructions. Dès lors :

- ou bien l'on considère que l'on conservera ces constructions dont la valeur s'ajoute à celle du terrain nu, elle-même amputée de la perte de son potentiel de constructibilité ;
- ou bien les constructions existantes sont à démolir. La valeur du terrain est donc diminuée des frais de démolition auxquels s'ajoutent éventuellement les indemnités d'éviction et les frais de relogement des occupants.

• Terrains en zone industrielle

La valeur d'un terrain en zone industrielle est relativement **facile à cerner,** dans la mesure où les communes ou leurs concessionnaires (sociétés d'économie mixte d'aménagement en règle générale) s'intéressent au marché secondaire des lots, ne serait-ce que pour couvrir au mieux les charges communes.

Pour autant, l'analyste doit être attentif aux variations de prix très importantes selon les zones. La loi de l'offre et la demande conduit à des **écarts considérables** de l'une à l'autre, selon la situation économique de la région, la qualité de l'équipement industriel, la commodité des infrastructures qui l'entourent, certaines spécificités fiscales, etc.

Section 2

Immeubles bâtis

La valorisation d'un immeuble dépend de caractéristiques physiques :

- la nature et la qualité des matériaux utilisés pour sa construction et la qualité architecturale de l'ensemble ;
- l'importance de l'immeuble (la valeur n'est pas proportionnelle à la superficie) ;
- l'état général du bâtiment (entretien, ravalement, toiture, etc.) ;
- les éléments d'équipement dont il est doté (ascenseur, vide-ordures, piscine, parkings...) ;
- l'emplacement du bien.

Elle est également liée à ses conditions d'occupation.

On ne saurait considérer qu'un abattement forfaitaire s'applique à la valorisation lorsque l'immeuble est occupé. En effet, selon le cas, la présence d'un locataire peut être une gêne ou au contraire une excellente opportunité. Ainsi :

- on pratiquera un abattement correspondant à la charge du relogement s'il s'agit d'un immeuble d'habitation, ou à la valeur du droit au bail s'il s'agit de locaux commerciaux ;
- on ne pratiquera éventuellement pas d'abattement si le locataire est une signature de premier plan et le loyer élevé, lorsqu'il s'agit d'un immeuble de bureaux.

L'approche de l'immeuble occupé doit également tenir compte de l'éventuel droit au maintien dans les lieux qui justifie un abattement. L'incidence de cette occupation peut en particulier modifier le montant des droits de succession lors du décès du propriétaire. (L'occupation par l'époux ou les héritiers n'ouvre en principe pas droit à abattement).

Enfin, la dissociation entre l'usufruit et la nue propriété d'un bien justifie une valorisation spécifique, bien que l'administration soit réticente à ouvrir des brèches trop larges dans ce domaine.

1 - TECHNIQUES D'EVALUATION PAR COMPARAISON

La valeur vénale d'un immeuble s'établit le plus souvent par comparaison avec des transactions concernant des immeubles comparables, tout en utilisant des concepts de référence quantitatifs, dans la mesure où aucun immeuble n'est identique.

- **Superficie bâtie :** c'est la superficie couverte au sol par la construction. Elle est mesurée hors œuvre (à l'extérieur des murs).
- **Superficie développée :** c'est la somme des superficies bâties des différents niveaux du bâtiment.
- **Superficie pondérée :** on applique un coefficient de pondération à chacun des éléments du bâtiment, tenant compte de son intérêt (ex : cave 0,50 ; étage mansardé 0,70 ; grenier aménageable 0,50 : grenier ordinaire 0,30 etc.).
- **Superficie utile :** surface de plancher construite après déduction des surfaces occupées par les murs, cloisons, escaliers, gaines techniques, ébrasement des portes et fenêtres.
- **Nombre de pièces principales.**
- **Tout critère quantitatif spécifique** (nombre de sièges d'une salle de spectacles, nombre de lits d'une clinique, de chambres pour un hôtel, etc.).

Par ailleurs, **l'impact de la valeur du terrain doit être mesuré,** soit en en tenant compte implicitement dans les concepts de référence précités (notion d'évaluation « **terrain intégré** »), soit en lui appliquant la valeur d'un « **terrain encombré** » (ce qui ne se concilie pas toujours avec une valorisation de l'immeuble construit dessus).

Il conviendra en tout état de cause de s'assurer de la propriété du terrain, dans la mesure où la construction peut avoir été édifiée sur un terrain appartenant à autrui (notion de bail **emphythéotique**). Dans ce dernier cas, la valeur de l'immeuble sera évidemment d'autant plus faible que l'on se rapprochera de l'échéance du bail.

2 - TECHNIQUES D'EVALUATION PAR CAPITALISATION

Les immeubles à usage locatif sont souvent évalués de cette façon. On applique un taux de capitalisation au revenu encaissé par le propriétaire de l'immeuble.

■ Notion de revenu

Il s'agit en principe du revenu réel, brut. Toutefois, dans certains cas, l'insuffisance ou le caractère excessif du loyer peuvent inciter l'analyste à corriger cette donnée. Il est loisible également d'appliquer à un immeuble non loué un loyer théorique.

Ces diverses manipulations doivent être menées avec la plus grande prudence lorsque l'immeuble n'est pas dans le marché de la location, une erreur dans l'estimation du revenu normal se répercutant avec d'autant plus de force sur l'estimation du capital que le multiple de capitalisation est élevé.

■ Notion de coefficient de capitalisation

Ce taux peut varier de 4 à 6 % pour les immeubles à usage d'habitation jusqu'à près de 10 % pour des constructions à caractère industriel ou commercial. Le taux retenu sera inversement proportionnel à la qualité de l'immeuble, sa durée de vie présumée, et à la qualité de son environnement, le propriétaire étant supposé se contenter d'un revenu récurrent modeste lorsque les plus-values latentes courent.

Comme pour toute technique d'évaluation par capitalisation, le choix des paramètres reflète dans une large mesure la subjectivité de l'analyste et l'on doit donc se montrer très circonspect dans l'élaboration ou dans l'appréciation des résultats que suggère cette démarche.

3 - TECHNIQUES DE REAJUSTEMENT D'UNE VALEUR ANTERIEURE

Ces méthodes constituent un outil de travail commode et rapide pour « calibrer » la valeur d'un bien. Elles manquent néanmoins de précision car :

- l'index choisi peut être plus ou moins fiable sur longue période : l'indice du coût à la construction établi par l'INSEE évolue semble-t-il souvent plus lentement que certains compartiments du marché de l'immobilier ;
- des modifications ou embellissements (créations de m^2 supplémentaires, immeuble devenu libre, grosses réparations...) peuvent avoir été apportés à l'immeuble depuis la précédente transaction ;
- certaines catégories d'immeubles ont plutôt vocation à se valoriser, (habitations, bureaux, centre ville) et d'autres à se déprécier (installations industrielles spécifiques par exemple) ;
- des éléments extérieurs (construction d'une bretelle d'autoroute, ligne TGV...) peuvent avoir une incidence positive ou négative sur la valorisation du bien.

La crise de l'immobilier a fortement réduit l'intérêt des techniques de réajustement (effondrement mais aussi restructuration du marché).

4 - TECHNIQUES UTILISEES PAR LES PROFESSIONNELS DE L'IMMOBILIER

Ces méthodes supposent une immersion dans le métier de la construction et ne sont guère accessibles aux tiers.

• **Méthode du prix de revient**

Utilisée surtout dans les procédures d'expropriation, elle permet d'indemniser l'usager d'un bien sans équivalent sur le marché.

• **Méthode par le coût de reconstruction**

Méthode complexe reposant sur un certain nombre d'hypothèses théoriques (donc subjectives), concernant notamment le réajustement du coût de construction et à l'inverse les abattements pour vétusté, encombrement du terrain, etc.

*
* *

La spécificité des métiers interdit toute classification normative des immeubles utilisés par les entreprises pour exercer leur activité industrielle ou de services. Tout au plus quelques idées générales permettent d'établir une caractérisation sommaire.

■ Grands immeubles dédiés à une activité de services

Nombreuses sont les entreprises dotées d'installations spécifiques dans le secteur des services, et le cas échéant commercial. Ainsi en est-il en particulier des hôtels, grands magasins, cinémas, gymnases, garages, etc.

Très souvent ces installations qui sont d'une taille importante présentent une grande spécificité et on ne saurait s'étonner que la valeur du m^2 de tels biens soit largement en deça des prix couramment pratiqués pour des installations standard, modulaires et de taille plus marchande.

Le prix de l'immeuble pris globalement peut être cependant élevé, compte tenu entre autres, du prix du terrain, des possibilités de reconditionnement à peu de frais de la surface construite, de la rareté des emplacements et volumes disponibles de cette nature, qui peuvent intéresser un acquéreur potentiel à la recherche de telles spécificités.

Il est évident néanmoins que ces éléments de patrimoine sont caractérisés par une grande illiquidité et qu'aucune évaluation par comparaison ne leur est applicable eu égard à l'étroitesse de leur marché. C'est finalement la rencontre des valeurs d'usage pour le vendeur et pour l'acquéreur qui, un jour, en fixera le prix.

■ Immeubles industriels

Ces immeubles présentent certaines des caractéristiques évoquées ci-dessus. Ils sont souvent évalués selon l'approche analytique terrain + construction. Pour les terrains, à partir d'un prix de base au mètre carré, on pourra effectuer les abattements suivants :

- terrain recouvert par des constructions = – 40 à – 60 %,
- terrain entourant les constructions, pour circulation, stockage, manutention : – 20 à – 30 %,
- terrain inutilisé : pas d'abattement.

En ce qui concerne les constructions, appliquant des méthodes d'évaluation d'après la surface pondérée développée, les analystes retiennent des coefficients de l'ordre de :

- sous-sol à aménager : 0,30,
- sous-sol aménagé : 0,70,
- rez-de-chaussée tous usages : 1,
- étage bureaux : 1,
- étage atelier ou magasin : 0,50 à 0,75.

Bien évidemment, lorsque les constructions ne sont plus utilisables, c'est le terrain qui, coût de démolition déduit, fera la valeur de l'ensemble.

Biens en crédit-bail immobilier

Les raisons juridiques qui éliminent du bilan comptable la présentation des immobilisations financées par crédit-bail mobilier et surtout immobilier, ne s'appliquent pas lors d'une évaluation économique du patrimoine.

On pourra donc procéder à la démarche suivante :

- évaluer les biens comme s'ils appartenaient à l'entreprise ;
- décomposer les loyers de crédit-bail en les affectant respectivement pour une part au remboursement du capital, et pour une autre au paiement des intérêts ;
- corriger en conséquence l'actif net et la rentabilité de l'entreprise.

Une évaluation réaliste devra en outre prendre en compte certaines circonstances de fait. Selon que l'on raisonne dans l'optique de la continuité de l'exploitation ou dans celle de la cession à brève échéance du bien, des abattements devront être pratiqués pour plusieurs raisons :

- risque fiscal lié à une sortie trop rapide du cadre juridique du crédit-bail, amenant le fisc à requalifier l'opération ;
- clauses contractuelles de pénalité en cas de résiliation anticipée de l'opération ;
- imposition des plus-values en cas de cession du bien.

Section 3

Installations techniques, matériel et outillage

L'estimation d'un parc de matériel requiert de solides connaissances techniques. Le recours à un expert s'impose si ce volet de l'évaluation est essentiel, d'autant qu'il conviendra alors sans doute d'établir une double valorisation : une valeur d'utilisation et une valeur vénale, qui peuvent être assez différentes, certains matériels neufs pouvant être surdimensionnés par rapport aux besoins actuels ou à court terme, alors que des matériels anciens ou très spécialisés conservent une valeur certaine d'utilisation. Quoiqu'il en soit, quelques lignes de conduite peuvent être données :

- Il est nécessaire d'être **très vigilant quant aux estimations dans les professions à évolution technologique rapide** où il est plus important d'apprécier le risque futur d'obsolescence que la réalité actuelle de la vétusté.
- Sous cette réserve, le plus souvent, **la valeur moyenne d'utilisation d'un matériel de production classique en état de fonctionnement normal n'est guère inférieure à 30 % de sa valeur à neuf** même s'il s'agit d'un matériel relativement ancien. Cela est dû aux travaux d'entretien permanents qui aboutissent peu à peu au remplacement des organes essentiels. Des pièces de rechange doivent demeurer disponibles facilement.
- Si le petit outillage d'atelier doit être normalement comptabilisé dans les charges d'exploitation, **certains instruments complémentaires au matériel d'exploitation qu'ils spécialisent dans un emploi ou pour des opérations déterminées peuvent avoir une valeur de cession unitaire faible mais une valeur d'utilisation forte dans le cadre de la continuité de l'activité.** Gabarits, moules, coquilles etc. synthétisent le tour de main de l'atelier et constituent une richesse difficile à valoriser, mais incontestable.

Ces aspects mériteront une évaluation spécifique lorsqu'ils retiendront plus spécialement l'attention de l'industriel, désireux de gagner du temps en achetant, à travers l'entreprise, une capacité de production immédiatement opérationnelle. Ils peuvent également, par leur spécificité, constituer un moyen privilégié de rendre une clientèle captive.

Dans une approche plus globale ils sont donc aussi un élément constitutif du « goodwill ». Il y aura lieu alors de ne pas rechercher à tout prix à les réévaluer puisqu'ils apparaîtront indirectement dans la capitalisation de ce goodwill.

- **Les installations industrielles sur mesure n'ont généralement pas de valeur vénale, mais une valeur d'usage importante.** La flexibilité d'un outil de production devient cependant une variable de plus en plus essentielle dans les processus industriels.
- **Le matériel et le mobilier de bureau ont en règle générale une valeur d'utilisation nettement supérieure à leur valeur comptable. Leur valeur vénale est en principe très faible.** Il existe un marché très fluctuant et dominé par des spécialistes pour le matériel informatique d'occasion, mais il convient d'être particulièrement prudent dans cette approche.
- Le matériel roulant est généralement valorisé à la cote du marché de l'occasion affectée d'une décote de 10 %.

Les différents vecteurs de valorisation d'une installation technique

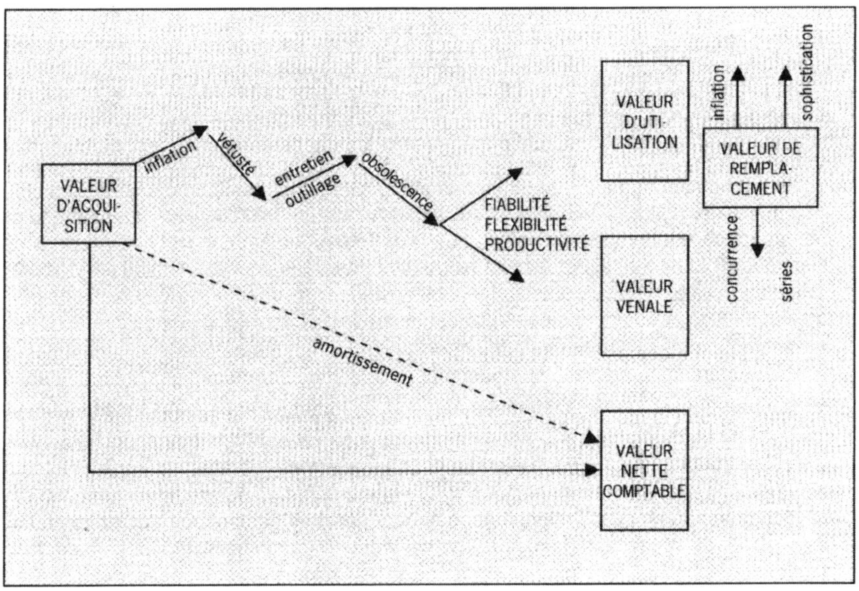

Section 4

Propriété commerciale et industrielle

Le fonds de commerce, dont les éléments légaux de définition sont imprécis, est une « universalité » comportant des éléments incorporels (clientèle, droit au bail, achalandage, nom commercial, brevets, licences, marques...) et corporels (matériel, agencement, marchandises).

1 - FONDS DE COMMERCE

Il se distingue des bâtiments servant à l'exploitation du fonds : c'est un immeuble à caractère incorporel.

Il peut voir sa valeur sensiblement amputée par la cession d'un de ses éléments essentiels, ou à l'inverse, ne présenter qu'une valeur faible si cet élément essentiel n'est mis à sa disposition que de façon précaire (droit d'exploiter à tel endroit, en utilisant telle enseigne, etc.).

Si le fonds de commerce est une « universalité qui mérite une approche globale » encore faut-il apprécier les éléments constitutifs : droit au bail, clientèle, et autres.

■ Les composantes du fonds de commerce

La plupart du temps, le fonds de commerce est exploité dans des locaux pris en location (petits et moyens commerçants de détail). **Le droit au bail** constitue donc dans ce cas, un des éléments essentiels de la valorisation du fonds de commerce, la clientèle étant attachée à la commodité de l'emplacement.

La valeur du droit au bail s'apprécie par rapport aux éléments suivants :

- **le contrat** proprement dit : montant du loyer, et échéance du contrat (la durée minimale d'un bail commercial est de 9 ans), faculté de sous-location et de mise en gérance ;
- **l'emplacement,** la qualité, et le cas échéant les possibilités d'extension des locaux ;
- **les loyers** pratiqués sur le marché pour des locaux équivalents : la valeur du droit au bail est égale à la capitalisation de l'économie de loyer sur la durée restant à courir, mais il conviendra alors de corriger à due concurrence le niveau de profit réalisé par l'entreprise pour ne pas tenir compte deux fois des mêmes réalités.

Du fonds commercial au « Goodwill »

La notion comptable de fonds commercial s'efface fréquemment au profit du concept plus financier de goodwill, qui regroupe tous les éléments incorporels indissociables de l'entreprise et qui, comme on le verra ultérieurement, se calcule par déduction à partir d'agrégats spécifiques extraits du bilan et du compte de résultat de l'entreprise.

Le « goodwill » est d'une acception large et concerne toute entreprise alors que le fonds commercial est plus difficile à identifier voire inexistant dans certaines entreprises telles que celles qui fabriquent sur commande des produits banalisés pour le compte de clients occasionnels leur donnant des instructions spécifiques.

Parmi les éléments constitutifs du « goodwill » on retiendra :

- la qualité de la clientèle (fidélité, régularité des paiements, potentialités de développement, excellence des relations...) ;
- la qualité des fournisseurs (délai de livraison, rapports qualité/prix, conditions commerciales, capacité d'adaptation au rythme imposé par le donneur d'ordre...) ;
- la qualité des hommes (savoir-faire, taux d'absentéisme, patriotisme d'entreprise, dynamisme des équipes, sens de la délégation...) ;
- la qualité des relations bancaires (concours confirmés, dépassements,relations de l'entreprise avec la direction de la banque, positionnement de client important...) ;
- la qualité de l'image institutionnelle (relations avec le fisc, l'inspecteur du travail, les syndicats, les organismes sociaux, les autorités de tutelle, les groupements professionnels...) ;
- la qualité du couple produit/marché (qualité et notoriété des produits, faiblesse de la concurrence, secteur porteur, stable technologiquement, aptitude de l'entreprise à conserver un temps d'avance sur ses partenaires) ;
- la qualité de l'implantation (outil industriel, réseau commercial...).

Un emplacement n'est intéressant que s'il est fréquenté par des clients. Regroupant des réalités voisines (la clientèle se compose plutôt des personnes attirées par la personnalité du commerçant et l'achalandage correspond à celles qui sont attirées par l'emplacement) et dans une certaine mesure indissociables, **clientèle et achalandage** doivent être considérés comme l'élément essentiel du fonds de commerce. Si la clientèle est sans valeur (faible, peu rentable...) on revient à la notion de droit au bail ou de « pas de porte ».

Le nom commercial peut constituer également un élément important du fonds, compte tenu en particulier de sa notoriété.

Enfin, **un certain nombre d'activités sont indissolublement liées à une autorisation ou un agrément préalable.** L'existence de ces droits, même s'ils sont incessibles au moins directement, est alors l'élément essentiel permettant de valoriser le fonds. **Dans certains cas, une cession indirecte est possible** (cession du contrôle de la société titulaire du droit).

■ La valorisation du fonds

L'évaluation du fonds de commerce permet l'affectation dans les comptes consolidés d'une partie de l'écart d'acquisition des actifs incorporels (goodwill) dont il s'avère qu'ils occupent une part de plus en plus significative de la valeur des sociétés. Toutefois, la diversité des situations incite à une grande prudence dans la revalorisation des immobilisations incorporelles.

On tiendra compte en particulier des éléments suivants :

- les pourcentages de chiffres d'affaires sont normalement plus significatifs que les pourcentages de bénéfices dans les petites affaires de négoce ;
- pour les commerces de gros qui traitent des volumes importants, on retiendra généralement entre un à deux ans de bénéfices, plus la valeur du matériel, avec une valeur minimale correspondant à celle du droit au bail ;
- les fonds à succursales multiples n'ont de valeur unitaire que celle du pas de porte ;
- les fonds artisanaux n'ont en principe que la valeur de leur pas de porte ;
- la valeur du droit au bail (pas de porte) s'effectuera le plus souvent par comparaison, avec des coefficients pondérateurs pour déterminer une surface corrigée :
  boutiques d'angle : coefficient de 1,20 à 1,50,
  arrière-boutique : coefficient de 0,50 à 0,80,
  sous-sol accessible au public : coefficient de 0,30 à 0,50.

Barèmes usuels d'évaluation de fonds de commerce

Les résultats consignés ci-dessous sont des ordres de grandeur indicatifs.

Nature du commerce	Valeur théorique
Accessoires automobiles	15 à 30 % du CA annuel
Administrateur de biens :	
– gérance pure	2 fois les honoraires annuels
– syndic de copropriété	1 fois les honoraires annuels
Agent d'assurances	120 à 150 % des commissions brutes
Agence de voyages	100 à 120 % du CA annuel
Agence immobilière	1 à 1,50 fois le bénéfice net moyen annuel
Alimentation générale	50 à 80 fois la recette journalière
Ambulances-Taxis	40 à 75 % du CA annuel
Ameublement	15 à 30 % du DA annuel
Animalerie	40 à 50 % du CA annuel
Antiquités	85 à 150 % du CA annuel
Armurerie	30 à 55 % du CA annuel
Articles de bureau	45 à 60 % du CA annuel
Articles de sport	– Articles de sport : 40 à 50 du CA annuel – Articles et objets de camping : 40 à 60 % du CA annuel – Bonneterie et habillement 70 à 80 % du CA annuel
Arts de la table-Cadeaux-	Listes de mariage 40 à 65 % du CA annuel
Auto-école	50 à 65 % du CA annuel, matériel non compris
Bains-douches	2 à 3 fois le CA annuel
Bazar	35 à 50 % du CA annuel
Bijouterie-horlogerie	40 à 80 % du CA annuel
Blanchisserie industrielle	70 à 100 % du CA annuel
Bonnetterie-Lingerie	40 à 60 % du CA annuel
Boucherie	25 à 40 % du CA annuel
Boulangerie	70 à 90 % du CA annuel
Boulangerie - Pâtisserie	70 à 100 % du CA annuel
Bricolage	30 à 50 % du CA annuel
Brocante	40 à 65 % du CA annuel
Cadeaux-Souvenirs-Gadgets	50 à 75 % du CA annuel
Café-Hôtel meublé-Restaurant Tabac	– Branche Café : 300 à 1 000 fois la recette journalière – Branche Hôtel meublé : 2,50 à 4 fois le CA annuel – Branche Restaurant : 70 à 100 % du CA annuel – Branche Tabac : 3 à 4 années de remise nette – Branche Tabletterie : 1 an de CA
Carrelage	15 à 25 % du CA annuel
Carrosserie-Peinture-Auto	40 à 55 % du CA annuel
Cave à vins	35 à 55 % du CA annuel
Charcuterie	60 à 75 % du CA annuel
Chaussures	40 à 60 % du CA annuel
Cheminées (vente et installation)	20 % à 40 % du CA annuel
Chemiserie	40 à 55 % du CA annuel
Cinéma	52 à 60 fois la recette hebdomadaire taxable
Coiffeur	– Hommes : 75 à 100 % du CA annuel – Dames : 90 à 110 % du CA annuel
Confiserie	75 à 100 % du CA annuel
Cordonnerie	60 à 75 % du CA annuel
Crèmerie	50 à 80 fois la recette journalière (vente du lait négligée)
Croissanterie-Briocherie	60 à 85 % du CA annuel
Cuisines (vente de)	20 à 35 % du CA annuel
Cycles-Motos (vente)	25 à 45 % du CA annuel
Diététique-Produits naturels	40 à 55 % du CA annuel
Discothèque-Night-Club	250 à 550 fois la recette journalière
Disques-Radio-Hi-Fi	25 à 45 % du CA annuel
Droguerie-Couleurs-Ménage	40 à 60 % du CA annuel
Ebénisterie	35 à 60 % du CA annuel
Electricité automobile	35 à 60 % du CA annuel
Electroménager	– CA inférieur ou égal à 3 000 000 F : 20 à 40 du CA annuel

Epicerie fine	80 à 110 fois la recette journalière
Esthétique-Produits de beauté	60 à 120 % du CA annuel
Fleuriste	50 à 85 % du CA annuel
Fourrures	45 à 85 % du CA annuel
Fruits et légumes	60 à 90 fois la recette journalière
Garage	– vente de carburant : 15 à 20 % du CA annuel – station-service : 40 à 60 % du CA annuel – réparations : 40 à 60 % du CA annuel – pièces détachées : – 35 à 40 % du CA annuel (concessionnaires) – 20 à 30 % du CA annuel (agents) – vente de voitures neuves : 1 an de commissions brutes – vente de voitures d'occasion : 25 à 35 % du CA annuel (10 à 15 % s'il s'agit d'une activité annexe)
Hôtel de tourisme	2,5 à 3 fois le CA annuel
Reprographie-Tirage de plans	40 à 50 % du CA annuel
Jardinerie	30 à 45 % du CA annuel
Jeannerie-Sportswear	25 à 45 % du CA annuel
Jeux-jouets	45 à 65 % du CA annuel
Journaux-périodiques	35 à 55 % du CA annuel
Laboratoires d'analyses médicales	50 à 70 % du CA annuel
Librairie-Papeterie-Journaux	40 à 70 % du CA annuel
Librairie-Edition	50 à 80 % du CA annuel
Luminaires (vente de)	50 à 65 % du CA annuel
Marbrerie et articles funéraires	55 à 80 % du CA annuel global
Maroquinerie	65 à 90 % du CA annuel
Mercerie	40 à 50 % du CA annuel
Optique	75 à 100 % du CA annuel
Parfumerie-Esthétique	65 à 90 % du CA annuel
Pâtisserie	65 à 100 % du CA annuel
Peinture-Papiers peints	50 à 60 % du CA annuel
Pharmacie	– Officines urbaines : 70 % à 100 % du CA annuel – Officines rurales : 60 à 70 % du CA annuel
Photo	60 à 85 % du CA annuel
Plats cuisinés-Traiteur	40 à 65 % du CA annuel
Plomberie-Chauffage	15 à 40 % du CA annuel
Pneumatiques (vente de)	30 à 35 % du CA annuel
Poissonnerie	30 à 45 % du CA annuel
Pressing	70 à 120 % du CA annuel
Prêt-à-porter	40 à 65 % du CA annuel (prêt à porter de luxe : 50 à 85 %)
Quincaillerie	90 à 45 % du CA annuel
Restaurant	60 à 90 % du CA annuel
Serrurerie et électricité	20 à 40 % du CA annuel
Superette alimentaire	10 à 30 % du CA annuel
Supermarchés	15 à 20 % du CA annuel
Tapisserie-Décoration	35 à 65 % du CA annuel
Télévision (dépannage et vente)	20 à 40 % du CA annuel
Transports routiers de marchandises	– en zone courte : 25 à 50 % du CA annuel – en zone longue : 25 à 60 % du CA annuel
Vannerie	40 à 50 % du CA annuel
Vidéo-Club	30 à 75 % du CA annuel

2 - DROITS DE PROPRIETE INDUSTRIELLE

On effectue habituellement la distinction entre les brevets d'invention, les marques de fabrique, les dessins et modèles.

Brevet d'invention : c'est un titre délivré par le gouvernement à celui qui prétend avoir fait une découverte ou une invention et veut s'assurer sous certaines conditions et pour un certain temps le droit exclusif de l'exploiter. La valeur du brevet est donc éminemment variable, selon son intérêt technologique, son intérêt commercial, ses extensions possibles, la difficulté à contrefaire le procédé, la couverture géographique de la protection, la durée de vie restant à courir etc.

Une loi du 26 novembre 1990 vise à combattre la désaffection constatée pour le dépôt de brevets en France, la procédure étant jugée par la plupart des inventeurs complexe, couteuse et souvent inutile.

Marque de fabrique : regroupant tous les signes matériels servant à distinguer les produits ou services d'une entreprise quelconque par rapport à ceux, analogues, proposés par d'autres, les marques sont souvent un élément d'actif latent, non recensé en comptabilité, sur lequel se fonde l'essentiel de la valeur d'une entreprise, notamment dans le secteur des produits de grande consommation.

En matière de propriété industrielle, **l'évaluateur doit déjouer un certain nombre de pièges :**

- **L'identité du propriétaire** de la marque de fabrique (ou du brevet) doit être vérifiée avec précision. Le démembrement de la propriété industrielle par le biais de concessions ou licences se prête à de multiples combinaisons, souvent réversibles par le jeu de la dénonciation des contrats. C'est un ferment de permanents litiges qui s'avèrent difficiles à détecter.
- **L'importance technologique** d'un brevet, ou son côté spectaculaire, la notoriété d'une marque de fabrique ne sont que des indices permettant d'examiner sous un œil favorable la problématique de la valorisation. Il est clair que le brevet ou la marque n'ont de valeur que s'ils sont susceptibles de supporter des produits rentables.
- **La relation entre la rentabilité du produit et la valeur de la marque** peut être étudiée à travers le volume des redevances qu'elle génère sur moyenne période, ou des surprofits qu'elle occasionne en cas d'exploitation directe.
- **On ne doit pas compter deux fois les mêmes réalités** et capitaliser les revenus issus du brevet ou de la marque en sus de la capitalisation du bénéfice de l'entreprise, hormis quelques situations particulières. En revanche, il peut être intéressant d'isoler, dans la rentabilité de l'entreprise, celle qui provient de l'exploitation de la propriété industrielle pour étayer le bien fondé d'une gestion autarcique ou éclatée de cette dernière.

- **Le leadership apporté en moyenne période par le brevet ou la marque sur le marché,** fut-il un micromarché, apparaît finalement comme l'élément essentiel de la valorisation.
- **L'analyse des potentialités stratégiques dans un marché porteur ou** sous l'empire d'une gestion plus volontariste doit être menée avec prudence. Il conviendra de ne pas sous-estimer, dans cette approche plus prospective, les coûts générés par l'entretien ou la promotion d'un brevet ou d'une marque, sous le triple aspect du dépôt (formalités juridiques et coûts récurrents), de la gestion des contentieux, des budgets de communication.

Le contrôle annuel des valeurs incorporelles

La COB considère que le caractère individualisable d'un élément incorporel durable est lié à la possibilité de **vérifier l'évolution ultérieure de sa valeur.** L'inscription d'une immobilisation incorporelle n'a de justification qu'en cas de maintien de sa valeur, dans le cadre de son exploitation.

Il appartient donc aux dirigeants de déterminer, **dès l'inscription au bilan** d'un nouvel élément acquis et identifié, en recourant s'ils le jugent utile à l'assistance d'experts, quels sont les caractères propres que l'on peut reconnaître chez chacun des éléments susceptibles d'individualisation à l'intérieur de l'ensemble acquis, et quels sont les **critères chiffrés, objectifs et vérifiables année après année,** sur lesquels leur valeur peut être fondée. Des exemples de tels éléments identifiables ont été donnés tant par la COB que par le CNC : marques commerciales, titres de publications périodiques, réseaux commerciaux, fichiers... Ce sont ces **mêmes critères** adoptés au départ qui doivent ensuite être appliqués lors de chaque arrêté des comptes pour calculer la valeur d'utilité actuelle de chaque élément incorporel de l'actif, valeur dont la comparaison avec la valeur comptable peut entraîner la constatation d'une dépréciation et la constitution de la provision appropriée.

Ceci s'applique tant aux immobilisations incorporelles dont l'individualisation a été faite après l'acquisition d'une entreprise ou branche d'activité dans son ensemble, qu'à celles acquises individuellement ou créées par elle-même (brevets, licences, marques, concessions, logiciels, etc.).

Section 5

Participations

L'analyste garde un large pouvoir d'appréciation dans un domaine qui s'est peu à peu structuré.

■ Principes de détermination des valeurs d'inventaire

Selon la COB **la valeur d'inventaire est toujours déterminée par référence à la notion d'utilité** pour l'entreprise, l'utilité s'appréciant différemment selon la nature des titres concernés et leur classement.

- les TITRES DE PARTICIPATION, qu'ils soient cotés ou non, sont évalués à leur **valeur d'usage**, appréciée comme étant ce qu'un chef d'entreprise prudent et avisé accepterait de décaisser pour les acquérir. Cette valeur est donc fonction de l'utilité que présente pour l'entreprise la participation à évaluer. La valeur d'usage, qui se fonde principalement sur une **appréciation du chef d'entreprise**, repose sur des éléments prévisionnels (perspectives de rentabilité, de réalisation, conjoncture économique...), voire subjectifs (utilité pour l'entreprise détenant la participation...).

  Le **cours de bourse** n'est généralement pas approprié pour tenir compte de l'utilité que présente pour l'activité de la société détentrice, un bloc de titres détenu de façon durable. Mais, pour avoir le droit de maintenir à l'inventaire une valeur supérieure à un cours de bourse en baisse, il faut que la société soit en mesure de justifier, par des documents écrits, qu'elle avait antérieurement déterminé le ou les critères de la valeur d'utilité de chaque bloc de titres en rattachant cette valeur à des paramètres qui soient à la fois significatifs de cette utilité et vérifiables sans difficultés majeures lors des arrêtés des comptes ultérieurs. C'est seulement dans ces cas, et sous le contrôle des commissaires aux comptes, que le fait que la valeur boursière des titres soit tombée au-dessous de leur valeur comptable n'entraîne pas nécessairement leur dépréciation.

- les AUTRES TITRES IMMOBILISES et les VALEURS MOBILIERES DE PLACEMENT sont évalués en fonction de leur **valeur probable de négociation.** Pour ceux qui sont cotés, cette valeur correspond au cours moyen du dernier mois de l'exercice. Pour ceux non cotés, la valeur actuelle est déterminée en retenant un ou plusieurs critères objectifs. A cet égard, les instruments financiers détenus à titre de placement peuvent être considérés comme un ensemble de **biens fongibles** dont le prix de vente peut être déterminé de façon globale au bilan, avec dépréciation à hauteur de l'éventuel excédent global des moins-values sur les plus-values. Les titres susceptibles de faire l'objet d'une évaluation globale doivent être cotés de façon régulière sur un marché organisé, ou facilement liquéfiables (SICAV, FCP...).

Même cotés, **les actions ou autres titres de capital émis par la société** et détenus par elle dans le cas où la loi l'autorise, **ne sont pas fongibles avec les autres titres de placement** et ne peuvent pas, en conséquence, entrer avec d'autres titres dans une évaluation globale.

- les TITRES IMMOBILISES DE L'ACTIVITE DE PORTEFEUILLE suivent les règles générales d'évaluation titre par titre, en retenant comme valeur d'inventaire une valeur qui tienne compte des perspectives d'évolution générale de l'entreprise dont les titres sont détenus et qui soit fondée, notamment, sur la valeur de marché. En pratique, les titres qui ne sont pas des titres de participation consolidables et ne sont pas non plus des titres de placement relèvent de cette catégorie.

■ Filiales en perte

Elles méritent une attention particulière dans tous les cas :

Les filiales en perte méritent une attention particulière dans tous les cas :

- **Si le dépôt de bilan n'est pas envisagé,** soit parce que des jours meilleurs s'annoncent, soit parce que la société-mère ne peut accepter que sa filiale dépose le bilan (pour des raisons qui peuvent être juridiques, techniques, commerciales, ou de simple image du groupe), il convient d'évaluer très soigneusement ce qu'il en coûtera à redresser la filiale, ou la fermer en désintéressant l'ensemble des créanciers. Une valeur négative peut être retenue.
- **Si au contraire, le dépôt de bilan est en perspective** sans risque d'extension de la procédure ou de mise en jeu de garanties données par la mère, la participation sera comptée au pire pour 0. (Il faut que ce soit une société de capitaux).

Un déficit reporté peut dans certains cas exceptionnels, être pris en compte dans la mesure où il peut être utilisé par un agent économique pour alléger son impôt. Toutefois, la valorisation qui en découle pour la société concernée est limitée par les considérations suivantes :

- il faut évidemment que les causes des pertes soient cernées et qu'il y ait été mis fin ;
- l'absence d'imposition sur les futurs bénéfices gonfle le résultat net prévisionnel qui doit être recalculé en net après impôt théorique pour mesurer la rentabilité de l'entreprise en régime de croisière ;

- en vertu du principe d'unicité du contribuable, seuls une opération de « carry-back », un montage d'ingénierie financière non requalifié par le fisc, ou encore la cession pure et simple de l'entreprise permettent d'imaginer d'accorder une valeur à un report déficitaire ;
- l'entrée d'une société dans un périmètre d'intégration finale ne lui permet pas de faire bénéficier aux autres sociétés du groupe de son report fiscal déficitaire.

Gestion fiscale de fin d'exercice : provisions et reprises de provisions

Les titres de participation sont réputés acquis pour s'assurer le contrôle de la société émettrice ou tout au moins pour exercer une certaine influence dessus.

Ils ne peuvent donc faire l'objet d'une provision pour dépréciation en considération de leur seul cours de bourse : il faut que l'entreprise justifie d'une dépréciation réelle par rapport à son prix de revient. Cette dépréciation est estimée en tenant compte de la valeur économique des titres à la clôture de l'exercice, déterminée suivant un faisceau de critères.

Les provisions éventuellement constituées sont soumises au régime des moins-values à long terme : elles ne viennent donc pas en charge d'exploitation déductible du résultat fiscal, mais peuvent seulement s'imputer sur les plus-values à long terme de l'exercice et ou des dix exercices suivants.

Parallèlement, les reprises de provisions pour dépréciation qui deviennent sans objet au cours d'un exercice sont comprises non dans le résultat imposable courant, mais dans les plus-values à long terme de l'entreprise.

Dans certains cas, il pourra être intéressant pour un groupe, d'extérioriser par une cession suivie d'un rachat immédiat, la valeur réelle d'une participation de façon à pouvoir en tirer les conséquences financières et fiscales voulues. Une telle opération est susceptible de se réaliser en bourse (application dite « acheté-vendu ») ou, à l'intérieur d'un groupe diversifié, entre deux sociétés du groupe, (pour autant que la transaction ne présente pas un caractère critiquable en raison de son prix ou de son ampleur).

Section 6

Stocks

Les stocks sont des postes d'actifs gérés en coûts historiques. Toutefois, **le plus souvent, leur réévaluation ne s'impose pas, compte tenu du lien étroit qu'ils ont avec l'activité et de leur rotation pluriannuelle.** La valeur comptable de ces éléments, destinée dans un cycle court à se transformer en trésorerie peut être considérée de ce fait comme réaliste, d'autant qu'**il est parfois illusoire de chercher à les corriger :**

- nombre élevé de matières et de produits divers à des stades de transformation très différents ;
- comptabilité analytique insuffisante pour apprécier correctement la valeur des encours ;
- intervention plusieurs mois après la sortie du bilan, etc.

En revanche, il conviendra d'être vigilant lorsque prennent de l'ampleur certains postes tels que :

- matières premières sujettes à de fortes fluctuations du prix (acier, pétrole, cacao, etc.) ;
- produits en cours dépourvus de valeur vénale et comportant un fort risque de ne jamais être transformés en produits finis ;
- stocks de produits finis affectés d'un fort risque d'obsolescence (prêt-à-porter) ;
- travaux en cours justifiés par des marchés pluriannuels (travaux publics).

Certaines anomalies peuvent s'expliquer par la réalisation de marchés importants, des retards de livraison sans conséquence dramatique, des incidents de production, le caractère saisonnier des ventes ou de la production. Mais les stocks et travaux en cours sont aussi le terrain d'élection des politiques de lissage du résultat.

En cas de cession d'entreprise, il sera prudent d'auditer ces postes s'ils sont importants, sachant que :

- l'estimation raisonnable que pourra faire l'acheteur de produits finis ne sera pas fondée sur le prix de revient comptable mais à partir du prix de vente probable, diminué de la marge commerciale normale et des frais de distribution ;
- dans les entreprises travaillant à la commande, il sera nécessaire de procéder à un rapprochement de la situation comptable et de l'avancement technique des travaux, de façon à déceler d'éventuels décalages.

NOTE

Pouvoir d'achat du franc de 1901 à 1996

Ce tableau permet, en appliquant un coefficient multiplicateur à une valeur initiale donnée, d'obtenir la valeur 1996 en francs constants (source : INSEE).

Année	Coefficient multiplicateu	Année	Coefficient multiplicateur	Année	Coefficent multiplicateur
1901	19,34	1933	3,40	1965	6,57
1902	19,34	1934	3,54	1966	6,36
1903	19,34	1935	3,87	1967	6,17
1904	19,34	1936	3,59	1968	5,89
1905	19,34	1937	2,86	1969	5,53
1906	20,95	1938	2,51	1970	5,25
1907	19,34	1939	2,35	1971	4,97
1908	19,34	1940	2,00	1972	4,68
1909	19,34	1941	1,70	1973	4,36
1910	19,34	1942	1,41	1974	3,84
1911	16,76	1943	1,138	1975	3,43
1912	16,76	1944	0,931	1976	3,12
1913	16,76	1945	0,627	1977	2,86
1914	16,76	1946	0,411	1978	2,62
1915	13,97	1947	0,275	1979	2,37
1916	12,57	1948	0,173	1980	2,08
1917	10,48	1949	0,153	1981	1,84
1918	8,11	1950	0,139	1982	1,65
1919	6,62	1951	0,120	1983	1,51
1920	4,74	1952	0,107	1984	1,40
1921	5,47	1953	0,109	1985	1,33
1922	5,59	1954	0,109	1986	1,30
1923	5,13	1955	0,107	1987	1,26
1924	4,49	1956	0,103	1988	1,22
1925	4,19	1957	0,100	1989	1,18
1926	3,18	1958	0,087	1990	1,14
1927	3,07	1959	0,082	1991	1,10
1928	3,07	1960	7,91	1992	1,08
1929	2,89	1961	7,66	1993	1,05
1930	2,86	1962	7,31	1994	1,04
1931	2,99	1963	6,96	1995	1,02
1932	3,26	1964	6,75	1996	1,00

Chapitre IV

Autres études et retraitements

A cette étape, l'évaluateur ne se comporte pas différemment de n'importe quel analyste financier.

Il lui faut **tester le réalisme des documents comptables en portant son attention sur des postes généralement sensibles dans les comptes sociaux.** Ces postes, s'ils ne véhiculent pas une valeur vénale particulière et ne sauraient par conséquent figurer dans une analyse patrimoniale, n'en sont pas moins des éléments correcteurs de l'actif net, ou de la rentabilité réelle.

Par ailleurs, confronté à des **comptes consolidés,** le responsable de l'étude doit être en mesure de **les interpréter.**

Enfin, il établit les **agrégats** qui lui paraissent les plus significatifs des réalités de l'entreprise et choisit le ou les taux auxquels il actualisera ses calculs.

Plan du chapitre

Section 1

Quelques retraitements usuels des comptes sociaux

Tous les postes du bilan et du compte de résultat d'une importance minimale ont vocation, dans n'importe quelle analyse financière, à être étudiés spécifiquement. Il ne sera traité ici que de quelques cas, dans l'optique spécifique des travaux préparatoires à l'évaluation, à titre d'exemple, sans viser naturellement l'exhaustivité (1).

1 - FRAIS DE RECHERCHE ET DEVELOPPEMENT

Dans une optique de prudence, les frais de recherche et développement doivent être considérés comme une charge imputable à l'exercice de leur constitution. Toutefois, un étalement sur cinq ans est autorisé : c'est un grand maximum.

L'immobilisation des charges est une option qui permet d'atténuer la perception d'une baisse d'activité et de résultat, et de lisser la performance de l'entreprise : la dotation augmente le résultat de l'exercice, mais les amortissements à effectuer ultérieurement viendront rogner les résultats des exercices futurs, et donc également le taux de croissance apparent.

C'est donc une arme à double tranchant en matière d'évaluation.

2 - SUBVENTIONS ET PRIMES D'EQUIPEMENT

A - SUBVENTIONS D'EQUIPEMENT

En principe, les subventions et dons reçus par l'entreprise doivent être compris dans les résultats de l'exercice en cours et imposés à ce titre. Toutefois, deux exceptions importantes sont à noter.

Les subventions accordées aux filiales par les sociétés mères ne sont imposables que si elles sont déduites du résultat de la mère (régime des

(1) L'ouvrage d'Eric MANCHON : Analyse bancaire de l'entreprise. (Collection CFPB/ECONOMICA) paraît tout à fait approprié pour compléter la présente section.

abandons de créances permettant d'assainir le bilan d'une filiale dont la situation nette est négative). Si l'opération peut être analysée comme une remise de dette constitutive d'un supplément d'apport destiné à être incorporé au capital, il y aura exonération (mais non-déductibilité chez la mère).

Les subventions d'équipement accordées par l'Etat, les collectivités publiques, les groupements professionnels agréés de conversion et de rationalisation, ne sont pas comprises dans le résultat fiscal de l'exercice au cours duquel elles sont encaissées, mais peuvent être rapportées aux exercices suivants à concurrence de chaque dotation annuelle aux amortissements des biens qu'elles ont servi à financer. Si les biens sont non amortissables, la réintégration peut s'effectuer sur dix ans.

Ces mécanismes spéciaux ont une incidence importante sur la présentation des comptes : ils doivent être pris en considération pour l'analyse de la structure financière et des retraitements sont également indispensables pour apprécier le résultat courant de l'entreprise.

B - PRIMES D'EQUIPEMENT

En application d'une politique agricole ou industrielle sélective, les pouvoirs publics ont consenti au fil des années des primes aux entreprises, pour faciliter le financement d'investissements.

Ainsi en est-il des primes d'aménagement du territoire, primes d'installation et de développement régional, primes d'orientation agricole, prime d'équipement dans les départements d'outre-mer.

Les immobilisations acquises ou créées au moyen de ces primes peuvent être amorties sur une base égale au prix de revient majoré de la moitié du montant de la prime. Ce système de suramortissement, qui permet l'amortissement d'une immobilisation au-delà de son prix de revient, conduit en fait à l'exonération partielle, échelonnée au rythme de l'amortissement, des primes en question.

De son côté la prime est analysée comme une subvention d'équipement.

3 - PROVISIONS POUR RETRAITES

Les provisions pour retraites et leur évaluation ont été réglementées par divers textes de 1987 et la loi de finances de 1988.

La loi fiscale prévoit expressément que « ne sont pas déductibles les provisions que constitue une entreprise en vue de faire face au versement d'allocations en raison du départ à la retraite ou préretraite des membres ou anciens membres de son personnel ou de ses mandataires sociaux ».

Cette interdiction concerne toutes les sommes versées lors du départ à la retraite ou pendant la durée de celle-ci, mais **ne vise que la déduction anticipée, sous forme de provision, non la dépense elle-même,** qu'il s'agisse :

– d'indemnités de départ à la retraite ;

- des engagements en cas de préretraite ;
- des pensions ou compléments de retraite ;
- des cotisations versées de façon périodique par les entreprises à des organismes tiers, auxquels incombe le versement de prestations qui n'ont pas pour effet de porter le montant des prestations à un niveau excessif par rapport aux derniers traitements d'activité des intéressés.

Même non déductibles fiscalement, ces engagements peuvent atteindre des sommes considérables et il peut être raisonnable de les comptabiliser par avance.

Le calcul des provisions pour retraites est effectué à partir de cinq paramètres qui sont :

- le taux de départ qui intègre le facteur ancienneté ;
- la probabilité de survie ;
- le calcul des droits acquis ;
- la revalorisation du salaire (progression du pouvoir d'achat) ;
- le taux d'inflation anticipé.

Les options retenues ont évidemment un impact important sur les résultats extériorisés.

4 - PASSIFS LATENTS

A - IMPOTS LATENTS SUR PLUS-VALUES POTENTIELLES

La réévaluation des postes du bilan fait apparaître des plus-values potentielles, dont certaines sont au demeurant hypothétiques et lointaines. L'évaluation de l'entreprise doit en tenir compte plus ou moins, selon l'optique de sévérité choisie, laquelle dépend de la stratégie des dirigeants actuels ou le cas échéant du repreneur.

Il paraît raisonnable de considérer les impôts latents sur plus-value potentielle :

- lorsque le bien considéré est susceptible d'être cédé isolément du reste de l'entreprise ;
- lorsque la perspective de cette cession est proche (deux ans maximum) dans le cadre d'une des stratégies plausibles ;
- lorsqu'un montage permettant l'exonération ou le report de l'impôt (opération intercalaire) n'est pas envisageable ;
- lorsque l'on défend les intérêts de l'acquéreur.

Dans ce cadre, on traitera le cas échéant les différentes plus-values de façon différenciée.

- **les plus-values sur stocks** ont vocation à s'intégrer rapidement dans les bénéfices et sont donc frappées d'I.S. au taux normal ;
- **les plus-values sur biens non amortissables :** on peut discuter de la déduction de la taxation latente sur la plus-value potentielle, car, même en l'absence de réévaluation comptable il n'y a pas perte d'amortissement. Toutefois, dans l'hypothèse d'une revente rapide, l'acquéreur devra bien payer la plus-value d'après la valeur d'origine, et non sur la base de la valeur implicite qui lui est attribuée dans l'opération ;
- enfin, **les plus-values sur biens amortissables** sont génératrices d'un préjudice pour l'acquéreur, qui en paye le prix dans son achat global, sans pour autant bénéficier de l'économie d'impôt lié au suramortissement que ce supplément de valeur devrait engendrer. Dès lors paraît-il concevable, dans une optique de sévérité, de déduire du prix dans tous les cas, la valeur actualisée de l'économie d'impôt non réalisée au cours de la vie fiscale du bien.

B - PASSIFS SOCIAUX LATENTS

Dans une entreprise, les aspects sociaux qu'impliquent une rationalisation de la gestion s'avèrent parfois lourds. Aussi est-il prudent d'amputer l'actif net de l'estimation du coût d'un redressement ou d'un plan social.

La question peut être examinée principalement sous trois angles :

- les avantages exceptionnels dont bénéficie le personnel actuel devront-ils être maintenus ou compensés ?
- y aura-t-il des compressions d'effectifs, accords de préretraite, licenciements de toute nature à envisager ?
- certaines méthodes de travail dépassées devront être modifiées. Dans quel délai et à quel prix peut-on l'envisager ?

Pour chacun de ces points le risque de conflit collectif est-il significatif et ne doit-on pas en tenir compte dans l'évaluation ?

5 - BENEFICE NET CORRIGE

Le résultat est un des paramètres essentiels à l'évaluation d'une entreprise, notamment dans l'optique des flux. Aussi convient-il de s'efforcer de passer d'un résultat comptable ou fiscal à un résultat courant plus économique et plus réaliste.

Le résultat comptable ou le résultat fiscal doivent en effet être retraités pour diverses raisons :

- **l'entreprise peut ne pas payer d'impôt** pour des raisons qui tiennent à sa création récente, sa forme juridique, son appartenance à un groupe intégré fiscalement, son report fiscal déficitaire etc. ;

- **l'entreprise peut avoir ponctuellement réalisé des opérations** lui permettant de diminuer son taux moyen d'imposition, par exemple en s'efforçant de déplacer ses profits sur des gains demeurant éligibles à la taxation des plus values à long terme, en jouant sur des conventions fiscales internationales ;
- **le bénéfice peut avoir pour origine des opérations non reproductibles,** qui affectent le patrimoine de l'entreprise mais permettent de réaliser un « joli coup » au cours d'un exercice : cession d'immeuble, lease back sur le siège social, vente de filiale ou simplement dilution du contrôle etc. ;
- **le bénéfice réel peut être artificiellement gonflé ou réduit par le jeu de la dotation et des reprises de provisions, par la politique pratiquée en matière d'amortissements** (linéaire ou dégressif par exemple), **par l'existence de crédit-baux,** notamment immobiliers qui sont de bons vecteurs d'accélération fiscale (durée du bail 15 ans nettement plus courte que la durée d'amortissement classique d'une construction) mais pèsent sur le résultat ;
- **le bénéfice réel peut être « aménagé » dans les affaires familiales** où parfois la confusion de l'identité des actionnaires et des dirigeants est la source de prélèvements excessifs (sureffectifs, surrémunérations et charges sociales induites, frais généraux), sans compter le soutien un peu artificiel d'entreprises satellites, souvent sous-traitantes, animées par d'autres membres du groupe familial ou des proches...
- **le bénéfice réel peut être maquillé dans une optique fiscale** (minimisation de la charge de l'impôt par sous-évaluation d'éléments d'actif ou par la constatation de risques inexistants destinés à faciliter la déduction fiscale de provisions à caractère de réserve) **ou de présentation à l'environnement** (lissage du résultat, voire maquillage de perte de substance) ; les modes d'évaluation des stocks, les systèmes de facturation sont le domaine d'élection de ce genre de manœuvre ;
- **enfin, le bénéfice extériorisé peut n'être qu'un profit apparent,** réduit à peu de choses en raison de la hausse des prix, qu'il s'agisse de l'inflation, ou des variations spécifiques de prix des équipements ou matières nécessaires au cycle d'activité de l'entreprise.

Chacune de ces catégories de distorsions est justiciable d'un retraitement, au gré de l'intime conviction de l'analyste qui pourra selon le cas tenir compte ou non de ces anomalies. Ainsi :

- faudra-t-il prendre en compte la **surrémunération du groupe familial** pour revaloriser le bénéfice normatif dans un dossier de capital développement où le nouvel actionnaire, minoritaire, n'aura pas les moyens de faire cesser ces pratiques ? Sans doute non, sauf à ce que des accords précis et respectés les interdisent.
- ne sera-t-il pas trop sévère d'éliminer les **plus-values sur stock** liées à l'inflation, dans l'appréciation de la rentabilité ?

Quoiqu'il en soit, toutes les corrections de bénéfice effectuées devront tenir compte de l'impôt qui aurait joué sur les sommes réintégrées.

Section 2

Lecture critique des comptes consolidés

1 - FONDEMENTS ECONOMIQUES DE LA CONSOLIDATION

La compétition économique peut déboucher sur la constitution d'un groupe qui a pour but, à l'aide de moyens juridiques et de techniques financières, d'accéder à une organisation rationnelle, moins vulnérable, et plus performante.

L'apparition de ces groupes se réalise autour d'une « unité de décision » dont vont dépendre un ensemble de sociétés juridiquement différentes, de taille et de complexité inégales : en regard de groupes complexes et **multinationaux** agissant par l'intermédiaire de réseaux de filiales – sous filiales – filiales mixtes – sociétés associées... existent des groupes **familiaux** cantonnés sur l'Hexagone autour d'une structure simple de quelques filiales détenues en direct par la société mère.

Le principe de la consolidation des comptes dans ce contexte correspond à la nécessité de procurer **une information interne et externe qui pallie l'insuffisance de celle fournie par les comptes sociaux individuels de la société mère et de chacune de ses filiales sur la structure financière et la rentabilité du groupe.**

Les dirigeants de l'entreprise attendent de la consolidation :

- **une compréhension de l'évolution globale du groupe :** en tant que tel et par rapport à la concurrence, en termes de C.A., bénéfice, investissements, situation financière ;
- **un outil de gestion des filiales :** mise à disposition de bases homogènes pour la détermination d'objectifs et l'appréciation de la gestion, analyses comparatives quel que soit le lieu d'implantation ou le secteur d'activité, permettant une meilleure définition des grandes options du groupe, une recherche des meilleurs financements, et une répartition plus rationnelle des ressources disponibles.

Les partenaires de l'entreprise sont également concernés :

- les **actionnaires** y trouvent notamment le résultat net de l'ensemble économique, la C.A.F. globale ou par action ;

- les **bailleurs de fonds** peuvent apprécier l'adaptation des crédits aux besoins réels et aux possibilités de remboursement, la surface financière du groupe, le soutien apporté par la société mère à ses filiales ;
- les **analystes financiers** s'intéressent aux capacités d'investissement, aux différents ratios de rentabilité, aux volumes d'affaires.

La consolidation constitue une source d'informations complémentaires ou d'informations corrigées.

En effet, certaines opérations pouvant dénaturer la situation de la société mère ou de ses filiales (achats, ventes et cessions d'actifs à l'intérieur du groupe, endettement d'une société en fonction de sa capacité d'emprunt et non de ses besoins, décalage entre réalisation d'un profit et sa distribution), **seuls des comptes consolidés permettent d'approcher de façon réaliste :**

- **le résultat, la rentabilité et le chiffre d'affaires du groupe ;**
- **l'investissement et l'endettement globaux du groupe ;**
- le **niveau réel des fonds propres,** compte tenu notamment des actions auto-détenues ;
- **la valeur des filiales.**

2 - CONCEPTS DE BASE

Selon l'article 1er de la loi du 3 janvier 1985, un groupe « **est un ensemble d'entreprises contrôlées de manière exclusive ou conjointe par une société ou sur lesquelles cette société exerce une influence notable** ».

■ Contrôle exclusif

Celui-ci résulte :

- soit de la **détention** directe ou indirecte de la majorité des droits de vote dans une autre entreprise ;
- soit de la **désignation** pendant deux exercices successifs de la majorité des membres des organes d'administration, de direction ou de surveillance d'une autre entreprise. La société consolidante est présumée avoir effectué cette désignation lorsqu'elle a disposé au cours de cette période, directement ou indirectement, d'une fraction supérieure à 40 % des droits de vote et qu'aucun autre associé ou actionnaire ne détenait directement ou indirectement une fraction supérieure à la sienne ;
- soit du droit d'exercer une **influence** dominante sur une entreprise en vertu d'un contrat ou de clauses statutaires lorsque le droit applicable le permet et que la société dominante est actionnaire ou associée de cette entreprise.

■ Contrôle conjoint

Celui-ci consiste dans le partage du contrôle d'une entreprise exploitée en commun avec un nombre limité d'actionnaires ou associés de sorte que les décisions résultent de leur accord.

■ Influence notable

Celle-ci concerne la gestion et la politique financière d'une entreprise. Elle apparaît présumée lorsqu'une société dispose directement ou indirectement d'une fraction égale au moins au cinquième des droits de vote de cette entreprise.

Exceptions et exclusions

Les sociétés, à l'exception de celles qui émettent des valeurs mobilières cotées sur un marché réglementé, sont **exemptées** de l'obligation d'établir et de publier des comptes consolidés :

– lorsqu'elles sont **elles-mêmes sous le contrôle** d'une entreprise qui les inclut dans ses comptes consolidés et publiés. L'exemption est subordonnée à la condition que un ou plusieurs actionnaires ou associés de l'entreprise contrôlée représentant au moins le dixième de son capital social ne s'y opposent pas ;

– lorsque l'ensemble constitué par une société et les entreprises qu'elle contrôle ne dépasse pas pendant deux exercices successifs sur la base des derniers comptes annuels arrêtés, une **taille déterminée par référence à deux des trois critères suivants,** c'est-à-dire :

C.A. H.T. : 200 MF ;

total du bilan 100 MF ;

nombre de salariés : 500.

Au niveau du périmètre de consolidation pourront être exclues les filiales d'intérêt négligeable, pour lesquelles les informations sont difficiles à obtenir, détenues en vue d'une cession ultérieure, ou bien encore situées dans des pays étrangers avec de faibles chances de pouvoir rapatrier les fonds... ce qui ouvre la porte à bien des interprétations.

3 - METHODES DE CONSOLIDATION

Des modalités de contrôle exposées ci-dessus découlent trois méthodes de consolidation différentes. Le pourcentage de contrôle qui exprime l'influence du groupe sur une société servira de référence pour la détermination de la méthode.

■ Intégration globale

Elle correspond essentiellement au cas du contrôle exclusif. Le bilan consolidé reprend les éléments du patrimoine de la société consolidante à l'exception des titres des sociétés consolidées, à la valeur comptable desquels est substitué l'ensemble des éléments actifs et passifs constitutifs des capitaux propres de ces sociétés déterminés d'après les règles de consolidation.

Par ailleurs les résultats des sociétés consolidées selon cette méthode sont intégralement repris dans le résultat du groupe.

Le groupe constituant une entité économique, il est nécessaire d'exclure les opérations internes au groupe ce qui se réalise par l'intermédiaire des éliminations :

- élimination des comptes réciproques d'actif et de passif ;
- élimination des transactions intra-groupe ;
- élimination des résultats intra-groupe.

En final, il apparaît dans les fonds propres une **différence de consolidation** correspondant à la différence entre la valeur des titres de participation et la part du groupe dans l'actif net de ses filiales.

La part des actionnaires n'appartenant pas au groupe dans l'actif net des filiales est enregistrée dans le poste **intérêts minoritaires.**

■ Intégration proportionnelle

Elle concerne surtout les sociétés en participation et celles contrôlées conjointement.

Selon cette technique, seule la fraction représentative des intérêts de la société détentrice dans les éléments actifs et passifs constitutifs des capitaux propres des sociétés contrôlées est substituée à la valeur comptable des titres. Il n'y a donc pas lieu dans ce cas de mettre en évidence des intérêts minoritaires.

La définition du périmètre de consolidation

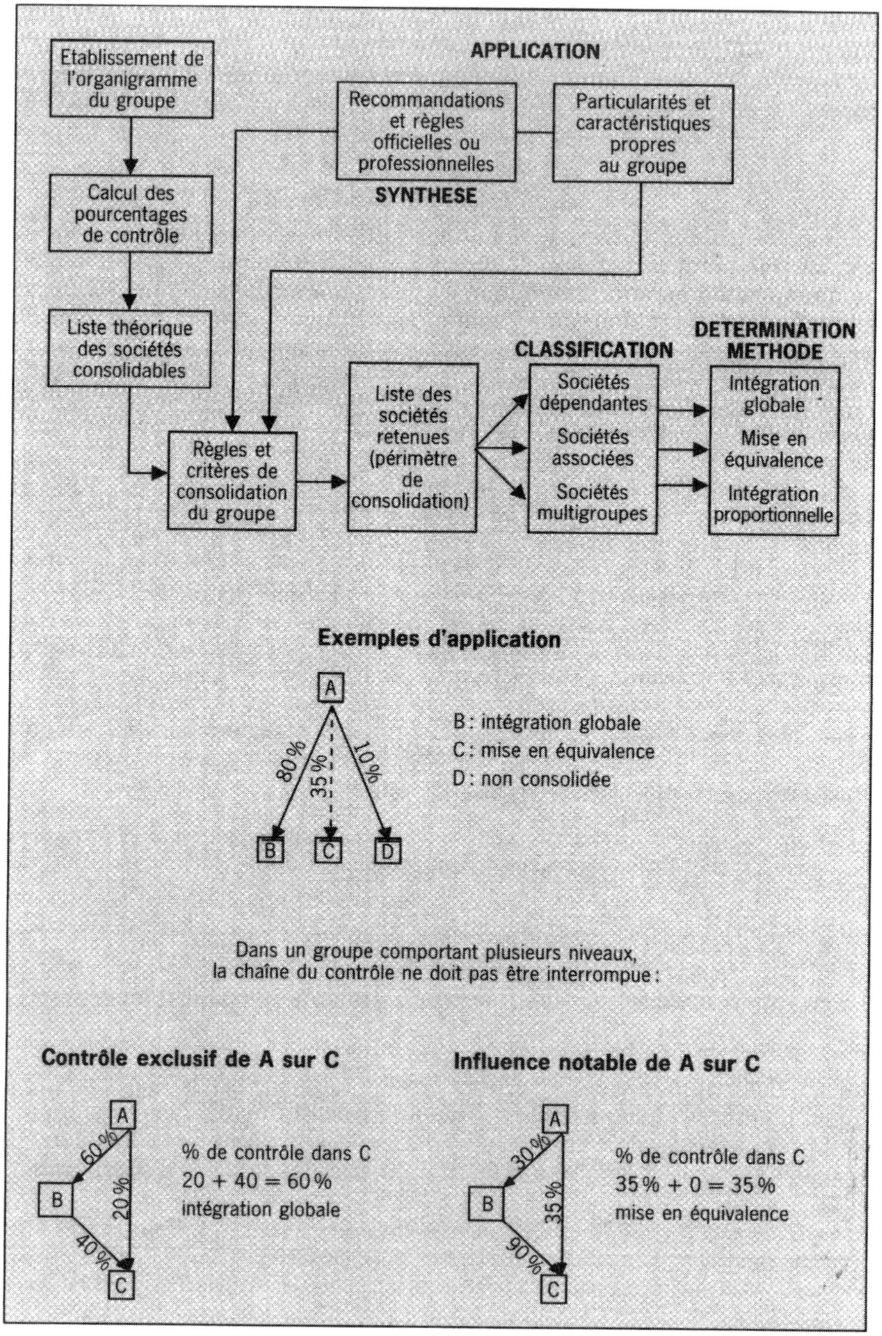

■ Mise en équivalence

Dans ce cadre, il est substitué à la valeur comptable des titres, la part des capitaux propres des sociétés visées.

La fraction du résultat des sociétés consolidées par mise en équivalence apparaît de façon distincte au compte de résultat consolidé.

La mise en équivalence est utilisée en cas d'« influence notable » ou bien parce que les comptes annuels de l'entreprise à consolider sont structurés de façon très différente de ceux de la société-mère.

■ Groupes complexes : la sous consolidation

Les groupes complexes composés de véritables entités économiques constituant des sous groupes à l'intérieur du groupe principal rendent nécessaire l'établissement de **programmes de sous-consolidation.**

On procède ainsi, à l'intérieur du programme de consolidation générale au sommet, à des consolidations partielles afin de permettre l'établissement de documents consolidés au niveau de chaque société jouant le rôle de mère. Les consolidés de chaque sous-groupe sont consolidés au niveau suivant et ainsi de suite jusqu'à la remontée au niveau de la société-mère du groupe principal.

Ce processus offre l'avantage de proposer une meilleure qualité d'information tant pour les tiers que d'ordre interne.

4 - L'INTERPRETATION DES COMPTES CONSOLIDES

Ceux-ci ne doivent pas être considérés comme une panacée mais comme un instrument qui comporte certaines limites parmi lesquelles on retiendra :

- l'existence d'options comptables permettant de **rendre un bilan plus ou moins séduisant ;**
- la **difficulté à se livrer à des études comparatives avec d'autres groupes ;**
- le problème de l'interprétation de séries pluri-annuelles en fonction des **variations du périmètre de consolidation,** duquel il pourra être tentant de chercher à exclure des filiales en difficulté ;
- le principe de la globalisation qui **n'autorise pas toujours une analyse suffisamment fine** dans l'approche des points forts et points faibles d'un groupe.

Il convient de souligner également que les choix retenus en matière de retraitement de certaines informations : – amortissements – stocks – provisions, impôts différés... sont de nature à modifier la CAF ainsi que le fonds de roulement.

Pour l'appréciation des comptes consolidés d'un groupe, outre **l'exclusion du périmètre de consolidation** de certaines filiales, une des principales difficultés rencontrées par l'observateur extérieur réside dans **l'utilisation abusive de la mise en équivalence** qui est susceptible de nuire au respect du principe d'image fidèle. En effet :

- il n'est pas possible d'identifier l'origine des profits de la filiale mise en équivalence, ce peut être une opération exceptionnelle, une cession d'actif stratégique, etc.,
- la mise en équivalence permet de ne pas développer le total du bilan et de ne pas détériorer les ratios de structure ;
- cette technique, bien que parfaitement régulière, permet de maquiller un contrôle effectif sur un marché, dès lors qu'il peut être obtenu en utilisant une sous-holding écran étroitement contrôlée mais avec moins de 40 % des titres existants.

Par ailleurs, en cas de croissance externe, le **traitement de l'écart d'acquisition** ouvre la possibilité de nouvelles options.

En effet, une entreprise A peut acquérir une société B à un prix plus élevé que ses capitaux propres. L'écart qui en résulte, dit de première consolidation peut être traité de plusieurs façons :

- **réévaluation de l'actif reçu** qui gonfle le bilan, annule l'écart d'acquisition mais génère un supplément annuel d'amortissement qui grèvera le compte de résultat des années ultérieures ;
- **inscription à l'actif d'un « écart d'acquisition »,** correspondant à l'avantage compétitif obtenu (élimination d'un concurrent, garantie d'approvisionnement ou de débouchés, accroisssement de la part de marché etc.) mais dont les textes ne précisent ni ne limitent la durée d'amortissement. Le choix de la durée ne sera pas indifférent pour la présentation de la rentabilité d'un groupe ;
- **imputation sur les capitaux propres :** à l'inverse de la précédente solution, le compte de résultat ne sera pas touché. En revanche, le bilan de l'acquéreur, amputé d'un volume de fonds propres égal à l'écart d'acquisition, extériorisera un taux d'endettement supérieur (dette inchangée sur capitaux propres réduits).

Quelle que soit la méthode retenue, il conviendra de ne pas perdre de vue que la survaleur elle-même peut être appréciée de façon critique par l'analyste : dans certains cas, elle correspondra purement et simplement au fait que l'acquéreur a fait une mauvaise affaire !

En résumé, les comptes consolidés doivent être lus avec un regard critique, et, le cas échéant, corrigés ; il convient d'être vigilant sur :

- **l'étendue du périmètre et les raisons des modifications éventuelles de celui-ci ;**
- **les méthodes et règles retenues ;**
- **l'imputation des écarts d'acquisition.**

Bien que rébarbative, la lecture attentive de l'annexe explicative qui accompagne les comptes consolidés d'une entreprise est indispensable pour les comprendre. Comme on vient de le voir, les choix comptables ne sont pas neutres. On distinguera finalement trois grandes optiques déterminant les options retenues.

- **L'optique patrimoniale (property concept) :** Dans cette conception, statique et formelle, les intérêts minoritaires n'apparaissent pas ; le bilan montre et additionne la quote-part de tous les actifs et de toutes les dettes au prorata des participations ; il met en évidence le coût des prises de contrôle.
- **L'optique économique (entity concept) :** Les états consolidés sont considérés comme étant ceux d'une entité économique, dont les deux catégories de propriétaires intéressés, majoritaires et minoritaires, sont traités de façon identique. La totalité des actifs, des passifs, des plus values latentes et des primes d'acquisition est retenue ; les intérêts minoritaires sont montrés séparément et sont considérés comme faisant partie des capitaux propres.
- **L'optique financière (parent company concept) :** Le bilan montre la totalité des actifs et des passifs (totalité de la valeur comptable majorée de la part de plus-value revenant à la société-mère et de la prime d'acquisition payée par celle-ci). Les intérêts minoritaires apparaissent pour leur part dans les actifs et passifs et sont considérés comme une dette. Le résultat est éclaté entre part du groupe et intérêts minoritaires.

Traitement comptable de l'écart d'acquisition dans les comptes consolidés

Est appelée « **Ecart de première consolidation** » :la différence constatée lors de l'entrée d'une entreprise dans le périmètre de consolidation, entre le coût d'acquisition de ses titres et la part de l'entreprise détentrice dans ses capitaux propres, y compris le résultat de l'exercice acquis à cette date. Il comprend :

- d'une part, des « **Ecarts d'évaluation** » positifs ou négatifs afférents à certains éléments identifiables qui sont ainsi réestimés pour les amener à la valeur retenue pour la détermination de la valeur globale de l'entreprise détentrice et les intérêts minoritaires ;
- d'autre part, un solde non affecté qui est intitulé **« Ecart d'acquisition » :**
  - positif, il est inscrit à l'actif du bilan et correspond à la prime payée pour acquérir les titres
  - négatif, il s'apparente le plus souvent à une provision pour risques et il est porté au passif.

L'écart de première consolidation doit obligatoirement être affecté à la valorisation des **éléments identifiables** qui entrent dans la consolidation et, notamment, aux **actifs incorporels** qui ne seraient pas inscrits dans les comptes individuels des entités consolidées.

L'écart d'acquisition est résiduel. Il est difficile de suivre l'évolution dans le temps de sa valeur, ce qui conduit à privilégier son étalement sur la durée retenue à l'origine pour le calcul de la **rentabilité globale de l'investissement ;** sauf dans des cas exceptionnels, il doit être pris en résultat suivant les **modalités d'étalement fixées à l'origine.**

Section 3

Validation des options préalables aux calculs

Un certain nombre de méthodes dynamiques d'évaluation comportent des traits communs : elles font appel à des agrégats représentatifs des réalités de l'entreprise ou amènent à procéder à des travaux d'actualisation.

La détermination de ces concepts opératoires ou de ces taux (ou seulement de certains d'entre eux) constitue la dernière étape de préparation avant la mise en œuvre des calculs.

1 - LA VALEUR SUBSTANTIELLE (OUTIL DE TRAVAIL)

La valeur substantielle (outil de travail) est représentée par la masse globale des moyens de toute nature, estimés en valeur réelle, que l'entreprise doit mettre en œuvre pour satisfaire les besoins de son exploitation.

L'outil de travail de l'entreprise n'est pas identique à son actif net réel. Plusieurs différences importantes les démarquent l'un de l'autre :

- **le financement :** les dettes viennent évidemment en déduction dans le calcul de la valeur de l'actif net alors que les choix de financement sont indifférents à la valeur substantielle ;
- **la situation juridique des biens :** les biens en location n'entrent pas dans l'actif bilantiel, en revanche ils sont utilisables pour déterminer la valeur de l'outil de travail. Il en sera de même pour les constructions sur terrain d'autrui dont la valeur patrimoniale est faible (somme actualisée des économies d'impôts liées aux amortissements qu'elles permettent d'effectuer) mais dont la valeur d'usage peut être très importante, ou des crédits-baux ;
- **leur intérêt pour l'exploitation :** une réserve foncière, élément important du patrimoine de l'entreprise (terrain en centre ville par exemple) peut ne présenter aucun intérêt pour l'outil de travail ;
- **les investissements nécessaires pour le compléter ou le rénover :** les investissements à effectuer n'ont en principe aucune incidence sur la valeur patrimoniale de l'entreprise, mais s'additionnent dans la valeur substantielle.

La valeur substantielle apparaît ainsi comme un indicateur théorique des capitaux à mettre en œuvre, quelle que soit leur origine (fonds propres, emprunts, location auprès de tiers) pour faire fonctionner convenablement l'entreprise.

A titre d'exemple (MF)

	Actif net réévalué (patrimoine)	**Valeur substantielle** (outil de travail)
Actif brut d'exploitation	25	25
Immeuble de bureaux loués à des tiers	5	–
SOUS-TOTAL ACTIF BRUT REEVALUE	30	
Usine construite sur sol d'autrui	0,5	10
ACTIF BRUT APRES RETRAITEMENT FISCAL	30,5	
Machine en prêt	–	1
Remise en état d'un tunnelier	–	1,5
(installations techniques pour le percement de tunnels)		
PASSIF EXIGIBLE	14	–
ACTIF NET TOTAL	16,5	
VALEUR SUBSTANTIELLE		37,5

La valeur substantielle n'est pas une méthode d'évaluation en tant que telle mais un instrument de réflexion et une grandeur utilisable dans plusieurs méthodes destinées à faire ressortir le « goodwill ».

Etablie dans l'optique de la poursuite de l'exploitation, elle souffre de quelques **inconvénients et insuffisances :**

- comprenant la totalité de l'actif, la valeur substantielle est en fluctuation permanente, au rythme de l'évolution quotidienne du total du bilan, dont les pulsations reflètent davantage des mouvements de trésorerie que l'évolution de la valeur de l'entreprise ;
- négliger la composition du financement revient à faire abstraction des charges financières ;

Aussi, certains experts font-ils la distinction entre :

- la **valeur substantielle brute** (telle que définie ci-dessus),
- la **valeur substantielle nette,** égale à la valeur substantielle brute, diminuée du passif exigible, ce qui dénature quelque peu le concept.

Selon la définition retenue, il y aura lieu de traiter les dettes en conséquence dans les calculs d'évaluation.

2 - LES CAPITAUX PERMANENTS NECESSAIRES A L'EXPLOITATION (CPNE)

Les critiques formulées à l'encontre du concept de la valeur substantielle, intéressant mais par trop éloigné de l'appréciation d'un équilibre bilantiel, devaient conduire à mettre en évidence une nouvelle notion, intégrant des élements de passif du bilan, les « capitaux permanents nécessaires à l'exploitation » (CPNE).

Les CPNE sont égaux aux immobilisations d'exploitation majorées du besoin en fonds de roulement. Cet agrégat permet donc :

- **de tenir compte des besoins réels de financement de l'entreprise** en éliminant (au moins dans les entreprises dont le cycle est régulier) la plupart des éléments erratiques du bas de bilan ;
- surtout, **d'effectuer les corrections nécessaires sur le profit normatif** et finalement sur la valeur réelle d'entreprise en facilitant l'approche de la structure financière.

En effet, les CPNE déterminent un besoin théorique de capitaux longs, et en particulier de capitaux propres qui, selon le cas, sont surabondants ou au contraire font défaut à l'entreprise ; on peut ensuite simuler l'incidence des corrections nécessaires à un retour à l'équilibre.

Pourvue de capitaux propres à un niveau plus satisfaisant, l'entreprise verra évoluer ses charges financières, et par conséquent son résultat. En outre, la substitution de capitaux propres à des dettes (ou l'inverse) permettra **d'ajuster le prix à payer** aux actionnaires vendeurs, en fonction de ce que l'acheteur devra apporter en cash à la structure, en sus du prix, (ou au contraire de ce qu'il pourra en retirer en cas de surfinancement de la structure).

Enfin, la structure normative qu'implique la prise en compte des CPNE rejette dans le hors exploitation le surfinancement et permet d'en faire abstraction lors du calcul du « goodwill » (cf. méthodes basées sur le « goodwill »). A contrario, la rente du goodwill se trouvera écornée par l'adjonction aux capitaux propres existants d'un supplément de sécurité qu'il conviendra de rémunérer fictivement avant d'établir le surprofit généré par l'entreprise.

3 - LE BENEFICE DE REFERENCE

Si, dans la petite affaire (commerce de détail) un bénéfice normatif peut être calculé en appliquant un taux moyen de rentabilité au CA prévisionnel, il n'en est pas de même pour l'entreprise plus structurée où l'analyse du compte de résultat est indispensable. Toutefois, le retraitement du compte de résultat, s'il permet d'apprécier la rentabilité récente de l'entreprise, ne suffit pas à fixer les hypothèses de travail conduisant, via les méthodes retenues, à la valorisation.

Aussi l'approche rétrospective des retraitements doit-elle être complétée par une démarche à caractère plus normatif, visant à :

- **déterminer le(s) soldes de gestion le(s) plus représentatif(s) de la rentabilité,**
- **saisir, selon les choix opérés, les chiffres prévisionnels correspondants.**

Ces choix suscitent de nombreux débats. On retiendra en particulier les points ci-après.

Amortissements

Les tenants du bénéfice après amortissements partent du principe que l'amortissement économique linéaire est retenu dans le calcul du bénéfice net corrigé, et qu'en conséquence, il n'apparaîtra aucune distorsion d'une entreprise à l'autre malgré des politiques différentes. Au demeurant, les amortissements, servant à financer des investissements de remplacement en priorité, ne devraient pas entrer en jeu pour la valorisation de l'entreprise. Pour autant, il faut que la dotation corresponde bien à la dépréciation effective, que les opérations de réinvestissement soient régulières et qu'il n'y ait pas de distorsion excessive lors du renouvellement des biens immobilisés.

En revanche, si ces conditions restrictives ne sont pas respectées, notamment dans l'entreprise déjà structurée ou en croissance, pour laquelle les choix industriels et fiscaux créent des écarts difficiles à apprécier au niveau du bénéfice net courant, il peut être intéressant de raisonner en termes de flux financiers, en utilisant la CAF comme support des calculs, elle-même éventuellement ajustée pour tenir compte des investissements de renouvellement.

Crédit-bail

Certaines entreprises ayant recours massivement au crédit-bail, il peut être souhaitable, à partir des clauses effectives des contrats, de reconstituer une capacité d'autofinancement financière, en ajoutant à la capacité d'autofinancement, les dotations théoriques aux amortissements comprises dans les annuités de crédit-bail.

A défaut de renseignements précis, on pourra procéder à des estimations forfaitaires suivant les clés de répartition théoriques suivantes :

Ventilation de l'annuité

	Dotation aux amortissements	Charges financières
Crédit-bail mobilier	2/3	1/3
Crédit-bail immobilier	1/2	1/2

On veillera cependant à obtenir des renseignements plus fiables, lorsque les méthodes par les flux paraissent les plus pertinentes pour évaluer l'entreprise, ou lorsque les valeurs obtenues par la capitalisation des résultats normatifs ainsi déterminés ne paraissent pas en ligne avec celles obtenues grâce à d'autres méthodes.

■ Charges financières/produits financiers

Dans le cas d'une entreprise bénéficiant d'une structure équilibrée, comparable aux usages du secteur, il parait opportun de raisonner sur un bénéfice après prise en compte des éléments financiers. Cette position est cohérente dans le cadre d'approches boursières ou fondées sur la rentabilité des capitaux propres.

L'expérience montre que l'on peut chercher au contraire à neutraliser l'incidence du coût des moyens mis en œuvre, soit en réintégrant simplement le coût de financement des investissements, soit en éliminant l'intégralité des charges financières, ce qui est encore plus favorable.

Symétriquement il conviendra d'éliminer de la rentabilité les produits financiers résultant d'une structure pléthorique.

Ces rectifications pourront s'avérer préférables en cas d'étude d'une prise de contrôle susceptible de bouleverser les conditions de l'équilibre financier de l'entreprise (par exemple : revente d'actifs permettant de rembourser des dettes, apport de capitaux par les nouveaux propriétaires, ou bien au contraire prélèvement sur les excédents de trésorerie pour financer la reprise).

Il conviendra dans tous les cas de tenir compte de l'impôt sur les sociétés fictif résultant de l'incidence théorique de ces retraitements sur la situation fiscale de l'entreprise.

4 - LE TAUX DE DISTRIBUTION (P.O.R.)

Le bénéfice distribuable se définit d'abord juridiquement comme le résultat de la somme algébrique des éléments suivants :

Report à nouveau
+ résultat net de l'exercice
– dotation de la réserve légale
= bénéfice distribuable.

Le résultat à prendre en compte est le résultat social, non le résultat consolidé.

Le bénéfice distribué est souvent inférieur, ce qui résulte notamment de :
- l'existence, au sein du bénéfice distribuable, de profits non assujettis à l'impôt au taux de droit commun et qui supporteraient le précompte (complément d'imposition) en cas de distribution, de façon à ce que le fisc puisse doter ces dividendes de l'avoir fiscal qui leur est logiquement attaché ;

- l'intention des actionnaires de préserver l'avenir en reportant ou même en mettant en réserve facultative une partie des gains réalisés.

Dès lors, **la question se pose fréquemment de savoir quel taux de distribution objectif choisir, en dehors de toute obligation contractuelle** (telle qu'un dividende de priorité). Cela revient à évoquer le **concept de P.O.R. (pay-out ratio) défini comme le rapport entre le dividende et le résultat,** celui-ci oscillant généralement entre 15 et 35 %.

En réalité, la zone à l'intérieur de laquelle peut se situer ce ratio dépendra souvent de **considérations externes ou empreintes d'un certain empirisme :**

- le besoin de liquidité des principaux actionnaires plus ou moins prononcé,
- la perception de la société comme une valeur de croissance incluant une préférence des actionnaires pour les plus-values davantage que pour le rendement, ou bien l'inverse, l'attente du dividende pour une affaire perçue comme une « vache à lait » ;
- les projets d'investissement et les espoirs de croissance externe de la société ;
- le souci de ne pas décourager les managers actionnaires ou détenteurs d'options par des prélèvements excessifs remettant en cause la sécurité d'une gestion dynamique.

A ces considérations peut s'ajouter une **analyse plus financière de la capacité de l'entreprise à distribuer ses résultats.** Le résultat distribuable apparaît alors comme la fraction du résultat comptable susceptible d'être prélevé sans remettre en cause l'équilibre de la structure financière, et sans appauvrir l'entreprise en période d'inflation. L'objectif est ici de conserver un équilibre entre les capitaux propres après répartition et le total du bilan, de sorte que l'évolution du besoin en fonds de roulement ne se traduise pas, peu à peu, par une intensification du recours au crédit.

Dès lors, on s'aperçoit que par exemple, les entreprises du secteur de la grande distribution, dont les besoins de fonds de roulement sont nuls ou négatifs, sont en mesure d'assurer à un niveau élevé, malgré des marges nettes souvent plus faibles, une certaine sécurité du rendement, alors que les entreprises industrielles, dont le besoin de fonds de roulement croît avec la complexité du cycle d'activité, se doivent de conserver un résultat minimum pour maintenir la valeur de l'entreprise dans un contexte plus aléatoire.

Une telle approche se place évidemment par rapport à des entreprises en régime de croisière, tout écart justifié étant admis.

Compte tenu de la volatilité du résultat des calculs de valorisation de l'entreprise par le biais du rendement, l'analyste devra en tous cas tester le réalisme des hypothèses qui lui sont proposées, avant de les valider pour ses calculs.

Enfin, il devra, **dans les groupes, vérifier que la remontée des résultats est organisée de telle sorte que la société-mère soit effectivement en mesure de respecter les engagements pris en matière de distribution : à un résultat consolidé important peut correspondre un résultat social négligeable si la société tête de groupe est purement holding et laisse les filiales capitaliser leurs bénéfices.**

5 - LE TAUX D'ACTUALISATION (DE CAPITALISATION)

En prenant compte des flux futurs généralement exprimés en francs courants, l'évaluateur se doit d'effectuer une correction de façon à les exprimer en valeur d'aujourd'hui.

Cette actualisation repose sur plusieurs éléments :

■ L'inflation et le change

L'inflation dont l'incidence doit être appréciée dès l'établissement du diagnostic stratégique préalable ainsi qu'au niveau du retraitement des valeurs comptables, est à prendre en compte dans les modèles basés sur les flux, faute de quoi les résultats obtenus seraient peu homogènes, voire incohérents.

Il conviendra de s'assurer en premier lieu que les données prévisionnelles fournies sont bien exprimées en francs courants (incorporant l'inflation future) et non en francs constants (déjà « déflatés »). Si les données sont fournies en francs constants, les taux d'intérêt devront alors être retenus pour leur partie « réelle », et les coefficients de capitalisation devront être ajustés en conséquence.

S'il en a le temps et les moyens, l'analyste pourra ensuite, dans le cadre d'une analyse très fine (ce perfectionnisme est toutefois rare) retenir des taux différenciés selon les flux traités (salaires, investissements etc.).

En tout état de cause, il devra accorder une **attention spécifique aux flux et aux éléments de patrimoine exprimés en devises,** avec, sur la longue période (plusieurs années) et par approximation, la faculté de compenser les différentiels d'inflation entre les pays par le différentiel de taux de change (théorie de la parité des pouvoirs d'achat).

■ La position du donneur d'ordre

L'évaluation est effectuée pour le compte d'un donneur d'ordre, chef d'entreprise, investisseur financier, etc. qui dispose de possibilités alternatives pour l'emploi de ses capitaux. Aussi ne suffit-il pas de prendre en compte l'inflation future, encore faut-il également imaginer les taux pratiqués sur les marchés concurrents : marché des titres de créances négociables, marché des obligations, marché du crédit par exemple.

Bien entendu, ces différents marchés incorporent peu ou prou les anticipations des opérateurs en matière d'inflation, mais la formation des taux s'y opère surtout en intégrant d'autres aspects qui sont essentiels à la décision d'investir ou de désinvestir, l'accès au marché notamment. Ainsi les modèles d'évaluation ne sont-ils pas utilisés in abstracto, mais par rapport à des situations concrètes, ce qui permet d'inclure la notion de coût d'opportunité et de réfléchir sur les différentes alternatives possibles telles que l'investissement interne dans l'entreprise, l'achat d'obligations, l'immobilier etc.

■ Le risque inhérent à l'objet de l'évaluation

La prise en compte du risque spécifique à l'entreprise justifie une exigence de rendement supplémentaire pour couvrir les aléas inhérents à toute activité industrielle ou commerciale par comparaison avec un placement sans risque, ainsi que certains points faibles ponctuels liés à la société, ses dirigeants, son secteur etc.

L'estimation du risque spécifique à l'entreprise est délicate et quels que soient les arguments qui l'entourent, elle reste parfaitement subjective. Or, le rendement complémentaire forfaitaire qu'elle sous-entend pourra faire varier assez sensiblement le taux d'actualisation global retenu.

De même que précédemment, au niveau des taux de base, on pourra moduler la prime de risque en fonction de la nature du flux concerné, plus ou moins certain, et du délai de réalisation plus ou moin lointain : un dividende statutaire à percevoir dans six mois a une probabilité de réalisation plus élevée que la revente de l'entreprise à un prix objectif sous un horizon éloigné de plusieurs années.

Le plus souvent le taux d'actualisation retenu se décomposera comme suit :

- **un taux de base** correspondant au taux sur un marché sans risque (ou peu risqué) sur la même période, par exemple :
  - le taux de rendement des bons du Trésor ou des certificats de dépôt,
  - le taux de rendement des emprunts d'Etat ou du secteur public, ou du secteur privé (ce qui correspond à une pénalisation croissante pour la valorisation),
- **un rendement complémentaire** déterminé discrétionnairement, par exemple :
  - un pourcentage de majoration (le plus souvent 25 à 75 % selon le degré de risque) du taux précédent,
  - une majoration fixe de taux (2 à 10 %) quelle que soit l'évolution du taux de base.

MAIRE et BRILMAN suggèrent **4 classes de risques justifiant les majorations suivantes par rapport au taux de base :**

- **affaires mûres et stables :** risque faible (25 %) ou moyen (50 %) ;
- **affaires de croissance :** risque assez élevé (100 %) ;
- **affaires en retournement :** risque élevé (150 %) ;
- **start up, affaires en difficultés** (200 %).

Le réalisme d'une évaluation dépendra souvent pour une bonne part des options retenues ici, dont le choix sera influencé par notamment :

- l'étude préalable de la courbe des taux du moment et des anticipations qui peuvent être effectuées par la communauté financière sur la perspective à très court terme d'un réajustement des taux à long terme ;
- le fait que l'inflation fragilise souvent davantage une entreprise déjà intrinsèquement vulnérable et que dans ce cas, la majoration pour risque spécifique pourra plus spécifiquement s'appliquer sous forme de pourcentage du taux de base, pesant ainsi d'autant plus lourdement que ce dernier s'élèvera.

Chapitre V

Les méthodes d'évaluation

Outre les méthodes fondées sur des comparaisons qui n'offrent pas de difficultés d'accès particulières au plan de la modélisation, et qui sont surtout utilisées à titre de recoupement, notamment dans l'évaluation des biens (cf. Chapitre 3), on distingue trois familles d'évaluation se fondant respectivement sur :

- la valeur patrimoniale présente de l'entreprise ;
- l'analyse des flux futurs qu'elle générera (résultats, dividendes, prix de revente) ;
- l'application de méthodes composites, intégrant la situation patrimoniale présente et la rentabilité future, grâce à des moyennes pondérées des résultats obtenus précédemment ou via des démarches synthétiques originales fondées le plus souvent sur la notion de goodwill.

Ces méthodes fournissent une valeur globale de l'entreprise et sous-entendent la possession du pouvoir de décision. Une décote doit être pratiquée dans les autres cas.

Plan du chapitre

Section 1

Méthodes basées sur les actifs

Face aux techniques modernes d'évaluation, les méthodes basées sur les actifs ont longtemps fait figure de vestiges. Cette désaffection résultait essentiellement de plusieurs sortes de considérations :

- **les documents comptables rétrospectifs ne reflètent pas le patrimoine de l'entreprise** en raison de la comptabilisation des actifs aux prix de revient historiques, et des distorsions nées de la fiscalité ou de l'inflation ;
- **certaines valeurs** (marque, fonds de commerce) **sont même absentes du bilan** en l'absence de réévaluation des actifs incorporels constitués par l'entreprise elle-même et non acquis auprès de l'extérieur ;
- **la réglementation comptable laisse encore beaucoup de latitude aux entreprises issues de processus de regroupement** pour présenter leurs postes bilantiels ;
- **l'expertise de biens comporte toujours une part de subjectivité ;**
- **les politiques de lissage du résultat** peuvent avoir des répercussions non négligeables sur l'actif net ;
- **l'acquéreur d'une entreprise ou d'un titre apprécie son investissement par rapport aux flux futurs qui lui reviendront.** Or, les méthodes basées sur la valeur d'actif net ne prennent pas en considération la qualité du management, la position de l'entreprise sur son marché, son savoir-faire, l'existence d'un service de recherche efficace, et négligent la capacité bénéficiaire future.

Ces méthodes ne sauraient cependant être complètement abandonnées. Elles ont d'ailleurs trouvé un regain d'intérêt avec le développement des offres publiques d'achat et des reprises d'entreprises avec effet de levier (LBO) dans la mesure où, bien souvent, une partie des actifs de la société cible sert, directement ou indirectement, de garantie, de moyen de financement ou de réserve de sécurité dans les montages imaginés par les acheteurs et leurs conseils.

Ces méthodes restent enfin **couramment utilisées en cas de liquidation d'entreprise.**

On a vu précédemment qu'un certain nombre d'éléments d'actif ou de passif pouvaient être corrigés pour accéder à une valeur patrimoniale de l'entreprise,

Calcul de l'actif net réel
(fin d'exercice)

NB : le tableau comporte des rubriques qui figurent à titre indicatif et dont la décomposition peut être adaptée à chaque cas particulier. La prise en compte ou non, de l'incidence fiscale des retraitements devra être notée.

Eléments	Valeur nette compta-ble	Valeur réelle retenue	± value	Compléments d'investis. indispensables	Cessions possibles
ACTIF **Actif immobilisé hors exploitation** Terrains Constructions sur sol d'autrui Autres : – Sous-total (1) **Actif immobilisé d'exploitation** Immobilisations incorporelles Immobilisations corporelles Constructions Installations techniques Autres : – Immobilisations financières Participations Créances rattachées Autres : – Sous-total (2) **Actif circulant** Stocks dont – Matières premières – En cours – Produits finis Créances clients Excédents de trésorerie Autres : Sous-total (3) **TOTAL ACTIF (1 + 2 + 3)**					
PASSIF **Dettes** Dettes à L.M.T. Dettes à C.T. **Quasi fonds propres** Obligations convertibles Comptes courants **Dividende à payer** **Provisions exigibles** **TOTAL PASSIF**					

La différence entre l'actif réévalué et le passif réévalué donne l'actif net réévalué.
Toutefois, si les corrections et redressements sont peu nombreux, il est plus facile de partir des capitaux propres comptables et de les modifier de la somme algébrique des ajustements réalisés.

plus réaliste que celle indiquée par les documents comptables. Par ailleurs, la valeur patrimoniale doit être corrigée pour tenir compte d'actifs latents (crédits baux immobiliers proches de leur échéance par exemple) ou de passifs non décelés (tels que des engagements de verser une pension à un P.D.G. en retraite).

Après corrections et redressements, la valeur d'actif net peut être exprimée sous forme de tableau de synthèse dont on trouvera ci-contre un exemple.

Il conviendra, pour renseigner ce tableau, de bien réajuster les valeurs de chacune des composantes selon l'optique de sévérité adaptée à la situation : **la valeur d'actif net, malgré son autre appellation de « valeur mathématique » ne se calcule pas in abstracto, mais en fonction de la destination la plus probable, ou supposée telle, des actifs et des passifs, existants ou latents, recensés.**

Enfin, le sort du résultat n'est pas indifférent à la détermination de la valeur, spécialement lorsque le bénéfice distribuable est important.

1 - DIFFERENTES VALEURS D'ACTIF

L'évaluation de l'actif net, et en particulier des actifs corporels, peut s'effectuer pour répondre à différents scénarios qui, dans une optique de sévérité décroissante, correspondent aux concepts suivants :

A - VALEUR DE LIQUIDATION

Elle résulte d'une liquidation forcée de l'entreprise : les éléments d'actif risquent d'être bradés. Elle comporte deux variantes :

■ **variante pessimiste :** la valeur à la casse, qui correspond au prix de vente d'équipements considérés comme hors d'usage et aux coûts maximaux (licenciements, etc.) d'une cessation d'activité. Elle peut être considérée comme une forme extrême de la valeur de liquidation ;

■ **variante optimiste :** la liquidation est progressive et l'entreprise réduit sans hâte son activité et les moyens correspondants. Les actifs sont cédés un à un à un prix négocié ; le personnel licencié est celui qui reste lors de la dernière transaction.

La valeur d'une entreprise ne peut être inférieure à la valeur de l'actif net calculée dans l'hypothèse d'une liquidation totale des biens, créances et dettes. Cette limite inférieure peut cependant être négative ; aussi ne s'étonnera-t-on pas qu'une affaire se vende pour un franc symbolique, avec abandon des comptes courants par les anciens actionnaires, engagement de remettre de l'argent dans l'affaire pour financer des indemnités de départ, garantie de passif, etc.

En tout état de cause, l'acquéreur doit pouvoir espérer un gain :

- à l'occasion de son action de restructuration, fut-ce une liquidation ;
- le cas échéant, lors de la dissolution de l'affaire, sans perdre de vue l'imposition spécifique, sur l'entreprise et/ou entre les mains de ses actionnaires, en pareille circonstance.

B - VALEUR LIQUIDATIVE

Une entreprise en difficulté, voire simplement en perte, n'est **pas nécessairement condamnée.** Aussi peut-il être intéressant de définir pour ces entreprises, une **valeur basse mais moins sévère.** C'est la raison d'être de **la valeur liquidative qui s'inscrit dans le cadre d'une tentative de poursuite de l'activité au moins pendant un temps** et néglige par conséquent les surcoûts de licenciements, de résiliation de contrats, de commissions sur ventes, etc.

On la définira comme le **produit de la vente des biens et créances dans un contexte de liquidation progressive, avec défalcation de l'impôt sur les plus-values de cession nettes des moins values, mais sans charge exceptionnelle de restructuration.**

Il n'y a pas de liquidation véritable, mais un abattement à faire subir à une valeur d'actif net réévalué.

C - VALEUR D'USAGE

L'optique de la valeur d'usage, la plus fréquente n'est pas pour autant simple, car un certain nombre de variantes peuvent lui être rattachées :

- **valeur vénale :** elle est définie par le prix de vente, dans un contexte de marché (échanges nourris et fréquents), d'un bien ou d'une entreprise, dans des conditions normales. Elle se rapproche d'une valeur liquidative ;

- **valeur à neuf :** elle correspond à la dépense nécessaire pour remplacer un bien existant par un bien équivalent, neuf ;

- **valeur d'acquisition :** elle désigne le coût d'acquisition du bien, ce qui peut être commode lorsque l'entrée dans le bilan est très récente et les conditions de marché stables. Toutefois, le chiffre a peu de signification en période d'inflation ou lorsqu'il s'agit d'un actif détenu depuis de nombreuses années. Lorsqu'il s'agit d'une entreprise (filiale ou participation) le coût historique est rarement intéressant : le prix de revient comptable historique (comptes sociaux) peut être largement différent (inférieur ou supérieur) de la valeur d'aujourd'hui, même non réévaluée (comptes consolidés) des actifs concernés ;

- **valeur d'utilisation :** elle représente la dépense qu'il faudrait engager pour acquérir et faire fonctionner un bien ayant les mêmes qualités et les mêmes performances. Au sein de la valeur d'utilisation on pourra loger, outre le coût d'acquisition proprement dit, le montage des équipements et la constitution de l'outillage spécifique qui n'ont pas de valeur individualisée de revente d'occasion mais qui, véhicules d'une expérience, peuvent représenter une composante très significative d'un ensemble industriel.

Le plus souvent, la valeur d'usage s'établira en effectuant la somme des valeurs vénales pour les biens hors exploitation et des valeurs d'utilisation pour les biens directement liés à l'exploitation, dont la vente ne pourrait guère se concevoir dans l'optique de la continuité.

D - VALEUR D'ASSURANCE

Elle constitue le plus souvent un **miroir grossissant** de la valeur d'un ensemble industriel. En tout état de cause, **elle ne comprend pas les dettes.** Elle doit être accueillie avec prudence, même si son calcul est soutenu par un rapport d'expertise. Un abattement de l'ordre de 30 % est fréquemment pratiqué.

E CAS PARTICULIER DES SOCIETES DE TRESORERIE

La fiscalité latente justifiera que la cession d'une société « coquille » sans activité, mais pourvue de trésorerie, s'effectue avec un abattement par rapport à sa valeur d'actif net : l'impôt dû en cas de liquidation pénalise le détenteur indirect d'actifs liquides. En outre, dans certains cas (sociétés « coquilles » ayant eu précédemment une activité), il peut être nécessaire d'attendre pour l'utiliser l'expiration du délai au-delà duquel il y a prescription fiscale sur les opérations passées, ce qui introduit une dimension d'illiquidité, voire de risque, justifiant un abattement supplémentaire.

2 - AFFECTATION DU RESULTAT

Lorsque les derniers documents comptables font apparaître un résultat important, ou lorsque le bénéfice distribuable est conséquent en raison de la mise en report des résultats des précédents exercices, il est essentiel de **connaître l'affectation de ces sommes** pour les traiter selon le cas : comme une dette à court terme (part distribuée) ou comme des capitaux propres (part non distribuée).

La décision de distribution peut, le cas échéant, s'accompagner d'un complément d'imposition dont il y a lieu de tenir compte :

- **paiement du précompte** (cas de bénéfices anciens de plus de cinq ans, ou taxés à taux réduit ;
- **rehaussement du taux d'imposition** (dans la mesure où les bénéfices courants distribués seraient taxés à un taux supérieur à celui qui s'applique aux bénéfices demeurés dans l'entreprise).

A ces taxes à acquitter par l'entreprise s'ajouteront le cas échéant les impositions dues aux bénéficiaires des dividendes. Aussi, acheteur et vendeur se mettront-ils le plus souvent d'accord pour minimiser la pression fiscale sur le schéma, ce qui peut avoir une incidence indirecte sur le prix payé pour l'entreprise.

Confronté au redoutable problème de la revalorisation de l'actif cher au cœur du chef d'entreprise moyenne, industriel plus attentif au patrimoine qu'à la capitalisation d'un profit futur souvent mesuré à l'aune des super prélèvements du groupe familial, l'analyste se devra de rester réaliste, voire dans certains cas, intransigeant. Il aura à faire face plus particulièrement à la nécessité de trouver une valeur raisonnable pour les « immobilisations passées en charges d'exploitation pour des raisons fiscales » ou pour les « machines adaptées spécialement par le directeur d'usine et qui sont les seules en France à réaliser la prestation requise suivant un rapport qualité-prix de revient satisfaisant ». Bon courage donc !

Section 2

Méthodes fondées sur la capitalisation de flux

Ces techniques reposent sur la constatation que l'acquéreur d'une entreprise (ou d'un titre) s'intéresse essentiellement aux flux financiers qu'il peut espérer recevoir en contrepartie et rémunération de l'abandon de sa liquidité et de sa prise de risque.

Il existe de multiples méthodes qui sont plus particulièrement appropriées aux cas de figure étudiés. Ainsi :

- prise de contrôle majoritaire ou participation minoritaire ? Dans le premier cas, l'accumulation future du patrimoine (bénéfices) jouera davantage que les satisfactions purement monétaires (dividendes) ;
- conservation dans le périmètre (ou le portefeuille) ou cession rapide ? Cette hypothèse de travail détermine l'horizon plus ou moins lointain, selon lequel la capitalisation pourra s'effectuer ;
- prise en compte ou non de la politique d'investissement et des distorsions fiscales induites ? Dans certains cas, il pourra être intéressant de rechercher la capitalisation d'une valeur plus représentative de la structure de l'exploitation (C.A.F., excédent brut d'exploitation, marge commerciale etc.) que le résultat du bilan, fut-ce un résultat courant normatif ;
- société cotée ou non cotée ? Les comparaisons boursières sont plus spécialement applicables aux sociétés déjà cotées ou sur le point de l'être. Elles sont un point de repère commode mais non essentiel dans les autres cas.

1 - L'APPROCHE PAR LE BENEFICE

A - LA VALEUR DE RENTABILITE

Très courante, la méthode consiste à établir la valeur de l'entreprise en capitalisant à un taux d'actualisation convenu, le bénéfice moyen futur.

Lorsque le bénéfice moyen futur est constant et capitalisé sans limitation de durée, la formule de base :

$$V = \sum_{t=1}^{n} \frac{B}{(1+i)^t}$$

se simplifie en

$$\boxed{V = \frac{B}{i}}$$

On notera que l'inverse du taux d'actualisation est plus ou moins corrélé au coefficient multiplicateur utilisé dans la méthode boursière des PER (cf. ci-dessous). Ainsi, obtient-on la table d'analogie suivante :

Taux d'actualisation i	Multiple de capitalisation $\frac{1}{i}$
3 % = 0,03	33,33
4 % = 0,04	25, –
5 % = 0,05	20, –
6 % = 0,06	16,66
7 % = 0,07	14,29
8 % = 0,08	12,50
9 % = 0,09	11,11
10 % = 0,10	10, –
11 % = 0,11	9,09
12 % = 0,12	8,33
13 % = 0,13	7,69
14 % = 0,14	7,14
15 % = 0,15	6,66
16 % = 0,16	6,25
17 % = 0,17	5,88
18 % = 0,18	5,55
19 % = 0,19	5,26
20 % = 0,20	5, –

Fonder les calculs sur un bénéfice constant repose sur l'idée sous-jacente que l'entreprise arrivée à maturité verra sa performance évoluer sur longue période, au même rythme que l'inflation (un bénéfice constant correspondant en réalité à un bénéfice courant non déflaté équivaudrait en effet à une érosion progressive de la rentabilité de l'affaire).

Le taux d'actualisation à retenir ici, sera donc égal à la rémunération en termes réels de l'épargne à laquelle s'ajoutera le cas échéant une prime de risque.

On comprend ainsi, en première approximation, que, toutes choses égales par ailleurs, **une entreprise arrivée à maturité et présentant une certaine fragilité en raison de sa petite taille ou de l'incertitude sur la pérennité de son fonds de commerce à moyen terme puisse se valoriser entre 5 et 9 fois son bénéfice, correspondant à un taux d'actualisation de 11 à 20 %.**

Cette formule de base simplifiée présente en fait de graves inconvénients liés à son aspect par trop simplificateur. Appliquée essentiellement dans le cadre de méthodes boursières, elle doit être affinée grâce à la prise en compte d'hypothèses plus précises. Aussi étudiera-t-on successivement :

- le « PER » et ses insuffisances ;
- le délai de recouvrement ;
- la capitalisation du cash flow ou de la C.A.F.

B - METHODE BOURSIERE : LE P/E (price earning) ou PER

$V = P/E \times B$

Tirée de la formule générale, V = B/i, l'évaluation d'un titre par la capitalisation des bénéfices consiste, dans sa forme la plus simple, à rapprocher le bénéfice par action d'une société du cours de cette action et à dégager ainsi une mesure de cherté du titre. On parle de rapport cours/bénéfice ou, plus communément, de PER (price earnings ratio) ou de P/E (price/earning), voire tout simplement de multiple ou taux de capitalisation. Le P/E peut être interprété comme indiquant le nombre d'années de bénéfices que l'on est disposé à payer.

Il convient d'être plus particulièrement vigilant sur les aspects suivants :

■ La notion de bénéfice courant

Le bénéfice que souhaite dégager l'analyste est un bénéfice courant, c'est-à-dire faisant abstraction de tout élément considéré comme exceptionnel en raison de sa non-récurrence, ou de toute forme de profit étrangère à l'activité de la société. En effet, **le bénéfice courant est le seul qui puisse servir de base aux prévisions bénéficiaires,** les éléments exceptionnels n'étant normalement pas appelés à se répéter. D'autre part, le plus souvent, ce n'est pas le dernier bénéfice connu qui sert de base au calcul du P/E, mais le bénéfice estimé, soit pour l'exercice en cours, soit pour le ou les tout prochains exercices.

La notion de bénéfice courant doit être appréciée avec nuance car, si la plus-value dégagée lors de la vente d'actifs immobilisés constitue manifestement un résultat extérieur à l'activité d'une société manufacturière, il n'en va pas de même pour un **holding financier, une société immobilière, une affaire de location de voitures ou de matériel informatique.**

On remarquera que de semblables redressements peuvent conduire à des écarts importants entre le bénéfice publié et le résultat courant, et il n'est pas rare qu'une entreprise, à première vue bénéficiaire, dégage en réalité un résultat courant négatif.

Par ailleurs, dans le cas d'évaluations de sociétés cycliques surtout, il est indiqué de prendre en considération une **moyenne des performances** bénéficiaires sur plusieurs années, en mettant l'accent sur des données prévisionnelles réalistes.

Ceci ne met pas en cause l'intérêt du bénéfice publié, notamment en ce qui concerne l'aptitude au paiement du dividende et l'impact immédiat qu'il peut avoir au niveau boursier.

■ P/E fonction de la croissance

Trop souvent, l'on compare les P/E de deux entreprises sans tenir suffisamment compte de leurs perspectives à moyen et long terme. Un P/E de 9 pour une société en croissance n'a évidemment pas la même valeur que le même multiple de 9 pour une société à l'avenir moins prometteur. Il faut donc s'efforcer de **dépasser la notion du P/E statique.**

A cet effet, des tables ont été créées qui lient le P/E au taux de croissance des bénéfices futurs. Elles partent de P/E dits normalisés, c'est-à-dire de P/E propres à des sociétés dont les bénéfices futurs sont supposés stables. Ensuite, pour chaque P/E normalisé, elles en établissent d'autres qui sont fonction d'un taux de croissance annuel supposé. Par exemple, à un P/E normalisé de 10 (sans croissance) correspond un P/E de 10,5 dans le cas d'une croissance de 1 %, de 10,9 si la croissance est de 2 %, et ainsi de suite. Pratiquement, cela permet notamment de fixer un P/E pour une entreprise non cotée en fonction de la croissance bénéficiaire espérée, et ce, par comparaison avec des sociétés cotées.

Cette méthode a cependant le gros inconvénient de ne pas tenir compte du risque.

■ Un mode de comparaison aisé mais simplificateur

L'intérêt essentiel du P/E réside dans les comparaisons inter-entreprises qu'il permet, que ce soit au sein d'un secteur ou d'un marché boursier.

Il est également utile d'analyser la relation entre le P/E d'une action ou d'un secteur, et celui du marché.

On constate ainsi que certaines branches d'activité ont un P/E moyen systématiquement plus élevé que celui du marché (dans ce cas, leur P/E relatif est supérieur à 1).

Les comparaisons entre P/E de sociétés appartenant à des marchés financiers différents doivent être opérées avec prudence ; il importe notamment de tenir compte des facteurs propres à chaque marché (normes comptables, intérêt des investisseurs, etc.), lesquels peuvent expliquer et justifier certaines divergences éventuelles de multiples. De plus, ces facteurs évoluent dans le temps et l'on voit fréquemment les P/E de marchés hier encore délaissés rejoindre progressivement ceux de bourses plus recherchées.

L'instabilité des P/E boursiers dans le temps est un élément dont il faut également tenir compte. On peut ainsi constater que **le P/E, d'une part, les taux d'intérêt et le rythme d'inflation, d'autre part, évoluent dans une large mesure en sens opposé.**

■ Dérivées de la méthode

La formule générale du P/E peut être affectée de coefficients pondérateurs décrivant de façon légèrement plus ciblée, quelques situations concrètes. Ainsi :

$$V = P/E \times B \times L \times R$$

L : coefficient de liquidité
- L = 1 : société cotée en bourse avec un échange de titres suffisant ;
- L = 0,85 : société cotée à faible marché ou non cotée mais introductible ;
- L = 0,7 : société non cotée ou trop petite pour être cotée ;

R : coefficient de risque
- R = 0,95 : si pas d'année sans bénéfice dans les cinq ans ;
- R = 0,85 : si risque d'une année sans bénéfice dans les cinq ans ;
- R = 0,7 : si risque d'une année sans bénéfice dans les trois ans ;

La valeur des coefficients ci-dessus se détermine au gré de l'analyste.

■ Appréciation finale

Cette méthode extrêmement simple est néanmoins le mode de calcul du prix d'une action le plus répandu, même pour une société non cotée. Le P/E est en effet une donnée aisément disponible et la bourse une référence réelle. Quelques précautions d'utilisation doivent être soulignées :

- La valeur obtenue est très **influencée par la santé de la bourse.**
- Le principal facteur qui explique le mieux les variations du P/E moyen du marché est l'**évolution des taux d'intérêt.**
- Il est parfois **difficile de trouver des sociétés cotées présentant des analogies suffisantes** avec l'entreprise à évaluer. Une société cotée est généralement plus diversifiée du fait de sa taille qu'une société non cotée.
- Le P/E détermine le **prix d'une participation marginale, mais liquide,** dans une société cotée tandis que dans le cas de l'évaluation d'une entreprise nous avons affaire à une société non cotée dont il s'agit d'évaluer un gros paquet d'actions peu liquides.

- Dans la comparaison des P/E, il faut bien regarder quelle est la **période de bénéfice utilisée :** année en cours ou année écoulée.
- Une société qui enregistre des pertes a un **P/E négatif ;** de même une entreprise prise en phase de redressement peut avoir un **P/E momentanément très élevé** et par conséquent peu significatif.
- Une bonne application de cette méthode comparative nécessite une connaissance approfondie de l'entreprise, de ses concurrents et du secteur afin de traduire en variation de P/E, par rapport à la moyenne observée, les spécificités de la société considérée.

C - METHODE DU DELAI DE RECOUVREMENT (D.R.)

Le D.R. est le délai nécessaire pour égaliser le cours de l'action avec la somme des bénéfices futurs actualisés. Toutes choses égales par ailleurs, plus ce délai est court, moins la valeur est chère.

Le D.R. permet donc de mieux comprendre l'éventail des PER observés sur un marché à un instant donné : en effet, il intègre :

- le taux de croissance des bénéfices (hypothèse fournie par l'émetteur ou choisie par l'analyste) ;
- le coût de l'argent sans risque ;
- le risque.

Le D.R. facilite la comparaison de placements alternatifs, mais il ne permet pas d'établir directement une valeur. C'est un moyen de recoupement qui permet de pallier les insuffisances de la notion statique de PER.

Le tableau de concordance simplifié ci-dessous illustre la notion.

Détermination des PER en fonction des taux de croissance anticipés des bénéfices et des délais de recouvrement

Taux de croissance anticipés des bénéfices \ Nombre d'années de bénéfices achetés (D.R.)	Cinq ans	Six ans	Sept ans	Huit ans	Neuf ans	Dix ans
5 %	5,5	6,8	8,1	9,5	11	12,6
10 %	6,1	7,7	9,5	11,4	13,6	15,9
15 %	6,7	8,8	11,1	13,7	16,8	20,3
20 %	7,4	9,9	12,9	16,5	20,8	26
25 %	8,2	11,3	15,1	19,8	25,8	33,3
30 %	9	12,8	17,6	23,9	32	42,6

Ainsi, un PER de 11 correspond-il à un D.R. :

- de moins de six ans si le taux de croissance anticipé des bénéfices est de 25 % ;

- de près de sept ans si le taux de croissance anticipé des bénéfices est de 15 % ;
- de neuf ans si la croissance anticipée n'est que de 5 %.

A risque égal (taux d'actualisation identique) c'est bien entendu le premier cas de figure qui est le plus avantageux pour l'investisseur.

A l'inverse, un PER plus élevé peut néanmoins correspondre à un investissement plus attractif : il préférable d'acquérir une valeur de croissance (30 % l'an) à un PER de 17 (D.R. < 7 ans) plutôt que d'investir au PER de 12 (D.R. > 9 ans) sur une valeur plus stable (taux de croissance de 5 %).

Ceci posé, la méthode, comme toutes les méthodes, **n'est qu'un instrument d'aide à la décision :** la fiabilité relative des prévisions, la vulnérabilité d'une affaire à un retournement de conjoncture ou de marché peuvent altérer subitement les termes de la comparaison : dans l'exemple précité de l'acquisition au PER de 17, la révision des prévisions de croissance à 15 % allonge immédiatement le D.R. au delà de 9 ans ! **Plus grand est le risque sur une valeur, plus court doit donc être le délai de recouvrement.**

La technique du D.R. permet enfin les comparaisons internationales puisqu'il est possible d'appliquer des taux d'actualisation différents aux valeurs concernées.

D - LES METHODES FONDEES SUR LES FLUX FINANCIERS

Le bénéfice net, même retraité, s'apparente le plus souvent à un résidu, et ne rend pas nécessairement compte de la rentabilité réelle d'une entreprise. S'inspirant de la théorie économique de la rentabilité des investissements, un certain nombre de méthodes cherchent à déterminer la valeur de l'entreprise à travers l'analyse plus globale de ses flux financiers.

Ainsi, depuis le début des années 70 ont fleuri diverses méthodes fondées sur une actualisation de la rentabilité future, dont les plus connues sont celles du discounted cash flow et celle du sinking fund.

■ Actualisation de la C.A.F.

La formule générale de la valorisation s'inscrira ainsi :

$$V = \sum_{t=1}^{t=n} \left[\frac{CAF^t}{(1+i)^t} \right]$$

Elle exprime la somme actualisée des C.A.F. des exercices retenus.

- **La C.A.F.** peut être majorée du solde charges financières – produits financiers. Cela facilite l'obtention d'un résultat plus précis qui élimine l'incidence de la structure financière sur la rentabilité. Il convient alors de retrancher du résultat obtenu les dettes nettes, ou y ajouter les excédents nets, pour accéder à la valorisation de l'affaire.

- Un degré de précision supplémentaire peut être obtenu en ajoutant, lorsqu'on en dispose, le produit net des cessions d'immobilisations et en retranchant le montant des investissements et de l'augmentation du besoin en fonds de roulement.

Price cash flow

L'approche via la C.A.F. peut être synthétisée avec le « Price cash flow », coefficient multiplicateur de la C.A.F. (généralement compris entre 4 et 6) qui est pour celle-ci, l'équivalent de ce que le PER est au bénéfice.

Le price cash flow encourt ainsi les mêmes critiques que le PER (notion statique ; éventail large de résultats selon la croissance attendue des performances etc.). En outre, peu utilisé, il ne permet pas, à l'inverse du PER, d'accéder rapidement, par comparaison, à une zone probable de valorisation. Sous l'influence des pays anglo-saxons, son emploi s'est étendu, notamment pour calibrer la faisabilité des LBO.

Sinking fund

L'idée est de considérer que les flux financiers disponibles servent d'une part à amortir financièrement l'investissement (sinking fund), et d'autre part à rémunérer les capitaux investis. Les taux d'actualisation retenus pour les deux calculs sont en général différents : il s'agit en effet :

- de conserver intact le patrimoine (sinking fund) ;
- de rentabiliser l'investissement.

On détermine d'abord l'annuité qui, sur un délai de recouvrement prédéterminé, permet la reconstitution du capital à un taux de réinvestissement ou de réemploi prévu. Le flux disponible annuellement doit être au moins égal à l'annuité de reconstitution du capital majoré du rendement du capital reconstitué cumulé au taux prévu (conservation du patrimoine).

Le supplément correspond à la rentabilité nette du capital investi (superprofit capitalisable).

Ce schéma complexe n'est pas adapté à une approche rapide de la valeur de l'entreprise, sauf à en simplifier à l'excès les paramètres de calcul.

Discounted cash flow (flux disponibles actualisés)

Il s'agit d'actualiser des excédents de trésorerie à un taux donné et sur une certaine durée de façon à intégrer davantage les réalités économiques et le mode de financement. La méthode permet de valoriser l'enrichissement net

de l'entreprise, une fois pris en compte le financement de sa croissance. (notion de flux financier net de croissance).

On compare annuellement un flux de recettes et un flux de dépenses. La valeur actuelle de l'entreprise est égale à la somme actualisée de la série des différences, majorée de la valeur actualisée de liquidation de l'entreprise en fin de période (d'autant plus faible dans le total que la période retenue est plus longue), diminuée de la dette en année 0.

Les flux à prendre en compte sont tant les flux d'exploitation, liés au processus Achat Production Vente, que les flux d'investissement (investissements diminués des cessions nettes d'impôt et variation du besoin en fonds de roulement) et les divers (exceptionnels nets d'incidence fiscale, participation, impôt sur les sociétés théorique...).

Les produits et les charges n'ayant pas d'incidence en trésorerie doivent être neutralisés ou retraités (production immobilisée, stockée, amortissements et provisions nets de reprises...) tout en tenant compte de leur impact fiscal.

La valeur résiduelle est déterminée par capitalisation à l'infini de la croissance du dernier flux disponible.

Recettes : bénéfice net courant après amortissements et avant impôts (1)
+ frais financiers (2)
= bénéfice net avant frais financiers (1) + (2) = (3)
– impôt théorique (4)
+ amortissements économiques (5)
+ valeur de cession des immobilisations cédées (6)
+ emprunts supplémentaires à moyen et long terme (7)
= flux de recettes (3) - (4) + (5) + (6) + (7) = (8)

Dépenses : augmentation du fonds de roulement normatif (9)
+ coût des investissements annuels (10)
+ annuités d'amortissement d'emprunts (11)
= flux de dépenses (9) + (10) + (11) = (12)

Flux net annuel : (8) - (12)

Sur la base de ces principes généraux, l'actualisation des flux disponibles (free cash-flows) peut se calculer de différentes manières, à partir de l'EBE, de la CAF ou du Bénéfice net. Par exemple :

EBE
– variation positive du BFR
– investissements d'exploitation nets des cessions
± frais financiers nets
– dividendes distribués
– participation
– impôt sur les sociétés
= flux net annuel hors décision de financement

Il y a lieu d'y ajouter l'incidence de l'endettement en année 0 et en année N, (horizon des prévisions).

Cette approche est utile pour discerner l'intérêt d'un investissement (qui, tout en apportant un supplément de résultat, peut paradoxalement consommer davantage de trésorerie à l'instant de sa réalisation qu'en dégager au cours de sa vie, et ainsi faire perdre de la valeur à l'entreprise).

Les concepts de Discounted Cash Flow (DCF) ou Free Cash Flow supposent une connaissance très intime de l'entreprise et des prévisions très fiables. Lourds à manier, les méthodes qu'ils suscitent sont moins utilisées dans les milieux boursiers que pour l'étude d'une acquisition et son financement avec dette. Elle sont peu adaptées au cas des entreprises en début de cycle d'investissement qui se trouvent pénalisées par des flux nets réduits, le cas échéant négatifs pendant les premières années, sauf à valider et actualiser à un taux raisonnable le tableau de financement sur l'ensemble du cycle (7 à 10 ans). Enfin, ces méthodes comportent une certaine confusion entre valeur de l'entreprise et valeur de ses actifs : les actionnaires n'ont pas nécessairement vocation à s'approprier la trésorerie de l'entreprise en fin de période ou à rembourser ses dettes, sauf à ce que cette dernière soit pleinement intégrée à un groupe.

Pour intéressantes qu'elles soient, ces méthodes présentent l'inconvénient de ne pouvoir s'appliquer que dans la mesure où la visibilité sur l'entreprise à 5/7 ans est suffisante. Sinon, les hypothèses sur lesquelles elles reposent risquent de générer des résultats peu significatifs. Elles ne sont utilisables que si l'on teste plusieurs hypothèses pour obtenir un faisceau de réponses. Mais elles ont le mérite de mettre en évidence les facteurs de création de valeur dans l'entreprise au service des actionnaires et débouchent sur le concept de valeur actionnariale.

2 - L'APPROCHE PAR LE RENDEMENT

La valeur de rendement, qui correspond à une application particulière de la valeur de rentabilité, est obtenue par capitalisation du dividende (avoir fiscal compris le cas échéant) mis en paiement par l'entreprise pour l'année en cours.

Cette méthode est plus **particulièrement adaptée à l'évaluation en vue d'un investissement boursier.**

Toutefois, elle présente également un intérêt lorsque l'investisseur négocie un **rendement garanti** (dividende statutaire par exemple) ce qui est fréquent dans les opérations de capital-développement.

Enfin, le banquier investisseur minoritaire dans l'affaire non cotée notera que la valeur de rendement est beaucoup **plus réaliste** qu'une valeur de rentabilité classique **dans l'hypothèse d'un investissement illiquide et aux perspectives de sortie incertaines** (marasme boursier ou absence de véritable projet de cession de la majorité).

Le calcul de cette valeur s'avérera en outre **plus commode** qu'une recherche de la rentabilité réelle dans l'affaire familiale non cotée. On pourra plus facilement prendre appui sur les résultats qu'elle extériorise pour dédramatiser une négociation.

A - LA FORMULE DE BASE

La formule de base indique que la valeur de rendement d'une entreprise est égale à son dividende, avoir fiscal compris, divisé par le taux de rendement attendu :

$$V = \frac{D}{R}$$

En dépit de son apparente simplicité, la valeur de rendement n'est pas d'une bonne fiabilité en raison du faible niveau général des taux de rendement sur le marché des actions, qui conduit à un spectre très large des valeurs.

NB : Dans la PME non cotée, le rendement attendu par le chef d'entreprise (prélevé notamment sous forme de salaire supplémentaire ou d'avantages en nature) est généralement élevé, ce qui est normal eu égard aux risques pris, mais il est difficile à reconstituer et ne profite pas égalitairement à tous les actionnaires.

Rendement global (AF compris) attendu (R)	Valeur du capital (V) pour un dividende global de 100
1 %	10 000
1,5 %	6 666
2 %	5 000
2,5 %	4 000
3 %	3 333
3,5 %	2 857
4 %	2 500
4,5 %	2 222
5 %	2 000
5,5 %	1 818
6 %	1 666
6,50 %	1 538
7 %	1 429
7,50 %	1 333

On constatera la grande volatilité des résultats obtenus. Ainsi, une variation, faible en montant, mais significative en pourcentage peut tirer à la hausse très sensiblement la valorisation de l'entreprise.

Imaginons un investisseur désirant un rendement global de 4 % sur le capital investi.

L'entreprise cible réalise un résultat de 200 dont elle distribue le quart (soit un « pay out ratio » ou P.O.R. de 0,25).

Par cette seule méthode l'investisseur accepterait une valorisation de :

$$V = \frac{200}{4} \times 1{,}5 \times \frac{1}{0{,}04} = 1\,875$$

dividende net	incidence de l'avoir fiscal	taux de rendement attendu

Supposons que l'entreprise distribue désormais le tiers de son résultat : (POR = 0,33).

$$V = \frac{200}{3} \times 1{,}5 \times \frac{1}{0{,}04} = 2\,500$$

Le dividende est passé de 50 à 66,66 : un sacrifice supplémentaire de 16,66 génère un supplément de valeur de 625 !

De même, une variation du rendement désiré peut avoir des répercussions très importantes sur la valeur du capital. Dans l'exemple précédent :

R = 2,5 → V = 4 000
R = 4 → V = 2 500
R = 5 → V = 2 000

Il conviendra donc d'être relativement prudent dans l'exploitation de la formule de base, en tenant compte également des éléments d'appréciation suivants :

- **une affaire de croissance distribue peu car elle désire conserver ses résultats pour financer son développement et se ménager des excédents en vue de croissances externes ;** les actionnaires, attentifs à la valorisation de leur patrimoine l'accompagnent bien volontiers et acceptent cette attitude malthusienne ;
- **en revanche, l'engagement de distribution pris par l'émetteur constitue le cas échéant un parachute à la baisse** (pour autant que l'affaire n'entre pas dans une période de pertes qui rend aléatoire la possibilité de distribuer) ;
- **l'échantillon de référence sur lequel s'appuie la détermination du taux de distribution attendu doit être étudié avec attention.** A cet égard, le taux global de rendement du marché de Paris n'est pas suffisamment précis pour

s'adapter indifféremment à des opérations portant sur un secteur en croissance, à maturité, ou en crise. Il conviendra donc de rechercher à la fois au niveau du POR et du taux de rendement, des repères sectoriels ciblés.

Cette approche sectorielle comparative doit être menée en tenant compte des particularités propres à chaque entreprise. Ainsi, il est clair que, dans un même secteur, une société peut s'avérer nettement plus dynamique tout en poursuivant une politique de dividende moins généreuse, ce qu'elle peut se permettre vu les espoirs de gains en capital qu'elle suscite. De même, une société à plus forte croissance pourra être introduite en bourse à un prix dégageant un rendement moins élevé.

On voit l'**importance d'une évaluation tenant compte non du seul rendement mais également de la rentabilité globale ou « return » (dividende et plus-values).**

Dans certains cas, un marché boursier donné n'offre aucun point de comparaison valable, l'entreprise concernée étant engagée dans un créneau très spécifique. L'analyste financier se voit de ce fait contraint de procéder à des comparaisons internationales. Ici encore, il devra tenir compte des particularités fiscales et du fait que deux marchés boursiers n'attachent pas nécessairement la même importance au rendement, alors que celle-ci est d'autant plus grande que l'information de l'actionnaire est pauvre : **manquant de précisions sur la stratégie des sociétés, leurs projets, leurs perspectives** (tous renseignements susceptibles de créer ou d'entretenir la confiance), **les investisseurs ont tendance à exiger un rendement immédiat plus élevé.**

B - LE MODELE DE SHAPIRO

Shapiro tente de répondre à la critique de l'hypothèse du dividende constant, en introduisant dans le calcul un facteur de croissance (taux g).

Si $R_{t+1} = R_t(1+g)$, et i le taux d'actualisation, on obtient, en actualisant,

$$V = \sum_{t=1}^{n} \frac{R_0(1+g)^t}{(1+i)^t},$$

soit une progression géométrique de R_0 de raison

$$\frac{1+g}{1+i}$$

qui, en appliquant le calcul pour n égal infini, peut s'écrire,

$$\frac{R_0(1+g)}{i-g}$$

Comme le premier dividende est versé au bout d'un an, l'équation se simplifie en :

$$\frac{R}{i-g}$$

L'application de ce modèle suppose néanmoins :

- une approche assez fine de i et g ;
- $i > g$ (taux de croissance inférieur au taux d'actualisation).

D'autres modèles intègrent la variation du taux de croissance et éventuellement celle du taux d'actualisation au cours de la période. Un calcul manuel peut être effectué sur un horizon de quelques années, mais il n'est évidemment pas possible d'affiner à l'infini.

L'horizon infini est d'ailleurs le point faible de ces méthodes qui sont dès lors difficiles à servir en termes d'hypothèses et ne correspondent pas non plus à la durée de vie habituelle d'investissements d'une entité financière sur les marchés de fonds propres.

C - LE MODELE FINANCIER DE BATES

Fondé sur l'actualisation des encaissements reçus par l'investisseur, le modèle de Bates, relativement simple et concret, constitue une tentative intéressante pour appréhender les divers aspects de la rentabilité d'un investissement en actions :

- encaissement d'un dividende pendant la période de détention des titres (de 1 à n) ;
- puis désinvestissement permettant de recouvrer la liquidité, (VR = valeur de revente) ;
- le tout sous un horizon limité de quelques années (en règle générale, n = 3 à 5).

$$V = \sum_{t=1}^{n} \frac{D_t}{(1+i)^t} + \frac{VR}{(1+i)^n}$$

Le modèle de Bates établit une série de relations entre :

- la valeur actuelle de l'entreprise exprimée sous forme de PER ;
- le taux de croissance anticipé des bénéfices et des dividendes ;
- le taux de rendement anticipé de l'investissement ;
- le nombre d'années de détention des titres ;
- la valeur de fin de période exprimée sous forme de PER sur le bénéfice de sortie.

Les hypothèses effectuées sur chacun des facteurs permettent d'identifier, par des tables, le facteur manquant. En modulant les variables du modèle, on peut arriver à une estimation réaliste, ou plus exactement, grâce à un ensemble de résultats, on peut déterminer la zone de vraisemblance à l'intérieur de laquelle il sera opportun de situer la valeur.

Cette démarche apparaît ainsi comme un moyen de tester les autres méthodes et comme un détecteur d'incohérences : si le prix proposé fait ressortir, pour un taux de rentabilité attendu, la nécessité d'un taux de croissance explosif, ou un PER de revente de plusieurs dizaines, il faut peut-être négocier une baisse...

Section 3

Méthodes composites

Les méthodes composites ont pour objectif de concilier les méthodes présentées précédemment ;

- à partir de la notion d'actif net (approche « bilan ») ;
- à partir des flux générés par l'activité (approche « compte de résultat ») ;

Cette synthèse est **d'autant plus nécessaire que les approches « bilan » et « compte de résultat » peuvent avoir abouti à des résultats très différents pour une même entreprise.**

La **valeur d'actif net** peut être faible parce qu'elle n'inclut pas ou sous estime des éléments incorporels tels que la notoriété d'une marque, un positionnement stratégique sur le marché ou une qualité de gestion.

A l'inverse, la combinaison des facteurs de production peut donner des **résultats** insuffisants parce que l'outil n'est plus adapté aux besoins de l'entreprise, en raison d'une insuffisance de l'investissement, d'une décroissance du secteur d'activité, de la perte de marchés etc., alors qu'un potentiel existe.

Par ailleurs, dans de nombreux cas, les **actifs incorporels sont indissociables de l'activité** de l'entreprise et ne sauraient être valorisés in abstracto.

On effectuera la distinction entre les méthodes fondées sur des moyennes pondérées et celles qui manient le concept de goodwill.

1 - METHODES FONDEES SUR DES MOYENNES PONDEREES

Une première tentative de synthèse peut être effectuée dans ce cadre, en calculant une moyenne pondérée des résultats obtenus via les autres méthodes :

$$V = \frac{aV_1 + bV_2 + cV_3}{a + b + c}$$

avec V_1 = une valeur de la famille « patrimoine »
V_2 = une valeur de la famille « flux »
V_3 = une valeur à caractère plus économique (pourcentage de chiffre d'affaires par exemple),
les coefficients de pondération a, b et c étant choisis arbitrairement par l'analyste.

Les méthodes recommandées par l'administration fiscale pour évaluer les sociétés dans l'optique en particulier de l'impôt sur la fortune, constituent la forme la plus élaborée d'une telle approche (cf. tableau).

■ VM : valeur mathématique ou patrimoniale

Elle est égale à une valeur d'actif net corrigé (ANC), majorée de la valeur du fonds de commerce (FC), estimée :

- dans le commerce de détail, à l'aide de barèmes ;
- dans l'industrie, sur la base d'une ou deux années de bénéfices.

$$VM = ANC + FC$$

■ VR = valeur de rendement

Il est usuel, dans l'optique de l'évaluation administrative, de capitaliser le dernier dividende (D) ou le dividende moyen des dernières années, à l'infini, sur un taux de rendement de 5 % hors avoir fiscal.

$$VR = D \times 1 / 0,05 = 20 \times D$$

Le cas échéant, la surrémunération du groupe familial pourra être ajoutée au dividende réel pour déterminer D.

Quoi qu'il en soit, **l'entreprise familiale distribuant peu, l'administration accepte que la valeur du rendement VR soit remplacée par une valeur de productivité VP, fondée sur la capitalisation de la totalité du bénéfice après IS.**

Le bénéfice à capitaliser doit être exact aux yeux de l'administration ce qui sous-entend les corrections habituellement effectuées lors d'un contrôle fiscal, lorsque l'on constate les points suivants :

- immobilisations comptabilisées à tort en charges ;
- provisions sans objet ;
- amortissements exagérés ;
- stocks minorés ;
- salaires excessifs du dirigeant.

Le bénéfice moyen ainsi défini se capitalise à l'infini à un taux compris entre 12 % et 15 %, ce qui revient à un PER compris entre 6,7 et 8,3.

Le cas échéant, l'administration applique un multiple de 4 à 10 sur la MBA, définie comme suit :

bénéfice net après IS
+ dotation aux amortissements
+ dotation aux provisions à caractère de réserve
– reprises sur provisions

Le choix de ce dernier multiple est fonction du risque et de comparaisons avec des valeurs cotées, ce qui est très dangereux car le ratio semble peu significatif et conduit sans doute à survaloriser les entreprises opérant dans des secteurs à forte intensité capitalistique.

Les critiques susceptibles d'être formulées à l'encontre de chacune de ces méthodes conduisent l'administration à préconiser leur combinaison et à retenir comme base de calcul les bénéfices de deux exercices (au-delà, il conviendrait de corriger les effets dû à l'érosion monétaire).

Evaluation par l'administration

Pouvoir de décision	Commerce de détail ou de gros de petite ou moyenne importance		Activité industrielle	Sociétés importantes		Sociétés à activités non commerciales
	Petite	Moyenne		Objet commercial	Objet industriel	
OUI	$\frac{4\,VM + VR}{5}$	$\frac{3\,VM + VR}{4}$	$\frac{2\,VM + VR}{3}$	$\frac{VM + VR}{2}$	$\frac{VM + 2\,VR}{3}$	$\frac{4\,VM + VR}{5}$
NON	$\frac{VM + VR}{2}$	$\frac{VM + VR}{2}$	$\frac{VM + 2\,VR}{3}$	$\frac{VM + 3\,VR}{4}$	$\frac{VM + 2\,VR}{3}$	$\frac{2\,VM + VR}{3}$

L'administration pondère les résultats des calculs en tenant compte :

- de la nature de l'activité ;
- de la taille ;
- des valeurs retenues lors de transactions récentes (sous seing privé, sur un marché de gré à gré, sur un marché boursier réglementé) ;
- de l'existence ou non d'un pouvoir de décision attaché au bloc majoritaire. Lorsque les actions appartiennent à un bloc majoritaire, l'administration pondère plus fortement la valeur mathématique, arguant du fait que les titres donnent ainsi un droit d'utilisation et de gestion de l'actif net.

Enfin, le cas des sociétés importantes est traité à part. L'administration signale à leur sujet :

« Dans ces sociétés, la valeur mathématique ou la combinaison des valeurs de productivité, de rendement et de la marge brute d'autofinancement peut être remplacée par le calcul de la **survaleur ou goodwill.**

La survaleur ou goodwill est le supplément de valeur de l'entreprise dû à sa réputation, à la valeur de son équipe, à son nom, ses marques, son réseau de distribution, etc.

Elle est appréciée en fonction de ses fonds propres et de leur rentabilité.

En pratique, à défaut de la calculer année par année sur un horizon de 3 à 5 ans, **la survaleur s'obtient en affectant d'un coefficient multiplicateur la fraction de bénéfice qui excède la rémunération des capitaux engagés.** Le **taux de rémunération des capitaux engagés** correspond sensiblement au taux du loyer de l'argent afférent aux placements à revenu variable. Le **coefficient multiplicateur** varie en général de 1 à 5, en fonction du risque couru par l'entreprise. Ce coefficient est d'autant plus élevé que les perspectives de maintien du superbénéfice sont favorables. »

L'administration s'ouvre ainsi peu à peu à des méthodes de calcul plus complexes, mais aussi plus fiables.

2 - METHODES PRENANT APPUI SUR LA NOTION DE GOODWILL

Les méthodes fondées sur des moyennes pondérées, si elles constituent un progrès vers une synthèse souhaitable des différents angles d'approche de l'entreprise, présentent le **double inconvénient :**

- de **l'arbitraire** dans le choix des coefficients de pondération ;
- de **l'absence d'interactivité** entre les paramètres retenus.

Aussi a-t-on imaginé **la notion de goodwill qui peut être défini dans une première approche comme le différentiel de rendement du capital investi par rapport à une rentabilité normative des actifs engagés.**

A - PRESENTATION DE LA NOTION

La combinaison des facteurs de production au sein d'une entreprise génère un résultat qui est différent du rendement qu'auraient obtenu les mêmes capitaux placés sur un marché de référence. Cette différence, si elle est positive, constitue un surprofit récurrent (goodwill), une rente qui récompense le savoir faire. Sa capitalisation correspond d'une certaine façon à la valeur du fonds de commerce de l'entreprise. Mais la différence peut également être négative, parce que, pour une raison quelconque, l'actif net est inapproprié ou mal géré : la valeur de l'entreprise est alors inférieure à celle de la somme de ses composantes patrimoniales, car on a constaté un badwill.

V = valeur patrimoniale ± capitalisation d'un différentiel d'efficacité

Le principe du Goodwill

Dans tous les cas on peut écrire que la valeur d'une entreprise est égale à l'actif net auquel on rajoute un complément appelé goodwill.

$$V = AN + GW$$

L'évaluation par l'actif net réévalué ne tient pas compte de la façon dont il est utilisé.

Dans le cas des entreprises industrielles, le fonds de commerce, difficile à identifier en tant que tel, peut être défini comme étant l'aptitude de l'entreprise à générer des bénéfices dans un cadre d'exploitation donné.

Chaque année, un super profit est constaté lorsque le bénéfice de la société est supérieur au résultat représentant une rémunération de l'actif net à un taux i (taux du marché sans risque).

$$SP = B - iA$$

Le goodwill est la somme actualisée de ce super profit.

En cas d'insuffisance de rentabilité de l'entreprise par rapport aux capitaux qui y sont engagés, le goodwill devient négatif (badwill) donc engendre une décote.

De nombreuses méthodes pratiques découlent de cette approche.

L'approche par le goodwill **facilite la correction d'erreurs d'appréciation sur l'actif net :**

- à un actif net surévalué correspond un goodwill moindre, voire un badwill ;
- à l'inverse, un actif net sous-évalué provoque un gonflement de la rente du goodwill.

Enfin, sur le plan opérationnel, le calcul du goodwill **peut mettre en évidence l'opportunité de certaines décisions de gestion, notamment en matière d'acquisition ou de cession d'actifs.**

La famille des méthodes prenant appui sur la notion de goodwill présente, par rapport aux autres, le double avantage :

- de **pouvoir comparer des entreprises dont les cycles production-vente, et par conséquent les structures bilantielles, sont très différents ;**
- de **valoriser davantage, toutes choses égales par ailleurs, les entreprises dont les consommations de capitaux sont les plus faibles pour une rentabilité donnée.**

B - CONCEPTS OPERATOIRES LIES A LA NOTION DE GOODWILL

Si le principe en est séduisant, l'application de ce schéma est délicate, car elle se heurte à certains problèmes conceptuels, et oblige également à choisir entre plusieurs hypothèses relatives notamment à la pérennité de la rente du goodwill.

Le goodwill étant un supplément de résultat par rapport à la rentabilité théorique de l'actif engagé, il convient successivement de :

■ Déterminer l'actif engagé

Dans une approche rapide, l'actif engagé peut être confondu avec l'actif net réévalué, abstraction faite toutefois d'une réévaluation du **fonds de commerce qui doit être compté pour 0** (faute de quoi le goodwill serait fortement réduit, voire ramené à 0, la méthode ayant justement pour but de quantifier la valeur du fonds de commerce par rapport aux performances courantes de l'entreprise).

Il convient cependant, chaque fois qu'on le pourra, de renoncer à se contenter d'une méthode aussi approximative, qui présente le **double inconvénient de ne pas neutraliser :**

- **certains actifs hors exploitation** (notamment trésorerie, immeubles loués à des tiers) ;
- le **mode de financement de la structure ;**

qui ne devraient pas peser sur la valeur du goodwill.

Pour approfondir, l'analyste pourra utiliser des concepts tels que la valeur substantielle, ou les capitaux permanents nécessaires à l'exploitation, définis précédemment (cf. chapitre IV).

Quelle que soit la base de travail, certains **retraitements** s'imposent :

- l'exclusion des **actifs hors exploitation** dans la détermination de l'actif engagé ne doit pas pour autant les écarter de la valeur finale de l'entreprise. Un loyer fictif peut être envisagé si l'on veut déconnecter de l'exploitation certains biens immobiliers (utilisés par exemple pour abriter le siège social) afin de traiter l'hypothèse de la revente de ces derniers ;
- l'exclusion totale ou partielle des **dettes** doit se répercuter sur le profit constaté, auquel il conviendra de réintégrer, pour les besoins du calcul, les charges financières correspondantes. En règle générale, on déduira de l'actif engagé les dettes à plus d'un an, hors cycle et l'on réintègrera par conséquent dans le résultat retraité les charges financières des seuls concours à court terme ;
- les **quasi fonds propres** (comptes courants, obligations convertibles...) rémunérés à des conditions différentes de celles d'une dette classique devront faire l'objet d'un soin particulier lors des reclassements ;

- la réintégration dans la valeur substantielle des **biens loués en crédit-bail** conduit à additionner au profit les loyers correspondants.

■ Déterminer la rentabilité théorique

La rentabilité théorique est égale au bénéfice minimum nécessaire pour procurer une rémunération normale avec capitaux engagés. Le taux retenu correspond habituellement à celui négocié pour un placement long non risqué au même moment, mais il peut être opportun d'envisager une prime de risque si ce bénéfice minimum n'est pas assuré.

■ Déterminer le super bénéfice ou rente du goodwill

Il correspond à la différence entre le résultat réel retraité et la rentabilité théorique. L'écart est éventuellement négatif (badwill).

■ Capitaliser l'écart

La rente du goodwill est capitalisée normalement à un taux supérieur à celui retenu pour la rémunération normale des capitaux, afin de tenir compte des risques pouvant affecter la pérennité du super bénéfice dégagé, qui, en tout état de cause est un bénéfice marginal, donc plus difficile à réaliser.

■ Choisir une période de capitalisation

Certains experts estiment peu raisonnable de capitaliser le super bénéfice sur une durée illimitée et préfèrent travailler sur un horizon de 3 à 5 ans, selon le degré de sécurité dans l'accumulation de la rente avec les structures actuelles. Ce taux d'actualisation retenu peut être alors moins sévère que dans le cadre d'une capitalisation du goodwill à l'infini.

En cas de badwill, il convient d'étudier le temps nécessaire pour résorber l'insuffisance de rentabilité et, le cas échéant de mesurer les dépenses à engager pour ce faire. L'ensemble peut être ensuite actualisé pour en déterminer l'impact négatif sur la valeur d'actif net.

Dans tous les cas, l'évaluation finale reposera sur la formule

$$V = \text{Actif net corrigé} + \text{goodwill}$$

même si, le plus souvent, on préfèrera pour améliorer la précision des résultats, les concepts de valeur substantielle ou de CPNE, supposés rendre mieux compte de la réalité économique de l'entreprise à l'instant de l'évaluation.

C - METHODES USUELLES

Pour chacune de ces méthodes une formulation simplifiée consiste à remplacer la valeur de l'actif engagé par l'Actif Net Corrigé.

Méthode des praticiens (dite également méthode allemande ou indirecte)

$$GW = \frac{1}{2}(VR - AE) \quad \text{avec} \quad VR = \frac{B}{i}$$

avec
GW = goodwill
VR = valeur de rentabilité
AE = valeur de l'actif engagé
B = bénéfice retraité (en fonction de ce qui est compris dans l'actif engagé)
i = taux d'intérêt

Le goodwill est égal à la moitié de la capitalisation sur une durée infinie du super profit.

L'aspect rendement peut être pondéré plus fortement le cas échéant la formule devient :

$a(VR - AE)$

avec le plus souvent $\frac{1}{2} < a \leqq \frac{3}{4}$

Elle est encore plus avantageuse pour le vendeur.

Méthode des anglo saxons (dite également méthode directe)

$$GW = [B - (t \times AE)]\frac{1}{g}$$

avec
GW = goodwill
B = bénéfice retraité
AE = valeur substantielle
t = taux d'intérêt sans risque
g = taux d'actualisation incorporant une prime de risque

La formule permet d'actualiser la rente à un taux plus élevé que le taux de rendement requis pour le placement de l'actif. C'est la contrepartie du manque de pérennité supposé de la rente.

Méthode des taux risqués et non risqués

$$GW = [B - tV]\frac{1}{g}$$

La formule est la même que la précédente, mais le taux non risqué s'applique sur la valeur globale d'acquisition, non sur la seule valeur de l'actif engagé.

■ Méthode simplifiée de l'Union des Experts Comptables

$GW = (B - tAE)\, a_n$

a_n est un coefficient qui tient compte du taux d'actualisation et de la durée. Il se détermine par lecture de tables financières et s'applique à une différence constante.

D - INCIDENCE DE LA REMUNERATION DES CAPITAUX A ENGAGER PAR L'ACHETEUR DANS LE FUTUR

La plupart des méthodes de calcul du prix font abstraction du coût global d'une opération pour un acquéreur. En effet, ce dernier, le plus souvent non seulement devra payer au vendeur le prix, mais ensuite il lui faudra aussi rééquilibrer la structure financière de la société en y injectant des capitaux supplémentaires pour financer le développement attendu.

Dans certains cas, au contraire, sur le prix payé au vendeur, s'imputeront des prélèvements ultérieurs sur la trésorerie ou le produit de la revente d'actifs hors exploitation, réduisant ainsi le coût final de l'acquisition.

Il paraît ainsi très important de prendre en compte, de façon dynamique, les besoins de capitaux générés par le développement futur pour ajuster la valeur d'aujourd'hui.

Aussi sera-t-il nécessaire de :

- fixer les investissements et les besoins de fonds de roulement marginaux ;
- déterminer un fonds de roulement normatif prévisonnel ;
- calculer les besoins de fonds propres nécessaires pour satisfaire aux exigences de sécurité.

Cette approche dynamique justifie que l'on recalcule le goodwill des années futures en fonction des divers éléments évoqués. Il en résultera le plus souvent une réduction de la valeur et du prix.

3 - LA RENTABILITE DES CAPITAUX INVESTIS ET LA VALEUR ACTIONNARIALE

Se fondant sur les approches déjà anciennes des capitaux nécessaires à l'exploitation, la valorisation par les capitaux investis prend en compte la totalité des capitaux employés par l'entreprise (Immobilisations et Besoin en Fonds de Roulement) comme base de référence.

Pour **mesurer l'efficacité de la gestion**, le résultat pris comme base est le résultat avant frais financiers, diminué d'un impôt théorique à taux plein.

exemple :	capitaux employés moyens	300
	résultat net d'exploitation	75
	rentabilité nette des capitaux investis	25 %
	rentabilité normative exigée	10 %
	valeur brute de l'entreprise	750
	trésorerie nette retraitée (positive)	60
	valeur société	810

Cette méthode avantage les sociétés qui consomment peu de capitaux longs.

Elle débouche, elle aussi, sur le **concept de valeur actionnariale**, qui, suite aux travaux du professeur Rappaport, son inventeur, a pour fondement la mesure de la rentabilité opérationnelle par une nouvelle approche du bilan synthétisant et modernisant des thèses déjà éprouvées. A partir de deux agrégats de base,

- **l'actif économique (AE)** comprenant pour l'essentiel l'actif immobilisé net d'amortissements et le besoin en fond de roulement,
- **le financement net** : incluant capitaux propres et dettes, dont le cout moyen du financement est appelé coût du capital,

il est loisible de **mesurer la rentabilité de l'actif économique et la comparer à la rentabilité exigée, qui doit être supérieure au coût de la ressource la moins chère.**

L'Economic Value Added (EVA) est défini comme la différence entre le revenu net d'impôts tiré de l'exploitation et la rémunération de l'actif économique au coût du capital.

Le concept a pour intérêt de sensibiliser au coût global du bilan et vise à modifier les priorités et comportements opérationnels au sein même de l'entreprise. Sa mise en œuvre suppose des intervventions d'experts à l'intérieur même de l'entreprise.

LES FACTEURS DE CRÉATION DE VALEUR

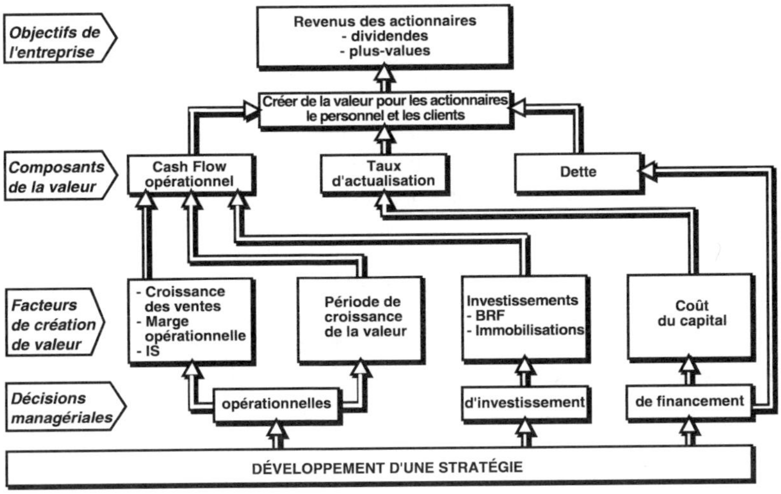

Source : L.E.K.

Section 4

A la recherche de nouveaux indicateurs de performance

Dans un article remarqué, B. HUSSON (Analyse financière septembre 1996) notait que les capitaux nécessaires à l'obtention du résultat importent autant que le résultat lui-même, et qu'une vision « unijambiste » de l'entreprise, consistant à privilégier un paramètre, en l'occurrence la marge, ne permettait pas de mettre en évidence le taux de rentabilité minimum qui doit être dégagé sur les capitaux investis pour que l'entreprise ne détruise pas de valeur.

Une approche plus équilibrée permettrait notamment de mieux comprendre pourquoi les taux de marge acceptables et reconnus sont très différents selon les secteurs, notamment en raison des besoins d'investissement qui s'y rattachent.

Evoquant une sorte de « point mort de la création de valeur » à double dimension temporelle et prospective, et intégrant la notion de risque, il ouvre des champs de réflexion multiples, de nature à rendre opérationnel pour l'observateur extérieur le concept séduisant mais lourd à manier de l'EVA.

De son côté, à la faveur du regain d'intérêt pour l'entreprise technologique et des premières expériences sur le Nouveau Marché, M. LEONARD jette les fondements d'une approche nouvelle de la notion de risque, approche qui devra permettre à l'investisseur de mieux sélectionner les entreprises selon leur sensibilité aux évolutions de marché, aux mutations technologiques, et au rythme de réalisation effective de leur plan de développement.

Ces contributions de directeurs de recherche de bureaux d'analyse en vue, et d'autres, montrent que dans un contexte de plus en plus complexe, la soif d'innovation méthodologique mais aussi le parti pris de la rationalisation, de la simplicité et de la pédagogie restent les deux piliers sur lesquels tout évaluateur peut s'appuyer pour faire passer ses messages et obtenir l'adhésion de la place financière à ses travaux.

NOTE

TABLES FINANCIERES

- **Tableau de calcul rapide du taux de croissance.**
- **Valeur acquise par 1 F placé à intérêts composés.**
- **Valeur actuelle de 1 F payable dans n périodes.**
- **Valeur acquise par une suite de n annuités de 1 F.**
- **Valeur actuelle d'une suite de n annuités de 1 F.**

Tableau permettant l'approximation du taux de croissance

Durée / Taux de croissance	1	2	3	4	5	6	7	8	9	10
1	1,01	1,02	1,03	1,04	1,05	1,00	1,07	1,08	1,09	1,1
1,5	1,01	1,03	1,04	1,06	1,07	1,09	1,11	1,12	1,14	1,16
2	1,02	1,04	1,06	1,08	1,10	1,12	1,15	1,77	1,19	1,22
2,5	1,02	1,05	1,07	1,1	1,13	1,16	1,19	1,22	1,25	1,28
3	1,03	1,06	1,09	1,12	1,16	1,19	1,23	1,26	1,3	1,34
3,5	1,03	1,07	1,11	1,15	1,19	1,23	1,27	1,31	1,36	1,41
4	1,04	1,08	1,12	1,17	1,21	1,26	1,31	1,37	1,42	1,48
4,5	1,04	1,09	1,14	1,19	1,24	1,30	1,36	1,42	1,48	1,55
5	1,05	1,10	1,15	1,21	1,28	1,34	1,4	1,47	1,55	1,63
5,5	1,05	1,11	1,17	1,23	1,3	1,37	1,45	1,53	1,62	1,7
6	1,06	1,12	1,19	1,26	1,33	1,41	1,5	1,59	1,69	1,79
6,5	1,06	1,13	1,2	1,28	1,37	1,46	1,55	1,65	1,76	1,88
7	1,07	1,14	1,22	1,31	1,4	1,5	1,6	1,71	1,84	1,97
7,5	1,07	1,15	1,24	1,33	1,43	1,54	1,66	1,78	1,92	2,06
8	1,08	1,16	1,26	1,36	1,47	1,58	1,71	1,85	2	2,16
8,5	1,08	1,17	1,27	1,38	1,5	1,63	1,77	1,92	2,08	2,26
9	1,09	1,18	1,29	1,41	1,54	1,67	1,83	1,99	2,17	2,37
9,5	1,09	1,19	1,31	1,43	1,57	1,72	1,88	2,06	2,26	2,48
10	1,10	1,21	1,33	1,46	1,61	1,77	1,95	2,15	2,36	2,59
10,5	1,10	1,22	1,35	1,49	1,65	1,82	2,01	2,22	2,46	2,72
11	1,11	1,23	1,36	1,51	1,68	1,87	2,07	2,3	2,56	2,84
11,5	1,11	1,24	1,38	1,54	1,72	1,92	2,14	2,39	2,66	2,97
12	1,12	1,25	1,4	1,57	1,76	1,97	2,21	2,48	2,78	3,1
12,5	1,12	1,26	1,42	1,6	1,8	2,03	2,28	2,56	2,88	3,24
13	1,13	1,27	1,44	1,63	1,84	2,08	2,35	2,66	3	3,4
13,5	1,13	1,28	1,46	1,66	1,88	2,14	2,43	2,76	3,12	3,54
14	1,14	1,3	1,48	1,69	1,92	2,19	2,5	2,85	3,25	3,7
14,5	1,14	1,31	1,50	1,72	1,97	2,26	2,58	2,95	3,38	3,87
15	1,15	1,32	1,52	1,75	2,01	2,31	2,66	3,06	3,51	4,05
16	1,16	1,34	1,56	1,81	2,1	2,43	2,82	3,28	3,8	4,41
17	1,17	1,37	1,6	1,87	2,19	2,56	3	3,51	4,1	4,8
18	1,18	1,39	1,64	1,94	2,29	2,7	3,18	3,76	4,44	5,24
19	1,19	1,41	1,68	2	2,39	2,84	3,38	4,02	4,8	5,7
20	1,2	1,44	1,72	2,07	2,48	2,98	3,58	4,3	5,15	6,2
25	1,25	1,56	1,95	2,44	3,05	3,8	4,75	5,95	7,45	9,3
30	1,3	1,69	2,2	2,86	3,71	4,83	6,3	8,15	10,6	13,8
40	1,4	1,96	2,74	3,84	5,4	7,55	10,6	14,8	20,7	29
50	1,5	2,25	3,36	5,06	7,6	11,4	17	25,6	38,5	58
75	1,75	3,06	5,36	9,38	16,41	28,72	50,26	87,96	153,9	269,3
100	2	4	8	16	32	64	128	256	512	1 024

NB : La comparaison par pourcentage n'est pas symétrique :

- Si A est supérieure de 1/3 à B, B n'est inférieur à A que de 1/4.
- Une hausse de 10 % doit être suivie d'une baisse de 9,090909 pour retrouver la valeur d'origine.

Valeur acquise par 1 franc placé à intérêts composés ou valeur de $(1 + i)^n$.

PERIODES	3 %	4 %	5 %	6 %	7 %	8 %	9 %	10 %	11 %	PERIODES
1	1,030 000	1,040 000	1,050 000	1,060 000	1,070 000	1,080 000	1,090 000	1,100 000	1,110 000	1
2	1,060 900	1,081 600	1,102 500	1,123 600	1,144 900	1,166 400	1,188 100	1,210 000	1,232 100	2
3	1,092 727	1,124 864	1,157 625	1,191 016	1,225 043	1,259 712	1,295 029	1,331 000	1,367 631	3
4	1,125 509	1,169 859	1,215 506	1,262 477	1,310 796	1,360 489	1,411 582	1,464 100	1,518 070	4
5	1,159 274	1,216 653	1,276 282	1,338 226	1,402 552	1,469 328	1,538 624	1,610 510	1,685 058	5
6	1,194 052	1,265 319	1,340 096	1,418 519	1,500 730	1,586 874	1,677 100	1,771 561	1,870 415	6
7	1,229 874	1,315 932	1,407 100	1,503 630	1,605 871	1,713 824	1,828 039	1,948 717	2,076 160	7
8	1,266 770	1,368 569	1,477 455	1,593 848	1,718 186	1,850 930	1,992 563	2,143 589	2,304 538	8
9	1,304 773	1,423 312	1,551 328	1,689 479	1,838 459	1,999 005	2,171 893	2,357 948	2,558 037	9
10	1,343 916	1,480 244	1,628 989	1,790 848	1,967 151	2,158 925	2,367 364	2,593 742	2,839 421	10
11	1,384 234	1,539 454	1,710 339	1,898 299	2,104 852	2,331 695	2,580 426	2,853 117	3,151 757	11
12	1,425 761	1,601 032	1,795 856	2,012 196	2,252 192	2,518 170	2,812 665	3,138 428	3,498 451	12
13	1,468 534	1,665 074	1,885 649	2,132 928	2,409 845	2,719 624	3,065 805	3,452 271	3,883 280	13
14	1,512 590	1,731 676	1,979 932	2,260 904	2,578 534	2,937 194	3,341 727	3,797 498	4,310 441	14
15	1,557 967	1,800 944	2,078 928	2,396 558	2,759 032	3,172 169	3,642 482	4,177 248	4,784 589	15
16	1,604 706	1,872 981	2,182 875	2,540 352	2,952 164	3,425 943	3,970 306	4,594 973	5,310 894	16
17	1,652 848	1,947 900	2,292 018	2,692 773	3,158 815	3,700 018	4,327 633	5,054 470	5,895 093	17
18	1,702 433	2,025 817	2,406 619	2,854 339	3,379 932	3,996 019	4,717 120	5,559 917	6,543 553	18
19	1,753 506	2,106 849	2,526 950	3,025 600	3,616 528	4,315 701	5,141 661	6,115 909	7,263 344	19
20	1,806 111	2,191 123	2,653 298	3,207 135	3,869 684	4,660 957	5,604 411	6,727 500	8,062 312	20
21	1,860 295	2,278 768	2,785 963	3,399 564	4,140 562	5,033 834	6,108 808	7,400 250	8,949 166	21
22	1,916 103	2,369 919	2,925 261	3,603 537	4,430 402	5,436 540	6,658 600	8,140 275	9,933 574	22
23	1,973 587	2,464 716	3,071 524	3,819 750	4,740 530	5,871 464	7,257 874	8,954 302	11,026 267	23
24	2,032 794	2,563 304	3,225 100	4,048 935	5,072 367	6,341 181	7,911 083	9,849 733	12,239 157	24
25	2,093 778	2,665 836	3,386 355	4,291 971	5,427 433	6,848 475	8,623 081	10,834 706	13,585 464	25
26	2,156 591	2,772 470	3,555 673	4,549 383	5,807 353	7,396 353	9,399 158	11,918 177	15,079 865	26
27	2,221 289	2,883 369	3,733 456	4,822 346	6,213 868	7,988 061	10,245 082	12,109 994	16,738 650	27
28	2,287 928	2,998 703	3,920 129	5,111 687	6,648 838	8,627 106	11,167 140	14,420 994	18,579 901	28
29	2,356 566	3,118 651	4,116 136	5,418 388	7,114 257	9,317 275	12,172 182	15,863 093	20,623 691	29
30	2,427 262	3,243 398	4,321 942	5,743 491	7,612 255	10,062 657	13,267 678	17,449 402	22,892 297	30

PERIODES	12 %	13 %	14 %	15 %	16 %	17 %	18 %	19 %	20 %	PERIODES
1	1,120 000	1,130 000	1,140 000	1,150 000	1,160 000	1,170 000	1,180 000	1,190 000	1,200 000	1
2	1,254 400	1,276 900	1,299 600	1,322 500	1,345 600	1,368 900	1,392 400	1,416 100	1,440 000	2
3	1,404 928	1,442 897	1,481 544	1,520 875	1,560 896	1,601 613	1,643 032	1,685 159	1,728 000	3
4	1,573 519	1,630 474	1,688 960	1,749 006	1,810 639	1,873 887	1,938 778	2,005 339	2,073 600	4
5	1,762 342	1,842 435	1,925 415	2,011 357	2,100 342	2,192 448	2,287 758	2,386 354	2,488 320	5
6	1,973 823	2,081 952	2,194 973	2,313 061	2,436 396	2,565 164	2,699 554	2,839 761	2,985 984	6
7	2,210 681	2,352 605	2,502 269	2,660 020	2,826 220	3,001 242	3,185 474	3,379 315	3,583 181	7
8	2,475 963	2,658 444	2,852 586	3,059 023	3,278 415	3,511 453	3,758 859	4,021 385	4,299 817	8
9	2,773 079	3,004 042	3,251 949	3,517 876	3,802 961	4,108 400	4,435 454	4,785 449	5,159 780	9
10	3,105 848	3,394 567	3,707 221	4,045 558	4,411 435	4,806 828	5,233 836	5,694 684	6,191 736	10
11	3,478 550	3,835 861	4,226 232	4,652 391	5,117 265	5,623 989	6,175 926	6,776 674	7,430 084	11
12	3,895 976	4,334 523	4,817 905	5,350 250	5,936 027	6,580 067	7,287 593	8,064 242	8,916 100	12
13	4,363 493	4,898 011	5,492 411	6,152 788	6,885 791	7,698 679	8,599 359	9,596 448	10,699 321	13
14	4,887 112	5,534 753	6,261 349	7,075 706	7,987 518	9,004 454	10,147 244	11,419 773	12,839 185	14
15	5,473 566	6,254 270	7,137 938	8,137 061	9,265 521	10,538 721	11,973 748	13,589 530	15,407 022	15
16	6,130 394	7,067 326	8,137 249	9,357 621	10,748 004	12,330 304	14,129 023	16,171 540	18,488 426	16
17	6,866 041	7,986 078	9,276 464	10,761 264	12,467 685	14,426 456	16,672 247	19,244 133	22,186 111	17
18	7,689 966	9,024 268	10,575 169	12,375 454	14,462 514	16,878 953	19,673 251	22,900 518	26,623 333	18
19	8,612 762	10,197 423	12,055 693	14,231 772	16,776 517	19,748 375	23,214 436	27,251 616	31,948 000	19
20	9,646 293	11,523 088	13,743 349	16,366 537	19,460 598	23,105 599	27,393 035	32,429 423	38,337 600	20
21	10,803 848	13,021 089	15,667 578	18,821 518	22,574 481	27,033 551	32,323 781	38,591 014	46,005 120	21
22	12,100 310	14,713 831	17,861 039	21,644 746	26,186 398	31,629 255	38,142 061	45,923 307	55,206 144	22
23	13,552 347	16,626 629	20,361 585	24,891 458	30,376 222	37,006 228	45,007 632	54,648 735	66,247 373	23
24	15,178 629	18,788 091	23,212 207	28,625 176	35,236 417	43,297 287	53,109 006	65,031 994	79,496 847	24
25	17,000 064	21,230 542	26,461 916	32,918 953	40,874 244	50,657 826	62,668 627	77,388 073	95,395 217	25
26	19,040 072	23,990 513	30,166 584	37,856 796	47,414 123	59,269 656	73,948 980	92,091 807	114,475 460	26
27	21,324 881	27,109 279	34,389 906	43,535 315	55,000 382	69,345 497	87,259 797	109,589 251	137,370 552	27
28	23,883 866	30,633 486	39,204 493	50,065 612	63,800 444	81,134 232	102,966 560	130,411 208	164,844 662	28
29	26,749 930	34,615 839	44,693 122	57,575 454	74,008 515	94,927 051	121,500 541	155,189 338	197,813,595	29
30	29,959 922	39,115 898	50,950 159	66,211 772	85,849 877	111,064 650	143,370 638	184,675 312	237,376 314	30

Valeur actuelle de 1 franc payable dans n périodes ou valeur de $(1+i)^{-n}$

PERIODES	3 %	4 %	5 %	6 %	7 %	8 %	9 %	10 %	11 %	PERIODES
1	0,970 874	0,961 538	0,952 381	0,943 396	0,934 579	0,925 926	0,917 431	0,909 091	0,900 900 9	1
2	0,942 596	0,924 556	0,907 029	0,889 996	0,873 439	0,857 339	0,841 680	0,826 446	0,811 622 4	2
3	0,915 142	0,888 996	0,863 838	0,839 619	0,816 298	0,793 832	0,772 183	0,751 315	0,731 191 4	3
4	0,888 487	0,854 804	0,822 702	0,792 094	0,762 895	0,735 030	0,708 425	0,683 013	0,658 731 0	4
5	0,862 609	0,821 927	0,783 526	0,747 258	0,712 986	0,680 583	0,649 931	0,620 921	0,593 451 3	5
6	0,837 484	0,790 315	0,746 215	0,704 961	0,666 342	0,630 170	0,596 267	0,564 474	0,534 640 8	6
7	0,813 092	0,759 918	0,710 681	0,665 057	0,622 750	0,583 490	0,547 034	0,513 158	0,481 658 4	7
8	0,789 409	0,730 690	0,676 839	0,627 412	0,582 009	0,540 269	0,501 866	0,466 507	0,433 926 5	8
9	0,766 417	0,702 587	0,644 609	0,591 898	0,543 934	0,500 249	0,460 428	0,424 098	0,390 924 8	9
10	0,744 094	0,675 564	0,613 913	0,558 395	0,508 349	0,463 193	0,422 411	0,385 543	0,352 184 5	10
11	0,722 421	0,649 581	0,584 679	0,526 788	0,475 093	0,428 883	0,387 533	0,350 494	0,317 283 3	11
12	0,701 380	0,624 597	0,556 837	0,496 969	0,444 012	0,397 114	0,355 535	0,318 631	0,285 840 8	12
13	0,680 951	0,600 574	0,530 321	0,468 839	0,414 964	0,367 698	0,326 179	0,289 664	0,257 514 3	13
14	0,661 118	0,577 475	0,505 068	0,442 301	0,387 817	0,340 461	0,299 246	0,263 331	0,231 994 8	14
15	0,641 862	0,555 264	0,481 017	0,417 265	0,362 446	0,315 242	0,274 538	0,239 392	0,209 004 4	15
16	0,623 167	0,533 908	0,458 112	0,393 646	0,338 735	0,281 890	0,251 870	0,217 629	0,188 292 2	16
17	0,605 016	0,513 373	0,436 297	0,371 364	0,316 574	0,270 269	0,231 073	0,197 845	0,169 632 6	17
18	0,587 395	0,493 628	0,415 521	0,350 344	0,295 864	0,250 249	0,211 994	0,179 859	0,152 822 2	18
19	0,570 286	0,474 642	0,395 734	0,330 513	0,276 508	0,231 712	0,194 490	0,163 508	0,137 677 6	19
20	0,553 676	0,456 387	0,376 889	0,311 895	0,258 419	0,214 548	0,178 431	0,148 644	0,124 033 9	20
21	0,537 549	0,438 834	0,358 942	0,294 155	0,241 513	0,198 656	0,163 698	0,135 131	0,111 742 3	21
22	0,521 893	0,421 955	0,341 850	0,277 505	0,225 713	0,183 941	0,150 182	0,122 846	0,100 668 7	22
23	0,506 692	0,405 726	0,325 571	0,261 797	0,210 947	0,170 315	0,137 781	0,111 678	0,090 692 5	23
24	0,491 934	0,390 121	0,310 068	0,246 979	0,197 147	0,157 699	0,126 405	0,101 526	0,081 705 0	24
25	0,477 606	0,375 117	0,295 303	0,232 999	0,184 249	0,146 018	0,115 968	0,092 296	0,073 608 1	25
26	0,463 695	0,360 689	0,281 241	0,219 810	0,172 195	0,135 202	0,106 393	0,083 905	0,066 313 6	26
27	0,450 676	0,346 817	0,267 848	0,207 368	0,160 930	0,125 187	0,097 608	0,076 278	0,059 742 0	27
28	0,437 077	0,333 477	0,255 094	0,195 630	0,150 402	0,115 914	0,089 548	0,069 343	0,053 821 6	28
29	0,424 346	0,320 651	0,242 946	0,184 557	0,140 563	0,107 328	0,082 155	0,063 039	0,048 487 9	29
30	0,411 987	0,308 319	0,231 377	0,174 110	0,131 367	0,099 377	0,075 371	0,057 309	0,043 682 8	30

PERIODES	12 %	13 %	14 %	15 %	16 %	17 %	18 %	19 %	20 %	PERIODES
1	0,892 857 1	0,884 955 8	0,877 193 0	0,869 565 2	0,862 069 0	0,854 700 9	0,847 457 6	0,840 336 1	0,833 333 3	1
2	0,797 193 9	0,783 146 7	0,769 467 5	0,756 143 7	0,743 162 9	0,730 513 6	0,718 184 4	0,706 164 8	0,694 444 4	2
3	0,711 780 3	0,693 050 2	0,674 971 5	0,657 516 2	0,640 657 7	0,624 370 6	0,608 630 9	0,593 415 8	0,578 703 7	3
4	0,635 518 1	0,613 318 8	0,592 080 3	0,571 753 3	0,552 291 1	0,533 650 1	0,515 788 9	0,498 668 8	0,482 253 1	4
5	0,567 426 9	0,542 759 9	0,519 368 7	0,497 176 7	0,476 113 0	0,456 111 2	0,431 709 2	0,419 049 4	0,401 877 6	5
6	0,506 631 1	0,480 318 5	0,455 586 6	0,432 327 6	0,410 442 3	0,389 838 6	0,370 431 5	0,352 142 3	0,334 898 0	6
7	0,452 349 2	0,425 060 6	0,399 637 3	0,375 937 0	0,353 829 5	0,333 195 4	0,313 925 0	0,295 917 9	0,279 081 7	7
8	0,403 883 2	0,376 159 9	0,350 559 1	0,326 901 8	0,305 025 5	0,284 782 4	0,266 038 2	0,248 670 5	0,232 568 0	8
9	0,360 610 0	0,332 884 8	0,307 507 9	0,284 262 4	0,262 953 0	0,243 403 7	0,225 456 1	0,208 966 8	0,193 806 7	9
10	0,321 973 2	0,294 588 4	0,269 743 8	0,247 184 7	0,226 683 6	0,208 037 4	0,191 064 5	0,175 602 4	0,161 505 6	10
11	0,287 476 1	0,260 697 7	0,236 617 4	0,214 943 2	0,195 416 9	0,177 809 7	0,161 919 0	0,147 565 0	0,134 588 0	11
12	0,256 675 1	0,230 705 9	0,207 559 1	0,186 907 2	0,168 4628	0,151 974 1	0,137 219 5	0,124 004 2	0,112 156 7	12
13	0,229 174 2	0,204 164 5	0,182 069 4	0,162 528 0	0,145 226 6	0,129 892 4	0,116 287 7	0,104 205 2	0,093 463 9	13
14	0,204 619 8	0,180 676 6	0,159 710 0	0,141 328 7	0,125 195 3	0,111 019 2	0,098 548 9	0,087 567 4	0,077 886 6	14
15	0,182 696 3	0,159 890 8	0,140 096 5	0,122 894 5	0,107 927 0	0,094 888 2	0,083 516 0	0,073 586 1	0,064 905 5	15
16	0,163 121 7	0,141 496 2	0,122 891 7	0,106 864 8	0,093 040 5	0,081 101 0	0,070 776 3	0,061 837 0	0,054 087 9	16
17	0,145 644 3	0,125 217 9	0,107 799 7	0,092 925 9	0,080 207 4	0,069 317 1	0,059 979 9	0,051 963 9	0,045 073 2	17
18	0,130 039 6	0,110 812 3	0,094 561 1	0,080 805 1	0,069 144 3	0,059 245 4	0,050 830 4	0,043 667 1	0,037 561 0	18
19	0,116 106 8	0,098 064 0	0,082 948 4	0,070 265 3	0,059 607 1	0,050 637 1	0,043 076 6	0,036 695 1	0,031 300 9	19
20	0,103 666 8	0,086 782 3	0,072 761 7	0,061 100 3	0,051 385 5	0,043 279 6	0,036 505 6	0,030 836 2	0,026 084 1	20
21	0,092 559 6	0,076 798 5	0,063 826 1	0,053 130 7	0,044 297 8	0,036 991 1	0,030 937 0	0,025 912 8	0,021 736 7	21
22	0,082 642 5	0,067 963 3	0,055 987 8	0,046 200 6	0,038 187 8	0,031 616 3	0,026 217 8	0,021 775 4	0,018 113 9	22
23	0,073 788 0	0,060 144 5	0,049 112 1	0,040 174 4	0,032 920 5	0,027 022 5	0,022 218 5	0,018 298 7	0,015 094 9	23
24	0,065 882 1	0,053 225 2	0,043 080 8	0,034 934 3	0,028 379 7	0,023 096 1	0,018 829 2	0,015 377 1	0,012 579 1	24
25	0,058 823 3	0,047 102 0	0,037 790 2	0,030 377 6	0,024 465 3	0,019 740 3	0,015 957 0	0,012 921 9	0,010 482 6	25
26	0,052 520 8	0,041 683 1	0,033 149 3	0,026 415 3	0,021 090 8	0,016 872 0	0,013 522 8	0,010 858 7	0,008 735 5	26
27	0,046 893 6	0,036 887 7	0,029 078 3	0,022 969 9	0,018 181 7	0,014 420 6	0,011 460 0	0,009 125 0	0,007 279 6	27
28	0,041 869 3	0,032 644 0	0,025 507 3	0,019 973 8	0,015 673 9	0,012 325 3	0,009 711 9	0,007 668 1	0,006 066 3	28
29	0,037 383 3	0,028 888 5	0,022 374 8	0,017 368 5	0,013 512 0	0,010 534 4	0,008 230 4	0,006 443 7	0,005 055 3	29
30	0,033 377 9	0,025 565 1	0,019 627 0	0,015 103 1	0,011 648 2	0,009 003 8	0,006 974 9	0,005 414 9	0,004 212 7	30

Valeur acquise par une suite de n annuités de 1 franc ou valeur de $V_n = \frac{(1+i)^n - 1}{i}$

PERIODES	3 %	4 %	5 %	6 %	7 %	8 %	9 %	10 %	11 %	PERIODES
1	1,000 000	1,000 000	1,000 000	1,000 000	1,000 000	1,000 000	1,000 000	1,000 000	1,000 000	1
2	2,030 000	2,040 000	2,050 000	2,060 000	2,070 000	2,080 000	2,090 000	2,100 000	2,110 000	2
3	3,090 900	3,121 600	3,152 500	3,183 600	3,214 900	3,246 400	3,278 100	3,310 000	3,342 000	3
4	4,183 627	4,246 464	4,310 125	4,374 616	4,439 943	4,506 112	4,573 129	4,641 000	4,709 731	4
5	5,309 136	5,416 323	5,525 631	5,637 093	5,750 739	5,866 601	5,984 711	6,105 100	6,227 801	5
6	6,468 410	6,632 975	6,801 913	6,975 319	7,153 291	7,335 929	7,523 335	7,715 610	7,912 860	6
7	7,662 462	7,898 294	8,142 008	8,393 838	8,654 021	8,922 803	9,200 435	9,487 171	9,783 274	7
8	8,892 336	9,214 226	9,549 109	9,897 468	10,259 371	10,636 628	11,028 474	11,435 888	11,859 434	8
9	10,159 106	10,582 795	11,026 564	11,491 316	11,977 989	12,487 558	13,021 036	13,579 477	14,163 972	9
10	11,463 879	12,006 107	12,577 893	13,180 795	13,816 448	14,486 562	15,192 930	15,937 425	16,722 009	10
11	12,807 796	13,486 351	14,206 787	14,971 643	15,783 599	16,645 487	17,560 293	18,531 167	19,561 430	11
12	14,192 030	15,025 805	15,917 127	16,869 941	17,888 451	18,977 126	20,140 720	21,384 284	22,713 187	12
13	15,617 790	16,626 838	17,712 983	18,882 138	20,140 643	21,495 297	22,953 385	24,522 712	26,211 638	13
14	17,086 324	18,291 911	19,598 632	21,015 066	22,550 488	24,214 920	26,019 189	27,974 983	30,094 918	14
15	18,598 914	20,023 588	21,578 564	23,275 970	25,129 022	27,152 114	29,360 916	31,772 482	34,405 359	15
16	20,156 883	21,824 531	23,657 492	25,672 528	27,888 054	30,324 283	33,003 399	35,949 730	39,189 948	16
17	21,761 588	23,697 512	25,840 366	28,212 880	30,840 217	33,750 226	36,973 705	40,544 703	44,500 843	17
18	23,414 435	25,645 413	28,132 385	30,905 653	33,999 033	37,450 244	41,301 338	45,599 173	50,395 936	18
19	25,116 868	27,671 229	30,539 004	33,759 992	37,378 965	41,446 263	46,018 458	51,159 090	56,939 488	19
20	26,870 374	29,778 079	33,065 954	36,785 591	40,995 492	45,761 964	51,160 120	57,274 999	64,202 832	20
21	28,676 486	31,969 202	35,719 252	39,992 727	44,865 177	50,422 921	56,746 530	64,002 499	72,265 144	21
22	30,536 780	34,247 970	38,505 214	43,392 290	49,005 739	55,456 755	62,873 338	71,402 749	81,214 309	22
23	32,452 884	36,617 889	41,430 475	46,995 828	53,436 141	60,893 296	69,531 939	79,543 024	91,147 884	23
24	34,426 470	39,082 604	44,501 999	50,815 578	58,176 611	66,764 759	76,789 813	88,497 327	102,174 151	24
25	36,429 264	41,645 908	47,727 099	54,864 512	63,249 038	73,105 940	84,700 896	98,347 059	114,413 307	25
26	38,553 042	44,311 745	51,113 454	59,156 383	68,676 470	79,954 415	93,323 977	109,181 765	127,998 771	26
27	40,709 633	47,084 214	54,669 126	63,705 766	74,483 823	87,350 768	102,723 135	121,099 942	143,078 636	27
28	42,930 923	49,967 583	58,402 583	68,528 112	80,697 691	95,338 830	112,968 217	134,209 936	159,817 286	28
29	45,218 850	52,966 286	62,322 712	73,639 798	87,346 529	103,965 936	124,135 456	148,630 930	178,397 187	29
30	47,575 416	56,084 938	66,438 848	79,058 186	94,460 786	113,283 211	136,307 539	164,494 023	199,020 878	30

PERIODES	12 %	13 %	14 %	15 %	16 %	17 %	18 %	19 %	20 %	PERIODES
1	1,000 000	1,000 00	1,000 000	1,000 000	1,000 000	1,000 000	1,000 000	1,000 000	1,000 000	1
2	2,120 000	2,130 000	2,140 000	2,150 000	2,160 000	2,170 000	2,180 000	2,190 000	2,200 000	2
3	3,374 400	3,406 900	3,439 600	3,472 500	3,505 600	3,538 900	3,572 400	3,606 100	3,640 000	3
4	4,779 328	4,849 797	4,921 144	4,993 375	5,066 496	5,140 513	5,215 432	5,291 259	5,368 000	4
5	6,352 847	6,480 271	6,610 104	6,742 381	6,877 135	7,014 400	7,154 210	7,296 598	7,441 600	5
6	8,115 189	8,322 706	8,535 519	8,753 738	8,977 477	9,206 848	9,441 968	9,682 952	9,929 920	6
7	10,089 012	10,404 658	10,730 491	11,066 799	11,413 873	11,772 012	12,141 522	12,522 713	12,915 904	7
8	12,299 693	12,757 263	13,232 760	13,726 819	14,240 093	14,773 255	15,326 996	15,902 028	16,499 085	8
9	14,775 656	15,415 707	16,085 760	16,785 842	17,518 508	18,284 708	19,085 855	19,923 413	20,798 902	9
10	17,548 735	18,419 749	19,337 295	20,303 718	21,321 469	22,393 108	23,521 309	24,708 862	25,958 682	10
11	20,654 583	21,814 317	23,044 516	24,349 276	25,732 904	27,199 937	28,755 144	30,403 546	32,150 419	11
12	24,133 133	25,650 178	27,270 749	29,001 667	30,850 169	32,823 926	34,931 070	37,180 220	39,580 502	12
13	28,029 109	29,984 701	32,088 654	34,351 917	36,786 196	39,403 993	42,218 663	45,244 461	48,496 603	13
14	32,392 602	34,882 712	37,581 065	40,504 705	43,671 987	47,102 672	50,818 022	58,840 909	59,195 923	14
15	37,279 715	40,417 464	43,842 414	47,580 411	51,659 905	56,110 126	60,965 266	66,260 682	72,035 108	15
16	42,753 280	46,671 735	50,980 352	55,717 472	60,925 026	66,648 848	72,939 014	79,850 211	87,442 129	16
17	48,883 674	53,739 060	59,117 601	65,075 093	71,673 030	78,979 152	87,068 036	96,021 751	105,930 555	17
18	55,749 715	61,725 138	68,394 066	75,836 357	84,140 715	93,405 608	103,740 283	115,265 884	128,116 666	18
19	63,439 681	70,749 406	78,969 235	88,211 811	98,603 230	110,284 561	123,413 534	138,166 402	154,740 000	19
20	72,052 442	80,946 829	91,024 928	102,443 583	115,379 747	130,032 936	146,627 970	165,418 018	186,688 000	20
21	81,698 736	92,469 917	104,768 418	118,810 120	134,840 506	153,138 535	174,021 005	197,847 442	225,025 600	21
22	92,698 584	105,491 006	120,435 996	137,631 638	157,414 987	180,172 086	206,344 785	236,438 456	271,030 720	22
23	104,602 894	120,204 837	138,297 035	159,276 384	183,601 385	211,801 341	244,486 847	282,361 762	326,236 863	23
24	118,155 241	136,831 465	158,658 620	184,167 841	213,977 607	248,807 569	289,494 479	337,010 497	392,484 236	24
25	133,333 870	155,619 556	181,870 827	212,793 017	249,214 024	292,104 856	342,603 486	402,042 492	471,981 083	25
26	150,333 934	176,850 098	208,332 743	245,711 970	290,088 267	324,762 681	405,272 113	479,430 565	567,377 300	26
27	169,374 007	200,840 611	238,499 327	283,568 766	337,502 390	402,032 337	479,221 093	571,522 372	681,852 760	27
28	190,698 887	227,949 890	272,889 233	327,104 080	392,502 773	471,377 835	566,480 890	681,111 623	819,223 312	28
29	214,582 754	258,583 376	312,093 725	377,169 693	456,303 216	552,512 066	669,447 450	811,522 831	984,067 974	29
30	241,332 684	293,199 215	356,786 847	434,745 146	530,311 731	647,439 118	790,947 991	966,712 169	1 181,881 569	30

Valeur actuelle d'une suite de n annuités de 1 franc ou valeur de $V_0 = \frac{1 - (1+i)^{-n}}{i}$

PERIODES	3 %	4 %	5 %	6 %	7 %	8 %	9 %	10 %	11 %	PERIODES
1	0,970 874	0,961 538	0,952 381	0,943 396	0,934 579	0,925 926	0,917 431	0,909 091	0,900 901	1
2	1,913 470	1,886 095	1,859 410	1,833 393	1,808 018	1,783 265	1,759 111	1,735 537	1,712 523	2
3	2,828 611	2,775 091	2,723 248	2,673 012	2,624 316	2,577 097	2,531 295	2,486 852	2,443 715	3
4	3,717 098	3,629 895	3,545 950	3,465 106	3,387 211	3,312 127	3,239 720	3,169 865	3,102 446	4
5	4,579 707	4,451 822	4,329 477	4,212 364	4,100 197	3,992 710	3,889 651	3,790 787	3,695 897	5
6	5,417 191	5,242 137	5,075 692	4,917 324	4,766 540	4,622 880	4,485 919	4,355 261	4,230 538	6
7	6,230 283	6,002 055	5,786 373	5,582 381	5,389 289	5,206 370	5,032 953	4,868 419	4,712 196	7
8	7,019 692	6,732 745	6,463 213	6,209 794	5,971 299	5,746 639	5,534 819	5,334 926	5,146 123	8
9	7,786 109	7,435 332	7,107 822	6,801 692	6,515 232	6,246 888	5,995 247	5,759 024	5,537 048	9
10	8,530 203	8,110 896	7,721 735	7,360 087	7,023 582	6,710 081	6,417 658	6,144 567	5,889 232	10
11	9,252 624	8,860 477	8,306 414	7,886 875	7,498 674	7,138 964	6,805 191	6,495 061	6,206 515	11
12	9,954 004	9,385 074	8,863 252	8,383 844	7,942 686	7,536 078	7,160 725	6,813 692	6,492 356	12
13	10,634 955	9,985 648	9,393 573	8,852 683	8,357 651	7,903 776	7,486 904	7,103 356	6,749 870	13
14	11,296 073	10,563 123	9,898 641	9,294 984	8,745 468	8,344 237	7,786 150	7,366 687	6,981 865	14
15	11,937 935	11,118 387	10,379 658	9,712 249	9,107 914	8,559 479	8,060 688	7,606 080	7,190 870	15
16	12,561 102	11,652 296	10,837 770	10,105 895	9,446 649	8,851 369	8,312 558	7,823 709	7,379 162	16
17	13,166 118	12,165 669	11,274 066	10,477 260	9,763 223	9,121 638	8,543 631	8,021 533	7,548 794	17
18	13,753 513	12,659 297	11,689 587	10,827 603	10,059 087	9,371 887	8,755 625	8,201 412	7,701 617	18
19	14,323 799	13,133 939	12,085 321	11,158 116	10,335 595	9,603 599	8,950 115	8,364 920	7,839 294	19
20	14,877 475	13,590 326	12,462 210	11,469 921	10,594 014	9,818 147	9,128 546	8,513 564	7,963 328	20
21	15,415 024	14,029 160	12,821 153	11,764 077	10,835 537	10,016 803	9,292 244	8,648 694	8,075 070	21
22	15,936 917	14,451 115	13,163 003	12,041 582	11,061 241	10,200 744	9,442 425	8,771 540	8,175 739	22
23	16,443 608	14,856 842	13,488 574	12,303 379	11,272 187	10,371 059	9,580 207	8,883 218	8,266 432	23
24	16,935 542	15,246 963	13,798 642	12,550 358	11,469 334	10,528 758	9,706 612	8,984 744	8,348 137	24
25	17,413 148	15,622 080	14,093 945	12,783 356	11,653 583	10,674 776	9,822 580	9,077 040	8,421 745	25
26	17,876 842	15,982 769	14,375 185	13,003 166	11,825 779	10,809 978	9,928 972	9,160 945	8,488 058	26
27	18,327 031	16,329 586	14,643 034	13,210 534	11,986 709	10,935 165	10,026 580	9,237 223	8,547 800	27
28	18,764 108	16,663 063	14,898 127	13,406 164	12,137 111	11,051 078	10,116 128	9,306 567	8,601 622	28
29	19,188 455	16,983 715	15,141 074	13,590 721	12,277 674	11,158 406	10,198 283	9,369 606	8,650 110	29
30	19,600 441	17,292 033	15,372 451	13,764 831	12,409 041	11,257 783	10,273 654	9,426 914	8,693 793	30

PERIODES	12 %	13 %	14 %	15 %	16 %	17 %	18 %	19 %	20 %	PERIODES
1	0,892 857	0,884 956	0,877 193	0,869 565	0,862 069	0,854 701	0,847 458	0,840 336	0,833 333	1
2	1,690 051	1,668 102	1,646 661	1,625 709	1,605 232	1,585 214	1,565 642	1,546 501	1,527 778	2
3	2,401 831	2,361 153	2,321 632	2,283 225	2,245 890	2,209 585	2,174 273	2,139 917	2,106 481	3
4	3,037 349	2,974 471	2,913 712	2,854 978	2,798 181	2,743 235	2,690 062	2,638 586	2,588 735	4
5	3,604 776	3,517 231	3,433 081	3,352 155	3,274 294	3,199 346	3,127 171	3,057 635	2,990 612	5
6	4,111 407	3,997 550	3,888 668	3,784 483	3,684 736	3,589 185	3,497 603	3,409 777	3,325 510	6
7	4,563 757	4,422 610	4,288 305	4,160 420	4,038 565	3,922 380	3,811 528	3,705 695	3,604 592	7
8	4,967 640	4,798 770	4,638 864	4,487 322	4,343 591	4,207 163	4,077 566	3,954 366	3,837 160	8
9	5,328 250	5,131 655	4,946 372	4,771 584	4,606 544	4,450 566	4,303 022	4,163 332	4,030 967	9
10	5,650 223	5,426 243	5,216 116	5,018 769	4,833 227	4,658 604	4,494 086	4,338 935	4,192 472	10
11	5,937 699	5,686 941	5,452 733	5,233 712	5,028 644	4,836 413	4,656 005	4,486 500	4,327 060	11
12	6,194 374	5,917 647	5,660 292	5,420 619	5,197 107	4,988 387	4,793 225	4,610 504	4,439 217	12
13	6,423 548	6,121 812	5,842 362	5,583 147	5,342 334	5,118 280	4,909 513	4,714 709	4,532 681	13
14	6,628 168	6,302 488	6,002 072	5,724 476	5,467 529	5,229 299	5,008 062	4,802 277	4,610 567	14
15	6,810 864	6,462 379	6,142 168	5,847 370	5,575 456	5,324 187	5,091 578	4,875 863	4,675 473	15
16	6,973 986	6,603 875	6,265 060	5,954 235	5,668 497	5,405 288	5,162 354	4,937 700	4,729 561	16
17	7,119 630	6,729 093	6,372 859	6,047 161	5,748 704	5,474 605	5,222 334	4,989 664	4,774 634	17
18	7,249 670	6,839 905	6,467 420	6,127 966	5,817 848	5,533 851	5,273 164	5,033 331	4,812 195	18
19	7,365 777	6,937 969	6,550 369	6,198 231	5,877 455	5,584 488	5,316 241	5,070 026	4,843 496	19
20	7,469 444	7,024 752	6,623 131	6,259 331	5,928 841	5,627 767	5,352 747	5,100 862	4,869 580	20
21	7,562 003	7,101 550	6,686 957	6,312 462	5,973 139	5,664 758	5,383 683	5,126 775	4,891 316	21
22	7,644 646	7,169 513	6,742 944	6,358 663	6,011 326	5,696 375	5,409 901	5,148 550	4,909 430	22
23	7,718 434	7,229 658	6,792 057	6,398 837	6,044 247	5,723 397	5,432 120	5,166 849	4,924 525	23
24	7,784 316	7,282 883	6,835 137	6,433 771	6,072 627	5,746 493	5,450 949	5,182 226	4,937 104	24
25	7,843 139	7,329 985	6,872 927	6,464 149	6,097 092	5,766 234	5,466 906	5,195 148	4,947 587	25
26	7,895 660	7,371 668	6,906 077	6,490 564	6,118 183	5,783 106	5,480 429	5,206 007	4,956 323	26
27	7,942 554	7,408 556	6,935 155	6,513 534	6,136 364	5,797 526	5,491 889	5,215 132	4,963 602	27
28	7,984 423	7,441 200	6,960 662	6,533 508	6,152 038	5,809 851	5,501 601	5,222 800	4,969 668	28
29	8,021 806	7,470 088	6,983 037	6,550 877	6,165 551	5,820 386	5,509 831	5,229 243	4,974 724	29
30	8,055 184	7,495 653	7,002 664	6,565 980	6,177 199	5,829 390	5,516 806	5,234 658	4,978 936	30

Calcul du goodwill par la valeur substantielle brute et la méthode des CPNE

A - ENONCE

Le bilan au 31.12.N d'une entreprise se présente comme suit après réévaluation (en KF) :

Actif		Passif	
Immobilisations corporelles	1 600	Capital	2 000
Fonds de commerce	250	Dettes LT	500
Stocks	300	Fournisseurs	200
Clients	500	Ecart de réévaluation	550
Banque	600		
	3 250		3 250

Le taux de rémunération de la valeur substantielle brute est de 15 %. Les bénéfices prévisionnels sont de 500 KF.

On souhaite évaluer la société en calculant une rente de goodwill abrégé à 5 ans, le taux d'actualisation retenu étant de 17 %.

B - SOLUTION

■ A partir de la valeur substantielle brute

L'évaluation est menée en deux temps : valeur des éléments corporels, et valeur des éléments incorporels (goodwill).

a) Valeur des éléments corporels

Dans la mesure où l'actif a été réévalué à sa juste valeur, nous obtenons :

Actif corporel	3 000 (valeur du fonds non comprise)
Dettes	– 700
Valeur	2 300

b) Valeur des éléments incorporels

En supposant qu'aucun retraitement n'est à effectuer, la valeur substantielle brute s'établit à 3 000 KF.

Rémunérée par hypothèse à 15 %, soit 450 KF, elle laisse un super bénéfice de 50 KF.

Celui-ci capitalisé sur une durée abrégée de 5 ans à 17 % détermine un goodwill égal à :

$$GW = \frac{50}{1{,}17} + \frac{50}{(1{,}17)^2} + \frac{50}{(1{,}17)^3} + \frac{50}{(1{,}17)^4} + \frac{50}{(1{,}17)^5} = 159{,}96 \text{ arrondis à } 160 \text{ KF.}$$

c) Valeur globale

La valeur de l'entreprise s'établit donc à :

valeurs corporelles		3 000 KF
valeurs incorporelles	≃	160 KF
valeur brute de l'entreprise		3 160 KF
dettes	–	700 KF
valeur nette de l'entreprise		2 450 KF

A partir des CPNE

La méthode nécessite des hypothèses supplémentaires, relatives au plan de financement ; on admettra au départ un fonds de roulement normatif de 1 000 KF et les prévisions suivantes :

	1	2	3	4	5
Investissements	200		200		200
Fonds de roulement normatif		100		100	
Remboursement emprunt	100	200	200		
Besoins	300	300	400	100	200

Les CPNE, qui, à l'origine, sont de 2 600 KF (couverture des immobilisations de 1 600 KF + fonds de roulement 1 000 KF), vont évoluer comme suit :

CPNE (N – 1)	2 600	2 900	3 200	3 600	3 700
+ emplois	300	300	400	100	200
= CPNE	**2 900**	**3 200**	**3 600**	**3 700**	**3 900**

Le résultat nécessaire de 15 % des CPNE est comparé au résultat réel.

Résultat nécessaire	435	480	540	555	585
Résultat réel	500	500	500	500	500
Super bénéfice	**65**	**20**	**(40)**	**(55)**	**(85)**
soit, actualisé à 17 %	55,55	14,61	(24,97)	(29,35)	(38,77)

Le goodwill se transforme en badwill cumulé de 100, hors actualisation, soit de 22,93 actualisés, à supposer que l'on maintienne à 17 % le taux d'actualisation de l'insuffisance de rentabilité, ce qui n'est pas nécessairement logique. (Le taux de l'argent sans risque serait plus approprié pour actualiser cette série.)

Chapitre VI

Analyse de situations particulières

Un certain nombre de circonstances justifient à titre complémentaire, le recours à des instruments et méthodes de calcul spécifiques.

Ainsi en est-il en particulier lorsque :

- l'entreprise cible a émis des obligations convertibles, des valeurs mobilières composées ou de simples options sur son capital. Il y a lieu alors de panacher l'analyse de la composante « titre de créance » avec celle de la composante « titre de capital » pour connaître la valeur d'entreprise implicitement retenue lors de la détermination du prix des titres ;
- l'entreprise cible fusionne ou est échangée contre une autre entreprise. Dans ce cas, le paiement en titres transforme la problématique des parties concernées, qui deviennent plus soucieuses de défendre leurs intérêts par la négociation d'un rapport d'échange réaliste (donc d'un niveau relatif) que par l'expression d'une valeur en soi ;
- l'entreprise en position difficile ne peut guère extérioriser une valeur par des méthodes de flux, sauf à partager les fruits de son redressement entre acheteur et vendeur.

Plan du chapitre

Section 1

Evaluation de certaines catégories de valeurs mobilières

On approchera successivement l'obligation classique, à taux fixe, puis l'option de souscription, dont la réunion forme un titre mixte, obligation convertible ou obligation à bon de souscription.

1 - LES OBLIGATIONS A TAUX FIXE

A - APPLICATION DES PRINCIPES D'ACTUALISATION A L'EVALUATION DES OBLIGATIONS

- La valeur actuelle (VA) d'une obligation est égale à la somme actualisée au taux i, d'une série de coupons C, perçus sur une période de temps t, et d'un prix de remboursement perçu à échéance régulière ou « in fine ».
- Lorsque le taux i monte, la valeur actuelle ou le cours de bourse baisse mécaniquement et inversement.
- Il est usuel de définir un taux actuariel à partir des données nominales.
- Le taux actuariel est le taux qui égalise le prix de l'obligation (cours) et la valeur actuelle des flux à venir actualisés à ce taux.

Exemple de calcul

Caractéristiques de l'emprunt :

- Nominal .... 2 000 F
- Taux d'intérêt .... 10 %
- Remboursement .... IN FINE
- Durée de vie .... 7 ans
- Coupon annuel, pas de coupon couru.

Taux : 10 %

1 an : $\frac{200}{1,10} = 181,82$ (= valeur actuelle du premier coupon)

2 ans : $\frac{200}{(1,10)^2} = 165,29$ (= valeur actuelle du deuxième coupon)

3 ans : $\frac{200}{(1,10)^3} = 150,26$ (= valeur actuelle du troisième coupon)

4 ans : $\frac{200}{(1,10)^4} = 136,60$ (= valeur actuelle du quatrième coupon)

5 ans : $\frac{200}{(1,10)^5} = 124,18$ (= valeur actuelle du cinquième coupon)

6 ans : $\frac{200}{(1,10)^6} = 112,89$ (= valeur actuelle du sixième coupon)

7 ans : $\frac{200}{(1,10)^7} = 102,63$ (= valeur actuelle du septième coupon)

$\frac{2\,000}{(1,10)^7} = 1\,026,32$ (= valeur actuelle du remboursement du capital)

TOTAL = 2 000

La somme des flux est égale au nominal. L'emprunt cote au pair puisque l'actualisation s'effectue au même taux que se calcule l'intérêt, sur les mêmes montants et les mêmes dates.

Hausse des taux ultérieure

Toutes choses égales par ailleurs, supposons que les taux d'intérêt montent à 12 %, un an après. L'emprunt émis à 10 % voit sa valeur évoluer comme suit (après détachement du premier coupon) :

$$\frac{200}{1{,}12}+\frac{200}{(1{,}12)^2}+\frac{200}{(1{,}12)^3}+\frac{200}{(1{,}12)^4}+\frac{200}{(1{,}12)^5}+\frac{200}{(1{,}12)^6}+\frac{200}{(1{,}12)^6}=$$

$$178{,}57+159{,}44+142{,}36+127{,}10+113{,}49+101{,}33+1\,013{,}26=1\,835{,}55$$

Le rendement de l'emprunt ancien s'est ajusté aux nouvelles conditions de marché.

Baisse des taux ultérieure

Supposons maintenant que les taux baissent à 8 %, l'année suivante. La somme actualisée des flux devient (emprunt n'ayant plus que 5 ans à courir) :

$$\frac{200}{1{,}08}+\frac{200}{(1{,}08)^2}+\frac{200}{(1{,}08)^3}+\frac{200}{(1{,}08)^4}+\frac{200}{(1{,}08)^5}+\frac{200}{(1{,}08)^5}=$$

$$185{,}19+171{,}47+158{,}76+147{,}01+136{,}12+1\,361{,}17=2\,159{,}72$$

Le titre devrait coter au-dessus du pair.

Mais, s'il n'y a pas de certitude sur la date de remboursement, le prix peut être différent : supposons en effet que pour une raison quelconque, l'emprunt soit remboursé deux ans plus vite. La somme des flux actualisées devient :

$$\frac{200}{1{,}08}+\frac{200}{(1{,}08)^2}+\frac{200}{(1{,}08)^3}+\frac{200}{(1{,}08)^3}=$$

$$185{,}19+171{,}47+158{,}76+1\,587{,}66=2\,103{,}08$$

La surrémunération par rapport aux conditions de marché dure moins longtemps. Il n'est pas surprenant que la valeur du capital subisse la conséquence du risque de remboursement anticipé au gré de l'émetteur, ou de tirage. (En fait, dans la pratique, la réalisation d'un remboursement anticipé à l'initiative de l'émetteur, est généralement assortie d'un bonus pour le porteur, lui rendant l'opération agréable.)

Quelques formules mathématiques

1 - TAUX DE RENDEMENT ACTUARIEL

C'est le taux r qui, à un instant donné, égalise le décaissement initial et la somme des flux futurs, soit :

$$PA = \frac{F1}{1+r} + \frac{F2}{(1+r)^2} + \cdots + \frac{Fn}{(1+r)^n} = \sum_{i=1}^{n} \frac{Fi}{(1+r)^i}$$

avec : PA : prix d'acquisition de l'obligation,

n : durée restante de l'obligation,

F_i : flux financier procuré par l'obligation à la période i (coupon et éventuellement remboursement en capital).

2 - COURS DE BOURSE THEORIQUE

Formule identique à la précédente, avec r donné et C inconnu.

C'est la valeur actualisée au taux du marché r des flux financiers futurs procurés par l'obligation :

$$C = \frac{F1}{1+r} + \cdots + \frac{Fn}{(1+r)^n} = \sum_{i=1}^{n} \frac{Fi}{(1+r)^i}$$

3 - SENSIBILITE D'UNE OBLIGATION

La sensibilité du cours C aux fluctuations du taux est définie comme la variation en pourcentage du cours C, résultant d'une variation de 1 point du taux du marché r. Mathématiquement :

$$S = \frac{dc/c}{dr} = \frac{1}{c} \sum_{i=i}^{n} \frac{iFi}{(1+r)^{i+1}}$$

4 - DURATION D'UNE OBLIGATION

C'est la vie moyenne exprimée en années des flux financiers actualisés au taux du marché :

$$D = \frac{\sum_{i=1}^{n} \frac{iFi}{(1+r)}}{\sum_{i=i}^{n} \frac{iFi}{(1+r)^i}} = \frac{1}{C} \sum_{i=i}^{n} \frac{iFi}{(1+r)^i} = S(1+i)$$

NB : Par son influence sur les flux nets perçus, la fiscalité n'est pas neutre dans le raisonnement actuariel. Les « gros » coupons sont ainsi pénalisés en bourse. Ils affichent alors un rendement actuariel brut plus élevé que d'autres titres, l'équilibre du marché s'effectuant plus sur le rendement net.

B - DURATION ET SENSIBILITE

On peut déduire des exemples précédents quelques observations :

- à taux de rendement actuariel identique, il n'est pas indifférent qu'un titre soit amorti à des échéances périodiques ou « in fine » ;
- de même, le montant du coupon n'est pas indifférent. « Les gros coupons » offrent des possibilités de réinvestissement lors de chaque détachement, qui modifient la rentabilité effective du placement selon la variation des taux de réinvestissement de ces coupons ;
- en cas de baisse des taux, il n'est pas avantageux de recevoir des coupons élevés, qui doivent être réinvestis à un taux de rendement inférieur au taux d'origine ;
- en revanche, en cas de hausse des taux, toute somme reçue est réinvestie dans de meilleures conditions que les conditions d'origine. Il y a dans ce cas intérêt à recevoir le plus tôt possible, coupon ou remboursement.

■ Notion de vie moyenne

Les actuaires utilisent souvent la notion de vie moyenne, la vie moyenne étant en quelque sorte « l'indice » mesurant le temps pendant lequel le capital est sorti. C'est la raison pour laquelle, les tables actuarielles font mention de ce concept.

Soit un emprunt de 1 000 F de nominal, remboursable en 10 séries égales annuelles :

Vie moyenne :

$$\frac{100 + 200 + 300 + 400 + 500 + 600 + 700 + 800 + 900 + 1\ 000}{1\ 000} = 5{,}5 \text{ ans}$$

Ce concept intéressant ne tient toutefois pas compte des flux d'intérêt. Aussi doit-il être complété par un autre concept, celui de duration.

■ Notion de duration

Afin de rendre comparables des emprunts émis à des taux analogues mais suivant des modalités très différentes, les actuaires utilisent la notion de duration, qui permet de « transformer » l'emprunt quelles qu'en soient les modalités en un titre ayant même valeur actuelle, mais dont les intérêts et le remboursement seraient payés en une seule fois, à l'échéance. La duration est cette échéance. Elle se calcule en effectuant la moyenne pondérée des flux actualisés.

Reprenons l'exemple initial.

Somme pondérée des valeurs actuelles :

$$1 \times \frac{200}{1{,}10} = 181{,}82$$
$$2 \times \frac{200}{(1{,}10)^2} = 330{,}58$$
$$3 \times \frac{200}{(1{,}10)^3} = 450{,}78$$
$$4 \times \frac{200}{(1{,}10)^4} = 546{,}40$$
$$5 \times \frac{200}{(1{,}10)^5} = 620{,}90$$
$$6 \times \frac{200}{(1{,}10)^6} = 677{,}34$$
$$7 \times \frac{2\,200}{(1{,}10)^7} = 7\,902{,}65$$
$$\text{Total} = 10\,710{,}47$$
$$\text{Duration : } \frac{10\,710{,}47}{2\,000} = 5{,}35 \text{ ans}$$

Plus la duration est courte, moins l'investissement original présente de risque. Cette notion est analogue au « pay back » dans l'industrie.

Ainsi, en cas d'anticipation de baisse des taux, il est opportun d'investir dans des emprunts à duration longue et dans l'hypothèse de hausse des taux, dans des emprunts à duration courte.

■ Notion d'immunisation

A partir des concepts précédents, la technique consiste à protéger un portefeuille contre le risque de taux en le constituant de sorte que sa duration soit égale à la durée du placement envisagée.

Enfin une notion très utilisée pour la gestion obligataire est la notion de sensibilité.

■ Notion de sensibilité

Afin de préciser les chances de gain ou les risques de perte, la sensibilité représente l'élasticité du prix de l'obligation à la variation des taux.

La sensibilité est une estimation de la variation en pourcentage de la valeur actuelle de l'emprunt pour une variation de taux d'intérêt de 1 %.

2 - LES BONS DE SOUSCRIPTION OU D'ACQUISITION D'ACTIONS

Ces titres constituent des droits potentiels sur le capital, qui sont délivrés :

- **à l'occasion d'émissions de titres mixtes** (obligations à bons de souscription d'actions par exemple) ;
- **dans le cadre d'une politique d'actionnariat** (options consentis aux salariés) ;
- **pour rééquilibrer les termes d'une transaction** (bons consentis aux fondateurs ou aux investisseurs en fonction des performances effectivement réalisées par l'entreprise plusieurs années après l'ouverture du capital à ces derniers).

Quelle que soit leur raison d'être, ces droits potentiels sur le capital se définissent par :

- **un prix d'exercice** (ou plusieurs) ;
- **une période d'exercice** (ou des paliers, combinés au prix).

En revanche, il est essentiel de faire la distinction entre :

- **bons et options d'acquisition ;**
- **bons et options de souscription.**

Les premiers n'ont pas d'effet dilutif sur la valeur de l'action et leur exercice correspond à la cession de titres existants : l'émetteur n'aura peut-être même pas à en connaître.

Les seconds au contraire, provoquent une augmentation de capital au moment de leur exercice ce qui aura instantanément une incidence sur la valeur de l'action. L'incidence de cette dilution doit être prise en compte dans leur valorisation (ainsi, bien entendu, que dans celle de l'action de base).

L'approche actuarielle de la valeur des bons, qui est la plus fréquemment utilisée en ingénierie financière (1), repose sur le raisonnement selon lequel l'investisseur qui s'intéresse à une société dispose de deux solutions :

- la première consiste à **acquérir des bons et à régler le prix d'exercice à l'issue de la période d'exercice.** Au cours de la période, il place les liquidités nécessaires ;
- la deuxième consiste à **acquérir immédiatement des actions.** Il se prive immédiatement de ses liquidités mais encaissera un dividende (majoré le cas échéant d'un avoir fiscal).

---

(1) Les autres techniques inspirées du célèbre modèle Black et Scholes ou du calcul des probabilités correspondent davantage à la problématique de la gestion boursière d'un portefeuille et ne seront pas évoquées ici.

A tout instant, la valeur du bon est le prix d'équilibre permettant d'effectuer l'arbitrage entre ces deux solutions. Il conviendra donc :

- de choisir un taux d'actualisation ;
- d'évaluer le titre support avec précision ;
- de prendre des hypothèses sur la chaîne de dividendes.

Trois remarques complémentaires doivent appuyer cette description :

- toutes choses égales par ailleurs (en particulier en cas de fixité du prix d'exercice), **la valeur d'un bon est d'autant plus élevée que son échéance est éloignée ;**
- **la valeur instantanée d'un bon est très volatile :** si la valeur de l'action support varie par rapport aux conditions de l'équilibre initial, la valeur du bon varie dans le même sens avec une sensibilité bien plus grande ;
- sur les marchés boursiers, le cours des bons est souvent peu représentatif de leur valeur en raison du **caractère souvent confidentiel, spéculatif** et par conséquent erratique de ces cotations.

3 - LES OBLIGATIONS CONVERTIBLES EN ACTIONS

L'obligation convertible à tout moment est un titre qui peut, à l'initiative du porteur, être converti en actions de la société selon des modalités convenues au contrat d'émission (1).

C'est un produit mixte qui relève à la fois du domaine des titres de créance et des titres de capital :

- **c'est une obligation** puisqu'elle a été émise comme telle et qu'elle conserve cette qualité jusqu'au moment où elle est remboursée ou convertie ;
- **c'est une option de souscription** par compensation de créance, à l'initiative du porteur qui peut transformer à tout moment l'obligation en action.

Cette double caractéristique de l'obligation convertible rend son analyse plus complexe que celle d'un titre de créance ou d'un titre de capital, mais l'approche analytique permet aussi d'éclairer les conditions de l'équilibre de ses modalités.

Schématiquement on peut en effet considérer que le prix d'émission correspond à la somme algébrique de trois composantes :

> rémunération d'une créance classique de même nature sur le même émetteur,
> – sacrifice consenti en termes de rendement,
> + valeur de l'option.

---

(1) On trouvera une analyse plus détaillée de l'environnement juridique et institutionnel de ce produit in « Le Marché Financier, structures et acteurs ». La Revue Banque Editeur 6e édition par Alain Choinel et Gérard Rouyer.

Valeur de la créance

En calculant la somme des flux actualisés (intérêts servis et remboursement en capital) attendus, de l'obligation convertible en tant que placement ordinaire, on peut en effet déterminer dans un premier temps une valeur de celle-ci en tant que produit de créance. Il conviendra toutefois de prendre garde aux simplifications excessives et garder à l'esprit deux points essentiels :

- **le taux d'actualisation à retenir doit correspondre au taux d'intérêt prévalant sur le marché obligataire pour des emprunts de même rang.** Or il se peut, notamment dans les montages de capital-développement, que l'émetteur soit trop petit pour qu'une comparaison soit possible. On retiendra donc alors un coût de collecte de capitaux sur le marché du crédit, en prenant soin d'étudier préalablement la courbe des taux sur le moyen et long terme, de façon à coller au plus près des réalités ;
- **le sort de l'obligation convertible (remboursement ou conversion) n'est pas indifférent à l'investisseur.** Il sera bon de calculer deux rendements, l'un en cas de remboursement, l'autre en cas de conversion. En effet, une obligation convertible se valorise, pour la partie obligataire en fonction :
- du taux d'intérêt ;
- de la date et de la périodicité du paiement du coupon ;
- du prix de remboursement.

Or, à un taux actuariel égal, peuvent correspondre des modalités très différentes, selon que le rendement est localisé davantage dans les coupons ou davantage dans une prime de remboursement, cette dernière n'étant pas versée en cas de conversion.

OBLIGATION CONVERTIBLE :
TAUX ACTUARIEL 10 % durée 6 ans nominal 2 000 F

		Hypothèse 1	Hypothèse 2
Modalités Années		Taux facial et actuariel 10 % sans prime de remboursement	Taux facial 8 % Taux actuariel 10 % (prime de remboursement)
INTERETS ACTUALISES	1	181,82	145,45
	2	165,29	132,23
	3	150,26	120,21
	4	136,60	109,28
	5	124,18	99,35
	6	112,89	90,32
SOUS-TOTAL		871,04	696,84
CAPITAL		1 128,96	1 303,16
TOTAL FLUX		2 000,–	2 000,–

Pour égaliser le taux actuariel des deux titres, la prime de remboursement compensatoire est significative : la valeur actualisée à 10 % de 1 303,16 correspond à un capital effectif à servir à l'échéance de 2 308,63 F, soit environ 15 % de majoration par rapport au premier cas.

Toutes choses égales par ailleurs, l'obligation convertible paraît plus attractive dans l'hypothèse n° 1 pour deux raisons :

– l'intérêt servi est plus élevé (duration plus courte) ;

– la valeur de la créance qui permet d'obtenir une action en cas de conversion est plus faible.

Le différentiel de traitement pour la partie obligataire devrait donc se traduire par une compensation au niveau de la valeur de l'option. Par conséquent, la valeur de l'entreprise en année 6 étant donnée, ce différentiel devra se répercuter sur le prix d'émission de la convertible.

Valeur de l'option

La valeur de l'option peut s'obtenir en actualisant la différence entre la valeur réelle de l'action lors de la conversion et le sacrifice monétaire que représente la renonciation au remboursement. Là également, plusieurs points sont à prendre en considération et en particulier :

- **l'effet de dilution de l'émission des convertibles sur la valeur de l'action.** En effet, comme on l'a vu à plusieurs reprises, la valeur de l'entreprise est un compromis entre plusieurs éléments, dont notamment le patrimoine et la capacité bénéficiaire. La conversion de l'obligation convertible améliore significativement la valeur patrimoniale (la dette, comptabilisée en quasi fonds propres est transférée en capital) et supprime des charges financières ce qui a un effet bénéfique sur la capacité bénéficiaire. Mais d'une part, par hypothèse, la dette vaut en tant que telle moins que les actions qui s'y substituent. D'autre part, le service de cette dette était en dessous des conditions normales de marché. **Il est donc peu fréquent que la valeur de l'entreprise s'accroisse instantanément exactement du montant de la conversion. Aussi, notamment dans une approche fondée sur les capitalisations de résultat conviendra-t-il de calculer une valeur de l'action après l'augmentation de capital consécutive à la conversion.**
- **le taux d'actualisation de la différence.** S'agissant d'une opération sur titres de capital, il parait normal d'exiger une prime de risque plus importante que celle retenue précédemment pour déterminer la valeur actuelle des flux de créance, à moins que l'incertitude soit déjà largement prise en compte dans le calcul de la valeur estimée de l'action à l'échéance.
- **l'évaluation de l'obligation convertible reposera in fine sur :**
  - des hypothèses de taux sur la période ;
  - des hypothèses de croissance de la valeur de l'action souvent ramenées à des hypothèses de croissance du bénéfice par action.

Ces simplifications sont parfois dangereuses si la durée de vie de l'obligation convertible est longue car une affaire en croissance ne saurait se maintenir indéfiniment au même taux de progression ce qui justifie un PER de sortie vraisemblablement plus faible.

4 - LES OBLIGATIONS A BONS DE SOUSCRIPTION D'ACTIONS

L'analyse de ces titres ne soulève pas de difficulté conceptuelle spécifique. **L'approche est analogue à celle des obligations convertibles, avec une plus grande souplesse dans l'équilibre des modalités puisque la dissociation immédiate de la partie obligataire, dès l'émission, permet de faire vivre séparément le titre de créance et l'option sur le capital.**

Dès lors est-il possible d'ajuster très finement le taux de croissance, les taux d'intérêt, la durée d'emprunt, la durée de validité des bons, le nombre de bons et leur prix d'exercice, la connaissance de l'ensemble des paramètres sauf un (en règle générale le prix d'exercice ou le rendement de l'obligation) permettant de calculer le dernier.

On trouvera ci-après trois tableaux correspondant à différentes formes d'équilibre pour l'émission d'une obligation à bons de souscription de 100 MF, avec les hypothèses suivantes :

- taux du long terme (8 ans : durée de l'emprunt) = 11 %
- taux du moyen terme (1 à 5 ans : durée du bon) = 10,50 %
- valeur de l'action au comptant = 345 francs
- capital de 1 500 000 actions
- pas de dividende au cours de la période.

Modalités 1

Taux fixe 8 ans in fine ; dilution de 20 % (1/5)

NOMINAL	**1 000**	**1 000**	**1 000**	**1 000**
NOMBRE OBLIGATIONS EMISES	100 000	100 000	100 000	100 000
MONTANT EMISSION (MF)	**100**	**100**	**100**	**100**
TAUX DU MARCHE	11,00 %	11,00 %	11,00 %	11,00 %
TAUX NOMINAL OBSA	**8,25 %**	**7,50 %**	**7,25 %**	**6,75 %**
DUREE DE L'EMPRUNT	8	8	8	8
NOMBRE BONS/OBLIGATION	3	3	3	3
VALEUR THEORIQUE 1 BON	**47,17**	**60,04**	**64,33**	**72,90**
X BONS = 1 ACTION	1	1	1	1
NOMBRE ACTUEL D'ACTIONS	1 500 000	1 500 000	1 500 000	1 500 000
NOMBRE D'ACTIONS CREEES	**300 000**	**300 000**	**300 000**	**300 000**
% AUGMENTATION DU CAPITAL (1/5)	20 %	20 %	20 %	20 %
COURS ACTUEL ACTION	345	345	345	345
TAUX / PROGRESSION / ACTION	5,00 %	6,00 %	6,50 %	7,00 %
TAUX DE L'ARGENT	10,500 %	10,500 %	10,500 %	10,500 %
COURS ANTICIPE A UN AN	362,25	365,70	367,43	369,15
PRIX D'EXERCICE D'EQUILIBRE	**310,12**	**299,36**	**296,34**	**288,59**
SURCOTE/COURS ACTUEL	- 10,11 %	- 13,23 %	- 14,10 %	- 16,35 %
AUG. CAP. INDUITE (MF)	93,04	89,81	88,90	86,58
COURS ANTICIPE A DEUX ANS	380,36	387,64	391,31	394,99
PRIX D'EXERCICE D'EQUILIBRE	**322,76**	**314,33**	**312,76**	**305,97**
SURCOTE/COURS ACTUEL	- 6,45 %	- 8,89 %	- 9,34 %	- 11,31 %
AUG. CAP. INDUITE (MF)	96,83	94,30	93,83	91,79
COURS ANTICIPE A TROIS ANS	399,38	410,90	416,74	422,64
PRIX D'EXERCICE D'EQUILIBRE	**335,73**	**329,90**	**329,95**	**324,28**
SURCOTE/COURS ACTUEL	- 2,69 %	- 4,38 %	- 4,36 %	- 6,01 %
AUG. CAP. INDUITE (MF)	100,72	98,97	98,99	97,28
COURS ANTICIPE A QUATRE ANS	419,35	435,55	443,83	452,22
PRIX D'EXERCICE D'EQUILIBRE	**349,02**	**346,04**	**347,93**	**343,53**
SURCOTE/COURS ACTUEL	1,17 %	0,30 %	0,85 %	- 0,43 %
AUG. CAP. INDUITE (MF)	104,71	103,81	104,38	103,06
COURS ANTICIPE A CINQ ANS	440,32	461,69	472,68	483,88
PRIX D'EXERCICE D'EQUILIBRE	**362,60**	**362,78**	**366,71**	**363,78**
SURCOTE/COURS ACTUEL	5,10 %	5,15 %	6,29 %	5,44 %
AUG. CAP. INDUITE (MF)	108,78	108,83	110,01	109,13

Commentaire :

- les prix d'exercice sont étudiés de façon à ce qu'ils se rapprochent de la valeur au comptant de l'action de base ;
- les variables effectives sont le taux de croissance implicite de la valeur de l'action et la rémunération faciale de l'obligation nue :
  Ainsi, pour un prix d'exercice de l'ordre de 360 francs dans cinq ans, on peut opter pour :
  - une obligation à 6,75 % équivalente à un taux de croissance de l'action de 7 % annuellement ;
  - une obligation à 8,25 % équivalente à un taux de croissance de l'action de 5 %.

Modalités 2

Taux fixe – remboursable en 6, 7 et 8 années ; dilution de 20 % (1/5)

NOMINAL	**1 000**	**1 000**	**1 000**	**1 000**
NOMBRE OBLIGATIONS EMISES	100 000	100 000	100 000	100 000
MONTANT EMISSION (MF)	**100**	**100**	**100**	**100**
TAUX DU MARCHE	11,20 %	11,20 %	11,20 %	11,20 %
TAUX NOMINAL OBSA	**8,25 %**	**7,50 %**	**7,00 %**	**6,50 %**
DUREE DE L'EMPRUNT	7	7	7	7
NOMBRE BONS/OBLIGATION	3	3	3	3
VALEUR THEORIQUE 1 BON	**46,04**	**57,74**	**65,55**	**73,35**
X BONS = 1 ACTION	1	1	1	1
NOMBRE ACTUEL D'ACTIONS				
NOMBRE D'ACTIONS CREEES	**300 000**	**300 000**	**300 000**	**300 000**
% AUGMENTATION DU CAPITAL (1/5)	20 %	20 %	20 %	20 %
COURS ACTUEL ACTION	345	345	345	345
TAUX / PROGRESSION / ACTION	5,00 %	6,00 %	6,50 %	7,00 %
TAUX DE L'ARGENT	10,500 %	10,500 %	10,500 %	10,500 %
COURS ANTICIPE A UN AN	362,25	365,70	367,43	369,15
PRIX D'EXERCICE D'EQUILIBRE	**311,38**	**301,89**	**295,00**	**288,10**
SURCOTE/COURS ACTUEL	– 9,75 %	– 12,49 %	– 14,49 %	– 16,49 %
AUG. CAP. INDUITE (MF)	93,41	90,57	88,50	86,43
COURS ANTICIPE A DEUX ANS	380,36	387,64	391,31	394,99
PRIX D'EXERCICE D'EQUILIBRE	**324,15**	**317,14**	**311,27**	**305,43**
SURCOTE/COURS ACTUEL	– 6,04 %	– 8,08 %	– 9,78 %	– 11,47 %
AUG. CAP. INDUITE (MF)	97,24	95,14	93,38	91,63
COURS ANTICIPE A TROIS ANS	399,38	410,90	416,74	422,64
PRIX D'EXERCICE D'EQUILIBRE	**337,26**	**332,99**	**328,30**	**323,67**
SURCOTE/COURS ACTUEL	– 2,24 %	– 3,48 %	– 4,84 %	– 6,18 %
AUG. CAP. INDUITE (MF)	101,18	99,90	98,49	97,10
COURS ANTICIPE A QUATRE ANS	419,35	435,55	443,83	452,22
PRIX D'EXERCICE D'EQUILIBRE	**350,71**	**349,46**	**346,11**	**342,87**
SURCOTE/COURS ACTUEL	1,66 %	1,29 %	0,32 %	– 0,62 %
AUG. CAP. INDUITE (MF)	105,21	104,84	103,83	102,86
COURS ANTICIPE A CINQ ANS	440,32	461,69	472,68	483,88
PRIX D'EXERCICE D'EQUILIBRE	**364,47**	**366,56**	**364,70**	**363,04**
SURCOTE/COURS ACTUEL	5,64 %	6,25 %	5,71 %	5,23 %
AUG. CAP. INDUITE (MF)	109,34	109,97	109,41	108,91

Commentaire :

Ce tableau constitue une variante par rapport au précédent. La hausse du marché obligataire (11,20 % au lieu de 11 %) contraint le monteur à diminuer la vie moyenne de l'obligation (trois tranches de remboursement au lieu de in fine) pour rester dans les mêmes prix d'exercice d'équilibre.

Modalités 3

Emission à taux fixe 8 ans in fine ; dilution de 16,6 % (1/6)

NOMINAL	**400**	**400**	**400**	**400**
NOMBRE OBLIGATIONS EMISES	250 000	250 000	250 000	250 000
MONTANT EMISSION (MF)	**100**	**100**	**100**	**100**
TAUX DU MARCHE	11,00 %	11,00 %	11,00 %	11,00 %
TAUX NOMINAL OBSA	**8,75 %**	**8,25 %**	**7,75 %**	**7,50 %**
DUREE DE L'EMPRUNT	8	8	8	8
NOMBRE BONS/OBLIGATION	1	1	1	1
VALEUR THEORIQUE 1 BON	**46,32**	**56,61**	**66,90**	**72,05**
X BONS = 1 ACTION	1	1	1	1
NOMBRE ACTUEL D'ACTIONS	1 500 000	1 500 000	1 500 000	1 500 000
NOMBRE D'ACTIONS CREEES	**250 000**	**250 000**	**250 000**	**250 000**
% AUGMENTATION DU CAPITAL (1/6)	16,6 %	16,6 %	16,6 %	16,6 %
COURS ACTUEL ACTION	345	345	345	345
TAUX / PROGRESSION / ACTION	5,00 %	6,00 %	6,50 %	7,00 %
TAUX DE L'ARGENT	10,500 %	10,500 %	10,500 %	10,500 %
COURS ANTICIPE A UN AN	362,25	365,70	367,43	369,15
PRIX D'EXERCICE D'EQUILIBRE	**311,07**	**303,15**	**293,50**	**289,54**
SURCOTE/COURS ACTUEL	- 9,83 %	- 12,13 %	- 14,93 %	- 16,08 %
AUG. CAP. INDUITE (MF)	77,77	75,79	73,38	72,38
COURS ANTICIPE A DEUX ANS	380,36	387,64	391,31	394,99
PRIX D'EXERCICE D'EQUILIBRE	**323,81**	**318,52**	**309,62**	**307,02**
SURCOTE/COURS ACTUEL	- 6,14 %	- 7,67 %	- 10,25 %	- 11,01 %
AUG. CAP. INDUITE (MF)	80,95	79,63	77,41	76,76
COURS ANTICIPE A TROIS ANS	399,38	410,90	416,74	422,64
PRIX D'EXERCICE D'EQUILIBRE	**336,89**	**334,52**	**326,48**	**325,43**
SURCOTE/COURS ACTUEL	- 2,35 %	- 3,04 %	- 5,37 %	- 5,67 %
AUG. CAP. INDUITE (MF)	84,22	83,63	81,62	81,36
COURS ANTICIPE A QUATRE ANS	419,35	435,55	443,83	452,22
PRIX D'EXERCICE D'EQUILIBRE	**350,30**	**351,16**	**344,09**	**344,81**
SURCOTE/COURS ACTUEL	1,54 %	1,79 %	- 0,26 %	- 0,05 %
AUG. CAP. INDUITE (MF)	87,57	87,79	86,02	86,20
COURS ANTICIPE A CINQ ANS	440,32	461,69	472,68	483,88
PRIX D'EXERCICE D'EQUILIBRE	**364,02**	**368,43**	**362,47**	**365,19**
SURCOTE/COURS ACTUEL	5,51 %	6,79 %	5,06 %	5,85 %
AUG. CAP. INDUITE (MF)	91,00	92,11	90,62	91,30

Commentaire :

Cette nouvelle variante met en évidence la diminution de la dilution induite par l'exercice ultérieur des bons (1/6 au lieu de 1/5). L'avantage global des options est donc réduit.

Le taux de rendement de l'obligation nue est relevé pour préserver les prix d'exercice d'équilibre à l'intérieur de la zone objectif des 360 francs.

Section 2

Evaluation en cas de fusion ou opération assimilée

On regroupera ici sous le vocable de fusion, les opérations de fusion proprement dite, les scissions et les apports partiels d'actifs. Toutes les opérations en cause se traduisent par le transfert d'éléments d'actif et de passif entre plusieurs sociétés, les apports nets étant rémunérés par des actions, des parts sociales ou des obligations convertibles émises par la société bénéficiaire de l'apport. Leur montage proprement dit est étudié dans la deuxième partie de cet ouvrage.

1 - LE CALCUL DES PARITES

Le calcul des « parités » c'est-à-dire du rapport d'échange des droits sociaux pose spécifiquement le problème d'une double évaluation :

- évaluation de l'apport ;
- évaluation du titre remis en échange.

Si le rapport d'échange présente en principe peu d'intérêt en cas d'absorption d'une filiale à 100 % par sa société mère (restructuration purement interne) il en va différemment si des intérêts minoritaires importants sont présents chez l'apporteur ou chez le bénéficiaire. En effet, selon les méthodes d'évaluation retenues, le rapport d'échange pourra s'avérer très différent.

Exemple numérique

soit une société A contrôlée à 70 % par Dupont,
valant 10 millions (hypothèse basse)
ou 12 millions (hypothèse haute)

et une société B contrôlée à 50 % par Dupont également,
valant 6 millions (hypothèse basse)
ou 8 millions (hypothèse haute)

A supposer que A et B fusionnent, le taux de contrôle détenu par Dupont sera évidemment influencé par les valeurs retenues pour chacune des deux sociétés, qui détermine le rapport d'échange des droits sociaux, le sens de la fusion n'important pas de ce point de vue.

Taux de contrôle de Dupont après fusion
(A et B sociétés sœurs avant la fusion)

valeur de A / valeur de B	10 millions → 70 % = 7 MF	12 millions → 70 % = 8,4 MF
6 millions 50 % = 3 MF	$\frac{3+7}{6+10} = \frac{10}{16} = 62{,}5\ \%$	$\frac{3+8{,}4}{6+12} = \frac{11{,}4}{18} = 63{,}33\ \%$
8 millions 50 % = 4 MF	$\frac{4+7}{8+10} = \frac{11}{18} = 61{,}11\ \%$	$\frac{4+8{,}4}{8+12} = \frac{12{,}4}{20} = 62\ \%$

Si, à partir du même exemple numérique, on suppose que le contrôle de B était exercé par A et non pas par Dupont, seuls les titres appartenant aux tiers font l'objet de l'augmentation de capital, les autres étant annulés (A ne pouvant pas recevoir de titres de lui-même en rémunération d'un apport au demeurant déjà inclus dans sa propre valorisation).

Le tableau devient :

Taux de contrôle de Dupont après fusion
(B filiale de A avant la fusion)

valeur de A / valeur de B	10 millions → 70 % = 7 MF	12 millions → 70 % = 8,4 MF
6 millions 50 % = 3 MF	$\frac{7}{3+10} = \frac{7}{13} = 53{,}84\ \%$	$\frac{8{,}4}{3+12} = \frac{8{,}4}{15} = 56\ \%$
8 millions 50 % = 4 MF	$\frac{7}{4+10} = \frac{7}{14} = 50\ \%$	$\frac{8{,}4}{4+12} = \frac{8{,}4}{16} = 52{,}5\ \%$

*
* *

Une modification des valeurs relatives des sociétés A et B peut avoir une incidence non négligeable sur la configuration du contrôle post opération : reprenons l'exemple précédent en relevant la fourchette d'évaluation de B d'un million (7 à 9 au lieu de 6 à 8) :

Taux de contrôle de Dupont après fusion (A et B sociétés sœurs avant la fusion)

valeur de A / valeur de B	10 millions → 70 % = 7 MF	12 millions → 70 % = 8,4 MF
6 millions 50 % = 3,5 MF	$\frac{3{,}5+7}{7+10}=\frac{10{,}5}{17}=$ **61,76 %**	$\frac{3{,}5+8{,}4}{7+12}=\frac{11{,}9}{19}=$ **62,63 %**
9 millions 50 % = 4,5 MF	$\frac{4{,}5+7}{9+10}=\frac{11{,}5}{19}=$ **60,52 %**	$\frac{4{,}5+8{,}4}{9+12}=\frac{12{,}9}{21}=$ **61,43 %**

Si, à partir du même exemple numérique, on suppose à nouveau que le contrôle de B était exercé par A et non par Dupont, seuls les titres appartenant aux tiers font l'objet de l'augmentation de capital, les autres étant annulés. Le tableau devient :

Taux de contrôle de Dupont après fusion (B filiale de A avant la fusion)

valeur de A / valeur de B	10 millions → 70 % = 7 MF	12 millions → 70 % = 8,4 MF
7 millions 50 % = 3,5 MF	$\frac{7}{13{,}5}=$ **51,85 %**	$\frac{8{,}4}{15{,}5}=$ **54,19 %**
8 millions 50 % = 4 MF	$\frac{7}{14{,}5}=$ **48,27 %**	8,4 / 16,5 = **50,91 %**

Le contrôle majoritaire de Dupont sur l'ensemble est menacé. Dans un cas de figure (surévaluation de la société dans laquelle les intérêts minoritaires sont plus importants ; sous évaluation de l'autre) il est même perdu. Il est donc de la plus haute importance de **veiller à ce que les opérations de cette nature ne lèsent ni les actionnaires de la société absorbante (par sur-évaluation relative des apports) ni les actionnaires de la société absorbée (par sous-évaluation relative) : on s'aperçoit ici que l'écart entre les positions extrêmes peut affecter le patrimoine des protagonistes de plus de 12 %.**

A cet égard, la Commission des Opérations de Bourse a posé, de longue date, quelques principes.

2 - LES RECOMMANDATIONS DE LA COB

La Commission des Opérations de Bourse pose six principes de base.

■ **Dans une opération de fusion ou assimilable à une fusion, les sociétés en cause devraient être évaluées selon des critères identiques.**

Dans les cas exceptionnels où les sociétés, parce qu'elles sont très dissemblables, notamment en ce qui concerne la nature de leur activité et leur rentabilité, croient utile de recourir à des critères différents, l'utilisation de ces critères ainsi que leur choix doivent être dûment justifiés.

■ **Lorsque les mêmes critères sont utilisés pour évaluer les sociétés en cause, les méthodes d'emploi de ces critères doivent être homogènes.**

Il est anormal, par exemple, que lorsque l'on se réfère à la valeur intrinsèque, celle-ci soit calculée sur des bases différentes pour la société absorbante et pour la société absorbée.

■ **Les critères employés doivent être significatifs.**

A ce titre la Commission fait, notamment, les remarques suivantes :

• **Le critère de rentabilité** ne peut être utilisé de la même manière dans tous les cas. En effet, l'idéal serait de pouvoir s'appuyer sur une évaluation des résultats futurs, les seuls qui intéressent vraiment les parties. Une telle évaluation ne peut être recherchée que pour des entreprises où la pratique des techniques budgétaires est suffisamment maîtrisée. Sa mise en œuvre se trouve compliquée pour des sociétés dont la structure se modifie ou dont l'une disparaît. Il est inévitable que l'on s'en tienne le plus souvent aux résultats déjà constatés, en éliminant les éléments exceptionnels tels que les plus-values ou moins-values de cession et les dépréciations sur titres en portefeuille.

L'élimination de ces éléments ne suffit pas. Il faut aussi tenir compte des caractéristiques des entreprises. Si la société connaît une croissance rapide ou un déclin continu, le choix du bénéfice d'exploitation du dernier exercice s'impose normalement car le recours au résultat moyen de plusieurs années conduirait à altérer la représentation de la réalité. En revanche, si la société appartient à un secteur économique à évolution plus lente mais sensible aux variations de la conjoncture internationale, tel que la sidérurgie, il est légitime de ne pas prendre en considération seulement les résultats les plus proches qui, pour des raisons indépendantes de la qualité de la gestion, peuvent être anormalement favorables ou défavorables et de se référer à la moyenne des bénéfices d'exploitation de plusieurs exercices.

- **L'actif net comptable** ne peut être considéré comme significatif :

– quand les états comptables des sociétés concernées n'ont pas fait l'objet d'un examen critique pour s'assurer de leur fiabilité et de la comparabilité des méthodes appliquées (politique d'amortissement : frais de recherche et de développement, etc.) ;

– quand la valeur intrinsèque est calculée sur des données trop anciennes (états comptables vieux de plus d'un an) ou que les postes du bilan ne font pas, ou n'ont pas fait très récemment, l'objet d'une réévaluation. Dans les deux cas, en effet, on se réfère à des « valeurs historiques » qui peuvent ne plus correspondre à la réalité ;

– quand, pour une société holding, elle est calculée en fonction du seul bilan de celle-ci et non de comptes consolidés.

- De même, **la capitalisation boursière** n'est pas un critère significatif :

– si le titre ne fait pas l'objet de négociations régulières et d'un volume suffisamment important, ce qui peut souvent être le cas lorsque les actions en cause ne sont pas cotées à terme ;

– si le cours de bourse retenu pour calculer la capitalisation est la moyenne des cours d'une période trop courte. En règle générale, le cours doit être apprécié sur une période récente d'au moins six mois.

■ Dans une opération de fusion ou assimilable à une fusion, l'emploi d'un seul critère n'est, en général, pas satisfaisant.

Deux critères au moins, doivent être retenus pour l'évaluation et la rémunération des apports. En sens inverse, l'utilisation d'un nombre élevé de critères (plus de quatre) paraît de nature à compliquer inutilement le calcul de la parité d'échange et sa présentation aux actionnaires. L'emploi d'un nombre restreint de critères vraiment significatifs est nettement préférable.

Dans le cas d'un apport partiel portant sur des biens dont la valeur vénale peut facilement être déterminée (terrains, matériel d'un type courant, etc.), la rémunération peut être déterminée en prenant en considération la seule capitalisation boursière de la société bénéficiaire, si les titres de celle-ci ont un marché large et régulier.

■ Il arrive que les critères retenus soient affectés de coefficients de pondération.

Notamment, de tels coefficients ont été et sont encore assez fréquemment appliqués aux valeurs de rendement tirées des résultats passés, dans le but de privilégier les résultats récents par rapport aux résultats plus anciens. C'est ainsi que l'usage a été d'affecter les coefficients 3, 2 et 1 respectivement aux résultats du dernier, de l'avant-dernier et de l'antépénultième exercice. Cette pratique ne se justifie pas, pour les motifs développés ci-dessus.

De façon plus générale, l'emploi des coefficients de pondération comme celui des moyennes, doit, en règle générale, être écarté, car il tend à priver l'actionnaire de son pouvoir d'appréciation en lui présentant comme une certitude inattaquable donnée par un calcul mathématique ce qui n'est, en réalité, que le résultat d'un choix délibéré ou d'une négociation.

■ **Des abattements forfaitaires, étant donné les risques d'arbitraire qu'ils comportent, ne sauraient intervenir qu'à titre exceptionnel et sur justification.**

Ces diverses recommandations ont pour but de permettre une information loyale et des évaluations plus sincères.

En matière d'information, il faut substituer à la méthode de la formule mathématique élaborée a posteriori pour justifier les termes d'un accord, celle de critères de base déterminant une fourchette raisonnable à l'intérieur de laquelle se trouve la parité retenue, accompagnée des motifs expliquant le lieu précis où cette dernière se situe.

Cette vérité de l'information retentit sur les méthodes d'évaluation. En éliminant l'impression de certitude donnée par la formule mathématique et en permettant à l'attention de se concentrer sur la réalité, on est amené à considérer avec plus de rigueur la valeur des critères retenus, la qualité du mode d'évaluation de chaque élément et la pertinence des motifs conduisant à la décision finale.

*
* *

Par ailleurs, dans une recommandation sur les regroupements d'entreprises, **l'Ordre des Experts Comptables a rappelé** que les opérations de regroupement d'entreprises peuvent se classer en trois grandes catégories :

- **les restructurations internes** qui se définissent comme le processus conduisant à éclater ou regrouper une ou plusieurs entités économiques caractérisées par l'unité de leur direction et de leur stratégie, sans que cette unité soit remise en cause ;
- **les associations d'intérêt,** qui se définissent par la réunion d'activités antérieurement distinctes en une entité commune à l'animation et aux risques de laquelle participent sur un certain pied d'égalité les dirigeants et les actionnaires des entités préexistantes ;
- **les acquisitions ou prises de contrôle,** qui entraînent la domination d'une entité sur l'activité de toutes les autres, en raison du transfert de pouvoirs et de risques qui s'est réalisé à leur occasion.

Il paraît sans inconvénient de retenir le patrimoine transféré pour sa valeur comptable dans le cas de restructurations internes (entreprises concernées entrant dans le champ de consolidation d'un groupe par intégration globale) En revanche, des méthodes plus élaborées paraissent s'imposer en cas d'association d'intérêts et surtout dans les opérations ayant pour conséquence une prise de contrôle.

Section 3

Evaluation de l'entreprise déficitaire ou en difficulté

Les méthodes d'évaluation sont généralement conçues pour approcher des entreprises dotées d'un beau patrimoine, pourvue d'une qualité de gestion ou d'un potentiel de croissance.

Il existe cependant de nombreuses entreprises qui ne répondent pas à ces caractéristiques et qui au contraire s'avèrent peu rentables, voire déficitaires. Dans certains cas, elles peuvent même s'approcher des procédures judiciaires voire intéresser un repreneur en cas de dépôt de bilan.

Si l'entreprise est peu rentable ne serait-ce que parce que ses actionnaires pratiquent une **rétention occulte du résultat** ou prélèvent celui-ci sous forme de surrémunération, les méthodes usuelles peuvent s'appliquer. Le cas échéant un badwill viendra écorner la valeur patrimoniale.

Si l'entreprise rencontre **accidentellement** un exercice difficile, sans doute devra-t-on en tenir compte dans la valeur patrimoniale, bien cerner les incidences réelles du sinistre dont certaines conséquences peuvent être discrètement étalées sur plusieurs exercices de façon à ne pas effrayer les tiers, et enfin appréhender le coût du redéploiement. Mais, si cette situation nécessite une approche diagnostique spécialement vigilante, les schémas classiques d'évaluation ne sont pas remis en cause.

Il en va tout autrement lorsque **les difficultés sont graves et structurelles.** On distingue trois cas de figure :

- l'entreprise non redressable mais à actif net positif ;
- l'entreprise redressable ;
- l'entreprise dont le prix peut être négatif.

1 - ENTREPRISE NON REDRESSABLE MAIS A ACTIF POSITIF

On peut estimer que l'entreprise présentera dans un délai plus ou moins lointain (et avec certains aléas qu'il convient de prendre en compte) toutes les caractéristiques d'une tirelire. Après liquidation, il devrait rester une trésorerie disponible.

L'évaluation sera fondée essentiellement sur un actif net de liquidation décoté pour tenir compte :

- de **l'urgence** à arrêter l'exploitation ;
- du **coût** de liquidation (licenciements et frais) ;
- des **frictions fiscales** éventuelles (enregistrement, plus-values...) ;
- de **l'indisponibilité des fonds** pendant éventuellement plusieurs années ;
- de la **marge** légitime que le liquidateur-repreneur doit retirer de l'opération.

La décote se situera dans le cadre d'un rapport de force inégalitaire, dont l'acheteur pourra le plus souvent tirer parti.

2 - ENTREPRISE REDRESSABLE

L'évaluation est plus classique, mais il faudra choisir avec soin les hypothèses de travail :

- détermination de ce qui est **liquidé** (décote ?) ou **conservé** (complément d'investissement ?) ;
- évaluation des **capitaux à injecter,** en sus du prix payé aux actionnaires vendeurs, pour renflouer l'affaire ;
- **risque spécifique de non succès** du redressement (l'éventail des probabilités est très large selon les circonstances et sa mesure ne se préjuge pas) ;
- **actualisation de la valeur à terme :** le repreneur doit trouver une sur rémunération par rapport au rachat d'une entreprise en bonne santé.

En négociant avec son environnement des conditions de reprise après dépôt de bilan, le repreneur limite fortement son risque en théorie :

- **il ne prend pas en charge le passé ;**
- **il peut limiter son acquisition** à quelques éléments d'actif ou à une location gérance ;
- **il peut obtenir des concours à taux avantageux** voire des subventions d'entités ayant intérêt à la pérennité de l'entreprise (collectivités locales par exemple).

Les risques demeurent néanmoins significatifs :

- **erreur de diagnostic ;**
- nécessité industrielle ou commerciale de **reprendre certaines obligations** de l'ancienne entreprise (service après vente sur des produits dont la fabrication est arrêtée pour cause de non rentabilité par exemple) pour respecter une continuité vis-à-vis de la clientèle.

Bien entendu, **si l'entreprise est reprise avant dépôt de bilan, les risques sont encore plus importants car, la plupart du temps, des artifices auront été utilisés pour réduire la perte apparente.** On fera attention en particulier à l'utilisation éventuelle des « ficelles » les plus courantes :

- augmentation injustifiée de la production stockée ;
- modification des prix de cession internes ;
- changement de mode de comptabilisation des stocks ;
- modification des systèmes de facturation ;
- activation au bilan de dépenses passées précédemment en charges ;
- changement du rythme d'amortissement ;
- manipulation des dotations et des reprises de provisions ;
- modification significative du périmètre et des modes de consolidation.

Un audit s'impose dans la plupart des cas, mais il ne permettra pas nécessairement de recenser certains risques financiers extra comptables :

- l'inquiétude, la lassitude ou la mauvaise volonté de la clientèle ou des fournisseurs (volumes, prix, délais) ;
- les garanties données aux tiers (services après vente, charges de maintenance) ;
- la détérioration du climat social dans l'entreprise.

3 - ENTREPRISE A PRIX NEGATIF, ACCORDS COMPENSATOIRES, ETC.

Dans certains cas, le vendeur est prêt à accepter un prix négatif, par exemple :

- pour éviter d'engager sa responsabilité d'actionnaire ;
- pour retarder la mise en jeu de cautions ;
- pour conserver une image de marque ;
- pour arrêter une hémorragie financière ou récupérer à terme tout ou partie des comptes courants injectés dans la période de difficultés.

Il est également assez fréquent que dans le cadre d'un recentrage stratégique, un groupe mette dans la corbeille de négociation des garanties de fourniture ou de chiffre d'affaires, au besoin sur une durée pluriannuelle, à des prix intéressants pour sécuriser l'acquéreur de la filiale au niveau de l'activité et des marges. L'analyste devra aussi tenir compte de cet élément pour évaluer correctement la proposition de reprise. **On sort alors du cadre strict de l'évaluation d'entreprise pour aborder celui, encore plus spécifique, de la valorisation d'un contrat industriel ou commercial.**

Deuxième partie

Montages financiers

La mise au point de montages financiers complexes par les entreprises n'est pas un phénomène récent, et les mémoires gardent le souvenir de tel ou tel groupe alimentaire, textile, sidérurgique ou bancaire, aujourd'hui disparu, démantelé, intégré dans de nouvelles structures ou ayant complètement bouleversé son portefeuille d'activités.

Longtemps le banquier – dans son rôle prépondérant de dispensateur de crédit – s'est borné à observer avec une pointe d'admiration l'ingéniosité des grandes entreprises en ce domaine, n'éprouvant pas le besoin de pénétrer en profondeur la vie de groupes présumés puissants, qui honoraient la signature de leurs filiales au cas où un accident de parcours rendait problématique le remboursement des crédits par le débiteur lui-même.

Aujourd'hui, les périmètres évoluent rapidement dans un contexte de reclassement constant des portefeuilles d'activités qui a gagné aussi le monde de la moyenne entreprise. En outre le parrainage verbal d'une société mère ne suffit plus pour abriter des engagements. Enfin, le développement d'outils juridiques et fiscaux conduit de plus en plus les chefs d'entreprises actifs et entreprenants à jongler plus ou moins dangereusement avec des schémas qui leur paraissent répondre à des objectifs stratégiques. Il est indispensable de procéder à l'identification de ceux-ci lorsque des crédits sont montés. Le conseil d'entreprise, en particulier le banquier se trouve donc amené, en dehors de toute proposition d'affaires, et en tous cas, avant d'en formuler une, à chercher à comprendre de façon plus précise la vie des entreprises à travers leur organisation juridique et fiscale.

Il reste qu'une méthode d'approche est nécessaire pour nourrir cet échange. Celle que nous proposons ici s'efforce d'être globale et didactique. Elle n'exclut pas qu'il soit parfois opportun de brûler quelques étapes pour aller directement au but recherché, mais la vivacité n'est pas toujours bonne conseillère compte tenu de l'irréversibilité de certaines décisions, car les effets induits de solutions préconisées peuvent s'avérer néfastes d'un autre point de vue, non pris en compte dans la réflexion initiale. A supposer qu'il soit possible de revenir par la suite en arrière, le coût financier ou fiscal de réparation d'une erreur de montage est souvent élevé.

L'approche des montages financiers ne saurait donc s'effectuer par l'intermédiaire d'une simple connaissance même précise de schémas-type, elle est d'abord réflexion sur des objectifs, puis recherche d'une certaine cohérence spatio-temporelle et enfin, seulement, détermination de solutions, après arbitrage.

- **L'analyse de la situation** apparaît donc indispensable, d'entrée de jeu, pour mieux cerner les intérêts en présence, identifier les objectifs poursuivis par les actionnaires, recenser les moyens d'actions utilisés.
  (Chapitre I : Comprendre une entreprise).
- Les montages financiers génèrent le plus souvent un **éclatement des structures juridiques,** dont il convient d'analyser les finalités et les moda- lités, ainsi que les dispositifs d'accompagnement.
  (Chapitre II : Segmenter les composantes du périmètre).

- Dans certains cas, c'est au contraire **un regroupement** des forces qui est envisagé, à travers des techniques qui permettent, dans certains, cas d'imposer l'entrée d'un nouveau partenaire ou le renforcement d'un actionnaire existant.
  (Chapitre III : Regrouper des intérêts).
- Le montage financier ne peut faire abstraction des hommes qui concourent à sa réalisation. Une place spécifique doit donc être conservée pour l'étude de **la motivation des personnes,** du dirigeant actionnaire à l'ensemble du personnel.
  (Chapitre IV : Motiver les personnes).
- Enfin, une structure vit : **l'optimisation de sa gestion** passe par une politique habile, utilisant un maximum de leviers fiscaux ou juridiques tant au plan de la constitution du résultat net et de sa distribution que de la cession du capital et des plus-values qui peuvent en résulter.
  (Chapitre V : Optimiser la gestion des flux).

Chapitre I

Comprendre une entreprise

Même si le « spécialiste » financier est souvent un homme pressé, confiant en sa maîtrise technique et soucieux d'en administrer impeccablement la preuve, une approche logique suppose évidemment **l'identification préalable des parties concernées et de leurs objectifs,** ne serait-ce que pour choisir son camp et ses alliés.

Les points de vue, les souhaits ne sont en effet pas nécessairement compatibles : l'ingénierie financière est par excellence le théâtre d'affrontements, dont les batailles boursières entre les grands groupes ne sont que le miroir grossissant. Au demeurant, la même personne, la même entité, peuvent poursuivre simultanément plusieurs objectifs contradictoires. Il y a donc lieu de **hiérarchiser les objectifs poursuivis, selon les intérêts défendus.**

Ce n'est qu'**ensuite** qu'un regard dans la « boîte à outils » du financier permettra d'esquisser le **choix des instruments** avec lesquels le montage financier s'édifie.

Les éclairages souvent partiels, donnés dans ce chapitre n'ont d'autre ambition que d'appuyer la logique décrite ci-dessus. Ils s'appliquent à des situations courantes et ont pour but de guider les pas du néophyte mais ne sauraient enfermer la démarche de l'ingénieur financier dans une quelconque méthode normative, par définition réductrice d'un champ aussi complexe.

Plan du chapitre

Section 1

Identification des parties concernées

L'entreprise support n'est pas, loin s'en faut, le seul sujet d'intérêt dans un montage financier. Son **environnement d'actionnaires** mérite un examen tout aussi attentif. En outre, il convient d'être conscient du rôle que peuvent jouer les **autorités de tutelle.** Enfin, les **objectifs personnels de l'intermédiaire financier** doivent être pris en considération. Dans cette investigation préalable, les apparences ne seront pas toujours le reflet des réalités. Aussi une approche soignée permet-elle d'éviter de s'engager sur de fausses pistes.

1 - LES ACTIONNAIRES MAJORITAIRES

Une grande diversité de situations peuvent se présenter :

- un ou plusieurs actionnaires ;
- personnes physiques ou personnes morales ;
- actionnaires en place ou ambitionnant le contrôle, etc.

Un certain nombre de précautions doivent être prises pour optimiser l'efficacité de la démarche :

- l'ingénieur financier doit **avoir le contact direct avec le représentant des actionnaires** et s'assurer d'entrée de jeu qu'il a pleine capacité et autorité pour les représenter valablement ;
- dans certains cas, les intérêts d'un groupe majoritaire ne sont convergents qu'en apparence, aussi est-il souhaitable, sans froisser l'interlocuteur principal, de s'**assurer de l'empathie des autres associés ;**
- les personnes physiques ajoutent à la rationalité financière une dose de subjectivité souvent plus importante que les personnes morales ; **leur horizon, leurs objectifs dynastiques, leur fiscalité, leur devenir en tant que personne** peuvent influer sensiblement sur leur décision ou expliquer certains atermoiements ;

- **un dialogue financier efficace ne peut s'engager avec un simple préposé ou mandataire** désireux de s'en tenir à l'écoute de propositions : en l'absence d'une conversation interactive, les schémas ne peuvent être que théoriques donc insuffisamment adaptés à certains besoins non révélés à l'origine et parfois essentiels à satisfaire ;
- dans l'hypothèse où le contrôle en place ne paraît pas suffisamment homogène et solide par rapport au projet envisagé, une réflexion complémentaire doit être menée, en amont, de façon à **rassurer certains participants du tour de table,** prendre en compte leurs aspirations spécifiques et réduire par un protocole l'incertitude sur les comportements futurs des uns et des autres ;
- l'actionnaire majoritaire ou qui ambitionne de l'être, doit **avoir la capacité de réunir un minimum de capitaux** et ne pas compter uniquement sur l'imagination de l'ingénieur financier pour boucler un montage ;
- lorsque l'actionnaire majoritaire a d'autres intérêts, **la stratégie d'entreprise doit pouvoir néanmoins être menée en toute indépendance** et ne pas être polluée par des intérêts supérieurs.

2 - LES ACTIONNAIRES MINORITAIRES

Il convient par principe de réserver une attention particulière aux actionnaires minoritaires tout en restant conscients que la valeur unitaire des titres qu'ils possèdent est en principe plus faible que celle des actions incorporées au bloc majoritaire.

Les actionnaires minoritaires peuvent s'avérer une gêne considérable par leur comportement vis-à-vis de la société ou des autres associés, même s'ils ne détiennent pas la minorité de blocage. Ainsi, sera-t-il tout particulièrement opportun de s'assurer de leur fidélité ou de leur concours dans un certain nombre de circonstances, par exemple les suivantes :

- **bloc minoritaire significatif** détenu par un actionnaire susceptible tant de faire barrage à des décisions stratégiques de par sa propre puissance de vote ou à l'occasion d'une alliance avec un autre minoritaire hostile, que de céder ses actions à un tiers indésirable, concurrent avide de mettre un pied dans l'affaire et de le faire savoir, ou institutionnel « roulant » probablement pour un acquéreur final soucieux d'anonymat dans un premier temps ;
- **petite ligne de faible montant mais indispensable pour franchir un seuil :** une opération financière est en cours de préparation et elle suppose l'acquisition ou l'apport de cette ligne faute de quoi les conditions fiscales du montage, voire l'intérêt même de sa mise en place sont remis en cause. En cette circonstance, un minoritaire averti peut jouer de sa position stratégique pour faire payer très cher son adhésion.

3 - ACTIONNAIRES APPARENTS ; ACTIONNAIRES REELS

En principe, a seule qualité d'associé la personne qui réunit en elle-même les trois caractéristiques du contrat de société : faire un apport, participer aux bénéfices et aux pertes, avoir la volonté de s'associer lors de la prise de participation. Un certain nombre de situations rendent plus difficiles la détermination de la qualité d'associé :

- **l'indivisaire :** si juridiquement chaque indivisaire a la qualité d'associé, l'un des indivisaires peut prétendre négocier et gérer pour compte commun ; la sortie d'indivision est difficile et si les titres doivent absolument être déplacés, il sera bon de recueillir directement l'accord de l'ensemble des indivisaires pour ce faire ,
- **l'époux :** l'attribution de la qualité d'associé ne soulève aucune difficulté lorsque les époux sont mariés sous un régime de séparation de biens ou de participation aux acquêts, ou lorsque la souscription et l'achat sont faits au moyen de biens propres dans un régime de communauté. La question est plus délicate lorsque l'entrée dans la société a été réalisée au moyen de biens communs. Le droit de revendication de l'époux doit donc être éclairci ;
- **l'usufruitier :** s'il a l'« affectio societatis » et participe aux bénéfices et aux pertes, l'usufruitier, qui détient le droit de vote attaché à l'action en assemblée ordinaire, laisse le pouvoir de décision au nu-propriétaire en assemblée extraordinaire dans la société anonyme, et c'est ce dernier qui est responsable des dettes sociales dans la société de personnes ; les statuts peuvent cependant déroger à cette répartition habituelle du pouvoir ;
- **le croupier :** un associé peut, sans le consentement de ses coassociés, convenir avec un tiers de partager les bénéfices et les pertes résultant de sa participation. Le tiers (« croupier ») n'a aucun rapport avec la société auprès de laquelle la convention, qui s'analyse le plus souvent comme une société en participation, est sans effet ;
- **le prête-nom :** le prête-nom est un associé apparent qui agit en réalité pour le compte d'une autre personne soucieuse de conserver l'anonymat. La validité de principe de cette opération n'empêche qu'elle ait dans certaines circonstances un aspect frauduleux ; elle est spécialement sanctionnée pénalement dans les sociétés de presse par exemple.

On s'attardera un peu plus sur deux pratiques assez répandues mais parfois dépourvues de sécurité juridique.

■ La cession en blanc de droits sociaux

Moyen commode de contrôler un associé jugé peu sûr, ou dont la vocation à le rester n'est que temporaire, utilisée autrefois dans le système bancaire ou ailleurs à titre de garantie de créances, ou pour faciliter ultérieurement la procédure de cessation de fonction d'un administrateur, la cession en blanc de droits sociaux n'est pas exempte de risques, notamment d'invalidation (délit d'abus de blanc-seing).

En effet, à défaut de prix, une cession en blanc n'engage pas son auteur, et ne peut donc valoir promesse de cession, offre de cession, option, etc. Mais, si le prix est déterminé, l'associé ne participe plus aux bénéfices et aux pertes. Enfin, la cession en blanc est difficile à pratiquer lorsque les statuts prévoient une clause d'agrément.

Il convient donc de **s'écarter de la pratique des cessions en blanc,** pour plusieurs raisons :

- le signataire n'a pas les moyens de se rétracter, le porteur pouvant antidater la formule ;
- le délit d'abus de blanc seing est un délit continu (la prescription ne court pas du jour de la signature – en principe imprécis – mais à compter du dernier usage frauduleux de l'écrit) ;
- les personnes qui interviennent pour faciliter l'usage du blanc-seing peuvent voir leur responsabilité engagée comme complices.

■ La convention de portage

La convention de portage permet dans une certaine mesure de dissocier le risque d'entreprise de la fourniture des capitaux qui y donnent accès. L'actionnaire apparent y est en effet lié à une contrepartie par un échange d'options croisées fixant les modalités de sortie du premier cité en faveur de l'autre ou de toute personne qu'il lui conviendrait de substituer.

Des portages à caractère monétaire peuvent être pratiqués : ils présentent l'intérêt d'habiller une opération de crédit mais comportent aussi des avantages plus sulfureux : absence de transparence, contournement éventuel de la réglementation fiscale, du droit boursier, etc.

En tout état de cause, **le porteur apparent peut rencontrer de sérieuses difficultés lors du dénouement de l'opération :**

- la **valeur du portage** (prix de base majoré de la contre-valeur de l'intérêt) **peut être très inférieure à la valeur réelle des titres** et il conviendra de justifier aux commissaires aux comptes et aux actionnaires de la société porteuse ce faible prix de sortie, révélant ainsi a posteriori le portage ;
- et vice versa, une valeur de portage excessive par rapport à la valeur réelle des titres peut laisser perplexe l'environnement du groupe acquéreur ;
- le porteur peut refuser d'exécuter sa promesse de rachat, notamment en cas de difficultés de la société dont les titres sont portés. Dans certains cas, les tribunaux ont considéré sur la base d'articles du Code Civil, que les conventions de portage étaient léonines, laissant le porteur conserver définitivement une position d'actionnaire.

L'évolution du droit et de la fiscalité des valeurs mobilières permet aujourd'hui souvent de **proposer des solutions de substitution** (pensions, prêts de titres, réméré...) à la pratique contestable des portages occultes.

4 - LES AUTORITES DE TUTELLE

Le principe de déréglementation qu'apprécie aujourd'hui le monde des affaires n'exclut en aucune manière la présence d'autorités de tutelle à proximité des montages financiers.

Dans ce domaine, on pense spontanément aux **autorités boursières** qui interviennent systématiquement, et doivent le plus souvent donner une **approbation a priori,** pour tout montage susceptible d'intéresser l'épargne publique, et qui sont également une **source de droit,** spécialement lorsqu'il y a lieu d'interpréter la loi sur les sociétés commerciales.

On peut également envisager de s'adresser à l'**administration fiscale,** à titre de **confort d'une solution** imaginative ou encore peu répandue. Certaines opérations nécessitent même un **agrément.** Nombreuses sont les entreprises qui répugnent à s'adresser spontanément à l'administration fiscale, de peur d'attirer l'attention. Elles prennent leur risque. Il est clair que la prolifération de montages sophistiqués vient au détriment des rentrées fiscales pour des montants de plus en plus importants. Aussi l'administration aura-t-elle tendance à s'intéresser de plus en plus près à l'innovation financière. En tout état de cause, les montages financiers s'appuient en général sur des hypothèses de **fiscalité constante,** ce qui ne laisse pas d'être dangereux si le raisonnement s'arrête là : les **grandes tendances du système fiscal** doivent être prises en compte pour étudier la pérennité de l'intérêt d'un schéma sur plusieurs années.

On ne saurait limiter à ces correspondants habituels le dialogue avec l'administration française ou étrangère : contrôle des changes, contrôle des concentrations, contrôle de conformité des produits aux normes, contrôles sanitaires, autorisations de mise sur le marché pour les produits pharmaceutiques, autorisations d'émettre dans l'audiovisuel, tutelle exercée sur les fournisseurs ou les clients, etc. sont autant de domaines à prendre également en considération.

5 - L'ENTREPRISE

Placer l'entreprise en cinquième position sur la liste des contacts à prendre peut paraître curieux. Il n'est pas sûr qu'il en aille toujours autrement en matière de montages financiers actions : contrairement au schéma-type de mise en place d'un concours bancaire, l'entreprise support ne peut décider pour elle-même, même par délégation. En outre, certains projets ne doivent pas éveiller l'attention de l'intérieur, et excluent donc des entretiens in situ dans un premier temps.

Il reste que la connaissance de la qualité dudit support est essentielle pour la réalisation de tout montage financier le concernant, et ce n'est pas par hasard si la première partie de cet ouvrage est entièrement consacrée au diagnostic et à l'évaluation.

L'entreprise support d'un montage financier est souvent le réceptacle d'un certain nombre de contraintes et sujétions : obligation de distribuer une part significative de son résultat, risque de devoir céder une partie de son patrimoine, de devoir se rapprocher de telle ou telle autre entité, etc.

La bonne santé de l'entreprise et les espoirs qu'elle porte en justifient le prix. Les fardeaux qui lui seront éventuellement imposés ne devront pas casser cette dynamique.

6 - LA BANQUE CONSEIL

Un peu d'introspection n'est pas inutile pour le conseil en montages financiers. Il lui faudra en effet soigner l'approche de son client sous plusieurs angles :

- la déontologie,
- la prise de risques,
- la gestion du temps,
- l'activisme commercial,
- la rentabilité de l'intervention.

Dans la mesure où la prise en compte des deux premiers paramètres lui en laisse le choix, l'intermédiaire doit également bâtir la stratégie d'approche du dossier la plus conforme à ses intérêts, en s'efforçant de fidéliser sa relation pour participer en priorité aux montages ultérieurs.

Section 2

Hiérarchisation des objectifs selon les intérêts défendus

Dans une situation donnée, les objectifs ne sont évidemment pas les mêmes pour chacune des parties en présence : tel actionnaire marginal soucieux de **rendement et de liquidité** s'opposera au chef d'entreprise désireux de préserver son **pouvoir** lié à une position d'actionnaire de référence, alors que le directeur financier de la société aura tendance à préconiser, de son côté, une augmentation de capital pour **sécuriser** la croissance.

1 - POUVOIR

Le pouvoir, sa préservation, sa conquête sont incontestablement l'objectif principal de la plupart des chefs d'entreprise ou des candidats à cette fonction. Un montage financier qui méconnaîtrait cette dimension serait avec quasi certitude voué à l'échec.

La volonté de préservation du pouvoir est **souvent à l'origine de l'insuffisance de capitaux propres** dans une entreprise familiale ou dans un groupe.

Le recours à des outils et des solutions-type peut dans une certaine mesure doper, comme on le verra, le détenteur du pouvoir dépourvu de capitaux. Toute argumentation allant dans ce sens sera bien entendu favorablement perçue. L'objectif prioritaire de conservation du pouvoir **ne doit pourtant pas éclipser les autres motivations d'un montage financier, ne serait-ce que le plus traditionnel, le financement équilibré de l'entreprise.**

2 - RENTABILITE DU CAPITAL INVESTI

Même si son pouvoir n'est pas menacé, même si ses moyens financiers personnels lui permettent de suivre sans difficulté une augmentation de capital, un actionnaire majoritaire ou qui souhaite le devenir, peut prendre l'option d'économiser ses fonds propres, en imaginant des schémas qui, par un ensemble de dispositions financières, juridiques, voir fiscales, lui permettent de maximiser son résultat avec un effort minimum.

Ces tactiques, qui révèlent souvent des **objectifs très ambitieux** à moyen et long terme, s'accompagnant d'une mentalité de joueur, se réalisent en général au détriment du périmètre contrôlé et génèrent une certaine tension qui peut cependant être parfois créatrice. Elles nécessitent la mise en place de dispositifs d'appoint, propres à sauver le montage si les hypothèses sur lesquels il se fonde s'avèrent trop optimistes ou sont contrariées par un accident.

On doit donc faire une **distinction tranchée entre les opérateurs qui, par nécessité, recourent intensivement à l'endettement** en fragilisant les structures qu'ils convoitent ou qu'ils dirigent, **et ceux qui sont en mesure de sécuriser leurs interventions** car ils ont des ressources par ailleurs. Dans le premier cas, l'effort d'épargne est postérieur à l'acquisition, dans le deuxième il la précède, ce qui légitime une allocation plus serrée des capitaux.

3 - MINIMISATION DE LA PRESSION FISCALE

La minimisation de la pression fiscale est un **objectif classique et parfaitement admissible** lorsque les voies empruntées sont connues et s'appliquent à des situations courantes : ce serait une grave erreur de la part d'un conseil que de ne pas inciter son client à en tirer parti, sans qu'ils perdent de vue l'un et l'autre que la loi de finance contient de plus en plus souvent des **dispositions à caractère rétroactif.**

La question est plus délicate lorsque l'assemblage de règles fiscales juxtaposées laisse entrevoir la possibilité pour l'administration d'invoquer l'**abus de droit** à l'appui d'une notification de redressement, ou, plus simplement, comme on l'a déjà vu dans la première partie, lorsque les évaluations sous-jacentes sont minorées.

Le conseil le plus sportif en matière fiscale n'est pas nécessairement l'auxiliaire le plus précieux du chef d'entreprise, quelle que soit sa tentation de l'écouter et d'emboîter le pas : les **truquages systématiques** et pratiqués sur une vaste échelle finissent toujours par être redressés, le cas échéant avec pénalité.

4 - SECURITE DU MONTAGE

Alors que les trois objectifs présentés précédemment, non exclusifs l'un de l'autre, laissaient la porte ouverte à une audace que la compétition entre les conseils attise, le souci d'un montage sûr peut conduire l'opérateur à rester volontairement à l'intérieur de certaines limites ; **l'optimum n'est pas toujours un maximum :**

- **en matière d'évaluation des biens ou des entreprises :** comme on l'a vu, la subjectivité du choix des méthodes et des hypothèses de travail ouvre la porte à un large spectre de valeurs : camper sur une valeur plancher peut présenter certains risques, fiscaux notamment ;

- **en matière de propriété d'entreprise :** si le contrôle peut être préservé avec la majorité simple, voire moins dans certains cas, le développement de l'affaire peut être subordonné à une augmentation de ses fonds propres d'origine externe ; faire courir à la société le risque d'asphyxie ou abandonner une majorité à chaud peuvent être de mauvais calculs ;
- **en matière d'endettement :** un ralentissement de la conjoncture ou toute autre cause peut remettre en question un plan de financement trop tendu. L'équilibre initial du financement de l'entreprise assure à moyen terme la meilleure rentabilité pour ses actionnaires même si l'effort financier immédiat leur paraît un peu plus lourd.

5 - HORIZON DE LA REFLEXION

Un montage financier enfin, ne saurait s'étudier in abstracto, sans tenir compte de l'horizon de la réflexion des protagonistes. Ainsi leur prête-t-on le plus souvent des comportements assez typés :

- le **responsable de l'entreprise familiale** raisonnerait sur l'horizon d'une génération, voire davantage s'il estime trouver parmi ses descendants les successeurs, mais il peut aussi chercher à vendre demain pour réduire l'aléa sur la valeur du patrimoine, laisser la liberté à ses héritiers et assurer le paiement des droits de succession ;
- l'**assureur** serait habitué aux cycles d'investissement longs et aux activités immobilières. Spécialiste de la volatilité des taux, les conséquences qu'elle comporte sur la valeur d'un portefeuille d'actions l'inciteraient à se détourner de tels investissements sinon dans l'optique de la constitution de fonds de pension ;
- **le banquier** intègrerait l'ingénierie financière dans l'approche globale de son fonds de commerce. Son optique de pérennité dans la relation clientèle n'exclurait pas la préférence pour la liquidité et à tout le moins une division du risque ;
- l'**investisseur en capital développement** serait attentif à la plus-value à moyen terme ;
- l'**opérateur boursier** serait dans l'ensemble une main assez faible, par trop influencée par les circonstances du moment et moins attentive aux « fondamentaux » qu'aux opportunités immédiates, etc.

Si ces caricatures ne sont pas toujours dépourvues de réalisme, elles doivent être bien affinées par un **dialogue constructif sur les intentions des uns et des autres, de sorte que les montages financiers soient en ligne avec les horizons stratégiques, et qu'en outre des acteurs à horizons stratégiques très éloignés ne coexistent pas dans une même structure, aux mêmes conditions.**

Section 3

Analyse du contexte juridique

Les montages financiers comportent au minimum un tronc commun de réflexion : quelle forme juridique d'entreprise ? Quel support pour le capital engagé ?

1 - FORMES SOCIALES

Le choix d'une forme sociale, qui sera évoqué à plusieurs reprises au cours des prochains chapitres (holding dans l'optique du contrôle, société de cadres...) relève davantage de la sensibilité du conseil juridique de l'entreprise que de celle de son banquier. Le décideur, traditionnellement attentif à la nature des **responsabilités encourues par les mandataires sociaux** selon différentes formes sociales, doit également prendre en compte, dans le cas spécifique de l'ingénierie financière :

- les **justifications fiscales** de telle ou telle option : certaines formes sociales impliquent l'assujettissement à l'IS, d'autres sont transparentes, d'autres encore permettent de choisir ;
- l'**organisation du pouvoir à l'intérieur de l'entreprise :** au cadre très précis de la société anonyme s'oppose la liberté contractuelle des sociétés de personnes ;
- **la faculté laissée aux porteurs de parts d'entrer ou sortir du capital** et les restrictions éventuellement apportées à cette liberté par la loi, les statuts ou des pactes, ce qui est essentiel pour les minoritaires ;
- les risques de **blocage du commandement** à l'intérieur d'une structure dont les propriétaires et/ou les managers ne s'entendraient plus.

La forme juridique d'une entreprise est très rarement un héritage du passé sans justification particulière. En tout état de cause, elle n'est **jamais neutre et joue aussi bien sur les rapports entre actionnaires que sur ceux de l'entreprise avec son environnement.**

Son étude est **indispensable pour apprécier l'intérêt d'un montage financier, et peut conduire à ne pas s'y associer, même si tous les autres paramètres sont satisfaisants.**

2 - SUPPORTS DU FINANCEMENT

A ce stade de la réflexion sur le « haut de bilan », la segmentation entre différents véhicules de financement, notamment dans la société anonyme, s'impose. On évoquera successivement les instruments financiers, les comptes courants et les dettes.

■ Les instruments financiers

Le diagramme des valeurs mobilières support ci-après, met en évidence qu'un large choix de solutions s'ouvre désormais à l'opérateur :

- en terme de **pouvoir,** la priorité doit évidemment être donnée aux produits bénéficiant d'une puissance de vote, c'est-à-dire au minimum une action à droit de vote simple, pouvant accéder ultérieurement au droit de vote double à l'issue du délai de détention sous la forme nominative requis par les statuts. Le pouvoir est également latent par la détention de titres donnant potentiellement accès au capital ;
- **la confiance en l'avenir,** qui caractérise un investissement à fort levier est évidemment l'apanage de l'investisseur en actions ordinaires. Le levier est plus fort lorsque le titre possédé est un simple bon de souscription. Il peut être également intéressant lorsque des obligations convertibles ont été émises en période de retournement, avec un intérêt obligataire faible associé à une faible prime d'émission ;
- **la liquidité et la sécurité** sont l'apanage des valeurs mobilières mixtes qui mêlent ou associent un investissement de type produit de créance à un véhicule optionnel de type titre de capital. Si l'on fait abstraction du risque de défaut de l'émetteur, la perte maximale encourue par les porteurs de ces titres est la valeur de l'option. L'engagement d'immobiliser les capitaux dans la structure est borné par l'échéance de la partie obligataire du produit ;
- le **rendement global maximum** est obtenu avec des titres de capital sans droit de vote ou assimilés (emprunts perpétuels, certificats d'investissement, créances subordonnées) dont le rendement immédiat et récurrent est garanti et qui dans certains cas, comportent des opportunités de plus-values en fin de période : l'absence de pouvoir conjuguée à l'ampleur du risque justifient l'importance du rendement financier.

Cette typologie très succincte devrait évidemment être complétée par l'étude de modalités qui peuvent très sensiblement infléchir les caractéristiques du produit.

■ Les comptes-courants d'associés

Les comptes courants sont utilisés dans divers cas de figure, pour assurer une certaine fluidité du capital tout en garantissant aux tiers que les responsables de l'entreprise sont impliqués financièrement. Cette ressource, contractuellement rémunérée, est **particulièrement intéressante lorsqu'il est prévu à plus ou moins brève échéance, la constitution, au sein de l'entreprise, d'excédents**

Choix des instruments financiers support

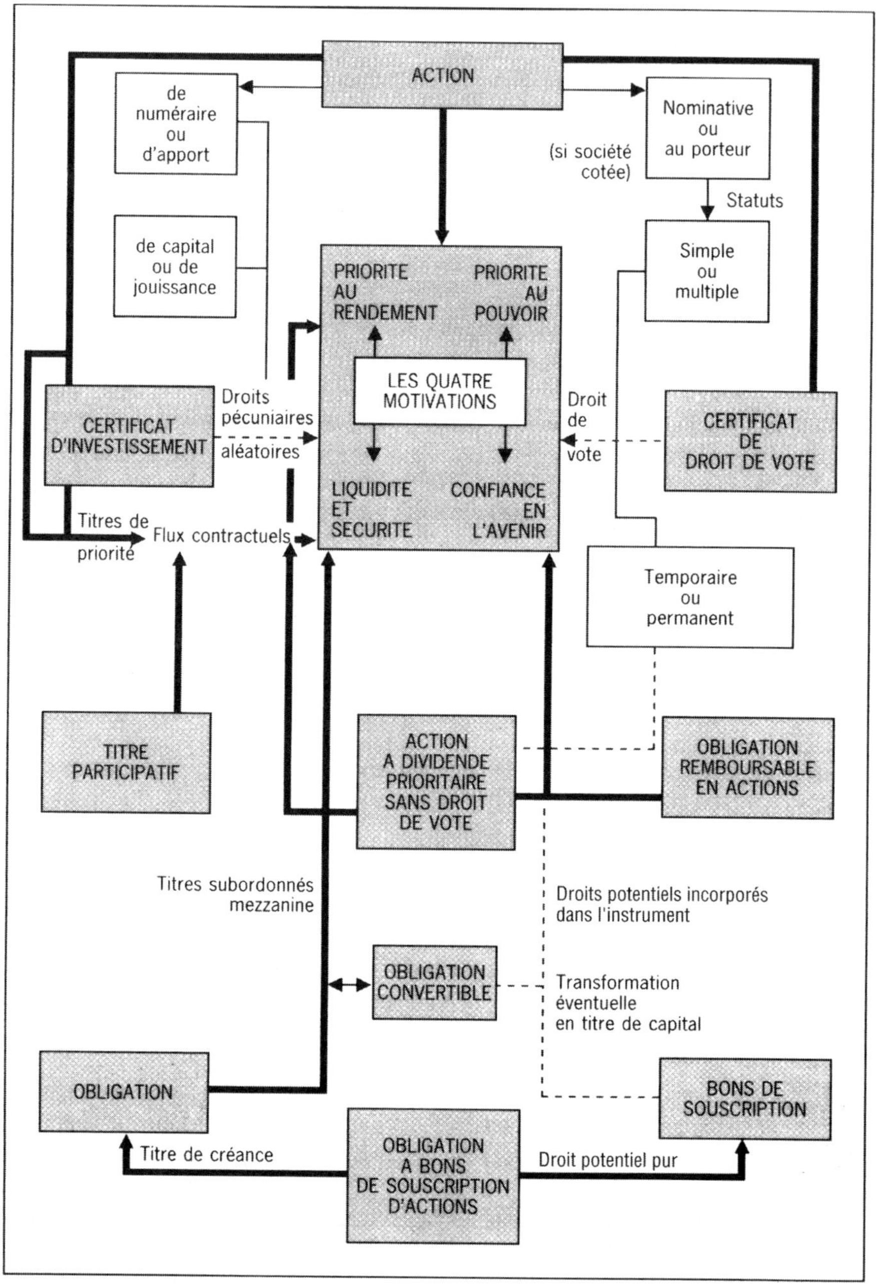

structurels de trésorerie dont le remploi ne conditionne pas la réussite de ses projets. On pourra donc imaginer un montage comportant le recours à cette technique :

- pour **garantir un rendement immédiat au capitaliste,** même en l'absence de bénéfice distribuable ;
- pour **limiter dans le temps l'engagement financier** de l'apporteur de fonds ;
- pour **récupérer à terme une trésorerie disponible sans subir les frictions fiscales** qu'occasionne une distribution de résultats ;
- pour **répartir la propriété du capital de façon non proportionnelle aux capitaux apportés à la structure.**

Les domaines d'application sont nombreux :

- apports de fonds à une **holding** ayant vocation à terme à recevoir des dividendes sans les réemployer ;
- **transmission familiale d'entreprise,** la cession des titres s'effectuant en faveur d'une holding détenue par les héritiers, sans que le paiement du prix lui soit réclamé immédiatement ;
- **financement de projet** nécessitant un apport de fonds propres (ou quasi fonds propres) significatif à l'origine de façon à rassurer les tiers prêteurs, ces mêmes fonds propres ou quasi fonds propres pouvant être retirés partiellement par la suite, sans dommage pour l'équilibre financier du projet, dès lors qu'il affiche des excédents de trésorerie structurels en régime de croisière ;
- opération de **capital risque** dans laquelle les fondateurs souhaitent ne pas être trop dilués si l'entreprise se développe comme ils l'espèrent, etc.

■ La dette bancaire d'accompagnement

Bien que cet ouvrage ait pris le parti d'évoquer l'ingénierie financière à travers sa seule composante capitaliste, il reste opportun d'attirer l'attention sur quelques caractéristiques habituelles de la dette d'accompagnement de tels montages :

- elle est **fondée le plus souvent sur la rentabilité future d'une entreprise cible qu'elle contribue à permettre d'acquérir** mais ne finance pas directement ;
- elle **se surajoute donc à l'endettement de la cible** dans l'endettement global d'un groupe ;
- elle est **difficile à garantir** sinon à travers le nantissement des titres qu'elle aura permis d'acquérir ou ceux de la société mère ;
- elle se rembourse au moyen des dividendes reçus par l'emprunteur, mais plus souvent in fine par la **cession d'actifs** immobiliers ou financiers sur la valeur estimative desquels il convient d'être prudent, surtout si l'échéance est éloignée ;

– lorsqu'elle est contractée par une personne physique pour assurer un apport personnel, les intérêts ne sont déductibles fiscalement que sous certaines conditions et cette charge financière peut inciter l'emprunteur à ponctionner lui-même la structure de façon démesurée, avec un **empilage de charges fiscales et sociales,** désastreux lorsque l'on tire le bilan de l'opération.

Les crédits d'accompagnement de montages financiers ne saurait donc être vendus par le banquier qu'à des clients tirés sur le volet, bon managers et explicites dans leurs intentions, avec des marges tenant compte des risques spécifiques encourus par nature et en l'espèce.

Ils devraient être étudiés de façon liée aux autres aspects du dossier : direction de l'opération, présence en capital ou quasi capital. Une approche fragmentée de ces différentes facettes est de nature à affaiblir une position de négociation.

3 - CONVENTIONS ENTRE ACTIONNAIRES

Plus ou moins bien identifiées dans leur existence et dans leur contenu, les conventions entre actionnaires sont d'un usage fréquent dans la société anonyme car elles permettent **d'établir un équilibre des pouvoirs** ajusté aux spécificités d'une situation et **de protéger les parties contre certaines initiatives** (ou absence d'initiative) qui pourraient pénaliser un groupe d'actionnaires par rapport à un autre.

On y rencontre classiquement des **dispositions relatives à la gestion de la société** telles que la répartition des sièges au conseil, la saisine de celui-ci sur certains dossiers stratégiques, notamment d'investissement et de financement, les conditions de validation des décisions offrant de facto un droit de veto aux minoritaires en certaines circonstances.

Les pactes d'actionnaires règlent également des **restrictions à la liberté de circulation des actions,** notamment des droits de préemption ou d'agrément ainsi que des clauses d'accompagnement en cas de cession du contrôle.

Lorsque la société est cotée, un pacte d'actionnaires doit être déclaré aux autorités boursières. Il peut être constitutif d'une **action de concert** auquel cas, vis-à-vis de la règlementation boursière, notamment celle des OPA, les différentes parties prenantes sont considérées comme une seule entité.

On doit souligner que le **non-respect de ses obligations par un membre du pacte** est parfois difficile à sanctionner de façon efficace : ainsi la vente de titres à un acquéreur de bonne foi, au mépris d'un pacte non révélé aux tiers, ne peut être résolue, et n'ouvrira droit, en cas de contestation, qu'à d'éventuels **dommages et intérêts.**

NOTE

Appréciation critique de la structure Directoire/Conseil de surveillance

Tirée du droit allemand, la formule repose sur la séparation fondamentale entre le pouvoir, qui revient à un organe appelé Directoire (VORSTAND) et l'autorité, qui demeure entre les mains d'une autre entité, le Conseil de surveillance (AUFSICHRAT).

A l'origine, cette nouvelle forme de gestion de la société a été considérée comme mieux adaptée à la réforme de l'entreprise par l'intégration des salariés dans la société. (Au demeurant, les sociétés allemandes peuvent être dotées d'un autre organe, BETRIEBS-RAT, qui représente les travailleurs).

Elle peut être justifiée surtout par le souci d'apporter une séparation stricte entre la gestion et le contrôle, le Directoire bénéficiant d'une liberté de manœuvre et d'une indépendance plus grandes à l'égard du Conseil de Surveillance, cantonné dans un rôle de contrôle périodique, qu'un directeur général, simple délégataire du Conseil d'Administration, qui cumule la responsabilité de la gestion et du contrôle.

A tout moment, une société anonyme peut adopter ce type de gestion, en adaptant ou modifiant les clauses statutaires concernant l'administration de la société. L'option ou son abandon résulte donc d'une décision prise en Assemblée Générale Extraordinaire.

1 - ORGANISATION ET FONCTIONNEMENT

■ Le directoire

D'un maximum de 5 à 7 membres, le Directoire est composé de personnes physiques qui peuvent être (ou non) actionnaires et/ou salariés de la société, nommées par le Conseil de Surveillance, pour une durée fixée par les statuts et comprise entre deux et six ans.

Le président du Directoire, choisi par le Conseil de Surveillance, représente normalement la société mais peut partager cette mission avec tout ou partie des autres directeurs qui peuvent même porter alors le titre de directeur général et bénéficient dès lors eux aussi de la signature sociale sans restriction à l'égard des tiers.

Le Directoire dispose collégialement des pouvoirs les plus étendus pour diriger la société, et jouit non seulement des prérogatives dévolues à la direction générale dans le système classique, mais également des pouvoirs de gestion attribués au Conseil d'Administration, le Conseil de Surveillance contrôlant et autorisant les actes de gestion, mais ne les exerçant pas.

Parmi les opérations nécessitant l'autorisation du Conseil de Surveillance, on notera en particulier les cautions et avals donnés en faveur des tiers (sauf dans les sociétés exploitant un établissement bancaire et financier), ainsi que la cession d'immeubles, la cession totale ou partielle de participations, la constitution de sûretés.

Les directeurs sont responsables, solidairement ou individuellement selon les cas, de leurs fautes de gestion et de la violation des règles légales ou statutaires dans les mêmes conditions que les administrateurs.

■ Le conseil de surveillance

Composé de trois à douze membres, personnes physiques ou personnes morales, le Conseil de Surveillance dont les membres sont nommés par l'AGO a pour mission essentielle de nommer les membres du Directoire et de surveiller leur gestion. En revanche, il ne peut les révoquer.

Aucun membre du Conseil de Surveillance ne peut être membre du Directoire, non plus que conseiller ou directeur technique dans la société. En revanche, le Conseil peut conférer à un ou plus de ses membres des missions particulières pour des objets déterminés ou créer en son sein des commissions spéciales, sans que leurs attributions puissent réduire les pouvoirs du Directoire.

Dans le cadre de sa mission générale de surveillance du Directoire qui s'exerce en principe de façon collective, le Conseil de Surveillance se réunit au moins une fois par trimestre autour d'un rapport d'activité. Dans la pratique, s'y ajoutent les vérifications contrôles, examens de documents qui paraissent nécessaires aux différents membres du conseil, chacun ayant faculté d'agir individuellement compte tenu de la responsabilité personnelle qu'il peut encourir.

Es qualité, le président du Conseil de Surveillance, bien moins puissant que le président de la SA à forme classique n'a de responsabilités légales spécifiques qu'au titre de l'organisation matérielle et du fonctionnement des réunions du Conseil de Surveillance. C'est en fait le président du Directoire qui sera considéré par les tiers comme le chef d'entreprise réel.

2 - INTERETS ET LIMITES

En réorganisant la répartition des pouvoirs et des responsabilités, la formule tient mieux compte des réalités que le régime classique, dans la mesure où les sociétés sont souvent dirigée de facto par un président qui s'entoure pour la forme, d'administrateurs plus ou moins actifs.

La séparation plus tranchée entre le pouvoir et le contrôle sera plus particulièrement prisée dans certains cas particuliers tels que :

- la transmission d'une entreprise familiale à titre gratuit où les parents pourront observer les héritiers et les contrôler sans s'immiscer dans leur gestion ;
- la conduite d'une entreprise en difficulté où il sera plus facile de recruter des personnalités pour participer à un Conseil de Surveillance, que des administrateurs ;
- la recherche d'un équilibre stable dans les sociétés contrôlées conjointement où des luttes d'influence entre groupes d'actionnaires pourraient déstabiliser le management de l'entreprise.

La formule est également utilisée par les entreprises publiques ainsi que par des sociétés étrangères qui créent des filiales en France.

Après avoir stagné pendant de longues années, le nombre de sociétés ayant adopté la formule a tendance à s'accroître, sous l'influence conjuguée de :

- la réglementation fiscale : les titres du groupe détenus par le président du conseil de surveillance sont exonérés de l'I.S.F. au titre de l'outil de travail, ce qui peut faciliter une transmission d'entreprise par un patron demeurant significativement actionnaire,
- les investisseurs financiers : la présence au conseil de surveillance dégage mieux, en principe, ces derniers de leur responsabilité, qu'une position d'administrateur. Cependant ce n'est pas une panacée ; à défaut d'une qualification de dirigeants de droit, ils peuvent dans certains cas être « rattrapés » par une qualification de dirigeants de fait,

notamment si les statuts définissent un équilibre des pouvoirs plus en faveur du Conseil de Surveillance que ne le prévoit la loi dans le silence des statuts.

Un certain nombre de risques de dysfonctionnements restent à souligner :

- le caractère collégial de la direction nuit à l'unité de commandement, d'autant que le président du Directoire, « primus inter pares » n'a pas le pouvoir de choisir les autres membres de celui-ci ;
- le Conseil de Surveillance ne peut tirer directement les conséquences de l'exercice de son pouvoir de contrôle puisque les membres du Directoire ne sont révocables que par l'assemblée des actionnaires ;
- bien que parfaitement libre, la révocation d'un membre du Directoire « sans juste motif » ouvre à ce dernier le droit à dommages-intérêts, alors que le président du Conseil d'Administration de la SA classique est révocable ad nutum. De même, la démission « sans juste motif » d'un membre du Directoire, l'expose à verser des dommages-intérêts à la société qui en supporte le préjudice ;
- la nécessité de recourir à l'arbitrage de l'actionnaire pour résoudre les conflits entre Conseil de Surveillance et Directoire alourdit et allonge la recherche d'une solution et fait éventuellement apparaître de nouvelles divergences ;
- dans la petite entreprise, la formule est pratiquement impossible à mettre en œuvre en raison des incompatibilités de fonctions qui s'imposent aux membres du Conseil de Surveillance.

Aussi, doit-on aborder la formule avec circonspection et s'assurer dans sa pratique, tout particulièrement, de la cohérence, voire de la compatibilité des orientations stratégiques définies par le Directoire avec les objectifs poursuivis par l'actionnariat.

Chapitre II

Segmenter les composantes du périmètre

La stratégie de développement d'une entreprise l'amène fréquemment à s'organiser sous forme de groupe de sociétés. Ce concept, qui a davantage une connotation économique et financière qu'une signification juridique précise, est au cœur de la réflexion en matière d'ingénierie française, qu'il s'agisse de former une structure complexe, de la faire vivre, ou d'analyser simplement l'existant.

Un groupe est une entité constituée par plusieurs sociétés, ayant chacune une existence juridique propre, mais dont la stratégie repose sur un actionnaire principal commun, en principe une société mère, qui exerce un contrôle sur l'ensemble et fait prévaloir une unité de décision.

Un groupe se construit et vit essentiellement par rapport aux objectifs propres de celui qui le contrôle. Il en résulte une architecture, avec le cas échéant certaines exclusions ou mises à l'écart. Plus ou moins facile à interpréter, la structure de groupe appelle une vigilance particulière de la part des minoritaires et de l'environnement, car le loyalisme des gestionnaires ou la réglementation ne sont pas toujours au rendez-vous pour protéger les tiers.

Plan du chapitre

Section 1

La constitution et la vie du groupe

La participation d'une société dans une autre peut se réaliser sous de multiples formes :

- **constitution d'une filiale :** une société existante prend l'initiative de créer une nouvelle société et accomplit les formalités de constitution (ou achète une société « coquille vide » prête à l'emploi). Elle fait appel le cas échéant à plusieurs personnes physiques ou morales afin d'assurer le minimum d'associés requis par la loi ;
- **apport d'actifs :** une société existante décide de filialiser tel ou tel département en attribuant des actifs à une société préexistante, contre remise de titres de ladite société, ce qui permet le cas échéant d'en prendre le contrôle ;
- **souscription à une augmentation de capital :** l'opération est analogue à celle qui précède, mais l'apport est effectué en espèces ;
- **achat pur et simple :** une société en rachète une autre, sans modification du capital de cette dernière. Cela suppose un accord avec les actionnaires majoritaires de la future filiale (opération de gré à gré) ou, le cas échéant, si la société est cotée, et son contrôle mal assuré, une attaque par surprise.

Les conséquences d'une prise de contrôle sont multiples :

- au plan comptable, la **consolidation des comptes** peut être envisagée comme instrument de gestion ; dans certains cas elle est obligatoire ;
- **des obligations d'information** apparaissent : information sur les franchissements de seuil de détention des droits de vote, information des salariés via le comité d'entreprise sur les modifications du périmètre, information du public (Balo, Greffe, etc.) ;
- la création d'un groupe de sociétés par prise de participation ou constitution d'une filiale commune peut constituer une **entente** ou conduire à un **abus de position dominante,** susceptibles de faire l'objet d'un contrôle au plan national ou communautaire (contrôle des concentrations économiques effectué par le Conseil de la Concurrence et par la Commission des Communautés Européennes) ;

- au cas où des intérêts étrangers sont en jeu, des autorisations préalables ou des contrôles a posteriori peuvent être requis, selon le dispositif en vigueur au titre de la **réglementation des changes ;**
- **lorsqu'une affaire est en difficulté,** son appartenance à un groupe comporte des répercussions sur la procédure de redressement judiciaire. Une extension est envisageable, s'il est constaté une confusion des patrimoines entre les sociétés du groupe ou s'il est prouvé que des filiales ont été constituées pour frauder les droits des créanciers ;
- **au plan fiscal,** la constitution du groupe a des conséquences diverses. Elle ouvre des possibilités de compensation entre les déficits et les excédents de ses composantes, mais cette faculté est loin d'être illimitée : certaines conditions en restreignent sensiblement l'effet (principe de l'unicité du contribuable) ;
- **au plan social,** le groupe peut ou doit être pris en compte pour définir une politique d'actionnariat, de rémunérations, de représentation du personnel, voire de licenciements.

Le large éventail des solutions techniques, la multiplicité des conséquences du choix opéré dans de nombreux domaines, dans certains cas la lourdeur de la procédure, impliquent que la décision de constituer un groupe de sociétés ne puisse être prise à la légère ni l'étude de ses modalités bâclées : la réflexion doit précéder l'action. De même ne devrait-on voir subsister que de façon occasionnelle, dans l'organisation d'un groupe, des sociétés qui y figurent pour des raisons essentiellement historiques : un groupe doit vivre et se remodeler, à un rythme dont il conviendra aussi d'apprécier le bien fondé.

*

* *

Dans ce domaine comme dans bien d'autres, **il paraît donc fondamental d'étudier les finalités** avant de choisir (ou de subir) des modalités. Les motivations de l'entité qui contrôle le groupe de façon ultime peuvent être imprécises, obscures, voire différentes du langage tenu. Il y a lieu de faire la part des choses entre les habillages et les vraies priorités, pouvoir, gain, pérennité du système, tout en sachant qu'une décision financière, un organigramme, peuvent être rarement enfermés dans une explication unique.

- A l'objectif **de pouvoir** correspond en général la constitution d'une société holding et l'organisation du portefeuille d'activités à plusieurs niveaux, de façon à ce que l'entrée de partenaires minoritaires dans des sous holdings permette de démultiplier le domaine d'influence du groupe sans adjonction de capitaux propres par son actionnaire principal. La forme de la holding, la répartition de son capital et ses modes de financement peuvent être objet d'étude dans la même optique : l'examen du contenant importe autant que celle du contenu.

- **L'objectif de gain** se traduit également par des systèmes d'organisation à plusieurs niveaux, permettant d'obtenir un rendement maximum des capitaux propres pour l'actionnaire majoritaire. Le gain peut être réalisé aussi par une politique judicieuse d'acquisitions (bas prix et synergies économiques), par la revente systématique de tout ou partie des actions des sociétés contrôlées (après leur remise en forme, de façon à dégager un flot de plus-values) par la ponction des résultats des filiales (sans aller, espérons-le, jusqu'à l'asphyxie des sociétés de base) ou de leur patrimoine.
- **La sécurité de la stratégie** s'apprécie à travers d'autres critères : équilibre du portefeuille d'activités, approche boulimique ou raisonnable de la croissance externe, mode de financement des acquisitions, taux de distribution des résultats, etc.

Toute approche partielle risquant d'être fortement réductrice, l'analyse des composantes du groupe ne saurait être isolée de leur cadre de vie.

Section 2

La création d'une holding

L'existence d'une holding est la condition sine qua non de la constitution d'un groupe au sens financier du terme, même si le banquier, par commodité, attribue fréquemment la qualification de « groupe » à un ensemble de sociétés juridiquement complètement indépendantes mais dont les dossiers sont présentés simultanément dans un comité de crédit parce qu'elles sont détenues par le même actionnaire-dirigeant personne physique.

Cette société détient directement ou indirectement des participations qui, le plus souvent, lui confèrent le contrôle des sociétés du périmètre.

On examinera successivement les principaux arguments qui militent en faveur de la création d'une société holding et les modalités qui paraissent les plus appropriées à la réalisation des objectifs qu'elle poursuit.

1 - LES OBJECTIFS D'UNE SOCIETE HOLDING

Les objectifs qui président à la constitution d'une société holding s'inscrivent de façon non exclusive dans un contexte de préservation du contrôle, de gestion financière, et de stratégie de croissance.

■ Le contrôle du périmètre

La holding se distingue d'une simple société de portefeuille, d'un fonds, ou d'une société de capital-risque en ce sens qu'elle a **vocation à regrouper des actionnaires dont au moins les principaux désirent exercer une influence significative sur la gestion des affaires détenues,** ne serait-ce que par une participation active au Conseil d'administration, ou à la désignation des dirigeants des filiales.

La holding exerce le contrôle sur les principales sociétés composant son périmètre, ce contrôle étant le plus souvent majoritaire, pour des raisons juridiques (détention des droits de vote) ou le cas échéant fiscales (suspension d'imposition sur les plus-values à acquitter par les actionnaires de la holding en cas d'apport permettent à ces derniers d'en prendre le contrôle majoritaire).

L'objectif de contrôle peut être atteint avec une détention inférieure à 50 % lorsque la cible, cotée en bourse, dispose d'un flottant important et largement réparti, ou bien lorsque la holding détient davantage de droits de vote double que les autres actionnaires. **Cependant, cette situation n'est pas sans présenter certains risques à terme,** pour les dirigeants de l'entreprise : OPA, accès d'autres actionnaires au droit de vote double sont susceptibles de renverser la répartition des droits de vote à plus ou moins brève échéance.

On doit souligner dans le même esprit, que la holding se doit en outre, de surveiller la localisation des titres susceptibles de donner accès au capital de ses filiales (bons de souscription, convertibles, etc.). Cette localisation pourra s'avérer selon les cas une menace (détention par des tiers non contrôlés) ou une arme (détention par la holding elle-même ou par des mains amies).

On admettra par exception, que, pour des raisons le plus souvent commerciales ou stratégiques, la holding ne détienne pas le contrôle majoritaire de certaines filiales, notamment à l'étranger, dans le cadre de **« joint-ventures »** avec des partenaires locaux. La position d'actionnaire à 49 % est évidemment inconfortable dans la mesure où elle indique clairement la prééminence d'un autre. Les accords à parité sont parfois également difficiles à gérer. Aussi pourra-t-il être intéressant d'étudier dans ce cas la mise en place de droits de préemption réciproques, de droits d'agrément, ou de dispositifs de type « buy or sell » (au prix proposé par une contrepartie, un actionnaire se trouve dans l'obligation d'acheter les parts de la contrepartie ou de lui vendre les siennes).

Le périmètre contrôlé par la holding peut également être influencé par des objectifs de présentation des comptes consolidés (cf. première partie).

En résumé, le contrôle du périmètre doit, en règle générale, être assuré à un minimum supérieur à 50 % du capital des principales filiales, en prenant garde, en tout état de cause, de faire en permanence la distinction entre les intérêts stratégiques du groupe, part du groupe et hors groupe.

■ Le contrôle des associés

Dans l'optique du contrôle des « amis », la mise en place d'une holding est aussi un excellent moyen de verrouiller le capital. Cette motivation se rencontre aussi bien dans les affaires à caractère familial que dans les groupes déjà institutionnalisés, contrôlés par des personnes morales.

Dans l'affaire familiale, les objectifs peuvent être de :

- conserver en statut fermé la gestion du portefeuille familial d'activités, ainsi que du patrimoine immobilier et industriel, de façon à éviter une dispersion à l'occasion des dévolutions successorales ;
- assurer le pouvoir d'un successeur choisi à la tête de l'entreprise, qui ne disposerait pas de la majorité du capital en cas de division pure et simple de celui-ci ;

- permettre à un fondateur de conserver les rènes du pouvoir après avoir fait la donation de l'essentiel ou de la totalité de ses actions à des héritiers ;
- faciliter l'harmonisation des points de vue et mieux négocier la cession ultérieure des titres à des tiers, dans la mesure où un bloc de 51 % se vend plus facilement et sans doute mieux que quatre blocs de 12,6 % appartenant à des actionnaires différents, dont les aspirations sont souvent divergentes, les écarts n'allant qu'en s'accentuant au fil du temps.

On retrouvera des objectifs analogues dans les **groupes contrôlés par des personnes morales,** qui, si elles ne rencontrent pas de problèmes de succession, peuvent se soucier des **rapports de force et de la cohésion de leur actionnariat.**

La dispersion des partenaires à différents niveaux du groupe permet alors de conforter la position de l'actionnaire principal. Ainsi, dans l'exemple ci-dessous, une même répartition de l'effort financier entre le majoritaire et les tiers (60/40) donne davantage de pouvoir au majoritaire dans le schéma B que dans le schéma A.

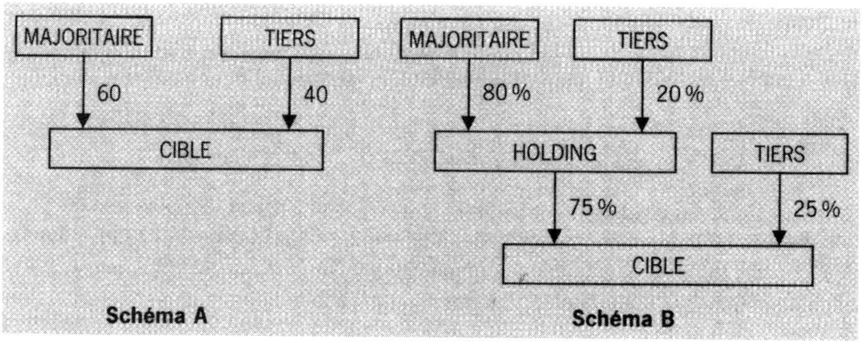

Avec un même investissement (80 % de 75 % = 60 %), le majoritaire du schéma B dispose de la grande majorité (société anonyme) qu'il ne détenait pas lorsqu'il n'existait pas de holding de contrôle.

Rien n'empêche l'opérateur de pousser le schéma à trois niveaux ou plus, avec une super holding elle-même contrôlée par une autre etc., transformant le schéma de base en une véritable corde à nœuds.

Il lui faudra convaincre les partenaires minoritaires de l'intérêt d'une présence à tel ou tel niveau, alors que la source de profit réel reste simplement la cible. Mais, l'organisation du portefeuille d'activités du groupe peut être plus complexe, et l'argumentation raffinée, permettant d'ériger une pyramide (cf. Schéma C) plus sécurisante et en même temps plus volontariste.

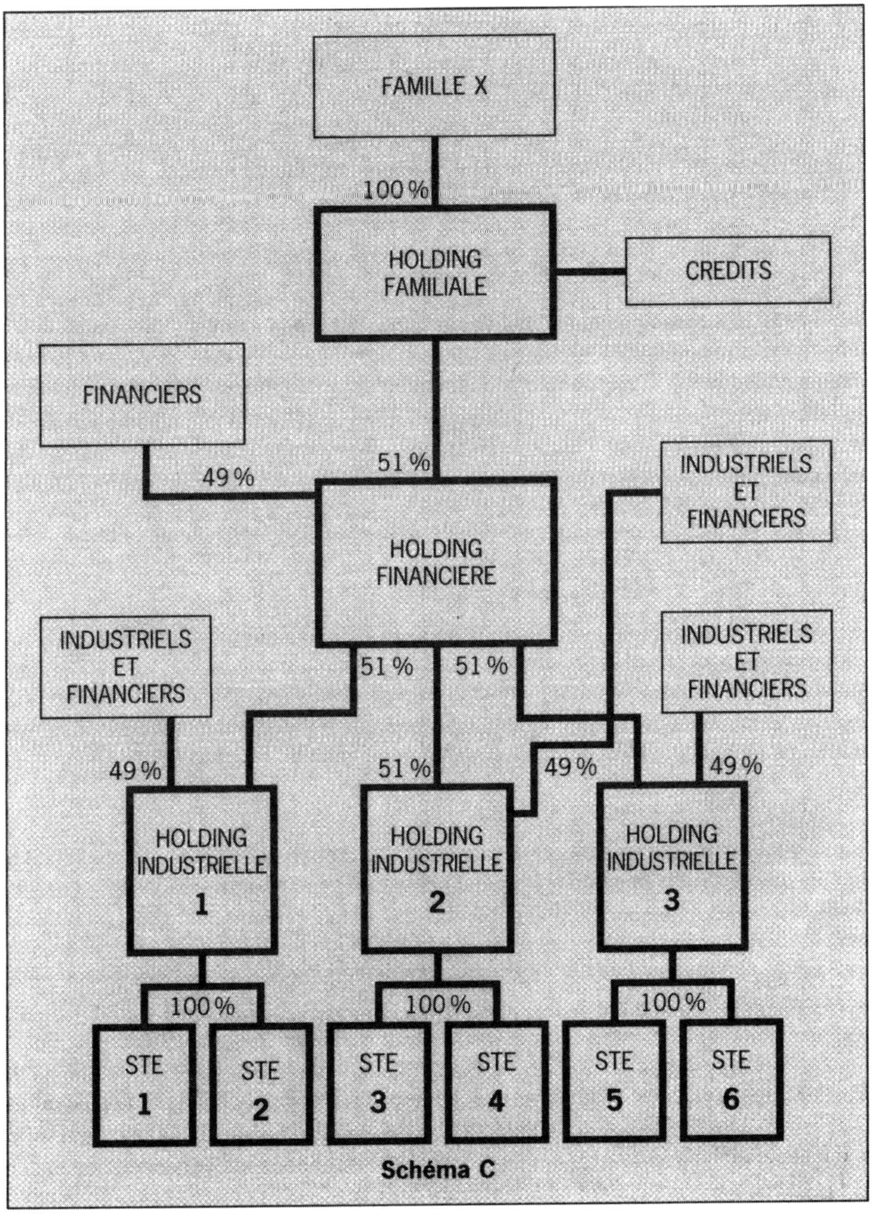

Schéma C

La cascade de structures correspond à divers niveaux d'intérêts minoritaires permettant de :

– conserver le pouvoir ;

– réaliser un fort levier de capital.

On pourra en effet justifier la diversité des préoccupations aux différents échelons du groupe et faire apparaître des stratégies clairement autonomes :

- pôles industriels,
- pôles financiers,
- affaires en retournement,
- implantations internationales, etc.

Dans le schéma C, les sociétés de base n'ont pas d'actionnaires minoritaires car elles ne sont pas des pôles où s'exprime une stratégie durable et autonome : leur vocation est de se regrouper ou d'accueillir d'autres croissances externes. Le groupe est contrôlé par la « famille » avec 26 % des capitaux propres nécessaires à son fonctionnement. Le groupe de contrôle ne se dilue pas dans la holding de tête car cette dernière n'a vocation qu'à regrouper des intérêts familiaux.

■ Les aspects financiers et fiscaux

Si les objectifs de pouvoir dominent le plus souvent dans la conception et la mise en place d'une holding, certaines considérations d'ordre financier ne doivent pas être négligées.

Au premier rang de celles-ci figure la **démultiplication des possibilités de collecte de fonds propres** qu'offre le cloisonnement des minoritaires. On notera au passage qu'il est plus facile d'organiser l'immobilisation des minoritaires dans une holding à l'occasion d'un appel de fonds complémentaire justifié par la croissance du groupe, que de le faire ex nihilo : l'ambiance dynamique que crée le financement de la croissance permet alors de plaider avec brio la manipulation du tour de table.

La holding peut en outre s'endetter dans de meilleures conditions que ne le ferait le détenteur ultime du capital : l'interposition de la structure dilue son risque, peut ouvrir l'accès à la déductibilité des intérêts d'emprunt, permet d'adosser des garanties à l'objet de l'opération (nantissement des titres), et détermine une sortie logique du financement par l'appréhension des dividendes perçus ou des plus-values encaissées. La holding dispose enfin en principe d'une meilleure notation que ses composantes ; elle peut emprunter davantage et moins cher.

La holding recycle les dividendes qu'elle reçoit dans des conditions fiscalement plus agréables que si l'actionnaire personne physique devait les faire transiter par sa déclaration d'impôt sur le revenu. Il est à noter cependant que certaines holding, constituées dans le cadre de la transmission familiale des titres de l'entreprise, ne disposent jusqu'au décès du fondateur, que de la nue propriété des droits sociaux, ce dernier s'étant réservé la possibilité de continuer à encaisser les dividendes en conservant l'usufruit. Il est évident que de telles constructions amputent sensiblement les capacités financières des holdings de transmission.

Enfin, on alloue souvent à une holding une **fonction de centralisation de la trésorerie** qui n'est pas inhérente à son statut mais qu'il peut être commode de lui faire gérer, notamment si elle est en même temps responsable de la collecte de financements groupe.

Le rôle financier de la holding est finalement plus ou moins actif selon la stratégie de développement du groupe, le degré d'autonomie laissé aux filiales, notamment quant à l'affectation de leur autofinancement, et l'intérêt qu'il peut y avoir dans certains cas, à négocier la dette sur plusieurs signatures, ce qui présente entre autres avantages l'opportunité de responsabiliser les entités emprunteuses.

■ La stratégie de croissance

Par rapport à la valorisation unitaire de leurs composantes, **la bourse sanctionne traditionnellement les sociétés de portefeuille d'une décote significative de 20 à 30 %,** parfois plus si les perspectives économiques s'affaiblissent, si le groupe traîne un boulet, ou s'il est avare d'informations. Cette prudence traduit l'illiquidité du patrimoine, l'opacité de la gestion, un doute sur l'authenticité des survaleurs payées, l'incertitude sur la composition du périmètre à terme, ou tout simplement l'irrationalité du marché.

Des voies de plus en plus nombreuses s'élèvent aujourd'hui pour mettre en valeur le **métier de holding industrielle** autour duquel un consensus devrait s'établir puisqu'il s'agit à la fois de renforcer le tissu industriel français, contribuer à la préservation des grands équilibres économiques et assurer aux actionnaires une progression régulière de leur patrimoine, indépendamment des fluctuations des marchés financiers. La holding industrielle devrait donc être analysée différemment des sociétés de portefeuille classique.

On doit reconnaître en effet la réussite incontestable de certains groupes, dont la croissance forte et équilibrée ne se dément pas, parce qu'ils ont appliqué sans relâche quelques idées simples :

- **sélection de secteurs d'activité** où il est possible de construire des ensembles industriels cohérents, de taille européenne et à vocation exportatrice à partir d'entreprises petites et purement nationales mais qui occupent une position de leader sur une niche ;
- **mise en œuvre d'une politique de croissance interne et externe fondée sur une logique industrielle et de marché** mais non sur des considérations purement financières, sans déboucher sur des empilages ou des juxtapositions disparates faussement synergiques ;
- **organisation légère de la holding tête de groupe, s'appuyant sur une équipe réduite, laissant la gestion opérationnelle et même la proposition de la stratégie entre les mains des filiales ;**
- **définition de règles de financement internes,** fondées sur des ratios d'endettement raisonnables par rapport aux fonds propres et non par rapport à des capacités de remboursement prévisionnelles illusoirement optimistes,

chaque acquisition nouvelle devant être financée par la revente préalable le plus souvent à des tiers, de blocs minoritaires dans des filiales existantes du groupe n'ayant pas épuisé leur potentiel de développement ;

- **approche de dossiers à l'échelle des capacités du groupe,** aucun investissement n'étant en mesure, en raison de sa taille ou du prix payé, de mettre en péril le résultat consolidé.

Ce sont la personnalité des dirigeants, leurs succès passés, la confiance en la pérennité de leur stratégie qui justifieront l'appréciation plus flatteuse portée sur ces groupes « industriels ». En revanche, la roche Tarpeienne est proche du Capitole pour ceux qui, grisés par le succès, prennent peu à peu davantage de risques, ou délaissent leur politique industrielle afin de concentrer leur temps sur la communication financière ou la relation avec les investisseurs institutionnels.

2 - L'ADAPTATION DES MODALITES AUX OBJECTIFS POURSUIVIS

En cette vaste matière où la confrontation des points de vue de plusieurs experts s'avère souvent judicieuse, on ne saurait donner qu'un aperçu des choix possibles.

■ Forme juridique

En règle générale, **la forme civile** est appréciée pour la constitution d'une holding à caractère familial, car la liberté de contracter n'est pas enfermée dans un dispositif aussi rigoureux que celui de la société anonyme. Dès lors, les parties peuvent librement s'organiser et pratiquer une dissociation durable entre la propriété et le pouvoir. Cette opportunité présentera surtout un intérêt dans le cadre de la transmission familiale de l'entreprise. La contrepartie de cette liberté, si tentante à court terme est le caractère éventuellement très contraignant du dispositif mis en place qui ne peut ensuite être défait sans consensus ou à tout le moins sans délai. Les conditions de l'accord entre les parties devront donc, autant que faire se peut, rester supportables même si les intérêts divergent à terme (nomination et pouvoirs du gérant, entrée et sortie des porteurs de parts).

La société en nom collectif, parfois rencontrée pour des sous-holdings, correspond à des joint ventures entre entités très proches, dans la mesure où la responsabilité de ses associés est en principe très étendue (sauf s'il s'agit de personnes morales sans surface, interposées pour fracturer le lien). La liberté contractuelle de la SNC permet également de définir des droits et des engagements contractuels indépendamment des capitaux apportés à la structure.

La forme de société de capitaux, SA ou SARL est préférable si l'on envisage de donner à la holding des responsabilités commerciales ou de gestion en sus de sa vocation de société de portefeuille. La forme de SA est plus particulièrement recommandée lorsque des tiers sont susceptibles d'entrer dans la holding. Les règles de fonctionnement définies par la loi sur les sociétés commerciales devront s'appliquer, mais des conventions entre actionnaires pourront en tempérer les risques. A la limite, une société anonyme simplifiée (SAS) pourra être encouragée, même si elle n'a pas été conçue pour cela (cf. chapitre 3).

Enfin, **la Société en Commandite par actions** rencontre de plus en plus d'adeptes, mais il faut en étudier avec soin les modalités de fonctionnement qui, en l'absence de dispositions spécifiques confèrent un avantage peut-être excessif aux commandités par rapport aux commanditaires.

La forme juridique de la holding doit correspondre au cas d'espèce à traiter, à commencer par le nombre de partenaires, et le poids respectif de chacun d'eux. L'institution, même si le risque juridique est faible, (à la suite de plusieurs décisions jurisprudentielles), ne doit pas être considérée comme un moyen de détourner la réglementation interdisant les conventions de vote. La pratique délimite de façon floue la frontière entre bon usage et abus, mais, holding ou pas, **l'abus de majorité** est sanctionné par les tribunaux. Le meilleur rempart contre ce risque reste donc la limitation des contraintes imposées aux actionnaires et le service d'objectifs communs (« affectio societatis »).

■ Options fiscales

Lorsque son régime juridique de société de personnes le lui permet, la société holding peut avoir intérêt à la **transparence fiscale,** de façon à faire remonter ses résultats directement à ses actionnaires.

Plus fréquemment, elle est **assujettie à l'impôt sur les sociétés,** ce qui est même possible – sur option irrévocable – dans une société civile. L'assujettissement à l'IS confirme l'autonomie de gestion de la holding et facilite la gestion des flux financiers à l'intérieur du groupe.

Enfin, sous certaines conditions, la holding peut se constituer **tête de groupe dans un périmètre d'intégration fiscale,** ainsi qu'on le verra plus en détail en évoquant les opérations de LBO.

■ Localisation

L'interpénétration des économies européennes, mais aussi les distorsions juridiques ou fiscales incitent de nombreuses entreprises à **regrouper géographiquement leurs implantations au sein d'une holding constituée selon le droit de l'un des Etats, cette holding pouvant à son tour être contrôlée par le groupe lui-même** (on parlera alors de sous-holding). Il n'y a aucune fatalité dans ce processus :

– le critère fiscal ne vient pas toujours au premier plan ;
– les solutions étrangères, notamment néerlandaise ou luxembourgeoise ne sont pas toujours les plus compétitives ;

- l'intérêt de telle ou telle localisation dépend de l'évolution du contrôle des changes, des systèmes et taux d'imposition, qui sont l'un et l'autre fluctuants ;
- les montages réalisés par certains spécialistes doivent être appréciés dans le cadre d'une constance de la fiscalité et du droit applicables ;
- la délocalisation d'une holding apparaît donc réservée aux groupes suffisamment mobiles pour pouvoir se replier sur un autre territoire au cas où les conditions d'origine deviendraient caduques ;
- on peut supposer que l'harmonisation européenne réduira progressivement les différences d'un Etat de la CE à un autre.

Ceci posé, les principaux critères de choix reposent,

au plan juridique, sur le degré de liberté laissé par telle ou telle législation à propos des décisions suivantes :

- la répartition des postes au sein des organes de direction ;
- les conditions de quorum et de majorité applicables et la faculté pour les statuts d'en décider ou non ;
- le contenu et les modes de validation des conventions entre la société et ses associés ou entre actionnaires ;
- la possibilité de conserver une grande discrétion dans la détention des participations.

et au plan fiscal, principalement sur :

- la retenue à la source sur le dividende appréhendé par la holding ;
- l'imposition du dividende entre les mains de la holding ;
- les frictions fiscales en cas de redistribution ;
- le régime applicable aux plus-values.

Au total, contrairement à une idée répandue, c'est moins en raison d'aspects fiscaux que des contraintes juridiques qui pèsent sur elles, notamment dans la gestion de son actionnariat, que la holding française est encore souvent délaissée au profit du droit néerlandais qui offre encore davantage de souplesse de ce point de vue.

Section 3

La filialisation des activités et la gestion du périmètre

Dans une entreprise déjà constituée, hors le cas de croissance externe par acquisition de titres ou souscription au capital, la **création de la holding** passe par la filialisation de tout (holding « pure ») ou partie (holding « impure ») des activités. La **gestion du périmètre** ouvre ensuite de nombreux champs de réflexion.

1 - HOLDING « PAR LE HAUT » OU « PAR LE BAS » ?

Une des questions classiques qui se posent, lorsqu'il est envisagé de créer une société holding à partir d'une entreprise précédemment monolithique, est d'arbitrer entre la holding « par le haut » ou « par le bas ».

Dans le premier cas, les actionnaires de l'entreprise existante apportent (ou pour partie cèdent) leurs titres à une société en principe spécialement constituée pour l'occasion, laquelle les rémunère par ses propres titres (apport donnant lieu à une augmentation de capital), par une inscription en compte courant (qui permet de faire sortir un actionnaire sans pour autant avoir à décaisser immédiatement le prix) ou encore en espèces (cession pure et simple nécessitant du cash dans la holding qui devra donc peut-être s'endetter simultanément pour réunir les fonds nécessaires).

Dans le deuxième cas, la situation reste inchangée pour les actionnaires de la société existante ; mais la société qu'ils contrôlent devient pour tout ou partie une société de portefeuille, par la filialisation d'activités industrielles, commerciales ou de services.

Si, sur le plan économique, la stratégie de dissociation emporte des conséquences analogues, la méthode utilisée n'est pas indifférente aux plans juridique, fiscal et financier.

Holding par le haut

La holding « par le haut » implique un apport (n'excluant pas, le cas échéant, pour partie, une cession) **des titres possédés par les actionnaires de la société.**

Or, la taxation de droit commun des apports et des cessions de ces actions risquerait de générer une friction fiscale importante (plus-value de cession de valeurs mobilières entre les mains des actionnaires apporteurs en particulier), alors que, pour l'essentiel, l'opération s'analyse en un simple jeu d'écritures, les titres de la holding étant substitués aux titres de la société opérationnelle, devenue filiale, dans le portefeuille des actionnaires.

Les apporteurs peuvent se placer, au titre des plus-values, sous le régime des fusions (apport de branche) pour échapper à une imposition immédiate, sur agrément ou, plus fréquemment, sans agrément si les conditions suivantes sont respectées :

- participation permettant d'exercer le contrôle à plus de 50 % de la société, (ou 30 % si les titres sont largement répandus dans le public) ;
- conservation des titres reçus en rémunération de l'apport pendant 5 ans ;
- calcul ultérieur des plus-values de cession de ces mêmes titres par référence au prix de revient d'origine des titres apportés.

Contrairement à la règle suivie en matière d'impôts directs, l'apport d'une participation n'est pas assimilé à un apport de branche en matière de droits d'enregistrement, à moins que deux conditions complémentaires soient remplies (cas dit de la « fusion à l'anglaise ») :

- apport de titres assurant à la société bénéficiaire de l'apport (qui doit être une société de capitaux) une participation de 75 % au moins dans le capital de la société dont les titres lui sont transférés ;
- engagement du bénéficiaire de l'apport de conserver les titres reçus pendant cinq ans (condition suffisante même si une augmentation de capital non « suivie » fait tomber par la suite la quotité détenue en deça de 75 %).

Compte tenu du fait que les apports ordinaires de droits sociaux sont désormais enregistrés au droit fixe, la fusion à l'anglaise ne présente désormais d'intérêt que lorsque l'apport des titres s'accompagne d'une prise en charge de passif.

La holding « par le haut » permet ainsi une certaine transparence fiscale et peut être mise en place avec souplesse :

- elle n'empêche pas certains actionnaires de sortir du tour de table à l'occasion de l'opération. Si toutefois la holding a besoin de leurs titres pour assurer le taux de contrôle minimal requis pour des raisons fiscales, il conviendra que la cession en sa faveur soit réalisée antérieurement à celle des apports ;
- dans la mesure où les moyens financiers le lui permettent, la holding peut donc resserrer le tour de table, ou bien encore le remodeler. Elle sera en particulier un instrument intéressant pour une transmission à titre gratuit et/ou onéreux ;

- les actionnaires peuvent trouver une liquidité potentielle par la remise d'une partie de leurs titres contre inscription en compte courant ; ils n'échapperont pas alors à l'imposition immédiate sur les plus-values pour cette partie, mais le remboursement progressif du compte courant pourra constituer, par la suite, une alternative au **paiement** d'un dividende lorsqu'ils désireront capter les excédents de trésorerie de la holding (solution fiscalement intéressante pour eux car revenant à transformer des revenus imposables en remboursement de dettes, au prix, il est vrai, d'une fiscalisation immédiate au taux des plus-values et sans bénéficier d'un éventuel avoir fiscal).

■ Holding « par le bas »

La holding par le bas présente davantage de souplesse aux plans industriel et commercial (la création simultanée de plusieurs filiales est possible).

Il s'agit ici, non plus d'un apport de titres par les actionnaires, mais d'un apport de biens et d'activités par la société qui se vide de tout ou partie de sa substance industrielle.

Le régime de faveur des fusions peut s'appliquer sans agrément, sur option. Ce régime est conçu de façon que l'opération soit à peu près neutre fiscalement, si les conditions suivantes sont remplies :

- l'apport doit être une « branche d'activité », ou un élément assimilé, tel que le département d'une entreprise industrielle, une branche commerciale ;
- la filiale ainsi créée ne doit pas être cédée avant cinq ans.

Dès lors, les biens non amortissables ne sont pas imposables immédiatement et ne le seront qu'en cas de revente.

Les biens amortissables font l'objet d'une taxation, selon leur nature et leur durée de détention, mais, du chef de la revalorisation de ces biens, de nouveaux amortissements, dans la société d'accueil, peuvent compenser la taxation, si la période d'amortissement coïncide avec celle du paiement des plus-values (qui peut être étalée).

Le régime de droit commun, en principe moins favorable, génère une taxation des plus-values dans la société d'origine, au taux normal. Il ne sera donc retenu que si la société d'origine peut les imputer sur des pertes reportées, ou si la cession de la filiale est programmée à l'intérieur du délai de cinq ans, ou bien encore, si les plus-values sont négligeables.

Outre la taxation des plus-values, un droit d'enregistrement est perçu. Il s'agit généralement d'un droit fixe de faible montant.

* *
*

Qu'il s'agisse de holding par le haut ou par le bas, la procédure de contrôle des apports doit être appliquée. Elle ne pose pratiquement aucun problème dans le deuxième cas, en ce qui concerne les relations et les rapports de force entre actionnaires de la société initiale, devenue société mère à 100 %. En revanche, la valorisation des apports peut s'avérer délicate si des divergences de vue apparaissent entre apporteurs et cédants dans la négociation des modalités de constitution de la holding par le haut.

Dans l'un et l'autre cas, **le fisc,** toujours vigilant quant à l'assiette retenue pour le calcul des droits, sera, pour la circonstance, plus compréhensif dans la mesure où il s'agit d'une opération intercalaire, essentiellement autarcique (ceci ne préjugeant pas de sa position notamment au cas où une donation partage manifestement sous-évaluée précède la mise en place de la holding par le haut).

2 - LA VIE DU GROUPE

La segmentation des composantes du périmètre obéit la plupart du temps à une logique de gestion industrielle ou commerciale qui s'additionne aux avantages stratégiques, patrimoniaux, ou fiscaux précédemment évoqués au niveau de la holding et de son actionnariat.

■ Le management du groupe en général

Chaque cas soulève sa problématique particulière, aussi serait-il pusillanime de préconiser des règles de conduite. On voudra bien cependant noter quelques principes d'une filialisation « propre » :

- **découpage rationnel des activités** entre les différentes unités opérationnelles limitant au minimum les paiements commerciaux à l'intérieur du groupe ;
- **motivation des dirigeants des filiales** (intéressement aux résultats et stabilité du portefeuille d'activités) ;
- **équilibrage satisfaisant des ressources** affectées aux différentes entités filialisées.

La filialisation présente au contraire moins d'intérêt si :

- elle se borne à déterminer une séparation entre des branches qui auraient pu être identifiées avec une comptabilité analytique simple et incontestable, dans une structure monolithique ;
- elle procède à une partition d'activités très complémentaires voire imbriquées ;
- elle extériorise involontairement des activités chroniquement déficitaires mais néanmoins indispensables à la vie du groupe, et qu'il paraît donc inopportun de restructurer, d'arrêter ou de céder ;
- elle fait apparaître la vulnérabilité à la conjoncture d'activités dont les cycles se compensaient dans l'ancienne structure monolithique ;

– elle répond au seul objectif de disséminer des ponctions supplémentaires en faveur de dirigeants, de répartir des fiefs selon une sélection contestable, ou encore de tenter de contourner une réglementation sociale.

L'ingénierie financière et les filiales

A l'issue de la période de gel des titres reçus par la holding, et parfois avant, puisque l'engagement de conserver s'applique à un nombre d'actions, non à un pourcentage de contrôle, il est souvent tentant pour un groupe, voire dans la logique de sa création, d'associer des intérêts minoritaires au niveau de ses filiales.

Cette motivation honorable, décrite dans la section 2, ne doit pas dégénérer en comportements abusifs vis-à-vis des minoritaires accueillis : les risques principaux dans ce domaine sont pour ces derniers :

– la localisation arbitraire des opérations commerciales dans les sociétés du groupe, de telle sorte que les affaires les plus intéressantes soient conclues dans les sous-ensembles où l'actionnaire principal est le moins dilué ;
– la manipulation de l'organigramme (regroupement de filiales par exemple) de façon à ce que les minoritaires aient une part contributive plus importante qu'il ne serait logique, au soutien des affaires les plus difficiles du groupe (ceci pouvant être délicat à détecter si la manipulation est effectuée avant que la médiocrité de la conjoncture ou la platitude du carnet de commandes n'aient modifié le profil de la filiale à soutenir) ;
– les apports intempestifs destinés à laminer les minoritaires dans les filiales devenues prospères, où leur part est au contraire jugée trop forte.

Face à de telles situations, la procédure légale de contrôle des apports, fondée nécessairement sur une analyse statique et rétrospective davantage que sur une approche prévisionnelle difficile à vérifier, ne pourra rien prévenir.

La qualité du partenariat se mesurera donc bien souvent à l'expérience, la rouerie de l'actionnaire principal ne pouvant guère être constatée qu'a posteriori si les manipulations précitées s'effectuent habilement.

Section 4

Les dispositifs d'accompagnement

La vie des groupes est jalonnée d'initiatives, de modifications de structure, les rendant peu à peu plus complexes et plus opaques. Cette opacité, qui n'est pas l'apanage des grandes structures mais peut caractériser également les affaires petites ou moyennes, correspond à des circonstances de fait ou à des objectifs stratégiques, juridiques ou fiscaux.

Moins gênante – sinon pour le fisc ou pour les tiers – dans des groupes contrôlés à 100 % par un seul actionnaire réel, la complexité organisée pose problème lorsqu'elle aboutit à distraire un patrimoine ou des ressources, d'un périmètre dans lequel coexistent plusieurs actionnaires.

L'ingénieur financier, malgré les difficultés qu'il peut rencontrer pour mettre à jour des ramifications souvent discrètes, se doit d'explorer toutes les facettes de la situation pour en tirer des conclusions sans ambiguité sur la réalité du pouvoir, du patrimoine, de la profitabilité au sein du groupe.

Il portera son attention principalement sur l'immobilier, la propriété industrielle, les sociétés de services périphériques, ainsi que sur la composition de l'actionnariat (auto-détention).

Satellites entourant usuellement un groupe

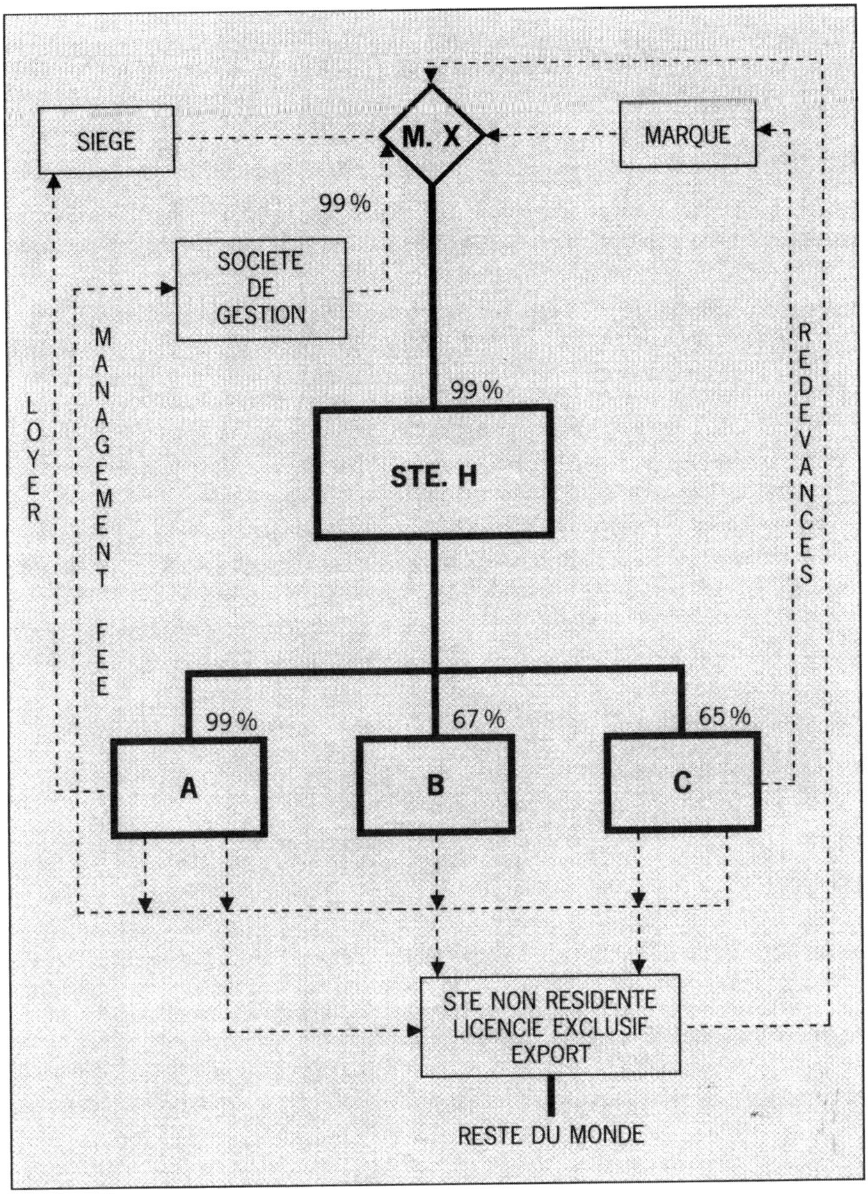

Les prélèvements effectués par M. X autour de son groupe n'apparaissent pas nécessairement dans son organigramme, mais l'examen des conventions de l'article 101, l'analyse des comptes permettent d'approcher le problème.

1 - GESTION IMMOBILIERE

On distinguera successivement les objectifs puis les modalités et conséquences fiscales des choix réalisés, en limitant le propos aux opérations des non professionnels de l'immobilier.

■ Objectifs

La recherche et la mise en place de structures logeant l'actif immobilier distinctement de l'exploitation résultent de considérations d'ordre stratégique auxquelles s'ajoute un souci d'optimisation fiscale et patrimoniale :

- consacrer les ressources propres de l'affaire industrielle ou commerciale à l'investissement productif ou la satisfaction du besoin en fonds de roulement ;
- mettre l'immobilier à l'abri des aléas sociaux et commerciaux ;
- être en mesure de céder l'affaire sans céder l'immobilier et vice versa, sachant en outre que l'on tire rarement d'une négociation portant sur l'ensemble de ces éléments la valeur réelle de chacun d'eux ;
- s'attribuer dans l'immédiat des revenus indexés ou tout au moins croissants, et en même temps déductibles au niveau de l'entreprise (alors que les amortissements se réfèrent à une valeur historique et génèrent des plus-values à court terme en cas de cession) ;
- faire financer l'entretien, voire l'embellissement par un locataire sûr et peu revendicatif ;
- faciliter ultérieurement l'organisation de sa succession en attribuant les immeubles aux enfants non intéressés dans l'affaire ;
- associer même dès à présent les héritiers au capital (généralement faible) d'une société civile propriétaire ;
- s'endetter pour acquérir et déduire les déficits correspondants de ses revenus fonciers, voire dans certains cas de son revenu global, etc.

Que les actifs aient vocation à être possédés directement par le chef d'entreprise, par une société civile ou par une société de personnes, il est préférable de procéder à la séparation lors de l'acquisition ou de la construction. En effet, l'imposition sur les plus-values et les droits d'enregistrement peuvent être lourds si le fractionnement intervient plus tard.

■ Modalités du fractionnement

Si l'acquisition directe par une personne physique est toujours possible, la solution la plus couramment pratiquée, car la plus souple, est celle de l'utilisation d'une société ad hoc, généralement civile. D'autres schémas peuvent être également envisagés, fondés sur le régime fiscal des sociétés de personnes, ou celui des SICOMI.

• **Sociétés civiles de location (SCI)**

Cette catégorie de sociétés correspond essentiellement à ce que l'on appelle « SCI » dans le langage commun. Son objet exclusif est la gestion d'un patrimoine immobilier et son activité unique consiste en la location non meublée de ce patrimoine.

Suivant le principe général des sociétés de personnes relevant de l'impôt sur le revenu, les revenus de ces sociétés sont imposés non pas au nom de celle-ci, mais au nom personnel de chaque associé.

Le résultat est un revenu (ou un déficit) foncier, somme algébrique de :

- un revenu brut (loyer, remboursement de prestations, de fournitures et de taxes),
- des charges déductibles (comprenant réparation ou entretien, amélioration, frais de gérance, impositions, intérêt des dettes, déductions forfaitaires couvrant notamment l'amortissement, les primes d'assurance et divers frais de gestion).

Pour les particuliers, les revenus fonciers procèdent d'un régime particulier d'imposition comportant certains avantages (abattements par exemple) mais aussi des contraintes (sauf dans des cas particuliers, les déficits fonciers ne sont imputables que sur des revenus fonciers et non sur le revenu global).

Il peut arriver qu'une SCI devienne passible de l'impôt sur les sociétés, si elle opte expressément pour l'IS, si la location porte sur un local muni du matériel et du mobilier nécessaires à l'exploitation et, d'une manière plus générale, si elle assure des services annexes significatifs de caractère commercial. Ceci entraîne la perte de la transparence fiscale.

• **Relations SCI/locataire**

La SCI peut acheter, construire, voire aménager l'immeuble, ou limiter son investissement à l'acquisition du terrain nu. **Les modalités du bail se ressentent normalement de la répartition des rôles entre l'entreprise locataire et le propriétaire SCI. Le principal inconvénient rencontré par les parties qui financent l'activité d'entreprise ou lui apportent des fonds propres est celui d'un chargement excessif du locataire au profit de la SCI,** quelle qu'en soit la forme (loyers excessifs, répartition discutable des dépenses, sort du patrimoine à l'expiration du bail).

Dans le cas de construction (par l'entreprise) sur terrain d'autrui (la SCI), la formule du bail à construction s'applique : son principe consiste à organiser les relations sur une longue durée (18 à 99 ans) entre le propriétaire du terrain et celui qui en a l'usage. Il y a alors lieu de vérifier tout particulièrement l'équilibre de l'opération, en tenant compte de la valeur locative du terrain, de la valeur des constructions à édifier, du délai prévu pour l'accession. **L'avantage retiré par le bailleur de l'accession à la propriété de**

la construction en fin de bail doit être compensé par un loyer inférieur au prix de marché, faute de quoi l'administration pourrait requalifier l'opération en distribution de profits anormaux, voire en abus de biens sociaux.

• **Autres régimes envisageables**

Certains régimes particuliers conçus par le législateur en toute connaissance de cause mais aussi quelques interstices de notre système fiscal plus ou moins faciles à combler par la Direction Générale des Impôts, génèrent d'autres montages, plus sophistiqués mais aussi parfois plus précaires et en tous cas susceptibles de requalification s'ils s'avèrent trop tendus. On rangera subjectivement dans la première catégorie les montages « SICOMI » et dans la seconde les opérations avec des SNC.

Ils procèdent des mêmes objectifs que précédemment, accumulation de patrimoine d'un côté, déductibilité maximale de l'autre.

■ Inconvénients d'un fractionnement a posteriori

Lorsque l'actif immobilier n'a pu être dès le départ, isolé d'un actif commercial, son retrait constitue une opération délicate et généralement onéreuse.

a) Modification de la propriété

• **Entreprise individuelle**

Le simple retrait vers le patrimoine privé, d'un immeuble figurant précédemment au bilan d'une entreprise individuelle, est assimilé à une cession et il convient d'en tirer les mêmes conséquences fiscales que si le bien était vendu à un tiers.

• **Entreprise en société**

Le **rachat pur et simple par** un associé emporte des conséquences analogues au cas précédent en termes de plus-values, à quoi s'ajoutent les droits d'enregistrement à l'occasion du changement de propriétaire ou, le cas échéant, la TVA immobilière si l'immeuble est achevé depuis moins de cinq ans et n'a fait l'objet d'aucune mutation antérieurement.

Une **opération indirecte** peut être envisagée, qui consiste à apporter l'immeuble à une SCI (taxation des plus-values identique mais droits d'enregistrement réduits) dans un premier temps filiale à 100 % de la société commerciale, puis progressivement, à vendre, échanger voire attribuer à titre de dividende aux actionnaires de l'entreprise (en respectant le principe d'égalité), les parts de la SCI. Dans ce dernier cas, cette distribution, considérée comme un dividende en nature relève du même régime que le dividende en espèces, et bénéficie dans les mêmes conditions (existence d'un bénéfice distribuable récent notamment) d'un avoir fiscal.

La mise en œuvre de ces solutions se heurte en tout état de cause à un certain nombre de **problèmes** tels que :

- le remboursement préalable éventuel de concours à long terme assis sur l'immeuble (prêt hypothécaire, lease back...) et les régularisations juridiques correspondantes ;
- l'insuffisance de réserves distribuables suffisantes pour organiser le retrait ;
- la pluralité d'associés intéressés par la récupération du bien ;
- le coût fiscal (plus-values et droits d'enregistrement).

Des solutions partiellement satisfaisantes peuvent cependant être trouvées pour réaliser malgré tout l'opération.

b) Transfert de contrats de crédit-bail

Le périmètre immobilier d'un groupe peut notamment être modifié par le **transfert de contrats de crédit-bail en cours.**

Afin de conférer une certaine neutralité au crédit-bail mobilier ou immobilier, le législateur a mis en place depuis 1989, un dispositif particulier en cas de transfert de contrat d'une entreprise à une autre : les droits attachés au contrat sont traités comme des éléments d'actif incorporel :

- **pour le cédant,** la plus-value est considérée à court terme à hauteur des amortissements linéaires qu'il aurait pu pratiquer s'il avait été propriétaire du bien objet du contrat, calculés à partir du prix d'acquisition d'origine, et en tout état de cause, sur la totalité si le transfert intervient dans les deux années qui suivent l'acquisition. En cas de crédit-bail immobilier, il n'est pas prévu de ventilation entre terrains et constructions pour fixer le mode de calcul de la plus-value à court terme. A noter que le régime fiscal des plus ou moins values à long terme est réservé pour l'essentiel aux cessions de titres depuis décembre 1997 ;
- **pour l'acquéreur,** le prix d'acquisition du contrat, considéré comme un élément d'actif immobilisé, est amortissable selon le mode linéaire sur la durée normale du bien objet du contrat à la date d'acquisition. Lorsque le contrat porte sur un immeuble, la base d'amortissement est réduite d'une fraction correspondant à la valeur présumée du terrain.

A l'échéance du contrat, les biens acquis en cours de vie de ce dernier sont inscrits à l'actif pour leur valeur résiduelle (prix de levée d'option) majorée du prix d'acquisition du contrat. Cette valeur est amortissable sur la durée d'utilisation du bien à la levée de l'option.

Imposition des plus-values immobilières des particuliers et des sociétés de personnes

A supposer que le dispositif de séparation de l'immobilier ait été mis en place, sous forme de détention directe par le chef d'entreprise ou via une société de personnes telle qu'une société civile (non passible de l'IS), la cession ultérieure du bien à titre onéreux déclenche une imposition spécifique dont le mode de calcul, original, permet d'envisager une imposition assez faible si le temps de détention a été long.

L'impôt est calculé comme suit.

On établit d'abord un **prix d'acquisitio**n (ou valeur vénale au jour de la mutation à titre gratuit si le bien avait été reçu par succession ou donation), **majoré des charges et dépenses diverses.** Le prix est ensuite actualisé pour tenir compte de l'**érosion monétaire,** suivant un barème édité chaque année par la DGI. La différence entre le prix de cession et la somme ainsi obtenue détermine une **plus-value brute.**

La plus-value brute est diminuée de 5 % par année de possession au-delà de la seconde (l'imposition sur une cession après moins de deux ans de détention obéit au droit commun).

Après divers autres abattement, la plus-value nette est enfin divisée en 5 **(règle du cinquième).** Ce cinquième est ajouté au revenu global net du contribuable. L'impôt exigible sera égal à cinq fois le supplément d'impôt ainsi obtenu. Cette règle a pour objectif d'atténuer l'effet de la progressivité de l'impôt sur une rentrée de fonds en principe exceptionnelle.

Ce régime s'applique aux particuliers et aux sociétés de personnes. Il frappe également les plus-values de cession de titres de **sociétés non cotées « à prépondérance immobilière ».** Une société est réputée à prépondérance immobilière lorsque plus de 50 % de son actif est composé d'immeubles bâtis ou non bâtis, ou de droits portant sur ces biens, les immeubles affectés par la société à sa propre exploitation n'étant pas pris en compte.

On notera enfin que, lorsque les cessions de titres de sociétés à prépondérance immobilière sont suffisamment importantes et fréquentes pour présenter un caractère professionnel ou quasi professionnel, l'administration classe les profits qui en résultent dans la catégorie des bénéfices industriels et commerciaux, assimilant les bénéficiaires de ces revenus à des marchands de biens.

2 - ORGANISATION DE LA PROPRIETE INDUSTRIELLE

Les produits de la propriété industrielle sont souvent considérés fiscalement comme des plus-values professionnelles.

■ Produits perçus par les entreprises

Malgré la réduction progressive du champ d'application de la taxation atténuée des plus-values, la plupart des produits de la propriété industrielle perçus par les entreprises bénéficient du **régime des plus-values à long terme** (taxation au taux réduit et compensation possible avec les moins-values à long terme), **pour autant que le débiteur des redevances** (qui les a lui-même déduites de ses résultats comme une charge courante) **ne soit pas lié directement ou indirectement à celle qui les perçoit.**

Les produits perçus sont soumis à l'impôt au taux de droit commun lorsque les conditions du régime spécial ne sont pas réunies, c'est-à-dire lorsque :

- les produits ne figurent pas sur la liste de l'article 39 ter decies du CGI ;
- l'entreprise a pour objet l'achat de droits en vue de leur revente et ne peut par conséquent loger ce patrimoine dans son actif immobilisé ;
- l'acquisition des droits remonte à moins de deux ans (aucun délai n'est exigé si l'entreprise a elle-même découvert ou mis au point) ;
- les sommes sont reçues en exécution d'un contrat de crédit-bail portant sur des brevets.

Enfin, les logiciels réalisés par des entreprises ne sont plus considérés comme des créations de nature industrielle ou commerciale. Le régime des plus-values à long terme qui était applicable à leur concession ou leur cession depuis 1989 a cessé de s'appliquer depuis 1991.

■ Produits perçus par des personnes physiques

Des régimes particuliers d'imposition peuvent être recherchés par les bénéficiaires de revenus de la propriété industrielle dans la triple optique :

- de l'appréhension d'un revenu ;
- de l'optimisation fiscale ;
- de la séparation des patrimoines.

Le législateur encourage l'inventeur, et en particulier l'inventeur salarié de l'entreprise, mais il pose des bornes à l'utilisation de régimes de faveur par les chefs d'entreprise qui demeurent propriétaires à titre personnel des droits de propriété industrielle exploités par une affaire qui leur appartient également.

- **Les produits perçus par des créateurs indépendants, personnes physiques,** ainsi que par des salariés (à l'exception pour ce qui les concerne des « inventions de service » qui demeurent la propriété de l'employeur) **sont généralement taxés au régime de faveur des plus-values à long terme** (bénéfices non commerciaux).

– **Le régime de faveur est écarté lorsque le concédant personne physique a un lien de dépendance avec l'entreprise débitrice qui a par ailleurs déduit de ses bénéfices imposables le montant de ses redevances.** Cette exclusion ne s'applique pas, sous réserve d'un examen approfondi de la situation concrète :

- aux redevances versées à un dirigeant salarié non associé, sous réserve que le fisc ne requalifie pas les salaires – à ses yeux exagérés – de ce dirigeant en distribution de bénéfices, ce qui le transformerait de facto en associé,
- aux inventeurs qui concèdent une licence d'exploitation de brevets à une entreprise créée à cet effet dont ils possèdent le contrôle, pendant les trois premières années, et à condition que ces revenus représentent plus de la moitié de son chiffre d'affaires.

Les déficits subis par les inventeurs ne s'imputent sur leur revenu global que si cette activité est pour eux une véritable profession, exercée à titre principal. Sinon ils ne sont imputables que sur des excédents de même nature. Ces imputations sont possibles en général pour cinq ans. Certaines dépenses afférentes à la prise ou la maintenance de brevets sont déductibles sur dix ans.

Compte tenu de la grande diversité des droits de propriété industrielle, des relations entre leur propriétaire et l'exploitant ainsi que des situations juridiques de ces derniers, les montages financiers y afférents nécessitent un soin tout particulier.

3 - CONVENTIONS REGLEMENTEES ET CONTRATS DE GESTION

Les conventions directes ou indirectes entre une société et l'un de ses administrateurs ou directeurs généraux sont soumises à un contrôle qui permet de mieux identifier et officialiser les opérations présentant un certain caractère exceptionnel. Ces dispositions ont pour finalité de protéger la société et ses actionnaires minoritaires contre des ponctions financières abusives (conventions dites de l'article 101).

Dans les groupes de sociétés, l'existence même du groupe favorise la conclusion d'opérations inter sociétés et la présence d'administrateurs communs, ce qui ne manque pas de générer quelques difficultés à se situer par rapport à une réglementation destinée pour l'essentiel à s'appliquer à des sociétés indépendantes.

■ Les conventions entre une société et ses administrateurs

La réglementation instituée par l'article 101 de la loi sur les sociétés commerciales définit trois types de conventions :

a) Les conventions interdites

Il est interdit à un administrateur en fonction au jour de l'opération incriminée, de contracter un emprunt, voire un simple découvert auprès de la société, ou de lui faire cautionner un engagement personnel.

Cette interdiction s'applique aux administrateurs personnes physiques, aux représentants des personnes morales administrateurs, aux directeurs généraux, ainsi qu'à leur groupe familial (conjoint, ascendants et descendants) et s'étend d'une manière générale à toute personne interposée qui masquerait le bénéficiaire réel de la convention.

Quelques cas de figure viennent en exception : prêt consenti à un administrateur élu par les salariés en application des dispositions relatives à l'investissement obligatoire dans la construction ; prêt consenti par une société, dans le cadre de ses opérations courantes et normales eu égard à sa qualité de banque, ou d'assurance (avance sur contrat d'assurance).

Lorsque l'administrateur est une personne morale, les opérations de prêt et d'emprunt ne sont pas interdites, mais soumises à la procédure des conventions réglementées.

b) Les conventions libres

Les conventions portant sur des opérations courantes conclues à des conditions normales sont libres.

Sont normales les conditions habituellement pratiquées par la société dans ses rapports avec les tiers de sorte que l'administrateur intéressé ne retire pas un avantage particulier de l'opération. La tentation – dangereuse – est évidemment d'avoir une conception extensive de la notion.

Dans le doute, une société devrait consulter son commissaire aux comptes.

c) Les conventions réglementées

Qu'elle soit conclue directement ou par personne interposée avec un administrateur, entre personne physique ou personnes morales ayant des administrateurs communs, y compris dans le cas où l'une d'entre elles est étrangère, toute convention est réputée réglementée dès lors qu'elle n'est ni interdite, ni libre.

Elle fait alors l'objet d'une procédure spécifique :

- information du conseil d'administration par l'administrateur ou le directeur général intéressé ;
- autorisation préalable par le conseil ;
- information du commissaire aux comptes dans le mois qui suit ;
- mention des conventions conclues au cours de l'exercice, ou poursuivies, avec un commentaire sur les modalités essentielles dans le rapport spécial présenté par les commissaires aux comptes à l'assemblée générale ordinaire des actionnaires (en principe lors de l'approbation des comptes) ;
- approbation des conventions par la société, (si l'assemblée désapprouve une convention, celle-ci produit néanmoins ses effets à l'égard des tiers sauf en cas de fraude).

Nombreuses sont les conventions susceptibles d'entrer dans le cadre de cette réglementation. Aussi **toute étude d'une société ou d'un groupe de sociétés devrait-elle s'accompagner de l'analyse du rapport spécial des commissaires aux comptes.**

Mais la lecture seule du rapport ne saurait suffire : souvent par trop elliptique, notamment s'il s'agit d'une convention conclue lors d'un exercice précédent, et simplement poursuivie au cours de l'exercice, le rapport renseigne surtout sur les coûts supportés par la société. Il ne permet pas véritablement d'apprécier l'équilibre réel de la transaction.

On notera que les commissaires aux comptes doivent également signaler dans leur rapport les conventions qu'ils auraient découvert au cours de leurs investigations et qui leur paraîtraient éligibles à cette procédure.

En tout état de cause, s'ils doivent donner aux actionnaires toute information utile sur ces contrats, ils ne sont pas juges de leur opportunité.

■ Les conventions réglementées dans les groupes

La réglementation s'applique dans les groupes, même si une filiale est détenue à 100 % par une société mère. Cette situation peut être pesante, aussi, afin de contourner la difficulté, certains groupes placent-ils des administrateurs en nom personnel, à chaque fois différents, pour représenter leurs intérêts dans les sociétés filiales. C'est méconnaître la notion d'intérêt indirect et de personne interposée telle que définie ci-dessus.

L'application des textes trouve dans les groupes un éclairage particulier dans les domaines suivants :

a) Transactions commerciales

Compte tenu des synergies et des contreparties internes qui peuvent caractériser un groupe, le caractère « normal » des conditions ne saurait être confondu avec un prix de marché, au demeurant impossible à déterminer sérieusement si les échanges portent sur des produits semi-finis. Toutefois, toute disparité importante pourra être critiquée, le fisc étant lui-même très attentif aux prix de cession interne dans un groupe ayant des implantations à l'étranger.

b) Frais communs

Il est fréquent qu'au sein d'un groupe, ou à proximité immédiate, une société prenne en charge des services d'intérêt commun (comptabilité, informatique, formation, etc.).

La méthode de facturation est différente selon que le bénéficiaire du service rendu peut être identifié avec certitude pour une prestation dont le coût complet est facile à calculer et incontestable (mise à disposition de personnel par exemple) ou qu'au contraire les services profitent à des degrés divers à l'ensemble du groupe.

Dans ce dernier cas, les clés de répartition, taux de marge ou autre méthode de calcul devront être équitables et appliquées de façon constante, de façon à ce que l'opération ne puisse être critiquée ni par le juriste (abus de majorité) ni par le fiscaliste (transfert de profit ou de charges à but fiscal).

Toute modification devra être soigneusement causée.

c) Transactions financières

La loi bancaire permet de déroger au monopole des établissements de crédit en faveur des groupes de sociétés pour leurs besoins propres, puisque toute entreprise peut « procéder à des opérations de trésorerie avec des sociétés ayant avec elle, directement ou indirectement des liens de capital conférant à l'une des entreprises liées un pouvoir effectif sur les autres ».

Le caractère courant de la transaction, qu'il s'agisse de prêt, d'avance, de cautionnement, de gestion d'un pool de trésorerie est, par nature, présumé. C'est au niveau des conditions effectives de l'opération que l'appréciation du caractère normal ou non peut être plus difficile. On veillera notamment à respecter les principes suivants :

- l'importance des montants en cause doit être proportionnée à la taille et aux possibilités financières des sociétés en présence : le prêt au groupe ne doit pas fragiliser une filiale ;
- les taux pratiqués doivent être très proches de ceux qu'obtiendrait le groupe s'il s'approvisionnait à l'extérieur ;
- si la société mère consent des prêts sur ses capitaux propres, elle peut faire bénéficier sa filiale d'un taux privilégié, pour autant qu'elle retire de l'opération un avantage indirect ;
- le caractère normal du taux d'intérêt des prêts et avances à l'intérieur d'un groupe doit donc s'apprécier moins en fonction de son montant que du traitement égalitaire de toutes les sociétés du groupe.

Enfin, le contrat d'abandon de créance, qu'il soit assorti ou non d'une clause de retour à meilleure fortune constitue dans tous les cas une convention réglementée. Les prêts sans intérêt et les subventions ressortent de la même catégorie.

4 - PARTICIPATIONS RECIPROQUES-AUTOCONTROLE

Les participations réciproques ont le double inconvénient de gonfler artificiellement l'actif apparent des sociétés en cause (inconvénient qui disparaît dans la mesure où sont établis des comptes consolidés qui nécessitent un retraitement des données comptables), et de permettre le verrouillage du capital, rendant pratiquement irrévocables les dirigeants.

Devant la complexité des organigrammes, la réglementation ne saurait définir avec efficacité ce qui est licite et ce qui est interdit. Elle peut en revanche neutraliser les dispositifs mis en place : en privant du droit de vote les actions d'autocontrôle, elle affaiblit considérablement la position des actionnaires imaginatifs qui l'ont institué.

On évoquera successivement le cas des participations réciproques directes et celui de l'autocontrôle en général.

■ Participations réciproques directes

Applicable essentiellement aux sociétés par actions ayant leur siège en France, la réglementation des participations réciproques directes stipule qu'une société par actions A ne peut posséder d'actions d'une autre société par actions B, si B détient une fraction du capital de A supérieure à 10 %.

Les actions détenues au mépris de cette interdiction doivent, dans un délai d'un an, être aliénées, et, jusqu'à cette aliénation, sont privées de droit de vote.

■ Autocontrôle

Les pratiques d'autocontrôle ne se limitent pas à de simples participations réciproques, et peuvent le cas échéant se traduire par des montages plus sophistiqués (au minimum triangulaires). Le législateur a privé totalement du droit de vote les actions d'autocontrôle, à compter du 1er juillet 1991, ce qui modifie le poids respectif des actionnaires dans un tour de table, et peut, dans certains cas faire franchir passivement des seuils.

Les autres droits attachés à ces actions subsistent, en particulier le droit au dividende.

Boucles d'autocontrôle et participations croisées

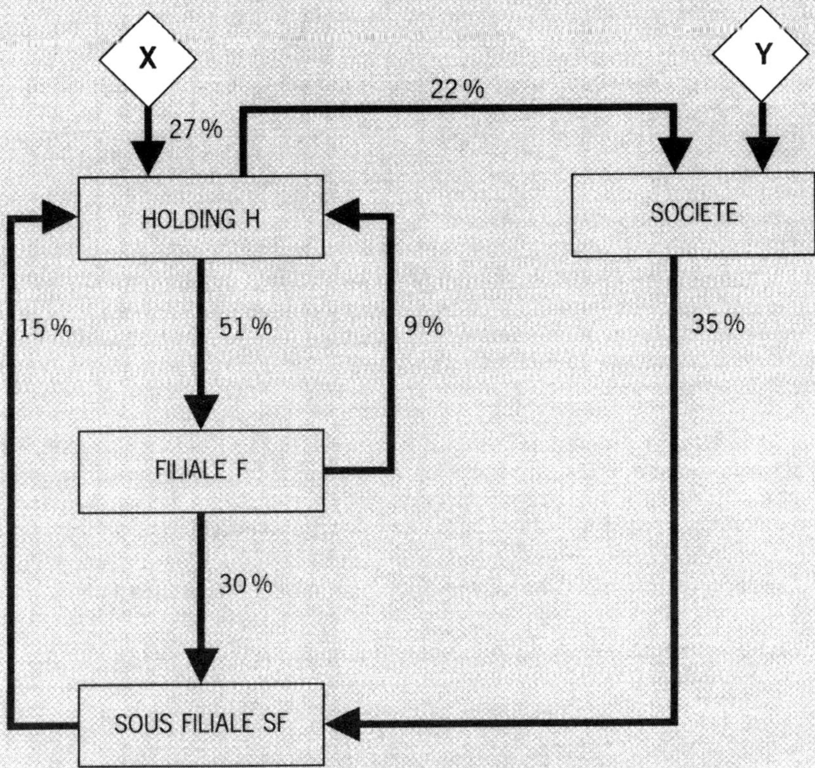

Participations croisées

Les groupes X et Y ont échangé des participations, ce qui leur permet, tout en restant indépendants l'un de l'autre, de mieux « verrouiller » le capital des sociétés qu'ils contrôlent.

X, par diverses boucles, dispose du pouvoir en H, en F et en SF.

Autocontrôle :

Depuis le 1er juillet 1991, les 9 % autodétenus sont dépourvus du droit de vote. Ces actions doivent donc changer de mains si elles restent nécessaires pour parfaire une majorité. Par contre, les 15 % détenus par SF gardent leur droit de vote car F n'est pas l'actionnaire de référence de SF.

■ Achat par la société de ses propres actions

L'achat par la société de ses propres actions est en principe interdit. Toutefois, cette dernière dispose d'un délai d'un an pour céder les titres acquis irrégulièrement. En outre, trois exceptions notables doivent être commentées :

a) Achat effectué en vue d'une réduction du capital non motivée par des pertes

Une société, en application des décisions d'une assemblée générale, peut autoriser le conseil d'administration à acquérir un nombre déterminé d'actions pour les annuler. Afin de respecter l'égalité entre les actionnaires, une **offre d'achat** formelle doit leur être présentée.

Assez coûteuse fiscalement lorsque le bénéficiaire est une personne physique puisque les fonds versés au cédant sont, pour l'essentiel considérés comme des revenus distribués (ouvrant droit à l'avoir fiscal mais déclenchant dès lors le paiement d'un précompte), cette formule permet à un groupe d'actionnaires de désintéresser des minoritaires en puisant dans la trésorerie de la société. Les personnes morales assujetties à l'IS pourront, s'il y a lieu, traiter fiscalement l'opération dans le cadre du régime mère-fille.

Dans certains cas l'objectif est tout simplement de **faciliter la réalisation d'une opération financière,** en simplifiant le calcul du rapport d'échange grâce à la réduction du nombre de titres en circulation. Dans ce cas particulier, le formalisme de la procédure est réduit puisque l'offre préalable aux actionnaires n'est pas nécessaire. Il est vrai que cette tolérance ne peut porter sur plus de 0,25 % du capital au cours d'un même exercice.

b) Achat effectué en vue de la régularisation des cours

Autorisé préalablement par une assemblée générale ordinaire qui en définit les modalités (nombre de titres, prix minimum de vente, prix maximum d'achat, durée de validité d'un maximum de 18 mois), l'opération a pour objectif de **faciliter la résorbtion des mouvements erratiques constatés sur le marché d'un titre.**

Elle ne saurait s'analyser en principe comme une manœuvre destinée à soutenir les cours, ou à geler un paquet d'actions en les autocontrôlant.

c) Achat effectué en vue d'une attribution aux salariés

Toute société, cotée ou non, peut acquérir des titres pour les attribuer à ses salariés dans le cadre de la participation aux résultats de l'entreprise (ordonnance de 1986) ou d'un plan d'acquisition d'options, et ce dans un délai d'un an.

*

* *

Qu'il s'agisse d'un achat effectué pour régulariser les cours ou pour attribution ultérieure aux salariés, la détention obéit à certaines règles, notamment les suivantes :

- la société **ne peut détenir plus de 10 %** de ses propres actions ;
- elle **doit disposer de réserves,** autres que la réserve légale, d'un montant au moins égal à cet investissement, fût-il temporaire, et ne pas distribuer ces réserves pendant la période de détention des titres ;
- **les actions acquises perdent leur droit de vote.** Quorum et majorités requis pour les assemblées générales se calculent abstraction faite de ces actions ;
- **les actions possédées par la société n'ont pas droit au dividende,** ni en principe au droit préférentiel de souscription.

Conçue dans l'optique d'apporter un peu de souplesse à la gestion de l'actionnariat, notamment dans la société cotée, **la réglementation sur les achats de leurs propres titres par les sociétés peut être utilisée en appoint à d'autres fins :** conforter une majorité, transmettre l'entreprise. **De telles pratiques voient néanmoins leur intérêt limité par la perte au moins provisoire des droits attachés aux actions concernées.**

Chapitre III

Regrouper des intérêts

Désormais pour la plupart à l'abri du contrôle administratif des concentrations, les entreprises peuvent regrouper leurs intérêts de deux manières : certains rapprochements ont un **caractère purement ponctuel,** et ne remettent pas en cause la personnalité juridique des participants. Des accords, de nature variée scelleront la coopération, les plus élaborés consistant à regrouper des moyens au sein d'une structure ad hoc, société en participation, GIE, société anonyme simplifiée.

Des rapprochements à **caractère plus structurel,** plus fondamental, peuvent être mis en force : augmentations de capital réservées, fusions, apports partiels d'actif.

Dans ces domaines, les textes communautaires apportent une contribution qui va croissant et qui vient en concurrence ou en complément des textes de droit interne.

Plan du chapitre

Section 1

Concentrations, ententes et positions dominantes

La concentration économique, qui peut être définie comme « toute opération qui permet à une entreprise ou à un groupe d'entreprises, d'exercer, directement ou indirectement, sur une ou plusieurs autres entreprises, une influence déterminante », comporte une réglementation nationale et un dispositif de contrôle européen.

1 - LE CONTROLE DES CONCENTRATIONS EN FRANCE

Au plan national, **l'opinion publique, les entreprises et l'administration sont traditionnellement divisées sur les raisons qui peuvent justifier un contrôle, ainsi que sur les modalités d'application.** Aussi, notre réglementation inspirée par des convictions libérales s'est-elle longtemps avérée peu contraignante et a-t-elle été appliquée avec beaucoup de souplesse. La législation française, qui à maints égards se modernise en réaction à l'interventionnisme bruxellois, reste actuellement imprégnée de cette tradition, qui se fonde sur des principes libéraux mais aussi sur la constatation que bien des entreprises françaises doivent se fortifier pour atteindre la taille critique dans un marché mondialisé.

L'objectif est de **faire obstacle aux concentrations d'entreprises dont les inconvénients, au plan de la concurrence, excèderaient les avantages qu'elles pourraient présenter sur le plan économique.**

La prise en considération de l'influence indirecte conduit à examiner, lors de chaque opération, les conséquences économiques, non seulement pour les sociétés concernées directement, mais aussi à l'égard de l'ensemble des affaires des mêmes groupes.

Toutefois, ce contrôle se limite aux regroupements entre entreprises d'**une taille minimale unitaire significative :** deux au moins d'entre elles doivent avoir réalisé un chiffre d'affaires supérieur à 2 Milliards de Francs et l'ensemble représenter plus de 7 Milliards de francs et plus de 25 % du marché considéré.

Le champ d'application de cette dernière notion fait appel aux concepts de marché géographique (territoire) et de marché fonctionnel (produit) :

- géographiquement, le quantum ci-dessus fait référence au marché national ; ceci n'exclut pas pour autant l'appréhension par les autorités de droit interne d'opération à caractère régional ou intervenant sur des groupes étrangers ayant des intérêts en France ;
- la notion de marché « fonctionnel » est subjective ; le principe de la segmentation repose sur la faible substituabilité des produits concernés avec celle d'un produit voisin, dans l'esprit de la clientèle.

Dans ce cadre, l'ordonnance de 1986 ne prévoit **aucun contrôle systématique** des concentrations ; les entreprises ont deux possibilités :

- prendre elles-mêmes l'initiative de soumettre à contrôle l'opération envisagée en déposant auprès de l'administration une déclaration de concentration,
- attendre l'initiative des Pouvoirs Publics qui effectuent un contrôle a posteriori.

La procédure comporte une saisine du **Conseil de la Concurrence** qui rend un avis à la suite duquel le **Ministre** chargé de l'Economie prend la mesure qui lui paraît la plus appropriée : abandon du projet, rétablissement de la situation antérieure, réaménagement de l'opération, ou bien encore approbation tacite.

L'intervention des autorités de droit interne s'effectue également au niveau des **ententes** et de l'usage qui est fait par une entreprise de sa **position dominante :** on aborde là le domaine plus quotidien des pratiques restrictives (jugées illicites en elles-mêmes) et des pratiques anticoncurrentielles où le Conseil de la Concurrence joue un rôle essentiel pour leur appréciation et leur répression.

2 - LE CONTROLE DES CONCENTRATIONS DANS LA CEE

Depuis le 21 septembre 1990, les opérations de concentration, qu'elles résultent d'une fusion ou d'une prise de contrôle sous quelque forme que ce soit, sont soumises au **contrôle préalable de la Commission des Communautés,** lorsque le chiffre d'affaires mondial réalisé par toutes les entreprises concernées (y compris leurs filiales et les entreprises qu'elles contrôlent) représente un **montant supérieur à 5 Milliards d'Ecus.** Seules échappent au réglement les opérations concernant les entreprises réalisant chacune plus des 2/3 de leur chiffre d'affaires total communautaire dans le même Etat membre ou moins de 250 Milliards d'Ecus de chiffre d'affaires communautaire.

Les opérations de dimension communautaire doivent être notifiés à la Commission dans le délai d'une semaine à compter de la conclusion de l'accord ou la publication de l'offre d'achat. Celle-ci dispose alors d'un délai d'un mois pour décider si elle engage ou non la procédure de contrôle. Elle doit ensuite se prononcer dans un délai de quatre mois de la décision d'ouverture.

Lorsque la Commission déclare une concentration incompatible avec le Marché Commun et que l'opération a néanmoins été déjà réalisée, elle peut ordonner la séparation des entreprises ou des actifs regroupés ou la cessation du contrôle commun ou toute autre action appropriée pour rétablir une concurrence effective.

Le droit français et a fortiori le droit européen de la concurrence (dont les autorités nationales des grands Etats de la CEE cherchent à cantonner l'influence relative) paraissent aujourd'hui concerner essentiellement les très grandes entreprises et très peu de cas litigieux, ce qui n'est que logique dans la mesure où les Pouvoirs Publics des différents Etats membres souhaitent, en particulier sur des secteurs stratégiques, rivaliser avec les compétiteurs américains et japonais.

Section 2

Les partenariats à dominante technique et commerciale

I - LA SOCIETE EN PARTICIPATION

Juridiquement, la société en participation est une société que les associés sont convenus de ne pas immatriculer : elle n'a pas la personnalité morale, et peut présenter – pas toujours – un caractère occulte.

La société en participation est **occulte** lorsque les associés ont conclu un contrat de société et décidé de le dissimuler aux tiers. On en trouve des exemples fréquents dans le domaine des travaux publics, l'agriculture et... la banque (syndicats financiers). Le caractère occulte de l'accord ne le rend pas pour autant illicite. Simplement, seul le gérant de la société apparaît aux yeux des tiers : il agit avec eux en son nom et apparemment pour son compte personnel.

La société en participation est **ostensible** lorsque les participants agissent en qualité d'associés au vu et au su des tiers, sans pour autant faire immatriculer la société ; tel sera le cas en particulier lorsqu'il s'agit de réaliser une opération déterminée, de courte durée, pour laquelle il ne paraît pas opportun de s'astreindre aux formalités complexes et coûteuses de création puis de dissolution d'une société, sans pour autant qu'il soit souhaité de dissimuler aux tiers le pacte.

La société en participation, occulte ou ostensible, **n'a pas de patrimoine social, et ne peut s'engager en tant que telle. Seul** son gérant, et le cas échéant, ses associés ont capacité dans les rapports avec les tiers et en sont indéfiniment responsables.

La société en participation est **soumise au même régime fiscal que la société en nom collectif :** bénéfices et pertes sont répartis au prorata des droits de chacun, rattachés aux résultats provenant de leur activité propre et taxés en tant que tels.

2 - LES GROUPEMENTS D'INTERET ECONOMIQUE FRANÇAIS ET EUROPEEN

■ Le GIE

Cette forme juridique, créée par une ordonnance de 1967, a pour ambition de permettre aux entreprises d'unir leurs effets là où elles ont des intérêts communs, tout en gardant leur indépendance.

Les traits essentiels du GIE peuvent être ainsi résumés :

- le GIE ne peut avoir pour objet que le prolongement de l'activité économique de ses membres,
- le GIE a la pleine capacité juridique, et la personnalité morale ; ses membres sont toutefois indéfiniment et solidairement responsables de ses dettes,
- le GIE peut être constitué avec ou sans capital,
- il n'a pas pour finalité la recherche et le partage de bénéfices mais a parfaitement le droit d'en réaliser et de les partager entre ses membres.

Très à la mode à la fin des années 60, le GIE a rapidement montré ses faiblesses : **cette formule suppose une implication permanente de ses membres et une parfaite confiance envers le gérant : le fait** que le GIE soit constitué sans capital n'exonère pas les associés de leur responsabilité indéfinie et solidaire.

Le GIE est aujourd'hui utilisé ponctuellement par des entreprises qui ne souhaitent pas procéder à la constitution de filiales communes mais désirent réaliser des actions en commun qu'il leur serait impossible de mener isolément. La formule convient en particulier aux activités qui présentent – tout au moins lorsqu'elles sont surveillées attentivement – peu de risques de dérapages financiers : études de marchés, gestion de budgets publicitaires, bureaux de représentation commerciale etc. On ne saurait conseiller la participation à un GIE en tant que partenaire passif et en particulier lorsque les budgets gérés sont susceptibles de forts dépassements : services de recherche par exemple.

Quoiqu'il en soit, le contrat de groupement est du domaine de la liberté des contrats. Aussi est-il **intéressant pour asseoir son jugement d'examiner également dans un GIE, quels sont les modes de fonctionnement de l'entité :**

- administrateur unique ou non,
- conditions de nomination et de cessation des fonctions du (des) administrateur(s),
- pouvoirs de l'administrateur (les limitations sont licites mais inopposables aux tiers),
- conditions de majorité dans l'assemblée des membres du groupement,
- conditions d'admission et de retrait des membres.

Le régime fiscal du GIE est analogue à celui des membres d'une SNC, ce qui implique la **transparence fiscale au regard de l'imposition des bénéfices ou de la déduction des pertes.**

Généralement considérée comme un piège, la formule du GIE peut être une source de graves ennuis pour tel ou tel de ses participants. Son analyse passe par une étude approfondie de ses membres, de leurs préoccupations, de leurs moyens et de leurs rapports de force au sein du groupement.

■ Le groupement européen d'intérêt économique (G.E.I.E.)

Pour faciliter la coopération transnationale au sein de la Communauté Européenne, un réglement de 1985 a institué le Groupement Européen d'Intérêt Economique (G.E.I.E.) dont les caractéristiques sont proches du GIE français. L'intérêt de la formule est surtout évident dans les pays qui ne disposaient pas encore d'un instrument de cette nature. En France, rien n'interdisant de constituer un GIE avec des membres étrangers, l'intérêt du G.E.I.E. paraît moindre. Mais c'est tout de même une étape intéressante dans l'harmonisation des réglementations nationales.

3 - LA SOCIETE ANONYME SIMPLIFIEE (SAS)

La société anonyme simplifiée (S.A.S.) instituée par la loi du 3 janvier 1994, est une société dont le fonctionnement est assez largement laissé à la discrétion de ses membres, lesquels ne peuvent être que des sociétés d'importance significative (ayant un capital minimum égal au seuil de l'appel public à l'épargne), ou des établissements publics de l'Etat ayant une activité industrielle ou commerciale.

Permettant de dissocier capital et pouvoir de décision, la SAS est susceptible de nombreuses applications : ainsi, les groupes peuvent organiser sous forme de SAS leurs filiales sous contrôle exclusif afin d'éviter les contraintes de la société anonyme. Surtout, la coopération personnalisée entre deux ou plusieurs groupes est susceptible de s'organiser en évitant les montages complexes et artificiels (conventions extrastatutaires) destinés à contourner les principes généraux de la société anonyme, grâce à l'abandon des principes de proportionnalité des droits de vote ou capital, de libre négociabilité des actions, de libre exercice du droit de vote. Enfin, la SAS permet d'associer le secteur public au privé dans des projets d'intérêt commun sans avoir à recourir à l'armature assez lourde de la société d'économie mixte.

Avec des structures complémentaires la coiffant, et par extension, la SAS peut enfin régler les relations entre fondateurs et investisseurs, entre des familles, entre différentes générations d'une même famille.

S'apparentant dans l'esprit à la commandite par actions, la SAS offre une grande souplesse de fonctionnement ; la vigilance s'impose donc pour la rédaction de ses statuts.

Section 3

Les rapprochements liés à une augmentation de capital en espèces

Il convient ici d'effectuer la distinction entre l'opération réservée et l'opération de droit commun qui devient facto, pour tout ou partie, une opération réservée.

1 - L'AUGMENTATION DE CAPITAL RESERVEE

La loi sur les sociétés commerciales permet à la société anonyme de procéder à une augmentation de capital réservée à un ou plusieurs attributaires, ceci sous certaines conditions restrictives, destinées à assurer la protection des intérêts minoritaires. Ce procédé peut en effet laminer les autres actionnaires et le cas échéant provoquer une modification complète du contrôle.

Cette décision est du ressort de l'assemblée générale extraordinaire des actionnaires. L'assemblée ne peut statuer qu'après l'audition du rapport du conseil d'administration ou du directoire et des commissaires aux comptes.

Le rapport du conseil d'administration doit indiquer :
- le montant maximal et les motifs de l'augmentation proposée,
- les motifs de la proposition de suppression du droit préférentiel,
- l'incidence de l'émission des actions nouvelles sur la situation de chaque actionnaire (quote-part du bénéfice et quote-part des capitaux propres),
- le nom des attributaires des actions nouvelles, le nombre de titres attribués à chacun d'eux et, avec sa justification, le prix d'émission.

Le rapport du commissaire aux comptes doit donner son avis sur :
- le principe même de l'opération,
- les éléments du calcul du prix d'émission,
- leur justification.

Il doit en outre certifier que ces éléments sont exacts et sincères. Les bénéficiaires de la suppression, s'ils sont déjà actionnaires, ne peuvent pas prendre part au vote.

La validité de l'autorisation est limitée à deux ans, alors que la durée de validité applicable à l'autorisation d'une opération classique est de cinq ans. Le prix d'émission doit de plus être révisé dans l'intervalle, à l'occasion de chaque AGO (une nouvelle AGE étant réunie simultanément) si l'opération n'est pas encore réalisée.

Le formalisme de l'augmentation de capital réservée permet, dans une certaine mesure, de préserver les intérêts des actionnaires minoritaires. Le plus souvent ce type d'opération ne leur est pour autant, pas très favorable.

C'est cependant un procédé de prise de contrôle ou de renforcement du bloc majoritaire qui a ses mérites lorsqu'il s'agit de renflouer une entreprise en difficulté, ou d'étoffer un « noyau dur » : la modification de l'équilibre de l'actionnariat profite à l'entreprise qui reçoit les fonds correspondant. Bien souvent l'opération lui donnera un nouvel élan, voire conditonnera sa survie.

2 - LA GESTION DES DROITS PREFERENTIELS DANS UNE EMISSION CLASSIQUE

Il existe d'autres méthodes pour faire entrer significativement un partenaire nouveau dans une entreprise à l'occasion d'une augmentation de capital sans pour autant s'astreindre au formalisme de l'opération réservée : on citera en particulier :

- une émission classique à un prix peu attractif (élevé) pour les actionnaires existants et qui les dissuade de souscrire. On notera au passage qu'au contraire, dans l'hypothèse où certains actionnaires sont réputés ne pas souhaiter « suivre » l'opération (faute de moyens financiers peut-être) quelles qu'en soient les modalités, la dilution maximale de ceux-ci est obtenue au moyen du prix d'émission le plus bas qui, pour un volume de capitaux donné génère davantage de titres nouveaux. Dans la société non cotée, dont le marché du droit est inexistant, l'abus de cette manipulation peut aboutir à une véritable spoliation des minoritaires ;
- une émission classique avec renonciation individuelle au droit préférentiel au profit de bénéficiaires dénommés : depuis 1983, les actionnaires peuvent renoncer individuellement à leur droit de souscription, pour accélérer une augmentation de capital. La renonciation individuelle au profit de bénéficiaires dénommés, qui n'est possible que si les actions ne sont pas inscrites sur un marché réglementé, permet, dans la société non cotée, de faire entrer (sous réserve d'éventuelles clauses d'agrément) un nouvel actionnaire. Cette renonciation doit néanmoins ne pas être requalifiée comme une libéralité qui pourrait constituer :
  - si le renonçant est une personne morale : un acte anormal de gestion, voire un abus de biens sociaux si le bénéficiaire est proche du renonçant,
  - si le renonçant est une personne physique, une donation indirecte susceptible d'être rapportée à la succession lorque le bénéficiaire est un de ses héritiers présomptifs.

Section 4

Les opérations avec échange de titres : les fusions

La présente section doit être complétée avec ce qui est indiqué en matière d'évaluation des rapports d'échange des droits sociaux dans la 1re partie de cet ouvrage. En outre, pour ne pas alourdir l'exposé avec de multiples variantes, seule la fusion entre deux sociétés anonymes sera développée.

La fusion est l'opération par laquelle deux sociétés se réunissent pour n'en former qu'une seule : l'ensemble des éléments d'actif et de passif du patrimoine d'une société sont transmis au profit d'une société qui le recueille. Il s'ensuit que le passif de la société absorbée est pris en charge par la société absorbante selon les modalités et garanties définies au contrat de fusion. La fusion entraîne corrélativement la dissolution de la société absorbée.

Pour qu'il y ait fusion, il convient que les associés de la société absorbée deviennent associés de l'absorbante. Par dérogation à cette règle, le versement d'une soulte en espèces ne fait pas perdre à l'opération son caractère de fusion si la soulte ne dépasse pas 10 % de la valeur nominale des droits sociaux attribués.

Par ailleurs, l'échange des droits sociaux ne peut se faire qu'au profit des actionnaires de la société absorbée autres que les sociétés participant à l'opération : lorsque la société bénéficiaire de la transmission du patrimoine détient des titres de la société absorbée ou scindée, elle ne peut recevoir ses propres titres en échange. De même, lorsque la société absorbée détient ses propres actions, celles-ci ne peuvent être échangées contre des titres de la société bénéficiaire.

Il s'ensuit de ces différents principes que les conditions pratiques de réalisation d'une opération de rapprochement de cette nature doivent être pesées par ceux qui l'initient. Des contrepoids indépendants doivent pouvoir jouer un rôle actif, sinon dans l'élaboration du projet, du moins pour attirer l'attention sur l'équilibre ou le déséquilibre de ses modalités, dans l'optique d'une certaine protection des minoritaires. Ainsi s'explique le formalisme apparent de ce genre d'opérations.

Par ailleurs, les rapprochements d'entreprise correspondent souvent à une rationalisation des structures économiques et financières à l'intérieur d'un groupe ou entre plusieurs groupes. A supposer que les conditions soient réunies pour réaliser l'opération en toute équité, encore faut-il que ces projets ne soient pas entravés par des frictions fiscales qui risqueraient fréquemment de les remettre en cause. Ainsi se justifie le régime particulier qui les entoure au plan fiscal. Ce régime aboutit à une certaine transparence que la stricte application des conditions d'imposition de droit commun ne permettrait pas.

1 - CONDITIONS PRATIQUES DE REALISATION ET CALENDRIER

■ Premiers travaux préparatoires

Au cours de la période préparatoire, souvent assez longue, sont étudiées les modalités de l'opération, telles que les conditions financières, juridiques, fiscales et sociales, les **évaluations** et les **parités** d'échange, afin d'aboutir à un **avant-projet** de fusion.

Pendant la période préparatoire, il est recommandé d'effectuer les diligences nécessaires en vue de la désignation de commissaires à la fusion.

La loi ne prévoit pas de délai pour leur désignation, mais il est souhaitable que ceux-ci puissent être saisis officieusement de l'opération dès l'achèvement des travaux préparatoires, et, en tout état de cause, avant l'arrêté du projet de fusion, afin d'être consultés à titre officieux sur les difficultés qui pourraient se présenter.

Toutefois, la Commission des Opérations de Bourse recommande que les experts ne soient pas associés trop étroitement aux négociations préalables ou à des choix qu'ils auront à apprécier, afin de conserver le regard critique indispensable à l'exercice de leur mission.

■ Désignation et mission des Commissaires à la fusion

Le président du conseil d'administration de chaque société (le cas échéant sous requête conjointe) doit déposer une requête au président du tribunal de commerce dans le ressort duquel se trouve le siège, en vue de la nomination d'un ou plusieurs commissaires à la fusion.

Les commissaires à la fusion doivent vérifier que les valeurs relatives attribuées aux actions des sociétés participant à l'opération sont pertinentes et que le rapport d'échange des droits sociaux est équitable. Ils sont responsables tant à l'égard de la société que des actionnaires ou des tiers, des conséquences dommageables résultant des fautes commises par eux dans l'exercice de cette mission.

Les commissaires à la fusion doivent également établir un rapport spécifique dans lequel ils apprécient sous leur responsabilité, la valeur des apports en nature. Ils doivent enfin vérifier que le montant de l'actif net apporté par la ou les sociétés absorbées est au moins égal au montant de l'augmentation de capital de la société absorbante.

■ Décision des associés

La décision des associés de la société absorbante doit être prise dans les conditions prévues pour la modification des statuts (A.G.E.). En outre, des règles particulières s'appliquent :

- le conseil d'administration ou le directoire doit établir et mettre à la disposition des actionnaires un rapport écrit sur l'opération envisagée,
- un certain nombre de documents doivent être communiqués aux actionnaires au moins un mois à l'avance,
- l'apporteur en nature n'a pas voix délibérative pour lui-même ni comme mandataire,
- les actions de l'apporteur ne sont pas prises en compte pour le calcul de la majorité et du quorum,
- depuis 1985 la traditionnelle règle de limitation à 10 du nombre de voix dont peut disposer chaque actionnaire est supprimée.

L'assemblée générale n'est pas tenue d'adopter ou de rejeter en bloc les évaluations et la parité fixées dans le traité de fusion ; elle peut les modifier, avec l'accord de l'assemblée générale des associés ou des actionnaires de la société absorbée, pour tenir compte, par exemple, d'observations présentées par les commissaires aux apports ou par les commissaires à la fusion, ou bien encore parce que des faits nouveaux sont intervenus depuis la signature du projet d'apport.

On notera que l'agrément des nouveaux associés issus de la procédure de fusion n'est pas nécessaire, même si des dispositions légales ou statutaires prévoient un agrément chez l'absorbante.

Dans le cas d'absorption d'une filiale à 100 %, une procédure simplifiée s'applique puisqu'il n'y a pas de création de titres (pas de commissaire à la fusion mais un commissaire aux apports ; pas d'assemblée de la société absorbée, pas de rapports du conseil, du directoire ou du gérant sur la fusion). Au plan européen, la directive prévoit même d'utiliser un régime simplifié dès 90 % de détention mais le législateur français n'a pas encore fait preuve de cette souplesse.

2 - ASPECTS FISCAUX

La fiscalité prévoit en faveur des fusions d'entreprise un régime spécial, pour autant que les entités concernées soient passibles de l'impôt sur les sociétés. Ce régime spécial est susceptible de s'appliquer, non seulement aux fusions proprement dites mais aux scissions et aux apports partiels d'actif ; il est indépendant de la nationalité des sociétés concernées mais suppose un agrément lorsque des apports sont effectués par des sociétés françaises à des sociétés étrangères. On comprend l'intérêt par rapport aux mécanismes d'imposition de droit commun (qui sont parfois préférables si la situation fiscale des sociétés concernées s'y prête).

■ Régime de droit commun

Lorsque le droit commun s'applique, une fusion entraîne au plan fiscal, toutes les conséquences d'une dissolution de société pour la société absorbée :

- imposition immédiate des bénéfices d'exploitation non encore taxés,
- imposition immédiate des provisions et comptes assimilées figurant au bilan,
- taxation des plus-values de fusion résultant de l'apport des éléments d'actif pour une valeur supérieure à leur valeur nette comptable (le cas échéant, cette plus-value est à long terme).

Les actionnaires de la société absorbée, recevant en représentation de leur apport, des titres de la société absorbante pourraient être considérés comme touchant des revenus mobiliers (non assortis d'avoir fiscal) et être à leur tour taxés à ce titre.

L'ensemble de ces prélèvements fiscaux rendraient impraticables la plupart des regroupements.

■ Régime de faveur

Le régime de faveur se traduit, pour la société absorbée, par l'exonération des plus-values de fusion, ainsi que des provisions qui conservent leur objet. En contrepartie, la société absorbante est soumise à diverses obligations destinées à rendre possible l'imposition ultérieure, à son nom, de ce qui est exonéré chez l'absorbée lors de la fusion :

- reprise au passif du bilan des provisions dont l'imposition est différée,
- inscription de la réserve spéciale de plus-values à long terme soumise précédemment au taux réduit chez l'absorbée,
- réintégration immédiate dans les bénéfices imposables des plus-values constatées lors de la fusion sur les éléments amortissables.
- en cas de cession ultérieure des éléments non amortissables, calcul des plus ou moins values d'après la valeur de ces biens au bilan de la société absorbée et non d'après leur valeur d'apport.

La réintégration dans les bénéfices de la société absorbante des plus values constatées sur les éléments amortissables peut être échelonnée sur 5 ans, voire plus, sous certaines conditions pour la partie afférente aux constructions. Parallèlement, en contrepartie de l'imposition sur les éléments amortissables, la société absorbante peut calculer la dotation aux amortissements afférents à ces biens d'après leur valeur d'apport, et non d'après leur valeur au bilan de la société absorbée. Il en résulte une certaine compensation entre le supplément d'impôt à payer et le supplément d'amortissement déductible.

Les déficits fiscaux reportés chez l'absorbée ne sont en principe pas déductibles chez l'absorbante. Toutefois, l'opération de fusion peut être conclue avec effet rétroactif au début de l'exercice de la société absorbée ce qui permet d'intégrer dans le résultat de l'absorbante les pertes de l'exercice en cours (non encore arrêté) chez l'absorbée au cours de la période.

L'attribution gratuite des titres de la société absorbante aux membres de la société absorbée en représentation de leur apport n'est pas considérée comme une distribution de revenus et est exonérée d'impôt sur le revenu.

Correlativement, cet échange présente le plus souvent un caractère intercalaire pour l'application du régime d'imposition des plus-values de cession de valeurs mobilières.

Enfin, au titre des droits d'enregistrement, une fusion de sociétés bénéficie d'un régime fiscal de faveur.

- lors des opérations
- lors de la capitalisation ultérieure de la prime de fusion.

NOTE

Quelques techniques de réalisation d'un rapprochement

	CESSION À A DES ACTIONS B	ABSORPTION DE B PAR A	ABSORPTION DE A PAR B	APPORTS DE TITRES DE B À A	APPORT DES ACTIFS DE B À A	AUGMENTATION DE CAPITAL DE B RESERVEE À A
SCHEMA						

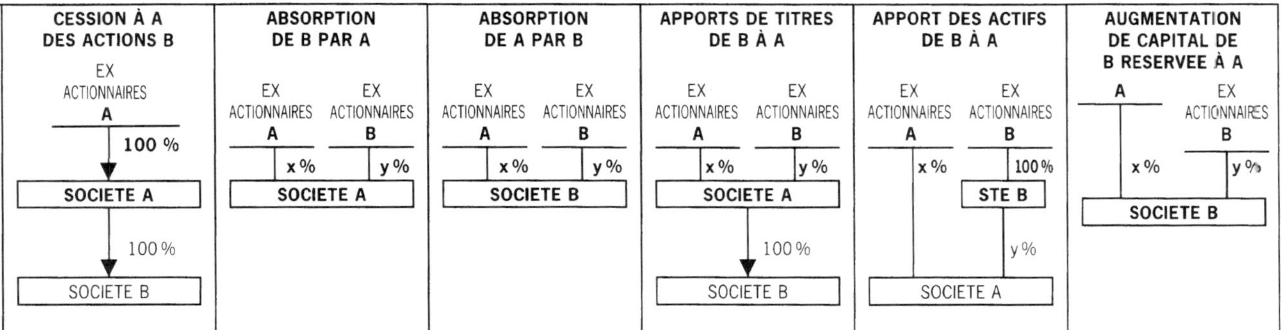

	CESSION À A DES ACTIONS B	ABSORPTION DE B PAR A	ABSORPTION DE A PAR B	APPORTS DE TITRES DE B À A	APPORT DES ACTIFS DE B À A	AUGMENTATION DE CAPITAL DE B RESERVEE À A
LE NOUVEAU GROUPE	Actif net de A inchangé Financement en espèces Alourdissement vraisemblable de la structure	La société unique issue de la fusion rassemble les actifs de A et de B.		Souplesse de gestion accrue et séparation plus nette des risques et des résultats	idem solution II et III	amélioration de la structure financière de B.
		Financement en titres (actions ou OC) favorable à la pérennité d'une bonne structure financière				
LES ANCIENS DE A	Pas de changement sinon à travers l'évolution future de la valeur de A	Dilution dans la nouvelle structure : part ramenée à x %				Nouvel actionnaire de B A voit la répartition de son capital inchangée Financement à trouver pour l'apport en espèces qui permet d'obtenir x % de B.
LES ANCIENS DE B	Obtention de la liquidité	Dilution dans la nouvelle structure : part ramenée à y %			Les actionnaires de B restent entre eux dans une structure qui détient y % de A.	Ils sont dilués dans une société désormais plus riche

N.B. : 1) il est indifférent, pour la compréhension du schéma que x soit supérieur, égal ou inférieur à y.
2) x + y = 100 %.

Chapitre IV

Motiver les personnes

Les montages financiers doivent tenir compte des **aspirations des personnes** appelées à en assurer la bonne fin : une bonne cohésion sociale, la convergence des efforts de tous en vue de la satisfaction d'objectifs d'intérêt commun sont souvent – notamment dans la moyenne entreprise – la clé de voûte de la réussite.

Les montages doivent également prendre en considération des **appétits financiers** plus ou moins raisonnables, l'intérêt plus ou moins prononcé pour une position d'actionnaire, le **risque de dilution** que comporte l'ouverture du capital aux salariés, la légitimité d'un besoin ultérieur de liquidité et les moyens de le satisfaire.

Classiquement, la maximisation des avantages financiers incite les **dirigeants** à rechercher une position de salariés, en sus de leur éventuelle participation au capital, alors que les **principaux collaborateurs** peuvent se voir offrir l'opportunité de constituer un actionnariat d'appoint mais éventuellement significatif par un plan d'option. **L'ensemble du personnel** de l'entreprise peut enfin être associé au dispositif par des formules qui comportent fréquemment des alternatives permettant de déconnecter ou non épargne salariale et sort de l'entreprise elle-même.

Quelle que soit sa position hiérarchique, ou son statut dans l'entreprise, l'actionnaire est confronté le cas échéant au problème de l'impôt sur la fortune, et peut sous certaines conditions, échapper à la taxation de son patrimoine mobilier au titre de l'**outil de travail.**

Plan du chapitre

Section 1

Les aspirations financières des dirigeants

En accompagnement de montages financiers, ou pour en faciliter la mise en place à leur profit, les dirigeants d'entreprise sont souvent tentés d'exploiter systématiquement des astuces leur permettant d'accéder à une optimisation fiscale. Parfois légitimes, parfois contestables, les options retenues doivent retenir l'attention.

■ La qualité de salarié

Les dirigeants de sociétés ont en principe la qualité de mandataires sociaux et non celle de salariés. Ils peuvent toutefois, sous certaines conditions, être également liés à la société par contrat de travail pour l'exercice de fonctions techniques distinctes et rémunérées. Ils ont alors le statut de salarié. Le cumul n'est cependant admis que si le contrat de travail correspond à un emploi effectif, comportant des fonctions et une rémunération distinctes ainsi qu'un lien de subordination vis-à-vis de la société.

- dans la SARL, la loi ne prévoit aucune incompatibilité de principe entre la qualité de gérant et celle de salarié. En revanche la jurisprudence considère qu'un gérant majoritaire cesse, du fait de sa nomination, de se trouver, même dans l'exercice de ses fonctions techniques, dans un état de subordination vis-à-vis de l'entreprise ;
- dans la SNC et la société en commandite, le gérant associé a la qualité d'associé et ne peut par conséquent se prévaloir d'un contrat de travail. Il en va différemment lorsque le gérant a été choisi en dehors des associés ;
- dans la SA, un salarié peut, sous certaines conditions, être nommé administrateur, mais un administrateur en fonctions ne peut obtenir de contrat de travail, ce qui ne fait pas obstacle au versement par la société d'indemnités correspondant à des prestations spécifiques. Le président directeur général et le directeur général peuvent être simultanément salariés, ainsi que les membres du directoire.

La qualité de salarié est importante sur le plan fiscal mais également au titre de l'assurance chômage, de la Sécurité Sociale et de la retraite. Ainsi, certains dirigeants ne pouvant bénéficier des indemnités-chômage versées par l'UNEDIC souscrivent des contrats à leur profit.

■ Le niveau de rémunération

La rémunération des dirigeants est fixée :

- par le conseil d'administration pour les présidents et directeurs généraux de sociétés anonymes ;
- par les associés représentant plus de la moitié des parts sociales pour les gérants de sociétés à responsabilité limitée.

Les rémunérations versées par une entreprise ne sont déductibles de son résultat imposable que si elles correspondent à un travail effectif et ne sont pas excessives en regard des services rendus. Cette disposition autorise l'administration à remettre en cause le montant des rémunérations versées à un salarié si l'entreprise n'est pas en mesure d'établir leur caractère normal.

L'**importance des services rendus** revient à mettre en évidence, de manière qualitative, le rôle joué par l'intéressé lors de la création de l'entreprise, dans sa vie courante, ou à l'occasion d'une phase décisive de son développement.

En outre, certains **chiffres significatifs de l'activité de l'entreprise** permettent également de déterminer si la rémunération du dirigeant s'insère dans une gestion normale : ainsi, l'indexation de celle-ci sur un pourcentage modéré du chiffre d'affaires, qui est de pratique courante, ne pourrait être considérée comme anormale dans la mesure où le rôle commercial de ce dirigeant serait prépondérant.

Enfin, l'administration procède par **comparaisons :** taux de rémunération des personnes occupant des emplois analogues dans des entreprises similaires de la région, importance de la rémunération par rapport aux bénéfices sociaux ou aux salaires des autres membres du personnel.

C'est en général lors de la vérification de la comptabilité de l'entreprise que le montant de la rémunération du dirigeant est susceptible d'être remis en cause. Deux procédures de redressement, indépendantes l'une de l'autre sont alors mises en œuvre, l'une à l'encontre de la société, l'autre vis-à-vis du dirigeant, et qui peuvent aboutir :

- pour l'entreprise, à la réintégration des rémunérations exagérées dans son bénéfice imposable ;
- pour le dirigeant, par l'imposition de la rémunération exagérée, non plus dans la catégorie des traitements et salaires, mais dans celle des revenus de capitaux mobiliers sans bénéfice de l'avoir fiscal.

Section 2

La motivation des principaux collaborateurs

1 - LES OPTIONS D'ACHAT OU DE SOUSCRIPTION D'ACTIONS

La loi du 31 décembre 1970 relative à l'ouverture d'options de souscription ou d'achat d'actions au bénéfice du personnel des sociétés, a introduit, dans le droit français des sociétés, le système américain des « **stock-options** ». Afin d'en favoriser un plus grand développement, la loi du 8 juillet 1984 a assoupli certaines contraintes. Des nouveaux aménagements ont été apportés par la loi sur l'épargne du 17 juin 1987. Le succès alors grandissant de la formule a été enfin remis en cause à partir de 1990 par diverses mesures qui en ont progressivement réduit l'intérêt fiscal, et accru le risque d'imposition, y compris pour l'employeur.

Le mécanisme de l'institution est simple : des options sont offertes gratuitement à un salarié à un prix d'exercice fixé une fois pour toutes, sur un nombre déterminé d'actions de l'entreprise ou du groupe auquel il appartient.

Le salarié dispose alors d'un certain délai pour lever ses options. Si pendant ce délai, le cours du titre monte ou si la valeur réelle de l'action pour une société non cotée apparaît supérieure au prix d'exercice, il lèvera son option en ne s'acquittant que de ce prix.

Cette technique constitue d'une façon générale, un moyen d'intéressement des salariés ; mais elle peut également être utilisée, plus spécifiquement, par des entreprises en croissance, comme moyen de motivation des cadres dirigeants. Dans certains cas, elle peut contribuer à faciliter une transmission familiale.

■ Champ d'application

Les textes s'appliquent à l'ensemble des sociétés par actions (sociétés anonymes ou sociétés en commandite par actions) quelle que soit leur dimension, qu'elles soient cotées ou non.

Le plan d'option est souvent un **plan de souscription** (création de titres nouveaux lors de la levée des options) mais il peut s'agir également d'un **plan d'achat,** les actions étant alors préalablement rachetées par la société en respectant le principe d'égalité des actionnaires (offre de rachat à l'ensemble des actionnaires dans la société non cotée). La société devra dans ce cas consentir les options dans un délai maximum d'un an à compter de la date d'achat des actions pour éviter de faire perdurer une détention dépourvue de base légale.

Le personnel bénéficiaire des options doit appartenir au même groupe que l'émetteur, défini de façon très libérale. En effet, les options d'achat ou de souscription d'actions d'une société peuvent être consenties :

- aux membres du personnel de la société en question ;
- aux salariés de la société mère détenant (1) 10 % minimum du capital de la première ;
- aux salariés d'une filiale détenue (1) à 10 % au moins du capital ;
- aux salariés d'une société sœur sous conditions que la société-mère commune détienne (1) dans chacune 50 % du capital.

Les mandataires sociaux qui exercent des responsabilités effectives dans la direction de l'entreprise pourront bénéficier des options dans les mêmes conditions que les salariés.

A l'intérieur des contraintes précédentes, le critère d'attribution d'options est libre : aucun quota catégoriel, aucun nombre minimal de bénéficiaire, et, aucune limitation individuelle du montant des options consenties ne viennent limiter la liberté du chef d'entreprise en la matière.

Cependant, un salarié possédant déjà au moins 10 % du capital ne peut en principe bénéficier d'options (mais les options consenties et non encore levées n'entrent pas en ligne de compte pour ce calcul). Des aménagements sont prévus par la loi en cas d'attribution d'options dans un délai de deux ans après la création d'une société ou le rachat de la majorité du capital d'une société par ses salariés ou ses mandataires sociaux : le maximum est alors porté au tiers du capital.

■ Mécanismes de mise en place d'un plan d'options

Le conseil d'administration (ou le directoire), après autorisation de l'assemblée générale extraordinaire des actionnaires, peut décider d'ouvrir des options à tout ou partie des membres du personnel, dans la limite d'1/3 du capital (y compris les options précédemment consenties et non encore levées).

Le rapport présenté à l'assemblée doit indiquer les motifs de l'ouverture de l'option, les modalités proposées pour la fixation du prix (non le prix lui-même) et pour les options de souscription, le délai pendant lequel l'autorisation de consentir des options peut être utilisée par le conseil : ce délai ne peut être supérieur à 5 ans.

(1) directement ou indirectement.

Le rapport spécial des commissaires aux comptes présenté à l'assemblée doit comporter leur avis sur les modalités proposées pour la fixation du prix de souscription ou d'achat.

Le prix d'option fixé par le conseil d'administration (ou le directoire) à la date où l'option est offerte est le prix qu'auront à payer les bénéficiaires de l'option s'ils décident de lever celle-ci. Ce prix ne peut être modifié pendant la durée de l'option, sauf si la société réalise certaines opérations financières portant sur le capital social : un ajustement est alors effectué.

La détermination du prix d'option s'effectue de la façon suivante :

• **Pour les sociétés cotées :**

a) actions provenant d'un rachat préalable en bourse : le prix d'option ne doit pas être inférieur au cours moyen d'achat des actions détenues par la société au titre des articles 217-1 et 217-2 de la loi sur les sociétés commerciales : le prix d'option doit en outre respecter la condition b ;

b) actions provenant d'une augmentation de capital : le prix d'option ne peut être inférieur à 80 % de la moyenne des cours cotés aux 20 bourses précédant le jour où l'option est offerte.

• **Pour les sociétés non cotées :**

le prix d'option est laissé à l'appréciation de la société qui devra définir une méthode d'évaluation en s'entourant des garanties nécessaires.

Les options doivent être levées par les bénéficiaires dans le délai fixé par l'AGE, celui-ci pouvant désormais être inférieur ou supérieur à 5 ans à compter de la date à laquelle l'option a été consentie. Passé ce délai imparti, les options deviennent caduques. Le contrat peut également prévoir expressément la déchéance des options non levées en cas de perte de leur qualité de salarié par les bénéficiaires.

La loi n'impose aucune restriction particulière à la revente immédiate des titres après la levée d'option. La société peut cependant exiger un délai minimum de conservation de ceux-ci, qui ne pourra, en tout état de cause, excéder 3 ans. Le bénéfice d'un régime fiscal favorable n'est d'ailleurs acquis que si les actions ne sont pas revendues avant que cinq ans se soient écoulés depuis la délivrance de l'option.

En tout état de cause, pour les sociétés non cotées, le problème de la possibilité de négociation des titres levés est essentiel. Dans certains cas, une introduction ultérieure des titres en bourse pourra faciliter l'exercice des options. Sinon, il est loisible d'en organiser le rachat, sous certaines conditions, visant à ne pas dénaturer l'opération (identité des méthodes de calcul du prix d'exercice et du prix de reprise).

■ Fiscalité

Un régime fiscal particulier s'applique en cas de cession au moins cinq ans après la date d'attribution de l'option, (une cession est possible sans pénalité à l'intérieur de ces délais en cas de licenciement, invalidité, retraite et décès limitativement).

Pour l'entreprise, la déduction des charges exposées s'effectue selon les règles de droit commun. Elle applique le régime des plus ou moins-values sur les titres détenus (différence entre prix de revient et prix de levée d'option dans un plan d'acquisition) et bénéficie de l'exonération de la taxe sur les salaires et des charges sociales.

Pour le salarié, une taxation ad hoc des gains se substitue au droit commun des revenus salariaux.

Mais diverses mesures fiscales ont progressivement restreint les avantages des plans d'options ; de sorte que nombre d'opérations sont désormais susceptibles d'être replacées dans la catégorie des traitements et salaires, y compris pour les employeurs, notamment lorsque les bénéficiaires cèdent leurs droits avant l'expiration des délais réglementaires.

L'évolution de la fiscalité applicable aux plans d'options offertes aux salariés peut inciter aujourd'hui les parties concernées à placer dans un régime de droit commun, qui est celui des valeurs mobilières, les options consenties, d'autant que, depuis la loi du 14 décembre 1985, les conditions d'émission de ces titres ont été considérablement assouplies. Mais il est évident que l'administration fiscale est très vigilante et n'hésitera pas à invoquer l'**abus** de droit s'il apparaît que l'utilisation de mécanismes de droit commun des valeurs mobilières a eu pour objet et/ou pour effet de contourner la réglementation des plans d'option.

On peut regretter le durcissement de la position de la DGI, certes, non dépourvu de justification eu égard aux abus constatés, mais qui pénalise finalement l'association des « vrais » salariés au capital de leur employeur laquelle ne saurait être considérée ni par les derniers, ni par les bénéficiaires eux-mêmes, comme une simple alternative à une augmentation de salaires.

Un instrument ad hoc devait être mis en place par la loi de finances pour 1998, en faveur des entreprises nouvelles, le **bon de souscription de parts de créateur d'entreprise.**

Cet instrument est mis à la disposition des sociétés par actions non cotées immatriculées depuis moins de sept ans, qui exercent une activité autre que bancaire, financière, de gestion ou de location d'immeubles et qui ne sont pas créées dans le cadre d'une concentration, restructuration, extension ou reprise d'une activité existante (sauf cas d'« essaimage »).

Le capital de l'entreprise doit être détenu directement et de manière continue par des personnes physiques.

L'attribution des titres s'effectue de manière analogue à la procédure en vigueur pour les options. En revanche, la fiscalité frappant les gains réalisés comporte moins de contraintes que les plans d'options, et se traduit par un taux d'imposition plus faible en règle générale.

Le législateur entend ainsi consacrer le rôle que peuvent jouer des cadres de bon niveau lors de la création d'entreprises, en leur permettant d'obtenir un niveau de rémunération en adéquation avec leur talent, sans pour autant charger à outrance le compte de résultat de leur employeur.

2 - LES SOCIETES « DE CADRES »

Il arrive fréquemment que les salariés de l'entreprise devenus actionnaires rassemblent leurs actions dans une structure ad hoc. Cette décision peut intervenir de façon spontanée, parce qu'elle correspond, aux yeux des intéressés à la nécessité de conserver une cohésion face aux aléas de l'entreprise ou parce qu'ils ont des objectifs communs, la préparation de sa transmission en leur faveur par exemple. La mise en société peut également s'effectuer sous le regard bienveillant de l'actionnaire majoritaire qui entend mieux encadrer ses minoritaires salariés et s'assurer ainsi d'une fidélité accrue.

Une grande souplesse est requise pour la réalisation de tels montages, ce qui conduit souvent les intéressés à opter pour la formule de la société civile dont les statuts permettront de moduler, sur mesure :

- la durée du partenariat ;
- les modalités d'augmentation éventuelle du capital (augmentation des engagements des participants) ;
- le degré de cessibilité des parts à des tiers ;
- le positionnement du conjoint par rapport à la société ;
- les règles de transmission des parts en cas de décès, de perte de qualité de salarié de l'entreprise, ou de départ volontaire d'un titulaire etc.

La société civile permet enfin de borner les pouvoirs du mandataire social appelé à représenter les salariés porteurs de parts, ou de choisir la fiscalité la plus adaptée au projet (option éventuelle pour le régime de société de capitaux).

Section 3

Les formules peu sélectives

On évoquera trois outils dont l'efficacité s'avère inégale mais le trait commun est de devoir être proposé simultanément et aux mêmes conditions générales à la quasi-totalité des collaborateurs.

1 - LA PARTICIPATION

Désormais obligatoire pour les entreprises occupant plus de cinquante personnes, la participation est amenée à jouer un rôle croissant dans les montages financiers, même si elle apparaît encore souvent aujourd'hui comme une charge d'exploitation que l'on cherche à éviter lorsque les effectifs tangentent le seuil.

L'ordonnance de 1986 laisse aux intéressés, employeurs et salariés, le soin de définir par accord les modalités d'application de la participation au sein de chaque entreprise. L'éventail des solutions retenues dépendra des objectifs poursuivis :

- **l'emploi des fonds sur le marché financier,** longtemps prépondérant, et favorablement perçu par les banques qui y trouvent un moyen de faire grossir leurs capitaux sous gestion, est un moyen – non exempt de risques non plus – de dissocier la position de salarié de celle d'épargnant ;
- **l'affectation en compte bloqué,** (qui est de règle en l'absence d'accord) peut avoir la préférence des parties : créance sur l'entreprise non diluante pour les actionnaires et souvent moins coûteuse que le crédit bancaire, elle présente pour les montages d'ingéniérie financière peu d'intérêt et ne renforce pas le moins du monde l'« affectio societatis » des salariés prompts à déplorer cette immobilisation. Il en est de même si les fonds sont investis en obligations classiques émises par l'entreprise :
- **l'emploi des droits en titres de capital de la société** (directement ou par une structure ad hoc) ouvre en revanche la voie à certaines opérations et peut notamment contribuer directement à la préparation progressive d'une transmission de la propriété de l'entreprise aux salariés (cf. 3e partie).

Chaque salarié peut individuellement demander l'affectation de sa participation au plan d'épargne d'entreprise s'il en existe un.

Calcul de la participation

$$R = \frac{1}{2}\left(B - \frac{5\,C}{100}\right) \times \left(\frac{S}{VA}\right)$$

R = montant de la réserve de participation à constituer pour un exercice.

B = bénéfice imposé au taux de droit commun et d'origine française ; sont exclus les bénéfices exonérés des entreprises nouvelles ou issus de plus-values à long terme.

C = capitaux propres ; seuls les bénéfices au-delà de 5 % des capitaux propres sont éligibles à la procédure (les actionnaires ont en quelque sorte un préciput devant les salariés).

S = salaires ; les salaires sont à retenir pour leur montant brut, y compris les avantages en nature et avant déduction des cotisations sociales de la CSG.

VA = valeur ajoutée, elle s'obtient en faisant la somme des postes suivants :

charges de personnel
+ impôts et taxes (sauf TVA)
+ charges financières
+ dotation aux amortissements
+ dotation aux provisions (sauf charges exceptionnelles)
+ résultat avant impôt.

Cette valeur ajoutée doit résulter des activités définies ci-dessus.

2 - SOUSCRIPTIONS OU ACHATS RESERVES AUX SALARIES

La loi du 27 décembre 1973 permet aux sociétés par actions d'offrir à tous leurs salariés ayant au moins six mois à trois ans d'ancienneté (compétence AGE) d'acquérir ou de souscrire des actions ou des certificats d'investissement.

La société doit avoir distribué au moins deux dividendes au cours des trois derniers exercices.

Le système peut être étendu aux groupes constitués à hauteur de :

- 10 % en filiation directe (mère ou fille) ;
- 50 % pour les sociétés sœurs (double participation de la mère).

La société objet des investissements doit être domiciliée dans la CE (ce qui est plus restrictif que le plan d'options).

Les droits des salariés sont décrits à travers les règles suivantes :

- limitation du montant de l'investissement unitaire (moitié du plafond annuel de SS) ;
- incessibilité des titres pendant cinq ans (sauf mariage, licenciement, etc) ;
- non imposition sur le revenu du prélèvement opéré sur le salaire pour souscrire ou acheter à hauteur de 3 000 F ;
- abondement maximum de 3 000 F par la société, égal au plus au versement, déductible de l'IS, non assujetti à la taxe sur les salaires et, pour le bénéficiaire, exonéré de l'IRP.

Au plan des modalités :

- l'émission est possible même lorsque le capital n'est pas intégralement libéré ;
- une note d'information est nécessaire si le nombre de salariés concernés est supérieur à 300, car la Commission des Opérations de Bourse considère qu'en pareil cas, la réglementation de l'appel public à l'épargne s'applique ;
- le montant cumulé sur cinq ans des augmentations de capital de ce type ne doit pas dépasser 20 % du capital ;
- le prix d'émission doit être compris entre 90 et 100 % de la moyenne des 20 derniers cours précédant la décision du conseil ;
- un bulletin de souscription ad hoc est obligatoire. Il doit s'accompagner d'une information au personnel ;
- une libération échelonnée des engagements est possible ;
- l'utilisation de l'écran que constitue un FCP est recommandée si l'émetteur craint la dispersion ultérieure des titres souscrits : un mécanisme ad hoc de contrepartie devrait alors être mis en place pour faciliter les retraits ultérieurs des salariés.

Les modalités de cette formule sont moins performantes que celles du plan d'épargne d'entreprise, notamment en ce qui concerne l'abondement dont le montant maximum n'a pas évolué depuis l'origine.

3 - LE PLAN D'EPARGNE D'ENTREPRISE

Le plan d'épargne d'entreprise est un système d'épargne collectif ouvrant à l'ensemble des salariés (ancienneté requise maxi 6 mois) d'une entreprise la faculté de participer, avec l'aide de celle-ci, à la constitution d'un portefeuille de valeurs mobilières. Entièrement facultatif, il peut être institué dans toute entreprise, sur l'initiative de la direction ou à la suite d'un accord avec le personnel. Il est alimenté par :

- des versements volontaires des salariés,
- une contribution parallèle de l'entreprise, l'abondement, effectué en numéraire ou représenté par la prise en charge des frais de gestion du portefeuille,
- les revenus du portefeuille,

– et le cas échéant, par des sommes revenant aux salariés au titre de l'intéressement ou de la participation.

Les fonds versés sont employés en actions de l'entreprise, notamment dans le cadre d'un projet de reprise, en actions de SICAV, souscrites directement, ou, le plus souvent (investissement en valeurs mobilières diversifiées), en parts d'un fonds commun de placement géré par l'entreprise ou une société spécialisée et obéissant à une réglementation spécifique. Les banques ont pris une part de marché non négligeable dans la gestion de ces intruments, notamment lorsque les fonds sont placés à l'extérieur de l'entreprise.

■ Conditions de mise en place

L'opération comporte la nécessité d'une **contribution minimale de l'employeur** (prise en charge des droits d'entrée). L'employeur dispose en outre de la faculté de servir un abondement dont il peut déterminer l'enveloppe et les modalités de répartition chaque année.

Les **versements des salariés,** qui sont toujours volontaires, resteront **indisponibles pendant cinq ans.** Toutefois, l'indisponibilité peut être interrompue pour les mêmes motifs que ceux prévus pour l'intéressement légal à l'exclusion de l'accession à la propriété, de la démission du salarié et du divorce avec garde d'enfants. Par ailleurs, même après avoir quitté l'entreprise, l'épargnant peut laisser les fonds.

Le montant des versements annuels est libre, mais ne peut excéder 25 % de la rémunération brute du salarié.

La contribution volontaire de l'entreprise, qui ne peut excéder ni trois fois le versement du salarié lui-même, ni 15 000 F annuels par salarié, (22 500 F si les sommes sont investies en actions ou CI de l'entreprise) **est déductible** du bénéfice imposable et ne supporte ni la taxe sur les salaires ni les charges sociales. Elle est également éxonérée de l'impôt sur le revenu pour les salariés bénéficiaires.

Les revenus du portefeuille, réemployés dans le plan d'épargne, sont exonérés de l'impôt sur le revenu. Cette exonération est maintenue, au-delà de la période quinquennale de blocage, tant que les bénéficiaires ne demandent pas la disponibilité de leur épargne. Les avoirs fiscaux et crédits d'impôt attachés aux revenus exonérés sont eux aussi exonérés à condition d'être réinvestis. (Ils sont restituables à la demande de la société de gestion).

Les gains en capital ne sont pas imposables au titre des plus-values.

■ Intérêt du montage

Pour l'entreprise

Au prix d'une contribution financière modique, et qui peut être reconsidérée chaque année, l'entreprise ouvre à ses salariés la possibilité de se constituer une épargne cumulant de multiples avantages fiscaux et dont le volume est modulé chaque année par chaque salarié selon sa propre initiative.

Cette opportunité, qui intéresse en particulier l'encadrement, constitue un élément de motivation important dans le contexte de la politique salariale et concourt à l'attachement des collaborateurs de qualité à leur entreprise.

En outre, les sociétés peuvent procéder à des augmentations de capital réservées à leurs salariés adhérant au plan, par le biais de la souscription de parts du fonds, unique souscripteur des actions.

Pour les salariés

La formule entièrement défiscalisée est appréciable par sa souplesse et permet à chacun, à son rythme, de constituer dans d'excellentes conditions de rentabilité, une épargne de précaution qui peut venir en substitution ou en anticipation d'un autre projet d'investissement ou constituer une préparation financière à la retraite.

Comparaison entre le versement d'une prime et le versement d'un abondement

	Prime		Abondement
Montant total acquitté par l'entreprise	**3 000,00 F**	**6 883,09 F**	**3 000,00 F**
Charges sociales (50 %)	1 000,00 F	2 277,70 F	NEANT
Prime brute	2 000,00 F	4 555,39 F	3 000,00 F
Montant total à la charge du salarié (retenues sociales 16 %)	320,00 F	728,86 F	NEANT
Montant net imposable	1 680,00 F	3 826,53 F	NEANT
Impôt - IRP tranche de 30 % (après déduction des 10 % et 20 %)	362,88 F	826,53 F	NEANT
Total des prélèvements fiscaux ou para fiscaux	1 628,88 F	3 833,09 F	NEANT
Net après impôts pour le salarié	**1 317,12 F**	**3 000,00 F**	**3 000,00 F**
Coût après IS, pour l'entreprise (1)	1 980,00 F	4 542,84 F	1 980,00 F

(1) Calcul sur la base d'un IS à 34 %.

On notera enfin qu'une augmentation de capital peut être réservée aux adhérents d'un Plan d'Epargne d'Entreprise, sous certaines conditions spécifiques définies par la loi. Elle présente l'originalité notable d'être valide même si le quantum de 75 % du montant de l'émission n'est pas souscrit, et constitue un instrument souple au service d'une politique d'actionnariat dans une société de croissance ; la libération échelonnée des actions est même possible sur trois ans sans qu'un quelconque versement ait été exigé à la souscription.

4 - LES SOCIETES COOPERATIVES OUVRIERES DE PRODUCTION

La loi de 1978 relative aux sociétés coopératives ouvrières de production s'efforce de concilier une tradition et le renouveau de cette formule ancienne : elle s'efforce d'adapter ces entreprises, dont la vocation est d'être créées et gérées par des travailleurs, qui apportent à la fois leur capital et leur travail, aux exigences de la vie économique, tout en accentuant le respect des règles fondamentales de la coopération.

Formées par des travailleurs qui peuvent exercer toute activité professionnelle, les SCOP sont des sociétés anonymes ou des SARL agréées, à capital variable, gérées et contrôlées par leurs employés même si, depuis 1985 un ou plusieurs associés non employés peuvent détenir plus de 50 % du capital (mais non des droits de vote).

Les principes coopératifs sont également développés à travers d'autres éléments de ce statut tels que la possibilité offerte à la SCOP d'obliger tout titulaire d'un contrat de travail à postuler comme associé, ou bien encore la limitation de l'influence des associés les plus importants (au plus 1/4 du capital, voire moins si les statuts le prévoient).

Les excédents de gestion ont la double particularité de servir à doter la réserve légale à hauteur de 15 % de leur montant (jusqu'à ce que celle-ci atteigne 100 % du capital). Une autre affectation obligatoire est celle d'une fraction au minimum de 25 % à l'ensemble des salariés, selon les modalités organisées par les statuts d'après les critères dont la loi offre un choix.

Les SCOP ont le plus fréquemment une faiblesse financière qui est préjudiciable à leur croissance. Quelques exceptions notables conduisent à s'intéresser à la formule.

Section 4

L'impôt de solidarité sur la fortune et les montages financiers

La loi de finances pour 1989 a rétabli un impôt sur la fortune. Son incidence n'est pas négligeable, en termes de coûts, et surtout psychologiquement, pour la mise au point et la commercialisation de produits d'ingéniérie financière. On examinera succinctement le champ d'application de cet impôt en insistant un peu plus sur la notion de biens professionnels.

■ **Biens exonérés :**

- Objets d'art, d'antiquité ou de collection : tapis, tableaux, gravures, statues, timbres-poste, objets d'antiquité ayant plus de cent ans d'âge ;
- droits de propriété littéraire, artistique et industrielle : les droits de propriété littéraire et artistique sont exonérés entre les mains de l'auteur et de ses ayants droit ; quant aux droits de propriété industrielle, seul l'inventeur est exonéré à l'exclusion de ses ayants droit ;
- bois et forêts : ils bénéficient d'une exonération partielle à concurrence des 3/4 de leur valeur à la double condition habituelle d'exploitation trentenaire et d'exploitation régulière ;
- parts de groupements forestiers : même exonération à condition que les parts soient représentatives d'apports en nature ;
- placements financiers des non-résidents ;
- pensions, retraites et rentes viagères assimilées.

■ **Biens imposables :**

- Meubles meublants : leur valeur est déterminée, soit par inventaire notarié soit par évaluation globale par le contribuable, soit par application d'un forfait de 5 % de la valeur brute de l'ensemble des autres éléments imposables du patrimoine ;
- bijoux, pierreries : estimation par le contribuable ;
- Pièces et lingots : valeur déterminée par la dernière cotation ;

- valeurs mobilières cotées : deux méthodes peuvent être retenues, soit le dernier cours connu au 1er janvier, soit la moyenne des 30 derniers cours cotés avant le 1er janvier ;
- valeurs non cotées : une valeur estimative de négociation au 1er janvier doit être retenue ;
- immeubles : seule la valeur vénale doit être retenue.

Cas particuliers :

a) Démembrement ususfruit/nue-propriété :

En cas de démembrement de la propriété, l'usufruitier doit comprendre dans son patrimoine la valeur totale en toute propriété des biens en cause. Toutefois, par exception, dans le cas d'usufruit légal du conjoint survivant, le bien doit être évalué pour la part demeurant à l'usufruitier et chez les nus-propriétaires pour la valeur de la nue-propriété.

b) Placements financiers des non-résidents :

Les personnes physiques qui n'ont pas en France leur domicile fiscal ne sont pas imposables sur leurs placements financiers.

■ Passif déductible

Les règles applicables à l'IGF le restent en ce qui concerne l'ISF. Il s'agit essentiellement des dettes existant au 1er janvier. emprunts, impôts dus, dettes échues depuis moins de trois mois.

■ Cas particulier des biens professionnels

Ils ne sont pas pris en compte dans l'assiette de l'ISF sous certaines conditions :

• **Sociétés de personnes soumises à l'IR**

sont exonérés les biens nécessaires à l'exercice à titre principal d'une profession industrielle, commerciale, artisanale, agricole ou libérale.

• **Titres de sociétés soumises à l'IS**

le détenteur des titres doit être dirigeant, c'est-à-dire :

- dans les SARL et SCA : gérant statutaire,
- dans les SA, PDG, DG, membre du directoire ou Président du conseil de surveillance,
- dans les sociétés de personnes soumises à l'IS, associé en nom.

Il est admis que les titres donnent droit au régime des biens professionnels même s'ils appartiennent à un autre membre du foyer fiscal que celui qui exerce ses fonctions dans la société. Les fonctions exercées doivent donner lieu à une rémunération normale et représenter plus de la moitié des revenus professionnels du contribuable.

La participation doit être d'au moins **25 % en titres et en droits de vote,** détenue directement, par l'intermédiaire du groupe familial ou d'une holding (un seul niveau d'interposition). Toutefois, les titres détenus dans le cadre d'un RES sont exonérés à hauteur d' 1 MF, ainsi que les titres dont la valeur brute excède 75 % de la valeur brute des biens imposables (y compris les parts ou actions en cause) du contribuable, soit trois fois celle du reste de son patrimoine, même si le taux de détention de 25 % n'est pas atteint.

Quelques situations concrètes, fréquemment rencontrées nécessitent une attention particulière.

1) Participations dans des sociétés à activités, soit similaires, soit connexes, soit complémentaires

Lorsqu'un redevable exerce une activité dans deux ou plusieurs sociétés, seules devraient avoir en principe la qualité de biens professionnels les parts détenues dans la société où il exerce les fonctions qui lui procurent plus de 50 % de ses revenus professionnels. Par exception à cette règle, les droits détenus dans plusieurs sociétés forment un seul bien professionnel et la condition tenant à l'importance de la rémunération peut être appréciée globalement, en faisant masse de l'ensemble des rémunérations perçues des diverses sociétés, lorsque :

- chaque participation, prise isolément, satisfait aux autres conditions requises : elle doit représenter (lorsque la loi l'exige) le minimum de 25 % et son détenteur doit exercer les fonctions exigées ;
- les sociétés en cause ont effectivement des activités soit similaires (par exemple, même activité avec des marques ou des créneaux commerciaux différents), soit connexes et complémentaires (en général participation à une même chaîne technologique d'activité).

Cette mesure concerne en premier lieu les détenteurs de participations juxtaposées dans des sociétés qui n'ont pas entre elles de liens en capital. Mais elle peut également intéresser les associés dirigeants qui détiennent des droits dans plusieurs sociétés membres d'un groupe et qui ne peuvent être exonérés en totalité par application du seul mécanisme prévu en faveur des groupes de sociétés.

2) Titres transmis en nue-propriété par d'anciens dirigeants

Un dirigeant qui, au moment où il a abandonné ses fonctions, a transmis les parts ou actions qui formaient un bien professionnel en s'en réservant l'usufruit, peut bénéficier de l'exonération, en tant que bien professionnel, de la valeur de la nue-propriété des titres démembrés si les conditions suivantes sont réunies :

- lors du démembrement, le redevable (ou son conjoint) doit (ou aura dû) remplir depuis trois ans au moins les conditions requises pour que sa participation ait le caractère de bien professionnel ;

- la nue-propriété doit être transmise à un ascendant, un descendant, un frère ou une sœur du redevable ou de son conjoint ;
- le nu-propriétaire doit occuper dans la société, à titre principal et effectif, les fonctions qui ouvrent droit à l'exonération ;
- enfin, quant la société en cause est une société anonyme ou une SARL, l'usufruitier doit, ou bien détenir avec son groupe familial, en usufruit et/ou en pleine propriété, 25 % au moins du capital de la société ou bien détenir directement avec les membres de son foyer fiscal une participation dans la société représentant au moins 75 % de la valeur brute de son patrimoine imposable (y compris les parts ou actions).

Chapitre V

Optimiser la gestion des flux financiers

Indépendamment des solutions éprouvées en gestion financière et bancaire (concours consentis à la société tête de groupe et redistribués aux filiales, société pivot centralisant la trésorerie ou toute autre solution), la gestion des flux financiers passe par l'utilisation réfléchie des mécanismes relatifs à la **remontée des résultats et leur distribution éventuelle** d'une part, à la **cession** de valeurs mobilières d'autre part.

Plan du chapitre

Section 1

Résultats et revenus

L'optimisation de la gestion financière d'un groupe consiste le plus souvent à faire remonter à la société tête de groupe un maximum de revenus, tout en cherchant à tirer parti des poches de déficit qui pourraient affecter certaines composantes de l'ensemble, de façon à en limiter l'imposition globale.

1 - LA RECHERCHE DE LA TRANSPARENCE FISCALE : REMONTEE DES PROFITS, COMPENSATION DES DEFICITS

On distinguera le cas classique des sociétés de personnes, et la fiscalité spécifique du régime d'intégration fiscale

■ Les sociétés de personnes

Les bénéfices réalisés par les sociétés de personnes et assimilées ne sont pas imposés au nom de la société, mais au nom personnel des associés. Chacun d'eux est imposé à raison de la part des bénéfices sociaux correspondant à ses droits dans la société, en fonction de sa situation personnelle :

- soit à l'impôt sur le revenu,
- soit à l'impôt sur les sociétés.

Corrélativement, si les résultats de la société sont déficitaires, chaque associé peut imputer sur son revenu global (ou le cas échéant son revenu imposable à l'impôt sur les sociétés) la quote part du déficit correspondant à ses droits, (à l'exception des déficits agricoles dans le cas où il dispose d'autres revenus ainsi que des déficits fonciers et des déficits commerciaux non professionnels).

La société de personnes et en particulier la société en nom collectif apparaît ainsi d'un usage commode entre personnes physiques ou morales ayant un intérêt, des objectifs communs et des compensations fiscales à effectuer.

L'importance de la responsabilité juridique et financière des associés dans les sociétés de personnes incite néanmoins à se montrer prudent dans l'organisa-

Avantages de la transparence fiscale

	1 **Mère bénéficiaire/fille déficitaire**		2 **Mère déficitaire/fille bénéficiaire**		3 **Mère bénéficiaire/fille bénéficiaire**		4 **Mère déficitaire/fille déficitaire**	
	Droit commun	Transp. fiscale	Droit commun	Transp. fiscale	Droit commun	Transp. fiscale	Droit commun	Transp. fiscale
Imposition du groupe au titre des bénéfices	sur les bénéfices de la mère	sur la somme algébrique B – D	sur les bénéfices de la fille	sur la somme algébrique B – D	pas de différence notable		reports négatifs séparés sur la mère et sur la fille	report négatif unique sur la mère
Distribution des résultats bénéficiaires	NS		sur le résultat après impôt sur les bénéfices de la fille	automatique sur la totalité du résultat	friction fiscale	totale	NS	
Remontée des pertes		Totale	NS		NS		sans intérêt	
Commentaires :	Le régime de droit commun ne permet pas de faire remonter les pertes de la filiale, ce qui génère un supplément d'imposition pour la mère La fille conserve pendant un temps son potentiel de déduction sur ses propres résultats bénéficiaires ultérieurs.		Le régime de droit commun ne permet pas de faire la compensation entre les résultats bénéficiaires de la fille, qui paie un impôt sur les bénéfices, et les pertes de la mère. Au mieux, la fille distribuera avec un temps de retard, des dividendes à la mère.		Le régime de droit commun peut, le cas échéant générer un supplément d'imposition en raison de la distribution éventuelle de dividende par la fille à sa mère.		Les deux sociétés étant en perte, la discussion n'a d'intérêt que si le redressement (ou la cession) ne s'effectue(nt) pas au même rythme pour l'une et l'autre des deux sociétés.	

tion de montages de cette nature lorsque les risques de divergence entre les positions fiscales, les objectifs, voire les stratégies des associés ne sont pas négligeables, ou bien encore lorsque la gestion de l'affaire est entre les mains de l'un d'entre eux.

■ Le régime d'intégration fiscale

Bien que d'usage courant dans les groupes, il est surtout préconisé lors des montages d'opérations LBO (cf 3e partie, chapitre IV). Il ne présente pas les mêmes inconvénients en terme de partage des responsabilités que la solution précédente, mais il est plus difficile d'accès, puisqu'il suppose entre autres une détention minimale de 95 %.

■ Limites des solutions précédentes

Parfaitement adaptées aux besoins internes de groupes homogènes à périmètre stable, les solutions d'intégration évoquées ci-dessus s'avèrent plus difficiles à mettre en œuvre :

- lorsque le contrôle sur les filiales n'est pas absolu ;
- lorsque les filiales sont susceptibles de sortir rapidement du périmètre, ou lorsque leur capital a vocation à s'ouvrir à des tiers extérieurs au groupe ;
- lorsque les entités périphériques ont vocation à conduire une stratégie autonome de développement, débordant le seul cadre de la fabrication, de la gestion courante et de la vente.

En outre, les mécanismes de compensation entre déficits et pertes sont le domaine d'élection des opérations que l'administration fiscale pourchasse au titre de l'abus de droit. Ainsi en est-il en particulier de certains montages qui par le truchement de sociétés de personnes permettent indirectement de déduire d'un revenu global, des déficits fiscaux catégoriels (fonciers par exemple) qui normalement ne seraient imputables que sur des revenus de même nature.

La requalification d'opérations par l'administration peut alors remettre en cause la viabilité de montages souvent déjà tendus.

2 - UNE SOLUTION PONCTUELLE OU PARTIELLE : LA DISTRIBUTION DE REVENUS MOBILIERS PAR LE REGIME MERE-FILLE

Le régime « mère fille » ne doit pas être confondu avec le régime d'intégration fiscale qui suppose entre autres une détention de la fille d'au moins 95 % et qui est plus particulièrement utilisé dans les schémas de reprise d'entreprise (cf 3e partie chapitre IV).

La prise de participation dans le capital d'autres sociétés (filiales) pose le **problème de la double imposition :** une société ayant encaissé des dividendes d'une autre société dont elle est membre, accroît ainsi ses résultats propres d'autant. Ceux-ci, à défaut de mesure particulière, devraient être imposés une seconde fois ce qui, même après imputation de l'avoir fiscal attaché au dividende reçu, génère un cumul d'imposition.

Le législateur a donc voulu remédier à cette situation en supprimant, dans certaines circonstances et sous certaines conditions, cette double imposition. Des **mesures spéciales sont actuellement en vigueur en faveur des sociétés mères** assujetties, quelque soit leur forme, à l'impôt sur les sociétés :

- concernant l'impôt sur les sociétés, la société mère peut retrancher de ses résultats le montant net des dividendes qu'elle a reçus de sa filiale ;
- concernant le précompte, les crédits d'impôt et avoirs fiscaux attachés aux produits de participations encaissés au cours d'un exercice par la société mère sont imputables sur le précompte auquel donnera lieu la répartition de ces produits par la société mère, ce qui revient à dire que la redistribution des produits encaissés est dispensée au paiement du précompte.

L'obtention de ce régime est soumis à diverses conditions :

- **nationalité française** pour la société mère ;
- forme des titres : nominatifs ou dont le compte est tenu par un établissement financier s'ils sont au porteur. Les titres doivent être détenus en plein propriété ;
- **durée de détention :** les titres doivent avoir été souscrits ou attribués à l'émission, ou faire l'objet d'un engagement de conservation pour deux ans au moins (excepté pour ceux détenus depuis déjà deux ans au moment de l'option pour le régime) ;
- **pourcentage de participation :** il doit être d'**au moins 10 % sauf** pour les titres reçus en rémunération d'un **apport partiel d'actif.** Les opérations de **fusion** ou d'absorption des sociétés mères ou filiales entraînent généralement maintien ou transfert du régime. Le taux de détention peut être inférieur à 10 % pour autant que la valeur d'acquisition de la **participation soit supérieure à 150 MF** ou à titre temporaire, notamment en cas de **levées d'options** par les salariés ;

Dans ce cadre, la remontée des dividendes vers la mère est dotée d'avantages fiscaux : les produits nets d'actions et de parts d'intérêts ouvrant droit au régime des sociétés mères, sont exonérés d'impôt sur les sociétés.

En outre, la redistribution par la société mère des produits de sa participation ne donne généralement pas lieu au versement d'un précompte.

3 - INTERETS DES COMPTES COURANTS D'ASSOCIES

Fréquents dans les montages financiers, les intérêts de comptes courants d'associés soulèvent trois types de problèmes :

La déductibilité de l'intérêt par la société versante

Toutes les sociétés versant des intérêts à leurs associés, soumises ou non à l'impôt sur les sociétés, doivent respecter deux conditions de déductibilité :

- le capital doit avoir été entièrement libéré (en cas d'augmentation de capital, l'engagement de libération sous trois ans, pris dans l'acte, autorise toutefois la déduction) ;
- le taux de rémunération ne doit pas excéder la moyenne annuelle des taux de rendement brut à l'émission des obligations des sociétés privées.

En outre, pour les sociétés passibles de l'impôt sur les sociétés, la déduction des intérêts versés aux dirigeants de droit ou de fait n'est admise que dans la mesure où l'ensemble des sommes laissées par eux à la disposition de la société n'excède pas 1,5 fois le capital social.

Cette limitation n'est toutefois pas applicable :

- aux avances consenties par les sociétés mères à leurs filiales ;
- aux sommes inscrites en compte bloqué et destinées à être incorporées au capital dans un délai de cinq ans maximum.

L'imposition des associés

Considérés au regard de l'impôt sur le revenu : comme des revenus de capitaux mobiliers ils peuvent sur option faire l'objet d'un prélèvement libératoire dont le taux est réduit pour les intérêts servis aux comptes courants bloqués pour lesquels l'engagement de les incorporer au capital dans les 5 ans a été pris.

Le prélèvement libératoire n'est applicable qu'aux intérêts rémunérant un montant maximum de 300 000 F pour ce qui concerne les sommes déposées en compte par l'ensemble des associés dirigeants de droit ou de fait de la société (non compris leurs éventuels comptes courants bloqués). Aucun plafond n'est prévu pour les associés non dirigeants.

Le cas de l'emprunt personnel reversé dans les caisses sociales

Les intérêts des sommes prêtées par un établissement bancaire à un associé dirigeant sont déductibles des résultats de la société si les fonds sont reversés à l'entreprise et utilisés pour ses besoins.

Cette déduction est limitée aux mêmes conditions que celles prévues en matière de rémunération de compte courant d'associés.

Elle s'applique aussi bien au cas où le remboursement de l'emprunt est effectué directement par la société à la banque que lorsque ces remboursements sont effectués par l'associé à l'aide des intérêts reçus de sa société.

4 - REGIMES PARTICULIERS D'IMPOSITION

On évoquera ici un certain nombre de régimes particuliers qui peuvent être utilisés pour parfaire un montage financier ou simplement l'interpréter.

■ Revenus de valeurs mobilières étrangères

Les bénéfices réalisés en France par les sociétés étrangères sont réputés distribués, sauf preuve contraire, à des associés n'ayant pas leur domicile fiscal ou leur siège social en France. Ces bénéfices sont dès lors passibles d'une retenue à la source.

Parallèlement, les revenus de valeurs mobilières étrangères perçus par des personnes ou des entreprises ayant leur domicile fiscal ou leur siège en France sont passibles de l'impôt français.

Ces règles comportent néanmoins des dérogations résultant des conventions internationales qui sont conclues pour éviter les doubles impositions et prévoient en général que l'impôt retenu à l'étranger est imputable en totalité ou en partie sur l'impôt dû en France.

Les différentiels d'imposition peuvent le cas échéant, expliquer les montages consistant à délocaliser des holdings intermédiaires dans les groupes.

■ OPCVM

Une analyse détaillée serait nécessaire, car les régimes, complexes, diffèrent selon le véhicule (SICAV, FCP, SICAF...), l'identité des titulaires (salariés ou autres...), la nature des investissements (actions cotées, non cotées, titres composites, etc.), les modalités de rémunération (produits répartis ou capitalisés).

On notera que ces structures sont dotées de statuts fiscaux comportant dans certains cas des ouvertures très intéressantes pour l'ingénierie financière, mais aussi des contraintes :

- l'exonération d'impôt sur les profits réalisés ;
- le droit de capitaliser leurs produits (en contrepartie de la perte des avoirs fiscaux et des crédits d'impôt qui leur sont rattachés) ;
- la possibilité d'attribuer à leurs actionnaires des liquidités sans que ceci soit considéré comme une distribution de revenu (rachat de parts ouvrant matière à imposition au titre des plus-values) ;
- l'exclusion du régime des sociétés mères.

5 - L'IMPUTATION DES DEFICITS GLOBAUX

En matière d'impôt sur le revenu, le déficit constaté pour une année dans chaque catégorie de revenu est imputé à due concurrence sur le revenu global de la même année. Si ce revenu n'est pas suffisant, l'excédent du déficit est reporté successivement sur le revenu global des années suivantes, jusqu'à la cinquième incluse. Des exceptions sont prévues pour certaines catégories de déficits, qui ne sont en règle générale imputables que sur des excédents de même nature au cours d'exercices ultérieurs :

- déficits agricoles (au-delà de 100 000 F de revenu global) ;
- déficits fonciers ;
- déficits d'activités non commerciales ;
- déficits résultant de locations en meublé non professionnelles ;
- moins-values de cession.

Des règles spécifiques sont prévues pour le report des déficits en matière d'**impôts sur les sociétés.** On examinera successivement deux régimes de droit commun, le **report des déficits sur les exercices suivants** et le **report en arrière,** puis deux régimes spéciaux, **reprise d'entreprise en difficulté et fusion,** qui font exception au **principe d'identité d'entreprise (selon lequel les déficits ne sont reportables qu'au sein de l'entreprise qui les a subis).**

■ Report des déficits sur les exercices suivants

A l'instar de ce qui est de règle en matière d'impôt sur le revenu, les déficits sont reportables sur les exercices ultérieurs jusqu'au cinquième inclus.

Par exception à la règle générale :

- la limitation à cinq ans du report déficitaire ne joue pas pour la fraction des déficits provenant des amortissements comptabilisés et réputés différés en période déficitaire : le report de la perte est possible sans limitation de durée (ARD) ; on dit que les ARD sont « banalisés », lorsqu'à la suite de certaines opérations financières, ils perdent leur qualification et sont assujettis au délai d'utilisation dans les cinq ans ;
- le report déficitaire peut être étalé sur plusieurs exercices lorsque l'entreprise souhaite préserver une politique de distribution de dividendes, en franchise de précompte : dès lors, elle est autorisée à échelonner à sa guise (mais à ses risques et périls) le report de ses déficits fiscaux sur la période de cinq ans et non sur le ou les premiers exercices bénéficiaires ultérieurs.

Enfin, le principe d'identité d'entreprise implique notamment que :

- en cas de **cession d'une entreprise déficitaire,** le nouvel **exploitant** ne peut pas retrancher de ses propres bénéfices le déficit de son prédécesseur ;
- le **changement d'objet ou d'activité** d'une société, s'il est considéré fiscalement comme entraînant cessation d'entreprise, fait également perdre droit au report des déficits, (ce qui n'est pas le cas d'une autre modification statutaire ou d'une **cession massive de droits sociaux**).

Report en arrière des déficits (carry-back)

Ce système permet aux entreprises passibles de l'IS d'opter pour le report en arrière d'un déficit constaté à la clôture d'un exercice, sur les bénéfices des trois exercices précédant l'exercice déficitaire.

Cette imputation fait naître une créance sur le Trésor correspondant à l'excédent d'impôt antérieurement versé :

- utilisable dans un délai de cinq ans pour payer l'impôt ;
- remboursable à l'issue de ce délai, en cas de non utilisation.

La créance sur le Trésor est égale au produit du déficit imputé par le taux normal de l'impôt sur les sociétés applicable à l'exercice déficitaire.

Elle n'a plus pour contrepartie un quelconque engagement d'investissement et elle n'est pas imposable.

Elle peut être mobilisée auprès d'un établissement de crédit au titre de la loi Dailly ou cédée, avant l'entrée dans un groupe intégré fiscalement, à la société tête de groupe. On notera cependant que cette créance ne présente pas un caractère certain car elle peut être remise en cause en cas de redressement fiscal.

Reprise d'entreprise en difficulté

Les sociétés créées spécialement pour la reprise d'une entreprise industrielle en difficultés peuvent bénéficier d'une exonération d'impôt sur les sociétés pendant les 24 premiers mois d'activité. L'exonération est de plein droit si l'entreprise fait l'objet d'une procédure de redressement judiciaire ; elle nécessite un agrément dans les autres cas.

L'exonération ne peut être obtenue si les repreneurs détenaient directement ou indirectement plus de 50 % de l'entreprise l'année précédant sa reprise.

Régime des fusions

En principe, les déficits reportés de la société absorbée (y compris ceux provenant d'amortissements comptabilisés en période déficitaire) ne sont pas déductibles des bénéfices ultérieurs de la société absorbante, alors que cette dernière, pour autant qu'elle ne change pas d'identité (objet ou activité maintenus) peut continuer à déduire normalement ses propres déficits antérieurs.

Ainsi s'explique le sens apparemment paradoxal de certaines fusions, qui consistent à faire absorber par la société en moins bonne santé, l'affaire la plus prospère.

Un régime d'agrément permet de solliciter spécialement le ministère des finances ce qui aura un double avantage, en cas d'accord :

- droit de reporter les déficits de la société absorbée ;
- garantie contre tout risque de se voir contester le report de ses propres déficits en vertu de la théorie de l'abus de droit.

Section 2

Cessions et plus-values

Dans bien des groupes, l'optimisation de la gestion des flux financiers passe par le **remodelage permanent des périmètres,** qu'il s'agisse de l'adjonction d'intérêts hors groupe sans se départir du contrôle, ou de la cession pure et simple de filiales considérées comme non stratégiques ou bonnes à vendre.

Cette mobilité génère, le cas échéant, comme on le verra (3e partie), des opérations d'ingénierie auxquelles peuvent avoir accès les établissements de crédit ou leurs filiales, en tant que bailleur de fonds, intermédiaire, ou conseil stratégique. Préalablement, doivent être définies les règles du jeu juridiques et fiscales de ces transactions.

1 - NEGOCIABILITE ET CESSIBILITE DES ACTIONS

Depuis 1988, toutes les actions d'une société par actions sont **en principe librement négociables,** l'ancienne règle de non négociabilité des actions d'apport en nature ayant été supprimée par la loi.

Toutefois, des **clauses statutaires ou contractuelles,** ainsi que des engagements souscrits auprès du fisc pour bénéficier d'un régime de faveur, peuvent porter atteinte à la libre cessibilité des actions.

Depuis 1989 les pactes d'actionnaires portant sur des actions cotées doivent être portés à la connaissance des autorités boursières.

■ Clauses d'agrément

Les clauses d'agrément permettent d'écarter l'entrée dans la société de personnes dont la présence est considéré comme indésirable. Elles résultent de dispositifs de forces diverses : législation, statuts, pactes d'actionnaires.

a) Circonstances

Un nombre significatif de **professions** sont concernées légalement par ce type de dispositif, de façon à protéger les actionnaires des entreprises concernées : ainsi en est-il en particulier des sociétés de presse, d'un certain nombre de sociétés dans le domaine des professions libérales, et des compagnies d'assurances.

Les **sociétés cotées en bourse** ne peuvent, sauf exception, être dotées de clauses statutaires d'agrément qui porteraient atteinte à la liberté et à la rapidité des transactions. Une demande d'admission à la cotation implique la suppression des clauses statutaires d'agrément.

Les clauses d'agrément apparaissent donc plus particulièrement adaptées à la gestion de la **société fermée,** où elles peuvent être inscrites dans les statuts.

b) Procédure

La procédure d'agrément qui est d'ordre public, se déroule en principe comme suit :

- **notification** par l'actionnaire cédant d'une demande d'agrément, comportant l'identité du cessionnaire, le nombre de titres dont la cession est envisagée, ainsi que le prix ;
- **décision** positive ou négative de la société, l'organe compétent pour se prononcer, en général le conseil d'administration, étant défini par les statuts.

Dans le silence de l'organe compétent, **l'autorisation est réputée acquise dans un délai de trois mois. En cas de refus, la société est tenue de faire acquérir les actions, par un actionnaire, par un tiers, ou par la société elle-même.**

Un certain nombre de litiges sont susceptibles de naître de l'application d'un tel dispositif en cas de refus. On se bornera à souligner deux points importants ;

- il est parfaitement licite que les statuts donnent, pour le rachat, la préférence aux actionnaires par rapport aux tiers, voire la préférence à tel ou tel groupe d'actionnaires par rapport aux autres ;
- le prix d'achat est en principe fixé d'accord entre les parties. En cas de désaccord, un expert est désigné par les parties, ou à défaut d'accord, par le tribunal. La solution apparemment simple d'exécuter la transaction de préemption au prix de l'offre initiale pourrait ne pas être suffisamment protectrice des intérêts des actionnaires demeurés fidèles à la société.

■ Clauses de préemption

Les **clauses statutaires de préemption** ont pour objectif moins de protéger contre l'arrivée de nouveaux actionnaires dans la société, que d'assurer une augmentation de la part des actionnaires actuels si une opportunité de rachat apparaît.

Incidemment leur rédaction peut permettre de maintenir un certain équilibre dans la répartition du capital.

Le **pacte de préférence,** qui définit entre actionnaires, de façon extra statutaire, des restrictions à la liberté de céder, n'est pas opposable aux tiers.

Cession d'actions nominatives nécessitant un agrément

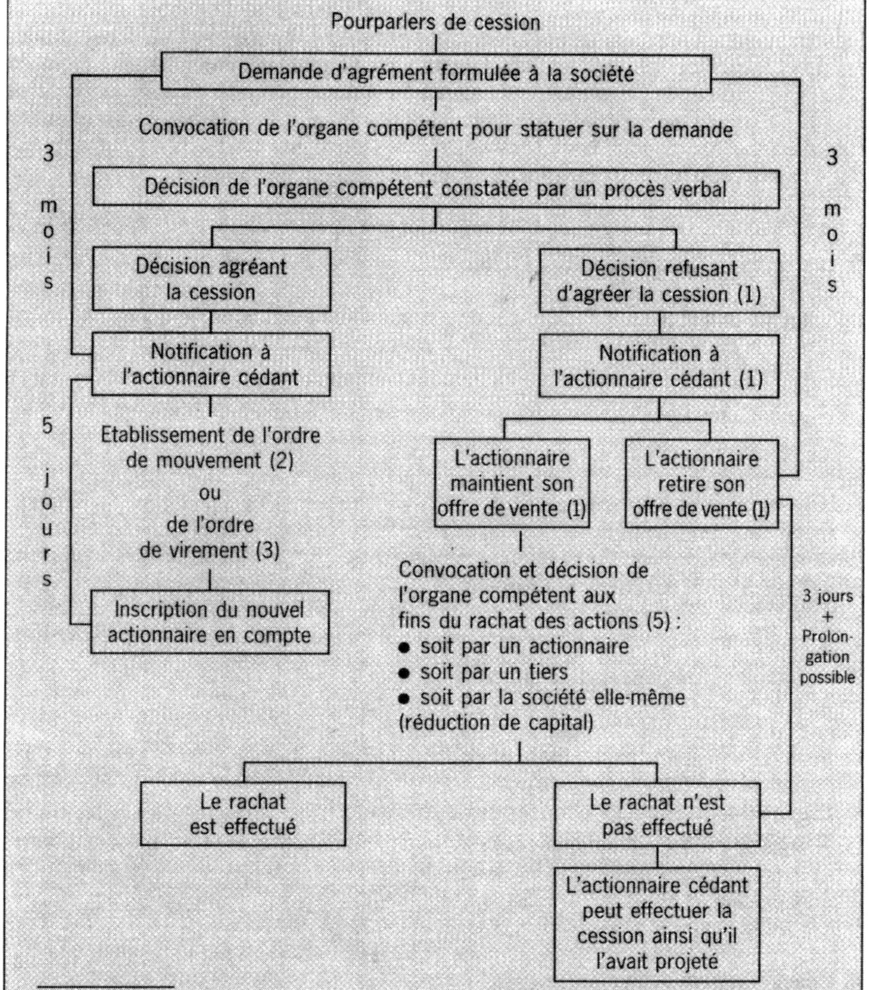

(1) En même temps que son refus d'agrément du cessionnaire proposé par le cédant, l'organe compétent peut, dans la notification même de son refus, informer ce dernier qu'il lui propose un autre cessionnaire (ou actionnaire, ou tiers, ou la société elle-même). Ce procédé permet de gagner du temps, mais en aucun cas il ne peut retirer au cédant la possibilté de revenir sur son intention de céder ses actions.

(2) S'il s'agit d'actions non admises aux opérations de la S.I.C.O.V.A.M. (L. fin. pour 1982 : décr. 2 mai 1983).

(3) S'il s'agit d'actions admises aux opérations de la S.I.C.O.V.A.M. (Cir. 8 août 1983).

(4) Le délai pour retirer l'offre doit être prévu dans les statuts.

(5) Si la procédure adoptée est conforme à la note (1) ci-dessus, cette décision sera prise en même temps que le refus d'agrément.

Des arrêts récents accréditent l'idée selon laquelle les clauses statutaires et pactes de préemption laissent en principe davantage que les clauses d'agrément, la possibilité au cédant de vendre ses titres à un juste prix, (le plus souvent celui du projet de cession initial). Par ailleurs, il peut être intéressant de noter que la signature de promesses unilatérales croisées de vente et d'achat peut déclencher la procédure de préemption.

■ Interdiction temporaire de cession

Les **statuts** peuvent prévoir qu'aucune cession ne peut intervenir avant l'expiration d'un certain délai à compter de l'acquisition des titres. Une telle disposition doit s'appuyer sur un motif social légitime, tel que la création récente de la société par exemple.

Des **pactes** d'interdiction temporaire de cession peuvent également être signés entre actionnaires, pour aider la société à franchir un cap, spécialement lorsqu'elle est sur le point de se faire coter en bourse ou lorsqu'elle l'est déjà.

Ils peuvent s'appuyer sur le **sequestre** des titres, ce qui offre d'assez bonnes garanties d'exécution de l'engagement.

■ Option d'achat consentie à un tiers

Un actionnaire peut s'engager à céder des titres sous seing privé, ou dans le cadre d'une procédure boursière (contrat optionnel enregistré). Lorsque l'acquéreur désire faire jouer l'option, les titres doivent demeurer disponibles. Comme dans le cas précédent, pour éviter une mésaventure qui risque de ne lui ouvrir droit qu'à dommages-intérêts, le bénéficiaire de l'option peut avoir intérêt à demander que les titres soient séquestrés pendant la durée de validité de l'option, tant qu'il n'a pas pris sa décision.

■ Engagements fiscaux antérieurs

Un certain nombre d'opérations financières restreignent de facto la disponibilité des titres détenus faute de quoi le fisc met fin au régime de faveur dont étaient assortie la transaction d'origine. On citera à titre d'exemple :

- les **apports partiels d'actifs placés sous le régime des fusions** qui impliquent entre autres de conserver les titres reçus pendant cinq ans ;
- la **fusion dite « à l'anglaise »** qui suppose en outre que les titres reçus par la holding bénéficiaire et qui lui assurent le contrôle à 75 % de l'entreprise émettrice, soient conservés eux aussi cinq ans par la holding ;
- les **titres détenus par des salariés dans le cadre d'un plan d'épargne d'entreprise qui ne bénéficient d'exonération que sous condition d'investissement sur cinq ans ;**

- **les cessions à l'intérieur d'un groupe familial** qui sont exonérées d'impôt sur les plus-values, si les titres restent dans le groupe familial pendant cinq ans.

2 - INCIDENCES DE LA FISCALITE DES PLUS-VALUES SUR UNE POLITIQUE DE CESSION

Simplifiée pour les particuliers depuis la loi de finances pour 1991, la fiscalité des plus-values de cession de valeurs mobilières reste complexe pour les entreprises.

■ Les plus-values des particuliers

Pour les particuliers, la distinction traditionnelle entre les détentions au-delà et en deça de 25 % reste d'actualité même si les différences d'imposition se sont estompées depuis la loi de finances pour 1991.

- L'article 160 du Code Général des Impôts s'applique dès lors que les droits dans les bénéfices sociaux détenus par le cédant, son conjoint, leurs ascendants et descendants ont dépassé 25 % au cours des cinq dernières années (de date à date par rapport à la réalisation de la cession), à un moment quelconque, que la société soit ou non cotée.
- L'article 92 B s'applique dans les autres cas, qu'il s'agisse de plus-values boursières ou, depuis 1991, de plus-values sur titres non cotés.

Ces deux catégories de plus-values sont soumises au même taux d'imposition mais les compensations avec des moins-values ne sont pas autorisées d'une catégorie à l'autre. En outre les plus-values de l'article 92 B bénéficient d'une exonération pour autant qu'un seuil de cession, révisé annuellement en fonction du barême de l'impôt sur le revenu, n'est pas atteint. (Le franchissement du seuil déclenche l'imposition des plus-values dès le premier franc, il ne s'agit pas d'un abattement ou d'un impôt progressif).

Ce sont évidemment les plus-values de l'article 160 qui intéressent le plus les monteurs d'opérations financières. Sans viser l'exhaustivité on citera quelques cas d'application fréquents :

- la plus-value est exonérée lorsque la **cession est consentie au profit de l'un des membres du groupe familial** du cédant (définition limitée à la liste qu'en donne l'article 160), à condition que tout ou partie des titres ne soit pas revendu dans un délai de cinq ans à un tiers extérieur à ce groupe ;
- la cession de titres d'une société à **prépondérance immobilière** échappe aux dispositions de l'article 160 et entre dans le champ des plus-values immobilières.

■ Plus et moins-values professionnelles

Le régime des plus-values professionnelles à court et à long terme s'applique aux sociétés relevant de l'impôt sur les sociétés, et, pour les affaires d'une certaine importance, aux entreprises imposées sur le revenu.

Si la montée en puissance progressive du taux spécial d'imposition à long terme, conjuguée à la réduction progressive de son champ d'application ainsi qu'à l'évolution du taux de l'impôt sur les sociétés de droit commun, tend à réduire les décalages autrefois très importants entre les deux types d'imposition, l'analyse des principes qui les régissent reste nécessaire :

- le champ des titres admis au bénéfice du régime des plus-values à long terme a été réduit par le législateur à partir de 1994, de façon à en exclure notamment ce qui correspondait à un produit de placement, fut-il détenu depuis plus de deux ans ; seuls les titres de participation en bénéficient aujourd'hui ;
- **l'échange d'actions** est, sauf cas particulier (régimes des fusions ou des offres publiques d'échange par exemple), considéré comme une cession ;
- la constatation de la **dépréciation de titres** du portefeuille, qui déclenche en fin d'exercice la dotation à une provision est considérée comme une moins-value à long terme qui ne permet d'imputation que sur les plus-values à long terme ;
- c'est en général la **règle FIFO** (First in - First out) qui s'applique pour déterminer la plus-value (ou la moins-value) de cession ;
- les plus-values de cession à long terme (taux réduit) peuvent **s'imputer sur des déficits fiscaux** correspondant à des opérations courantes (taux normal). Malgré les apparences, cette imputation peut être avantageuse si elle permet d'éviter de perdre les bénéfice de reports déficitaires déjà anciens et de libérer du paiement du précompte la redistribution ultérieure de ces plus-values.

L'existence de plusieurs taux d'imposition conduit à opérer une compensation entre plus-values et moins-values relevant du même taux, réalisées au cours du même exercice pour déterminer autant de plus-values nettes.

3 - DIVERSITE DES APPROCHES STRATEGIQUES

La vie des groupes fait appel, de façon plus ou moins soutenue, à la cession de valeurs mobilières émises par les sociétés composant le groupe.

Cette pratique, normale, correspond le plus souvent à une gestion financière avisée, qui s'appuie sur la valorisation des actifs et l'imposition favorable des plus-values à long terme. Elle permet d'économiser des fonds propres et de reconstituer un potentiel d'intervention. Elle ne saurait donc être diagnostiquée comme un indice de difficultés de la part du groupe : « respiration » n'est pas synonyme de « vente des bijoux de famille ».

On devra néanmoins noter que ces politiques de cession recouvrent des stratégies peu homogènes, et caractérisent des modes d'expansion plus ou moins risqués : la stratégie d'un groupe qui est amené à revendre une partie de ses actifs pour rembourser les emprunts contractés pour les acquérir, ne peut être assimilée à celle d'un autre capitaliste qui ouvre progressivement le capital de ses filiales afin de reconstituer une liquidité et donc une capacité d'acquisition sur fonds propres.

Aux succès rapides et spectaculaires des uns s'oppose la pérennité de l'œuvre industrielle défendue par les autres, plus soucieux peut-être de l'adhésion des équipes à un effort de développement s'inscrivant dans la durée.

NOTE

Clauses statutaires de préemption et d'agrément (exemple)

Toute cession d'actions, même entre actionnaires, doit respecter les droits de préemption prévus au présent article.

En outre, en cas de non-exercice de ces droits de préemption, toute cession au profit d'un tiers autre qu'un actionnaire, un conjoint, un ascendant ou un descendant du cédant, doit être soumise au droit d'agrément stipulé dans ce même article.

L'actionnaire cédant doit notifier son projet de cession à la société, par acte extra-judiciaire ou par lettre recommandée avec demande d'avis de réception, en indiquant les nom, prénoms et adresse du cessionnaire (ou ses dénomination, forme juridique et siège social), le nombre des actions à céder, le prix et les autres conditions de la cession projetée.

Cette notification vaut offre de cession aux prix et conditions mentionnés, au profit de tous les actionnaires, selon les modalités ci-après précisées.

A défaut d'accord entre les actionnaires bénéficiaires, le droit de préemption de chacun est proportionnel à sa participation dans le capital, compte non tenu des actions offertes.

Le projet de cession est porté à la connaissance de tous les actionnaires, à la diligence de la société dans le délai maximum de... jours à compter de la notification qui précède. Cette information porte sur l'ensemble des éléments de la notification, et doit rappeler les dispositions du présent article.

Tout actionnaire désirant exercer son droit de préemption doit la notifier à la société, dans le délai maximum de... jours à compter de la notification.

Faute par un actionnaire de notifier son intention dans le délai précité, il sera réputé avoir définitivement renoncé à ce droit pour la cession en cause.

De plus, faute d'accord entre tous les bénéficiaires, sur une répartition de l'ensemble des droits des renonçants, tous les droits de préemption seront caducs.

Le conseil d'administration se réunit dans le délai maximum de... jours à compter de la notification précitée, afin de constater les levées d'option émanant des actionnaires.

En cas de rompus, ceux-ci seront répartis au plus fort reste, sauf accord entre tous les bénéficiaires intervenant dans le même délai.

Le conseil d'administration établit la liste des actionnaires avec le nombre d'actions préemptées par chacun d'eux, et la transmet sans délai à tous les actionnaires, y compris le cédant.

L'inscription au compte des actionnaires préempteurs des actions préemptées est effectuée par la société, dès réception de l'ordre de mouvement signé par le cédant. Dans le cas où les droits de préemption ne seraient pas exercés pour la totalité des actions offertes, le conseil d'administration en avisera sans délai l'actionnaire cédant. Si le cessionnaire pressenti est un actionnaire, ou le conjoint, un descendant ou un ascendant du cédant, la cession projetée peut être réalisée, mais seulement aux mêmes prix et conditions que ceux contenus dans la notification précitée.

Si le cessionnaire pressenti est un tiers autre qu'un actionnaire, le conjoint, un descendant ou un ascendant du cédant, la cession sera soumise à l'agrément de la société dans les conditions ci-après, et la notification précitée tiendra lieu de la notification prévue à l'article 207 du décret n° 67-236 du 23 mars 1967.

Dans le délai de.. mois à compter de cette notification, le conseil d'administration est tenu de notifier au cédant s'il accepte ou refuse la cession projetée. A défaut de notification dans ledit délai, l'agrément est réputé acquis.

La décision d'acceptation doit être prise à la majorité des deux tiers des administrateurs présents ou représentés, le cédant, s'il est administrateur, pouvant prendre part au vote.

La décision n'est pas motivée, et en cas de refus, elle ne peut jamais donner lieu à une réclamation quelconque.

Dans les dix jours de la décision, le cédant doit en être informé par lettre recommandée. En cas de refus, le cédant aura huit jours pour faire connaître dans la même forme s'il renonce ou non à son projet de cession.

Dans le cas où le cédant ne renoncerait pas à son projet, le conseil d'administration est tenu de faire acquérir les actions soit par des actionnaires ou par des tiers, soit, avec le consentement du cédant, par la société, en vue d'une réduction du capital, et ce dans le délai de... mois à compter de la notification du refus.

A cet effet, le conseil d'administration avisera les actionnaires, par lettre recommandée, de la cession projetée en invitant chaque actionnaire à lui indiquer le nombre d'actions qu'il veut acquérir.

Les offres d'achats doivent être adressées par les actionnaires au conseil d'administration, par lettre recommandée avec demande d'avis de réception, dans les quinze jours de la notification qu'ils ont reçue.

La répartition entre les actionnaires acheteurs des actions offertes est effectuée par le conseil d'administration, proportionnellement à leur participation dans le capital et dans la limite de leurs demandes.

Si aucune demande d'achat n'a été adressée au conseil d'administration dans le délai ci-dessus, ou si les demandes ne portent pas sur la totalité des actions offertes, le conseil d'administration peut faire acheter les actions disponibles par un (ou/des) tiers.

Les actions peuvent être également achetées par la société si le cédant est d'accord. A cet effet, le conseil d'administration doit d'abord demander cet accord par lettre recommandée avec demande d'avis de réception. L'actionnaire cédant doit faire connaître sa réponse dans les huit jours suivant la réception de la demande.

En cas d'accord, le conseil convoque une assemblée générale extraordinaire des actionnaires, à l'effet de décider, s'il y a lieu, du rachat des actions par la société et de la réduction corrélative du capital social. Cette convocation doit être effectuée suffisamment tôt pour que soit respecté le délai de... mois indiqué ci-après.

Dans tous les cas d'achat ou de rachat visés ci-dessus le prix des actions est fixé ainsi qu'il est dit ci-après.

Dans le cas où les actions offertes sont acquises par des actionnaires ou par des tiers, le conseil d'administration notifie à l'actionnaire cédant les nom, prénoms, domicile du ou des acquéreurs.

Le prix de cession des actions est fixé d'accord entre eux et le cédant. Faute d'accord sur le prix, celui-ci est déterminé par un expert, conformément aux dispositions de l'article 1843-4 du Code civil.

Les frais d'expertise sont supportés par moitié par le vendeur et par moitié par les acquéreurs.

Si la totalité des actions n'a pas été achetée ou rachetée dans le délai de... mois, à compter de la notification du refus d'autorisation de cession, l'actionnaire vendeur peut réaliser la vente au profit du cessionnaire primitif, pour la totalité des actions cédées, nonobstant les offres d'achat partielles qui auraient été faites dans les conditions visées ci-dessus.

Ce délai de... mois peut être prolongé par ordonnance, non susceptible de recours, du président du tribunal de commerce statuant par ordonnance de référé, l'actionnaire cédant et le cessionnaire dûment appelés.

Avis est donné au titulaire des actions, par lettre recommandée avec demande d'avis de réception, dans les huit jours de la détermination du prix, d'avoir à se présenter au siège social, pour toucher ce prix, lequel n'est pas productif d'intérêts, ainsi que pour signer l'ordre de mouvement, à moins qu'il ne préfère renoncer à la cession.

Faute par le cédant de se présenter dans ce délai, ou de notifier dans le même délai, par lettre recommandée avec demande d'avis de réception, son intention de renoncer à la cession, celle-ci pourra être régularisée d'office par la société.

Le droit d'agrément s'applique à toute cession et à toute mutation entre vifs, à titre onéreux ou gratuit, à l'exclusion de la liquidation de communauté entre époux ou ex-époux, et y compris aux cessions par adjudication publique en vertu d'une décision judiciaire.

Troisième partie

Produits d'ingénierie

Un montage financier devient un produit d'ingénierie lorsque, sortant d'un cadre de réflexion purement interne à l'entreprise, il comporte la mise en œuvre de conseils extérieurs, de capitaux ou de garanties bancaires, propres à accélérer le processus de réalisation des projets, et qui, dans certains cas, en sont le point de passage obligé, voire le pivot.

Les **banques,** acteurs de poids, interviennent dans ce domaine, qui est occupé également par d'**autres conseillers** de l'entreprise, **cabinets fiscaux et juridiques, notaires, commissaires aux comptes,** partenaires qui se doivent d'œuvrer en bonne intelligence, pour des raisons qui sont à la fois de principe (l'association de compétences est toujours enrichissante), pratiques (chaque métier gère ses propres responsabilités) et tactiques (les conseils habituels de l'entreprise peuvent s'avérer d'excellents prescripteurs s'ils voient en la banque un complément davantage qu'un concurrent, et vice versa).

Si les banques peuvent s'imposer facilement dans les opérations comportant d'importants besoins en capitaux ou en garantie, encore faut-il aussi qu'elles se persuadent – et qu'elles persuadent leurs clients – que leur valeur ajoutée peut et doit se situer aussi en amont. La prestation « matière grise », la fourniture de services purement intellectuels ne sauraient être l'apanage de cabinets « indépendants » ou de structures spécialisées sur des micro créneaux de l'ingénierie financière, et encore moins être fondées sur un discours commercial tendant à diaboliser l'intervention du concurrent banquier.

On examinera d'abord les réponses données à l'entreprise pour l'aider à **accélérer son développement** (chapitre I : ouvrir le capital à des investisseurs), à s'**institutionnaliser** en diversifiant ses sources de financement (chapitre II : accéder au marché boursier), **solutions qui correspondent à un élargissement de l'actionnariat sans modification immédiate du contrôle.**

La mobilité du capital s'exprime aujourd'hui de plus en plus à travers des **cessions de majorités :** les entreprises familiales ne sont plus dynastiques, les groupes respirent. **Transmettre ou céder l'entreprise** (chapitre III), **acquérir en s'endettant** (chapitre IV) prennent une place croissante dans la problématique de la relation banque/entreprise.

Il est évident que **chacune des lignes de produits ainsi définies protège et participe au développement de l'autre.** Il convient de ne pas le perdre de vue avant d'étudier plus en détail les opérations retenues à l'intérieur de cette segmentation.

Chapitre I

Ouvrir le capital à des investisseurs

L'entrée d'entreprises du secteur financier dans le capital de leurs clients est à la fois un phénomène ancien, une tradition, voire une raison d'être (banques d'affaires). Le développement actuel du capital investissement dont on salue à juste titre l'**effet accélérateur sur la croissance de l'entreprise et/ou la liquidité de ses fondateurs,** est en quelque sorte la traduction moderne, appliquée le plus souvent à la moyenne entreprise, de l'intérêt que porte traditionnellement le monde de la finance aux affaires à fort potentiel ou aux grands projets d'infrastructures. On notera cependant que jamais les financiers n'avaient accepté de cumuler les trois risques fondamentaux de l'intervention **en capital,** en tant que **minoritaire** et dans la sphère du **non coté,** de façon aussi systématique.

Le marché du capital investissement, sur lequel les premiers opérateurs institutionnels spécialisés sont apparus dans les années 1970, n'a commencé à jouer de façon significative dans notre système de financement qu'au milieu de la décennie 80, à la faveur d'un ensemble de circonstances favorables : redressement des marges des entreprises, meilleure liquidité potentielle des investissements dans un marché boursier restructuré, élargi et porteur, changement progressif des mentalités.

Les interventions en capital-investissement sont fondées sur une approche diagnostique de l'entreprise, dont les aspects tant rétrospectifs que surtout prospectifs doivent être fouillés. Il s'agit d'affaires à potentiel qui en principe, se valorisent au delà de leur actif net. Un judicieux équilibre doit être trouvé entre fondateurs et investisseurs.

L'investissement en capital peut également accompagner un projet ponctuel sans pour autant susciter un partenariat aussi global.

Enfin, la diversité des situations de fait (offre et demande de capitaux) incite l'investisseur à réfléchir sur la dynamique de ce marché de façon à mieux s'y positionner.

Plan du chapitre

Section 1 - **Les partenariats globaux : l'équilibre fondateurs/investisseurs**
1 - L'ouverture des négociations
2 - La formation des accords
3 - La formalisation du partenariat

Section 2 - **Les financements de projet et opérations assimilables**
1 - Le financement de projet stricto sensu
2 - Le financement des implantations d'entreprises à l'étranger

Section 3 - **La dynamique du marché**
1 - La segmentation des cibles
2 - L'entreprise innovante, cible privilégiée d'intervention
3 - La gestion d'un outil de capital-investissement

NOTE
– **Les protocoles d'investissement : principaux points à négocier.**

Section 1

Les partenariats globaux : l'équilibre fondateurs/investisseurs

L'équilibre fondateurs – investisseurs, (ou dans une acception juridique plus étroite, majoritaires – minoritaires) peut s'étudier en amont, au titre de l'ouverture des négociations, puis lors de la conclusion effective des accords, enfin, en aval, après qu'ils aient été mis en force.

1 - L'OUVERTURE DES NEGOCIATIONS

L'ouverture de négociations n'est envisageable que si les parties concernées pensent trouver un intérêt dans une opération de partenariat.

■ Les risques du fondateur

Dans l'esprit du fondateur, le poids des arguments en faveur de l'élargissement de l'actionnariat n'est pas toujours facile à mesurer : sans doute les fonds propres apportés par les investisseurs sécuriseront-ils la croissance, voire l'accéléreront. Mais les **volumes** en jeu ne sont généralement pas si consistants qu'ils transforment la physionomie d'un plan de financement.

Les investisseurs en sont eux-mêmes parfaitement conscients, lorsqu'ils insistent sur les effets induits bienfaisants de leur présence pour la négociation de conditions ou de volumes auprès des bailleurs de fonds traditionnels de l'entreprise. Ils accompagnent souvent leur proposition financière d'une offre de **services complémentaires,** idées, relations, interventions, élargissant l'horizon de l'entreprise. Au-delà de l'apport de fonds, ce sont finalement tous ces avantages dérivés ou ces prestations annexes qui rendent séduisante leur proposition.

Bon marché si les projets évoqués se concrétisent, la dilution correspond à un prix exorbitant payé par les actionnaires d'origine si le soufflé retombe, si l'investisseur n'était finalement qu'un marchand d'illusions. Or, un mauvais mariage s'avère d'autant plus préjudiciable qu'il éloigne d'autres prétendants, qu'un divorce est une procédure coûteuse et que **l'antécédent d'un partenariat financier se concluant sur une séparation prématurée peut faire perdre du temps voire de la crédibilité à une entreprise.**

Et c'est à partir de telles réflexions parfaitement cohérentes et respectables que certains dirigeants diffèrent régulièrement une opération d'ouverture du capital, se disant qu'il est urgent d'attendre, surtout s'ils sont convaincus que demain, leur affaire vaudra beaucoup plus car elle aura pu d'ici là maîtriser sans encombre sa croissance malgré l'absence d'institutionnalisation que lui vaut le défaut d'être demeurée purement familiale et fermée.

■ Les craintes des investisseurs

Mais, le miroir aux alouettes n'est-il pas également du côté de l'entrepreneur ? Lui aussi est vendeur d'espoir et un vendeur de talent sait tirer parti d'une offre de capitaux abondante se disputant la participation aux bonnes opportunités. **Avec un minimum d'habileté, un projet tout en conservant sa crédibilité, peut être dopé par des prévisions un peu trop optimistes,** par une sous-estimation des points faibles de la firme ou des risques encourus par la stratégie proposée.

Quoi qu'il en soit, plus les profits proposés aux investisseurs sont importants et plus **l'incertitude** est grande sur leur délai ou même leur probabilité de réalisation.

Pour la suite, le chef d'entreprise revendique à juste titre une indépendance de gestion maintenue, ce qui peut amener l'investisseur à **subir** à ses côtés **des décisions** qu'il n'aurait peut-être pas finalisées de la même façon : diversifications plus ou moins synergiques, surpaiement de l'acquisition de parts de marché, cessions de branches, etc.

Par ailleurs, l'investisseur dans l'entreprise non cotée redoute **l'illiquidité.** Des perspectives de sortie (même non programmées) sont indispensables pour qu'il s'intéresse à un dossier.

On notera également que son volontarisme peut s'émousser lorsque le **« money in »** se double d'une importante opération de **« money out »,** autrement dit lorsque le financement de la structure doit s'accompagner d'un désinvestissement excessif de ses dirigeants actionnaires à titre personnel.

■ Les conditions de l'équilibre

Les risques donc sont présents des deux côtés. Ils sont inhérents à la vie des affaires et il ne saurait être question d'ériger le soupçon en principe de gestion. Une méfiance de tous les instants n'est pas compatible avec la sérénité d'un tour de table. Mais, si un partenariat efficace suppose à l'origine une **confiance** et une estime réciproques entre les hommes qui le conduisent, ainsi qu'une communauté d'objectifs à moyen terme, rien n'interdit d'utiliser à bon escient et le plus complètement possible, les **outils** désormais diversifiés qu'offre notre droit pour fixer un cadre précis de coopération, conforme à la volonté des parties dont les intérêts ne sont que partiellement convergents. Un **arbitrage** convenable peut être effectué dès le départ, il évitera bien des amertumes par la suite.

Répartir plus équitablement les sacrifices et les gains, définir les droits et les obligations des uns et des autres face à telle ou telle situation sans pour autant tomber dans un juridisme ferment de litiges sont encore les meilleures façons de sécuriser la relation fondateurs/investisseurs donc de faciliter l'adhésion au pacte social sans trop d'arrière-pensées et de pérenniser une association.

2 - LA FORMATION DES ACCORDS

Les accords se doivent d'être souples et, le cas échéant, évolutifs. Les points clés à étudier sont le prix, le montant d'investissement financier souhaité et sa destination, la position de la cible dans son groupe, la nature du titre support et les adjuvants susceptibles d'améliorer l'équilibre d'un partenariat, tous aspects déjà évoqués dans la première ou la deuxième partie de cet ouvrage mais qui méritent ici un éclairage spécifique.

■ Prix

L'entreprise cible doit évidemment avoir **une valeur qui ne saurait être prédéterminée ou intangible :** quelle que soit la qualité du dossier, la pression de la concurrence, **un prix doit pouvoir se négocier.** Le prix ne peut d'ailleurs être le seul paramètre intervenant dans le choix d'un investisseur avec lequel un partenariat durable est envisagé. De même l'investisseur, dans l'entreprise à fort potentiel, se détermine davantage par rapport à la crédibilité du projet que selon un prix de base, au comptant. Il importe à ce niveau de partager équitablement les fruits des synergies espérées.

L'évaluation est fondée sur la capitalisation de flux futurs davantage que sur le recensement du patrimoine actuel, et ce d'autant plus que l'entreprise est jeune et risquée. Toutes choses égales par ailleurs, il est préférable de « payer plus cher » un beau dossier que de laisser passer une affaire et de se replier sur des propositions plus raisonnables en apparence mais aussi plus aléatoires ou moins porteuses d'avenir.

Le prix importe moins, en effet, **spécialement lorsqu'il s'agit de financer une entreprise de création récente** au bilan encore faible. En pareille circonstance, le profit futur en cas de succès est indéterminé mais élevé. Par contre, la perte est identique en cas d'échec. Autrement dit, il est indifférent de détenir 10 ou 20 % du capital lorsque l'on perd sa mise, mais il est certain qu'une plus-value importante sera réalisée en cas de succès, même si le prix d'origine est cher. C'est le degré de maîtrise par l'entreprise des aléas, non le prix d'entrée, qui constitue ici le principal facteur discriminant.

Dans l'entreprise à fort potentiel il est au demeurant parfaitement normal que les fondateurs refusent de s'exposer à une forte dilution pour un volume d'argent frais qui apparaîtrait dérisoire quelques années plus tard en cas de réussite.

Il ne faut pas oublier cependant que les réussites fulgurantes sont rares : même dans l'univers privilégié de la haute technologie **l'entreprise récente qui survit se heurte bien souvent au plafonnement de ses performances** à un régime de croisière qui se situe largement en deçà de ce qui était espéré. Arrivée à maturité à un petit niveau, l'entreprise donne alors bien peu de satisfaction au financier qui se trouve immobilisé sur un titre dont le prix de revient ne lui laisse pas la possibilité d'espérer un rendement satisfaisant de son capital.

Dès lors **la trilogie valeur d'entreprise/montant des capitaux engagés/quotité détenue/doit-elle être étudiée soigneusement, en termes de rentabilité mais aussi en termes de responsabilité et de pouvoir.**

En tout état de cause, et à supposer que les prévisions soient fiables, la justification technique du prix, par exemple un certain multiple du résultat de l'année N, N + 1, ou N + 2, aura peu de signification si l'on ne prend pas garde à :

- l'ampleur de l'opération et son incidence sur le bénéfice par action dans le futur, (l'accroissement du bénéfice est rarement proportionnel à l'augmentation du nombre d'actions) ;
- la prise en compte ou non, de l'apport envisagé dans le plan de financement de l'entreprise et son compte de résultat prévisionnel ;
- le besoin éventuel d'un nouvel apport de capitaux propres (donc d'une dilution ou d'un complément d'investissement pour les actionnaires) d'ici à l'échéance utilisée pour valoriser l'entreprise par un multiple de capitalisation du résultat précité.

L'apport de nouveaux fonds propres doit enfin être en ligne avec ce qui est souhaité en termes d'équilibre de l'actionnariat mais ne doit pas conduire à extérioriser un prix artificiellement gonflé pour limiter la dilution des fondateurs au seuil jugé par eux acceptable.

■ Montant et destination de l'investissement

Le capital investissement ayant pour objet essentiel le financement du développement de l'entreprise, **toute considération en termes de dilution des actionnaires fondateurs devrait passer après l'intérêt de l'entreprise qui est de boucler son plan de financement,** et non de restreindre son expansion ou de s'affaiblir faute de fonds propres suffisants.

Les fonds collectés devraient pour l'essentiel être affectés à l'entreprise, sous forme de souscription de titres (money « in ») et non aux actionnaires anciens, désireux de céder une part de leur ligne (money « out »). Le capital investissement s'inscrit en effet en principe dans la **logique de la croissance.**

La logique de la liquidité, qui correspond à des opérations de préfinancement d'introduction en bourse, de constitution de noyau dur, ou de cession d'entreprise prend cependant une part croissante dans le capital-investissement. Ces interventions doivent être étudiées sous l'angle spécifique de l'opération qu'elles accompagnent, du besoin qu'elles visent à satisfaire. **Si le besoin réel – non déclaré bien sûr – est simplement de réduire l'exposition des actionnaires anciens au risque d'entreprise parce que le marché est sur le point de se retourner, l'investisseur financier ne peut admettre d'entrer dans le jeu.**

■ Position de la cible

Lorsqu'il leur est proposé d'effectuer une opération de partenariat avec un entrepreneur organisé sous forme de groupe de sociétés, les investisseurs ont évidemment intérêt à se diriger vers **l'entité du groupe qui leur paraît la plus prospère** et la plus à même de s'intégrer ultérieurement à une structure plus vaste, voire accéder à la cotation, imaginant ainsi obtenir à terme une plus-value plus importante et une liquidité accrue. Qualité de l'entreprise et potentiel de liquidité supérieur pour les actionnaires allant souvent de pair, le bon choix permet de faire « tourner » un portefeuille de capital développement dans les meilleures conditions.

Mais les investisseurs peuvent préférer aussi, au prix d'une immobilisation éventuellement plus longue, se positionner en partenaires privilégiés sur la **holding tête de groupe,** ce qui leur permettra de mieux asseoir leurs risques, et, si leur présence est significative, de participer plus activement au développement de la stratégie, voire d'être en meilleure posture d'arbitre ou de successeur en cas de réaménagement de la composition du groupe de contrôle. Ils jouent alors un véritable rôle de banque d'affaires.

La localisation de la participation est donc un indicateur du degré d'intimité et de confiance entre les actionnaires d'origine et les investisseurs.

Lorsqu'elle est proche du sommet de la pyramide, ces derniers ne subissent pas ou subissent de façon atténuée les changements qui interviennent dans les orientations stratégiques des filiales. En revanche, l'investisseur du deuxième ou du troisième niveau est toujours à la merci de modifications dans le périmètre du sous-ensemble qui le concerne, dont la logique pourrait correspondre à des intérêts supérieurs mais divergents, notamment lorsque des restructurations internes sont opérées dans une optique de rééquilibrage de l'ensemble du groupe.

■ Choix du titre support

• Actions

L'action ordinaire est la forme de partenariat la plus risquée pour l'investisseur, la plus diluante pour l'actionnaire ancien, la plus définitive au profit de l'entreprise. Elle ne correspond pas nécessairement aux besoins ou aux aspirations des partenaires. Minoritaire, l'actionnaire de la société non cotée court au moins deux risques :

- celui de **l'illiquidité** à moins qu'une convention organise dès l'origine, les modalités de sa sortie, voire le prix de sortie, mais il ne s'agit plus alors d'une opération fonds propres, c'est un habillage de crédit ;
- celui de **l'insuffisance de rendement :** dans la mesure où le dividende statutaire est faible ou inexistant, le minoritaire doit se contenter des décisions de répartition du résultat prises en AGO, à supposer d'ailleurs que les comptes présentent une image fidèle de la rentabilité réelle de l'entreprise.

Illiquidité et faible rendement ne sont supportables que si les plus-values espérées à long terme sont considérables. Ainsi en est-il typiquement du financement des créations d'entreprises ou des « start up ».

Dans les autres cas, l'investisseur qui a lui-même des comptes à rendre à ses propres actionnaires peut être tenté, pour patienter, de **solliciter un privilège :** dividende prioritaire, préciputaire, cumulatif dont les modalités, définies par les statuts constituent une certaine protection contre des majoritaires à l'esprit trop parcimonieux. La création d'actions de catégories différentes et jouissant d'avantages inégaux peut d'ailleurs satisfaire les intérêts en présence sans pour autant constituer un prélèvement insupportable pour la trésorerie de l'entreprise.

Les actions de priorité ne doivent pas être confondues avec **les actions à dividende prioritaire sans droit de vote,** régime légal déjà ancien (1978), rénové en 1983, dont les règles strictes réduisent l'intérêt : en effet, la création d'ADP n'est permise qu'aux sociétés ayant réalisé des bénéfices distribuables au cours des deux dernières années : elle ne peut représenter plus du quart du capital social : les dirigeants (conseil, directeurs généraux) ne peuvent en détenir ; enfin la suppression du droit de vote n'est que conditionnelle : si les dividendes prioritaires dus au titre de trois exercices ne leur ont pas été versés, les titulaires des titres recouvrent le droit de vote jusqu'à l'apurement de l'arriéré. Aussi l'ADP n'a-t-elle rencontré qu'un succès d'estime même auprès des sociétés cotées où l'actionnariat marginal reste attaché au droit de vote car il se valorise en cas de rumeur d'OPA.

Enfin, malgré quelques tentatives, dans la foulée des opérations accompagnant les privatisations, le **certificat d'investissement** de la loi de 1983 n'a pas non plus réussi à s'imposer durablement dans le paysage du non coté, sinon dans quelques cas particuliers. Lui aussi limité au quart du capital, sa gestion est techniquement délicate en cas d'opération financière ultérieure. Par ailleurs, il n'est pas éligible au régime mère fille ou à celui de l'intégration fiscale dans les groupes. Différents dispositifs mis en place sont de nature à en éteindre progressivement l'encours (reconstitution automatique de l'action en cas de détention simultanée, marché des droits de vote ouvert à l'achat aux seuls détenteurs de CI, etc.).

• **Titres mixtes**

Les vertus très appréciées sur le marché français, du cadre juridique des **obligations convertibles** parachevé en 1969, sont demeurées intactes même si les conditions d'émission sont aujourd'hui moins favorables aux investisseurs qu'elles n'ont pu l'être il y a 10 ans ou plus, en période de pénurie de capitaux.

La partie obligataire du produit détermine une rémunération immédiate de l'investisseur, totalement négociable, fixe, variable, à modalités constantes ou évolutives. La prime de remboursement en cas de non conversion complète le rendement et reflète en principe la conviction des fondateurs d'une valorisation minimale de l'entreprise en fin de période. Ainsi l'investisseur trouve-t-il pendant la vie de l'obligation et à l'échéance une garantie de revenu minimum et de liquidité. Pour les fondateurs, l'émission d'obligations convertibles a l'avantage d'une dilution moindre et échelonnée dans le temps. La sécurité de l'investisseur, payée par la société émettrice sous forme de rendement et d'option de remboursement justifie en effet une prime d'émission et par conséquent, à terme en cas de conversion, une création moindre d'actions pour un volume équivalent de capitaux levés à l'origine. L'OC peut donc se prévaloir d'une certaine séduction auprès des fondateurs aussi !

Pour la collectivité émettrice, l'obligation convertible reste dans un premier temps une dette même si elle se classe comme quasi fonds propres, et même si elle comporte un coût minoré, le cas échéant progressif. Elle facilite un arbitrage de ressources mais ne génère évidemment pas un levier d'endettement supplémentaire aussi important qu'une augmentation de capital pure et simple.

L'obligation remboursable en action répond à cette difficulté. Après quelques initiatives isolées (1986) le produit s'est bien acclimaté. Il est évidemment plus contraignant pour l'investisseur puisqu'il ne comporte pas d'option de sortie automatique et justifie par conséquent des conditions moins tendues. Les actionnaires anciens y trouvent leur compte puisqu'ils sont certains d'être accompagnés jusqu'à l'échéance par des obligataires et bénéficient donc d'une dilution programmée dans le temps. Pour l'entreprise, l'ORA n'étant pas, sauf cas particulier, remboursable par prélèvement sur la trésorerie, la ressource collectée est définitive et consolide le bilan mieux que ne l'aurait fait une obligation convertible.

Enfin, une place à part doit être consacrée à **l'obligation à bons de souscription d'actions,** produit spécifiquement défini par la loi. De grande similitude d'esprit avec l'obligation convertible quant à la quantification de ses modalités, l'obligation à bons de souscription correspond elle aussi à un financement doublé d'une option fondée sur une prévision de croissance.

La dissociation immédiate entre l'obligation et le bon, c'est-à-dire entre la créance pure et simple et la faculté de souscrire ultérieurement des actions, a l'avantage d'une souplesse accrue, et permet finalement, à la différence de l'obligation convertible ou de l'ORA, de détenir des droits potentiels sur le capital sans immobiliser beaucoup de fonds ce qui est en principe plutôt à l'avantage des fondateurs, lesquels ne se privent pas d'imaginer des montages appropriés pour conserver le contrôle de ces bons après dispersion des obligations nues.

La collectivité émettrice de son côté se procure de la dette à des conditions préférentielles mais a la certitude d'avoir à la rembourser. Il n'y aura pour elle d'augmentation de ses fonds propres que conditionnelle, par la suite, lors de l'exercice des bons. Aussi de telles émissions sont-elles moins fréquentes dans les montages privés. L'obligation nue n'est qu'un simple titre de créance et n'entre pas dans les quotas minima définissant une activité fonds propres (FCPR, SCR...). En revanche, le bon de souscription est un outil commode qui peut même être émis seul, sans titre support, depuis la loi du 14 décembre 1985. C'est sans doute dans ce cadre qu'il trouve tout son intérêt.

■ Dispositifs d'accompagnement

Quel que soit le titre support retenu, un panachage est d'ailleurs fréquent, il n'est pas interdit de prévoir dès l'origine un certain nombre de dispositifs d'accompagnement déclenchant une modification de l'effort financier ou de la répartition de ses fruits.

Le dispositif le plus traditionnel est celui du **paiement fractionné et conditionnel du prix.** Un complément de prix est versé par l'investisseur en fonction des performances réalisées par l'entreprise pendant l'exercice au cours duquel l'acquisition ou la souscription a eu lieu, et, le cas échéant, un ou deux exercices suivants. Simple et incitative, cette procédure est plus commode pour les opérations portant sur les titres anciens, mais elle peut être adaptée pour les émissions, par exemple sous forme de paiement a posteriori du droit de souscription aux anciens actionnaires. Attention simplement à ce que les modalités de calcul du complément de prix ne soient pas trop complexes : le paramètre de référence doit être simple et difficile à manipuler par l'une des parties. Borner l'ampleur de la partie variable du prix paraît également prudent.

Parallèlement, un actionnaire peut détenir une **option d'achat ou de vente de titres** à un autre, qu'il exercera si elle lui est favorable. Les modalités d'exercice de ces options peuvent être étudiées de façon à couvrir différents scénarios.

Sortant du domaine des valeurs mobilières, une partie des versements effectués par l'investisseur financier peut donner lieu à une inscription en compte courant selon différentes modalités : **compte courant bloqué** doté d'une fiscalité préférentielle dans l'attente d'une augmentation de capital, fonds libres après un temps, fonds restituables dès lors que l'autofinancement cumulé de l'entreprise dépasse un certain seuil.

Enfin, en dehors de tout mouvement de fonds, **l'inégalité de puissance de vote** est à prendre en considération. En effet, un droit de vote double peut être statutairement attribué aux actions nominatives, entièrement libérées et détenues depuis deux ans au moins par le même actionnaire. Les statuts peuvent d'ailleurs être plus restrictifs en portant cette détention minimum à quatre ans ou à un délai intermédiaire. Quoiqu'il en soit, on peut ainsi contrôler une société, au moins provisoirement, avec seulement 34 % du capital.

Ces différents adjuvants permettent ainsi de **construire des montages financiers correspondant à de multiples niveaux d'implication, à des structures variées de rémunération, et à plusieurs formes d'inversion du flux financier.** La volonté des parties se doit d'être décrite avec précision et leurs ambitions bornées par des écrits détaillés.

3 - LA FORMALISATION DU PARTENARIAT

Les modalités du partenariat étant décidées, encore faut-il en formaliser la mise en place et les conditions pratiques de réalisation, sans oublier la sortie des investisseurs.

■ La mise en pratique des accords

La période de négociation de l'investissement est caractérisée par un déséquilibre patent entre les actionnaires existants (insiders) et les acheteurs, sur le plan de la connaissance de l'entreprise et de son état de santé. Les documents comptables rétrospectifs certifiés par les commissaires aux comptes ne sauraient à eux seuls apporter les apaisements nécessaires.

Parmi les clauses de sauvegarde, la garantie d'actif-passif et le cas échéant l'obligation de non-concurrence sont les plus courantes.

La **garantie d'actif-passif** est un engagement des actionnaires anciens envers les nouveaux, de supporter les conséquences patrimoniales de la découverte d'éléments de passif ou de moins-values sur l'actif non considérés lors de l'établissement du prix. Ainsi, peut-il être prévu qu'une indemnité soit versée à l'acheteur en compensation de la perte de valeur des titres cédés, ou mieux encore que le groupe de contrôle fasse son affaire personnelle de la reconstitution de la valeur.

Causes fréquentes du retard d'un « closing », ces clauses sont d'autant plus nécessaires que les actionnaires nouveaux n'auront pu réaliser un audit approfondi de l'entité dans le capital de laquelle ils entrent. Elles sont cependant d'application délicate. Aussi est-il raisonnable qu'elles soient bornées dans le temps et circonscrites à quelques risques majeurs (risques fiscaux, contractuels), avec un seuil de déclenchement préservant les parties de la tentation de s'engager vers des chicaneries d'intérêt secondaire.

En ce qui concerne les **clauses de non concurrence,** elles peuvent être envisagées lorsque la personne des dirigeants, techniciens ou commerciaux, joue un rôle majeur dans la détermination du prix. En règle générale, l'entrepreneur devra s'interdire d'exercer des activités qui pourraient faire concurrence à la société, durant l'exercice de ses fonctions en tant que mandataire social ou salarié, et pendant une durée déterminée après démission ou licenciement. Il y aura lieu également de préciser des interdictions d'embauche ou de prospection de clientèle, de plus en plus difficiles à faire appliquer dans certains métiers où le turn over est rapide.

■ La vie du partenariat

Le protocole organise ensuite la vie du partenariat, de façon à prévenir deux types de conflits potentiels ;

- les majoritaires peuvent craindre l'indiscrétion, voire l'activisme des minoritaires et chercher à les museler, ceci aboutissant le cas échéant à une procédure contentieuse fondée sur la notion d'abus de majorité,
- de leur côté les minoritaires, spécialement les banquiers et les financiers peuvent redouter, en cas de difficultés de l'entreprise, d'être appelés au comblement du passif en tant que dirigeants de droit, voire dirigeants de fait.

Sur le premier point, **la notion d'affectio societatis** rappelle qu'il existe un intérêt de la société distinct de celui de ses associés, et l'abus de majorité, tout comme l'abus de minorité d'ailleurs, peuvent être sanctionnés : encore faut-il que la décision litigieuse ait été prise contrairement à l'intérêt général de la société, et dans le dessein de favoriser un groupe d'actionnaires : une décision n'est pas abusive du seul fait qu'elle déplait aux minoritaires ou qu'elle produit des résultats peu satisfaisants.

C'est bien souvent la **rétention de l'information sur** des incidents graves qui provoque la mésentente caractérisée et suscite donc des réactions de minoritaires pouvant aller jusqu'à la demande d'expertise, la convocation d'une assemblée, voir une requête auprès du tribunal en vue de la désignation d'un mandataire ad hoc ou d'un administrateur. Ce sont des cas exceptionnels.

A l'inverse, un bon climat peut être préservé lorsque la gestion est claire et l'information régulière et approfondie. La **désignation d'un ou plusieurs représentants des investisseurs financiers au conseil d'administration témoignera, pour autant que ces réunions ne soient pas purement formelles, des bonnes intentions des majoritaires.**

Mais dès lors, n'est-ce pas au tour des minoritaires financiers de s'inquiéter ? L'article 99 de la loi du 13 juillet 1967 sur la faillite imprègne encore les mentalités, même si sa rédaction ultérieure dans le cadre de la loi de 1985 a apporté de sérieux apaisements pour ce qui est de **l'action en comblement de passif à l'encontre des dirigeants d'une entreprise en difficulté.**

Aujourd'hui, la présomption de faute des dirigeants a disparu et le demandeur doit établir à la fois la position de dirigeant, l'existence d'une faute de gestion un lien de causalité entre cette faute et les pertes subies par la société. Par conséquent, la banque, l'établissement spécialisé présents au capital, ont moins besoin de faire preuve de retenue dans la mesure aussi où leur volonté d'implication dans la réussite de l'entreprise justifie, bien plus que les liquidités qu'ils apportent, leur position d'actionnaire significatif aux yeux du chef d'entreprise.

■ L'organisation de la sortie

Enfin, il est essentiel que les relations fondateurs/investisseurs soient organisées dans l'optique de la sortie. A cet égard les objectifs sont doubles : ne pas entraver le développement de l'entreprise ou la mobilité du capital, mais aussi préserver l'intégrité du tour de table. **Il convient donc de laisser chacun libre de désinvestir sans imposer un successeur indésirable.** Contestables voire impraticables dans les sociétés cotées, les clauses statutaires contenant un **droit de préemption et d'agrément** sont parfaitement logiques lorsqu'il s'agit de préserver un certain équilibre de l'actionnariat dans la société demeurée fermée. Elles sont utilement complétées par des pactes.

Mais **le refus d'agrément n'interdit pas pour autant définitivement une opération** car l'actionnaire cédant peut réaliser trois mois plus tard (sauf complications) la cession initialement prévue si un acquéreur de substitution n'a pas été trouvé dans l'intervalle. Par ailleurs, il convient de souligner que le **prix de préemption,** en principe fixé d'accord entre les parties peut être déterminé en cas de désaccord par un expert, le cas échéant, désigné par le tribunal de commerce. Mais ceci n'est qu'une protection relative.

Il existe donc pour les fondateurs un petit risque d'avoir à subir l'entrée d'un tiers s'ils ne sont pas eux-mêmes en mesure de faire face financièrement, seuls ou avec des amis, à la demande de cession qui leur est présentée. Ce risque est présent aussi pour d'autres raisons chez les financiers minoritaires, peu désireux, même pourvus de moyens financiers suffisants, d'avoir à absorber l'intégralité du capital de l'entreprise pour éviter une nouvelle promiscuité, au cas où les fondateurs souhaiteraient se retirer.

Il paraît donc opportun de compléter les dispositions statutaires par des pactes d'actionnaires, non opposables aux tiers mais plus précis quant aux droits et obligations des parties, sous réserve toutefois que l'abus de droit ne puisse être invoqué (telle serait par exemple la qualification d'une obligation non causée par un but social légitime ou trop durable). Dans ces pactes on trouvera notamment :

- des **interdictions temporaires de cession** conçues plutôt dans l'optique de rassurer les fondateurs sur la fidélité des investisseurs ;
- un **droit d'accompagnement des investisseurs en cas de cession de majorité :** il s'agit en effet de protéger les minoritaires contre le risque de dépréciation de leur participation à l'issue du changement de stratégie que pourrait provoquer le changement d'actionnaire dominant : ainsi en serait-il typiquement de la prise de contrôle d'une affaire demeurée familiale par un grand groupe multinational ;
- **une procédure de dénouement à terme** (souvent cinq ans) du partenariat, si l'une des parties le souhaite : dans cette hypothèse, chacun, (en règle générale, l'initiative vient de l'investisseur), ayant obtenu une offre de bonne

foi pour l'achat de 100 % du capital, est en droit de forcer les autres actionnaires à lui racheter sa ligne aux mêmes conditions s'ils désirent ne pas donner une suite favorable à l'offre recueillie pour compte commun (clauses dites « texas » ou « buy or sell »).

*

* *

Ces commentaires ne sont évidemment pas exhaustifs et le domaine des contrats permet de faire de chaque protocole un instrument sur mesure. La complexité apparente à laquelle on aboutit ne doit ni décourager les néophytes en opérations financières, ni stimuler de mauvais instincts chez eux qui, maîtres en l'art de la négociation, sauraient tirer parti à l'extrême de ces quelques clés. Pour le fondateur comme pour l'investisseur, un dossier de capital développement ne saurait être le projectile tiré par un fusil à un coup. Il y a souvent des tours successifs de financement, des opérations de croissance externe... et il faut toujours penser au lendemain.

Section 2

Les financements de projet et opérations assimilables

A la différence des produits décrits dans la section 1 et qui supposent une approche globale de l'entreprise, le financement de projet est une technique de montage financier s'appliquant essentiellement à des **besoins spécifiques liés aux caractéristiques propres d'une opération dont l'ampleur et la longueur sont telles que ses promoteurs ne pourraient la mener seuls à bien sans courir des risques anormaux.** Cette opération sera donc logée dans une filiale ad hoc visant à détacher du bilan de l'initiateur du projet, tant les financements que les garanties.

Accompagnant des risques techniques, économiques et politiques très importants par rapport à la taille de ses promoteurs, le financement de projet ne s'effectue pas comme un financement classique avec recours contre la société initiatrice sur tous ses actifs et tous ses revenus. Archétype du financement objectif, il repose davantage sur la viabilité technique, commerciale et financière d'une réalisation dont le cash-flow futur est jugé suffisant pour assurer à moyen ou long terme, avec une marge de sécurité la plus significative possible, la couverture des coûts, le service de la dette et une rémunération convenable du capital.

Appliquée le plus fréquemment au financement d'opérations d'envergure internationale trouvant en elles-mêmes leurs finalités, fortement consommatrices d'infrastructures, réclamant d'importants capitaux initiaux et supposant des premiers exercices lourdement déficitaires, (construction d'autoroutes, parcs de loisirs, stations de sport d'hiver, tunnel sous la Manche, plates formes off shore) **la problématique du financement de projet peut s'appliquer à la PME pour des initiatives plus modestes et obéissant à des considérations stratégiques moins autonomes** (construction d'un hôtel, lancement d'un journal, etc.) mais qui se situent dans un contexte peu différent au plan du risque.

Quel qu'en soit le cadre, le financement de projet nécessite une **appréciation multicritère des aléas, sur un horizon long, souvent supérieur à 10 ans, permettant un partage équitable des profits.** Une architecture de financement adaptée en termes de risques et de longueur des engagements repose sur la conciliation des objectifs divergents des parties. **Ici plus qu'ailleurs, le délai de retour sur investissement est un facteur discriminant important.** Aussi convient-il d'être vigilant : les bailleurs de fonds extérieurs ne doivent pas se faire abuser par un forcement des prévisions.

1 - LE FINANCEMENT DE PROJET STRICTO SENSU

Un commentaire succinct accompagnera la description chronologique de l'instruction d'un dossier.

■ L'identification des objectifs

Confronté à un financement de projet, le banquier est amené à analyser d'abord les objectifs poursuivis par le promoteur de l'opération, qui peuvent être contradictoires entre eux, ou ne pas correspondre aux types d'interventions habituelles de ce banquier. En effet le promoteur peut placer la barre très haut :

- volonté de **transférer l'essentiel des risques** aux bailleurs de fonds d'origine externe, sans que pour autant cette intention se traduise par l'acceptation d'une marge d'intermédiation significative ;
- souci de prendre une part en capital réduite pour **ne pas affecter la qualité de son résultat consolidé** pendant la période (une part modeste permet de ne pas intégrer l'opération dans les comptes) ;
- souci de **déconsolider les financements** pour ne pas faire apparaître un niveau d'endettement excessif dans son bilan ;
- désir d'**appréhender l'essentiel de la rentabilité** du projet par la mise au point, dès le départ, de prélèvements fixes et proportionnels en faveur du promoteur, au titre de son intervention en matière grise, soit directement, soit par l'intermédiaire d'une société ad hoc.

■ La collecte de l'information

Lorsqu'il doit se prononcer sur des « plaques » à 10 ou 15 ans, après avoir été abreuvé d'un luxe de détails chiffrés regroupés au sein de documents volumineux mais difficiles à exploiter, le banquier, auquel on demande trop souvent de trancher sans lui laisser le temps ni les moyens de s'informer, au nom de la concurrence, se doit de prendre du recul... même si c'est un confrère, chef de file rompu au financement de projet, qui lui présente l'opération, et a fortiori s'il s'agit du promoteur lui-même. Il faut en effet un minimum de quelques semaines d'investigation, d'analyse et de réflexion avant de s'imprégner d'un dossier qui occupe vraisemblablement ses concepteurs depuis plusieurs mois, souvent plus d'une année.

En revanche, un banquier dont les intentions ne paraîtraient guère affirmées, ne saurait se faire ouvrir des pièces, études et rapports confidentiels.

Un partenariat prometteur se construit dès lors que chacune des parties, consciente des contraintes rencontrées par l'autre, joue, dans des limites raisonnables, la carte de la transparence et de la fluidité de l'information.

L'analyse

Les éléments d'analyse dont doit disposer le bailleur de fonds, quelle que soit la forme de son intervention, sont d'abord **techniques :** des rapports d'experts véritablement indépendants, de consultants spécialisés doivent être établis. Ils peuvent être réévalués ensuite par des ingénieurs internes de la banque.

Incidemment, il convient de souligner qu'eu égard à l'ampleur des montants, la nature des risques et la longueur des engagements, le diagnostic d'expert ne saurait se limiter à la formulation d'un avis technique lors du montage du dossier : au cours de la vie de l'opération, l'analyse d'événements exogènes ou simplement des écarts par rapport aux prévisions, justifiera qu'il intervienne ponctuellement et selon une périodicité à déterminer.

L'analyse est ensuite **économique :** prix de vente, volumes traités et taux d'actualisation appliqués constituent les paramètres saillants de cette recherche. Un certain réalisme est nécessaire mais difficile à trouver. En tout état de cause, l'accumulation des hypothèses les plus conservatrices enlève en règle générale tout intérêt à un dossier, mais des taux de croissance trop flatteurs ne font rêver que les néophytes : un taux de croissance élevé ne peut se maintenir longtemps ; des aléas insoupçonnés peuvent reporter des réalisations d'un ou deux ans.

Le **plan de cash-flow** ainsi déterminé sert de support au montage du schéma de financement, car il prépare l'arbitrage entre d'une part les financements externes sans recours (adossés sur le projet lui-même) d'autre part les fonds propres et financements avec recours dans lesquels le promoteur et ses associés seront plus directement impliqués.

Ce plan permet également de fixer le rythme et les modalités d'amortissement des fonds empruntés, ainsi que les événements comptables et financiers déclenchant le remboursement des comptes courants (par exemple l'obtention du petit équilibre, à partir duquel le projet n'est plus déficitaire, ou celle du grand équilibre, qui est acquis lorsque les profits accumulés ont effacé les pertes initiales).

Des **ratios « de couverture »** peuvent être calculés de sorte que l'on puisse vérifier que le cumul des cash-flow actualisés pendant la durée des prêts est nettement inférieur au cumul des cash-flow actualisés pendant la durée de vie du projet, ou l'horizon retenu, une relation de 1 à 2 ou 1 à 3 paraissant souhaitable.

Le déroulement du projet

Classiquement, deux phases successives caractérisent sommairement un projet :
- la première phase comprend la **construction,** jusqu'à l'achèvement des installations ;

– la deuxième phase correspond à la période **d'exploitation** à partir de l'achèvement des travaux.

En ce qui concerne la première phase, trois types de risques doivent être évalués :

– **risque de non achèvement :** particulièrement important par nature, il peut être garanti, mais une forte implication du promoteur demeure nécessaire ;

– **risque de dépassement de budget :** il est généralement supporté par les banques sous forme de financement additionnel, ce qui retarde d'autant l'accès à la profitabilité en phase d'exploitation ;

– **risque de retard :** compte tenu de la spécificité de l'opération et de l'horizon à long terme dans lequel on se situe, il a généralement pour conséquence un dépassement de budget (capitalisation d'intérêts supplémentaires pendant la période de construction) mais non une remise en cause de l'intérêt intrinsèque de l'opération.

Par la suite, d'autres inconvénients peuvent apparaître :

– **risque d'exploitation** lié à des problèmes techniques : de tels risques ne peuvent avoir été évalués que qualitativement et leur acceptation est inhérente à la nature de ces opérations ;

– **risque de marché :** mauvaise appréciation des débouchés, des prix marchands, de la compétitivité même de la filière technologique ou commerciale développée.

Ces risques sont plus ou moins graves : si une nouvelle politique tarifaire permet de relancer sans trop de dommage un projet qui n'évolue pas de façon satisfaisante, c'est un moindre mal. Dans certains cas, il sera plus prudent d'abandonner.

– **risque politique :** il dépend de l'environnement du pays où le projet est situé et constitue une difficulté classique des financements transnationaux, sur laquelle il ne parait pas nécessaire de s'étendre ici.

Les financements de projet représentent une part déjà significative du marché international des capitaux. La maîtrise de cette discipline en tant que chef de file est très rémunératrice, même si la concurrence est intense entre le petit nombre de banques capables de structure et de diriger des opérations aussi complexes et aussi risquées.

Dans un cadre plus étroit, national, voire régional, les projets font également florès (salles de cinéma, centres de loisirs, etc.). Leur intérêt doit être étudié par les apporteurs de capitaux indépendamment des aspects extra financiers, souvent chatoyants, qu'ils comportent.

Lorsque le projet enfin est présenté par et pour une entreprise qui joue pour la circonstance un rôle accidentel d'opérateur en ingénierie financière et immobilière, le prêteur est souvent tenté d'utiliser les schémas habituels de réflexion du bailleur de fonds « avec recours ». Cela lui enlève parfois le bénéfice de bonnes opportunités, mais lui épargne aussi bien des contentieux.

2 - LE FINANCEMENT DES IMPLANTATIONS D'ENTREPRISES A L'ETRANGER

La multiplication des investissements des entreprises françaises à l'étranger génère des **opérations d'ingénierie financière spécifiques,** liées à divers mécanismes de financement qui supposent dans certains cas un renforcement des fonds propres de la société mère, et donc une éventuelle opération de capital-développement. De tels montages sont confortés par l'adjonction de concours publics attractifs, délivrés avec parcimonie et au coup par coup, car **les interventions ne sauraient avoir pour effet, conformément à la réglementation européenne, de créer des discriminations entre les entreprises selon leur nationalité.**

En outre, un régime fiscal particulier s'applique aux entreprises qui réalisent des investissements à l'étranger ou qui participent à de tels investissements : il s'agit d'une déduction fiscale provisoire, sous forme de provision, connue généralement sous le nom de **« provision de l'article 39 octies »** (du Code Général des Impôts).

■ Implantations commerciales

La création ou l'acquisition d'une filiale à l'étranger ayant pour activité la commercialisation des produits fabriqués par un groupe permet de **constituer une provision en franchise d'impôt, sous certaines conditions,** notamment :

- **juridiques :** l'implantation doit s'effectuer sous forme de société de capitaux, obéir à un régime fiscal similaire à l'impôt sur la société, et être contrôlée à 33,33 % minimum ;
- **commerciales :** plus de 50 % du chiffre d'affaires de la filiale doit avoir été fabriqué par l'entreprise française ; pour le surplus, les règles applicables diffèrent selon le lieu d'implantation de la filiale (CEE ou hors CEE).

La provision admise en déduction est égale à la moins élevée des deux limites suivantes :

- montant des pertes subies par la filiale pendant cinq ans ;
- montant de l'investissement réalisé (à l'origine + dotations complémentaires).

En tout état de cause, la déduction opérée n'a qu'un caractère provisoire, et doit être rapportée au résultat d'exercices ultérieurs, – au plus tard 10 ans.

Ce régime incitatif qui a pour finalité d'améliorer le solde de notre balance commerciale grâce à une présence plus lourde des entreprises françaises à l'étranger, suscite des gains en trésorerie non négligeables (report d'imposition). Il est applicable de plein droit, sans agrément, aux entreprises qui pensent en respecter les conditions.

Autres implantations

Le législateur a voulu encourager également les implantations industrielles, mais dans une moindre mesure, car un tel dispositif peut comporter au moins à court terme, des effets pervers sur la balance des paiements.

Un agrément est requis, la provision court sur cinq ans, et il doit s'agir d'une première implantation de l'entreprise française dans le pays et le secteur. L'avantage est limité à la moitié des sommes investies et aux opérations hors CEE.

Enfin, un régime particulier entoure les **autres structures d'implantation.** Le législateur a en effet désiré encourager les investissements dans les **activités de service** connexes à la commercialisation des produits (études de marché, transport, service après-vente, etc.), ainsi que les **groupements** constitués par les entreprises françaises en vue d'investir dans une filiale commune.

Les provisions pour implantation à l'étranger apportent une **accélération de trésorerie** non négligeable, mais elles ne sont pas susceptibles de se superposer à une provision pour dépréciation des mêmes participations, lesquelles ne sont dès lors fiscalement déductibles que pour l'excédent par rapport aux provisions pour implantation, non encore réintégrées.

Elles constituent **un complément de ressources** intéressant dans un plan de développement dont la réalisation reposera souvent à titre principal sur un apport en fonds propres et en comptes courants réalisé par l'entreprise elle-même et/ou ses partenaires financiers.

Section 3

La dynamique du marché

La France occupe depuis un certain temps le troisième rang mondial en matière de capital-investissement et soutient aujourd'hui valablement la comparaison avec ses modèles anglo-saxons. L'arrivée à maturité des marchés américain et anglais, la diminution des profits, la rotation trop rapide des portefeuilles, certaines erreurs dans la sélection des dossiers combinées à la crise de la « high tech », ont contribué à diminuer la force de l'image et l'audace des « venture capitalists » américains et anglais. Parallèlement la croissance progressive des liquidités prêtes à s'investir sur le secteur du non coté, l'adaptation du cadre juridique et fiscal, et le positionnement habile des opérateurs ont permis à la France de s'imposer comme leader incontestable en Europe continentale.

1 - LA SEGMENTATION DES CIBLES

Le marché français du capital investissement est marqué par la prépondérance du capital-développement, les autres segments, capital-risque notamment, étant peu porteurs.

■ La clientèle du capital-risque

Le capital-risque, souvent utilisé comme terme générique de l'ensemble des produits de capital-investissement correspond stricto sensu au **financement en capital des affaires de création récente, souvent « high tech » – mais pas toujours – et suppose de la part des financiers qui s'y intéressent, une prise de risque marquée, dans l'espoir de très fortes plus-values.** L'ésotérisme des techniques développées par la plupart de ces entreprises, leur fragilité financière, la polarisation de l'entrepreneur sur les problèmes technologiques ou techniques rencontrés, son souci d'indépendance, constituent ici autant d'obstacles à la mise en place d'un partenariat.

Le volume des capitaux prêt à s'investir sur des projets de cette nature est encore faible en France, alors que ce sont ceux-là qui ont fait la fortune et la renommée du capital risque américain (Silicon Valley dans les années 1970) aujourd'hui au demeurant moins entreprenant qu'il ne le fut, ayant essuyé quelques déboires. La faiblesse des réalisations nationales en ce domaine peut s'expliquer de la façon suivante :

- **pénurie de projets** de qualité en raison de la taille réduite du marché français ;
- **rétention** dans des filiales de grands groupes, **de technologies** qui n'intéressent pas directement ces derniers ;
- **lourdeur de l'instruction** d'un dossier : la forte connotation technologique suppose une approche pointue de la filière retenue, et du potentiel du marché, donc l'intervention d'un spécialiste de haut niveau. Mais il faut aussi beaucoup de temps pour mettre en forme le plan de développement, en discuter les hypothèses, se mettre d'accord avec l'entrepreneur – en général peu compétent dans ce domaine – sur les scénario les plus probables au plan commercial et financier ;
- **lourdeur du suivi :** le chargé d'affaires en capital-risque doit être « hands on » (très influent, donc impliqué en permanence) non seulement lors de la mise en place de l'opération, mais – pour les mêmes raisons – pendant toute la durée de vie de l'investissement ;
- **insuffisance du rendement :** peu d'affaires étant en mesure de supporter la charge financière d'obligations convertibles ou même d'un dividende, la rentabilité résulte de la plus-value réalisée lors du désinvestissement ultérieur ;
- **illiquidité** sur la plupart des interventions ;
- **risque élevé de devoir participer à un deuxième tour de financement ;**
- **risque élevé de perdre la totalité de sa mise ;**
- enfin, dans le cas spécifique des institutions issues de groupes bancaires, **risque de conflit d'intérêt** entre la position de prêteur et celle d'actionnaire, le cumul des deux pouvant s'avérer gênant voire dangereux.

Il y a finalement deux façons de s'intéresser à ce marché.

La première consiste en une **approche systématique** d'une ou deux activités bien délimitées en lesquelles on croit. Ce schéma exclut une répartition sectorielle dans l'optique d'une division des risques, car le saupoudrage des interventions interdirait au capital-risqueur de s'immerger pleinement dans les sous-secteurs prospectés.

La meilleure protection contre le risque de perte ou l'insuffisance de rentabilité passe ici par le recours à un homme connaissant très bien le métier et disposant d'un carnet d'adresses épais dans ce métier. Il sera associé à la prise de risques en investissant marginalement à titre personnel ou, plus fréquemment en étant intéressé à la performance et à la sortie (attribution à ce dernier de bons de souscription lors du montage de l'opération).

Cette approche systématique est celle d'outils spécialisés, indépendants, ou missionnés par une grande structure selon un projet bien précis (x millions à investir en y entreprises sur une, deux ou trois activités prédéterminées).

La deuxième tactique est moins volontariste : on s'intéresse au capital-risque **à titre occasionnel,** parce qu'un dossier jugé intéressant a été porté à la connaissance d'un décideur, dans une structure plus généraliste (qui est le plus souvent une entité opérant sur le segment du capital-développement). Cette approche peut s'inscrire dans le souci d'une répartition de portefeuille. Plus vraisemblablement, la motivation sous-jacente sera la quête d'une connotation de dynamisme désirée par l'investisseur généraliste en question pour l'image de son fonds. Cette approche occasionnelle » n'est pas exempte de dangers : il y a une manière particulière de gérer un partenariat en capital-risque. Le professionnalisme requis ne peut être au rendez-vous de la saisie épisodique d'une opportunité qui contraste avec les dossiers habituels du partenaire.

Pour les banques, en particulier les banques à réseau, le capital-risque pose plusieurs problèmes d'ordre relationnel, (banque-client mais aussi interservices).

S'agissant, en général, de petites entreprises, l'**exploitant généraliste,** interlocuteur principal, voire exclusif de son client, n'est pas nécessairement bien armé pour appréhender les opportunités qui se font jour en capital-risque. Les vertus latentes d'une entreprise sont vite reléguées au deuxième plan devant un compte chroniquement débiteur ou en dépassement ! Et, souvent, ce n'est que justice. A l'inverse, l'exploitant peut être sollicité par une entreprise brillante au plan local et pousser son dossier sans pouvoir prendre le recul nécessaire pour mesurer pleinement les limites de l'expansion de cette entreprise ou son manque d'originalité.

L'entrepreneur lui-même, encore attentif à la sécurité dans l'obtention du financement, rencontre, vis-à-vis de l'éventualité d'une participation au capital de sa banque habituelle plutôt que celle d'un autre opérateur, deux tentations opposées.

La première est d'écarter sa banque de la réflexion, pour ne pas l'inquiéter si la recherche de capitaux propres prend plus de temps que prévu, et surtout pour diversifier ses bailleurs de fonds. Pleinement conscient d'une dépendance trop marquée en cas de présence du même partenaire en haut et en bas de bilan il souhaite trouver un contrepoids qui s'avérerait précieux au cas où l'évolution ultérieure de l'entreprise rendrait les prêteurs méfiants ou même agressifs.

L'autre tentation de l'entrepreneur est au contraire de pratiquer avec sa banque un partenariat complet, de façon à consacrer moins de temps à gérer les relations financières, ou, plus machiavéliquement, à « mouiller » la banque durablement, le banquier actionnaire dirigeant de droit ou de fait étant supposé plus attentif à la pérennité du financement de l'entreprise, ne serait-ce que parce qu'il redoute la qualification de rupture abusive de ses crédits.

L'investisseur banquier doit gérer sa décision, puis sa relation, indépendamment des pressions exercées par son collègue dispensateur de crédit. Son refus de participer à une opération ne doit pas altérer la qualité de la relation clientèle, s'il est motivé par des considérations tenant à la stratégie propre de son fonds ou à la déontologie (position d'actionnaire chez le concurrent par exemple), ce qui n'est pas toujours facile à expliquer.

En cas d'accord, l'exploitant devra veiller à demeurer prudent : une position de banquier principal s'ajoutant à une position d'actionnaire peut rendre plus délicate l'obtention ultérieure par l'entreprise de concours supplémentaires ou leur partage avec des confrères, spécialement dans les moments difficiles. En tout état de cause, même si c'est à contrecœur que l'exploitant doit se départir de son volontarisme commercial, il sait que **les intérêts à moyen terme de la banque sont protégés par la position d'actionnaire** et que le passage ultérieur de l'entreprise dans une classe de risque moins fort sera l'occasion d'affermir à nouveau son rôle auprès d'elle.

■ La clientèle du capital-développement

Le capital-développement consiste à **accompagner en capital ou en quasi capital, l'entreprise déjà bien positionnée sur ses marchés, de façon à accélérer sa croissance, tout en réalisant une plus-value significative en fin de période.**

La ligne de démarcation entre capital risque et capital-développement est suffisamment souple pour permettre dans certains cas au rapporteur d'un dossier d'en modifier quelque peu arbitrairement la catégorie d'appartenance et par conséquent l'image. Elle correspond néanmoins à des situations et des modes de raisonnement très différents dans leur principe :

- le risque de capital est moindre, la société étant déjà structurée. L'essentiel du débat porte davantage sur l'appréciation du taux de croissance futur de l'entreprise que sur ses chances de survie ;
- l'instruction et le suivi ultérieur du dossier sont facilités par la présence au sein de l'entreprise, de gestionnaires aptes à dialoguer sur les questions budgétaires et financières avec les investisseurs ;
- l'éventualité d'un conflit d'intérêt entre les actionnaires et les banquiers est improbable, sinon au plan des marges.

Pour les banques, le capital-développement est aujourd'hui à la fois un outil défensif et un vecteur de croissance du fonds de commerce. Mais là encore, **la confusion des métiers ne doit pas être trop prononcée, même si la tentation de la banque « à l'allemande » a sous-tendu maints comportements :**

- les capitaux propres procurés à la clientèle sont financés par des ressources propres de l'établissement, directement ou indirectement. L'intensification des interventions peut finir par empiéter sur sa capacité de distribution du crédit ;
- l'imbrication des intérêts capitalistes banque-entreprise peut conduire cette dernière à proposer des opérations complémentaires peu attractives, auxquelles il sera cependant difficile de ne pas apporter également une contribution ;
- l'immobilisation de capitaux propres sans rendement immédiat amoindrit rapidement la rentabilité nette d'une relation et ne se traduit pas nécessairement par la conservation ou l'obtention de marges supérieures à celles du marché sur les autres opérations, à titre compensatoire.

2 - L'ENTREPRISE INNOVANTE, CIBLE PRIVILÉGIÉE D'INTERVENTION

Qu'il s'agisse de capital risque ou de capital-développement, le fondement de la plupart des interventions est la capacité d'innovation de l'entreprise.

Même s'il n'en maîtrise bien évidemment pas la technologie, le banquier peut et doit développer le dialogue avec l'entreprise innovante en mettant l'accent sur les conséquences davantage que sur le contenu de l'innovation.

L'approche du **cycle de vie de l'innovation** est aujourd'hui assez bien systématisée. L'analyse des risques afférents à ses différentes phases détermine corrélativement les attentes des acteurs économiques vis-à-vis des financements public et privé. Et il peut être confortable de faire appel au public en amont, lorsque la mise en œuvre de moyens est nécessaire à un moment où les chances de réussite sont faibles, le privé n'intervenant plus significativement qu'ensuite, pour manager la concrétisation du projet sur les marchés : on sait que les taux d'échecs commerciaux pour les innovations ayant subi avec succès les tests techniques sont significativement inférieurs. Caricaturalement, il appartiendrait davantage aux ressources publiques de financer la recherche, à l'initiative privée le développement. Toutefois les controverses sur le rôle de l'Etat dans l'économie, le manque de coordination et de suivi des initiatives publiques, l'impossibilité d'en mesurer l'efficacité et la pauvreté des moyens budgétaires ne permettent plus de valider cette segmentation sommaire.

La relation entre la **taille de l'entreprise** et l'activité novatrice a également fait l'objet de nombreuses études qui convergent sur la coexistence et la complémentarité des grandes entreprises et des PME en matière d'innovation, étant entendu que la PME est porteuse d'un risque supérieur pour diverses raisons et que sa capacité d'autofinancement, plus limitée, l'amène plus systématiquement à jouer la carte du financement externe par absolue nécessité ; la grande entreprise, de son côté, pouvant solliciter les financements préférentiels dans un calcul d'opportunité. Dès lors, l'adossement même minoritaire de la PME à la grande entreprise, qui permettrait de mettre la puissance au service de l'imagination, crédibiliserait maints projets. Toutefois, la logique du pouvoir, (indépendantisme vs impérialisme) l'emporte trop souvent sur la logique économique voire sur la logique financière.

Par ailleurs, la relation entre la **structure de marché** et la capacité à trouver des financements donne un bon avantage à l'entreprise jouissant d'un avantage monopolistique reconnu comme tel sur une durée suffisamment longue, sans qu'il soit prouvé toutefois que les gestionnaires du monopole ont une vue suffisamment prospective pour engager à bon escient, significativement et à temps l'adaptation de leur organisation et les investissements de soutien qui, anticipant de nouvelles technologies, les mettraient autrement que par l'usage de la force à l'abri d'imitateurs, de concurrents potentiels, et par la même entraveraient la tendance inéluctable à un terme plus ou moins éloigné, à la dégradation du résultat.

Enfin, la corrélation éventuelle entre **appropriabilité de la recherche**, motivation à innover et optimisation des ressources financières collectives suscite d'autres débats : la rente peut-elle être évaluée avant que la recherche n'aboutisse, peut-on risquer de financer des recherches inutiles ? Un système de brevets dont la double conséquence est l'encouragement à la recherche et à la diffusion simplement sélective de ses résultats, s'avère-t-il un instrument si utile pour optimiser la ressource financière ? Le piratage n'est-il pas facile dans un nombre croissant de technologies ? La publicité donnée par le brevet à une innovation n'est-elle pas une menace pour son espérance de vie ?

Mais pour le financier, quel qu'il soit, le brevet est d'abord la preuve tangible du succès technique de l'innovation. La vente de licences en consacre le caractère marchand, et réduit tant l'incertitude que le risque sur le bénéficiaire du financement.

Au total, l'analyse montre que la recherche et l'innovation présentant les **attributs de certains biens publics,** les mécanismes de marché purs et simples seront utilement complétés par l'intervention publique, pour autant que le décideur public agisse avec précision dans un univers où l'asymétrie d'information rend très difficiles les arbitrages et où la tentation de perequer les concours est sans doute permanente.

Questions à l'entreprise innovante

- **Originalité et valeur de l'innovation ?**
- Quels avantages compétitifs l'entreprise va-t-elle tirer de la commercialisation du produit ou du procédé ?
- **Réalité du marché pour ce nouveau produit ?**
- Comment se positionne-t-il par rapport aux produits existants analogues ?
- Quelle est la solvabilité de la demande s'il s'agit d'un produit radicalement nouveau ?
- **Réalité de l'avance technologique de l'entreprise ?**
- La technologie est-elle bien maîtrisée ?
- Quels sont les délais de mise en place d'un processus de fabrication industriel ?
- Ces délais sont-ils parfaitement maîtrisés ?
- Que se passerait-il en cas de retard de 6 mois, 1 ans, 2 ans ?
- **Aptitude de l'entreprise à gérer le lancement et la croissance de la nouvelle activité ?**
- structures humaines, administratives, commerciales et industrielles ;
- besoins de capitaux complémentaires en cas de succès ;
- réactions possibles de la concurrence ou de tiers et capacité à surmonter d'éventuelles difficultés.
- **Relations de l'entreprise avec son environnement institutionnel**
- relations commerciales (fournisseurs, clients) ;
- pouvoirs publics et organismes dispensateurs d'aides publiques ;
- confrères « haut » et « bas » de bilan.

Aujourd'hui, le financement de l'innovation ne doit plus être considéré comme un simple problème de PME pauvre face à un système financier puissant, sans contrainte de gestion interne, et peu compréhensif.

- Même la Grande Entreprise, confrontée à l'évolution de son marché, doit innover pour rester pérenne et parfois trouver des moyens de diviser ses risques, c'est à dire trouver des cofinancements, de façon à démultiplier ses propres moyens, élargir son champ de manœuvre, et en rendre moins discontinus les résultats.
- Même l'Etat ne peut jouer seul avec quelques amis sur certains projets d'envergure.
- Même les Acteurs du Système Financier ont à gérer leur domaine d'intervention : ils sont employeurs, investisseurs, exportateurs, et créateurs de richesse comme tout autre entrepreneur. La finance est une industrie ; le financier mérite le traitement équitable que l'on accorderait au partenaire industriel avec lequel on monterait un joint venture.

Il n'est constructif ni de recourir aux incantations en direction des subventions d'un secteur public toujours plus démuni lui-même, ni de stigmatiser l'insuffisante contribution du secteur financier, ni de laisser sans contrôle les bénéficiaires des aides – petits ou grands – tout en regrettant a posteriori leurs erreurs.

L'heure est venue de **déplacer cette problématique vers des solutions qui, organisées, transparentes et raisonnablement autosuffisantes, permettent de mieux faire face aux défis d'aujourd'hui** en associant toujours étroitement les bailleurs de fonds à la conception, à la réalisation, voire au sauvetage mais si possible au bénéfice des opérations.

Pour ramoner la fameuse « cheminée » de l'innovation, pour que l'innovation ne soit pas bridée par les difficultés d'accès à l'argent, un certain consensus semble aujourd'hui se dégager sur la nécessité d'innover dans le financement de l'innovation, seule thérapeutique réaliste pour combattre l'anorexie des détenteurs de capitaux, thérapeutique qui peut s'établir en combinant trois actions :

- **Fortifier la demande de financement,** c'est-à-dire d'abord et en priorité rénover le dialogue avec l'entreprise high tech, quelle que soit sa taille.

Les nouvelles orientations récemment données à l'ANVAR vont dans le sens d'une rénovation en profondeur de son action. **Accompagner** les technologies stratégiques, **améliorer** la perception des entreprises par l'environnement financier, **simplifier** les dispositifs de soutien aux PME tout en les étoffant, enfin, **tracer** des priorités dans la diffusion des aides, paraissent être aujourd'hui les priorités d'une stratégie publique.

Mais faut-il faire rembourser les entreprises qui réussissent ? Ne devrait-on pas leur proposer des opérations de **parrainage** plus motivantes que la simple restitution des fonds ou la réintégration des dotations dans le compte de résultat ? N'est-ce pas d'ailleurs aux **actionnaires** – dont la mise initiale s'est valorisée, parfois beaucoup – plus qu'à l'entreprise elle-même – qui a encore besoin d'argent – de faire l'effort ?

Le partage trop inégal du succès entre les fondateurs et des institutions d'accompagnement, fussent-elles du secteur public, est sans doute une des grandes pierres d'achoppement du système d'aide et de subventions.

Il s'agit aussi d'inciter les dirigeants actionnaires des entreprises moyennes à davantage de transparence (dans certaines limites), au rééquilibrage de leur emploi du temps, voire à l'adjonction de partenaires personnes physiques (rémunérés eux aussi par des options) expérimentés, susceptibles de combler le déficit de compétences de l'entreprise innovante en matière commerciale ou financière. L'entrepreneur, y compris dans la planification stratégique de la firme, doit être le chef d'orchestre de préférence à l'homme orchestre.

– **Accroître et diversifier les sources de financement :**

Dans un cadre général, à l'échelle européenne, de systèmes fiscaux qui tendent à favoriser l'endettement plutôt que le financement en fonds propres, on constate que le traitement fiscal de l'immatériel est générallement moins favorable que celui de l'investissement matériel.

Il existe cependant, des mesures à portée significative pour le développement de l'innovation et qui peuvent représenter des montants non négligeables par bénéficiaire. Il en est en particulier du **crédit d'impôt recherche**, institué depuis 1983 et qui a été retouché régulièrement par le législateur.

Par ailleurs, favoriser les placements des particuliers dans le capital des PME non cotées est un objectif séduisant. Comme on l'a déjà dit, les personnes physiques jouent pour financer l'innovation, un rôle moteur outre Atlantique par leur capitaux mais aussi par leur compétence technologique dans le domaine. Ces capitaux de proximité sont abondants parce que : les règles du jeu sont claires, la fiscalité avantageuse, la liquidité possible.

En France, l'effort fiscal en faveur des investisseurs dans le non coté a toujours été laborieux : ce n'est qu'au milieu des années 80 que l'on a mis en place des outils (cf ci-dessous : le statut juridique et fiscal d'un outil de capital investissement) comme les **SCR** et les **FCPR** qui, sous certaines conditions permettent une neutralité fiscale. Certaines initiatives de cette nature ont été expérimentées par des clubs d'anciens chefs d'entreprise réunis en SCR : le challenge est parfaitement réaliste.

L'ANVAR a été désigné comme chef d'orchestre des **FCPI** (1997), notamment parce qu'elle délivre le label « entreprise innovante ». Sa réflexion s'inscrit dans la continuité des règles afférentes au Crédit d'Impôt Recherche et à l'attribution d'aides remboursables.

– **Améliorer l'information comptable, construire et publier des indicateurs synthétiques de performance pour les entreprises.**

L'objectif est ici de mieux les évaluer, non seulement financièrement, mais aussi du point de vue social, managerial, commercial et technologique.

Ainsi, une meilleure codification de l'immatériel dans les bilans et plus généralement, toute méthode comptable allant dans le sens d'une comptabilité en valeur de marché, permettrait de mieux apprécier la création de valeur par l'entreprise, et par conséquent de mieux comprendre dans le cycle de vie de l'innovation, où elle en est et si elle évolue favorablement.

On constate parallèlement aujourd'hui l'éclosion de nouvelles techniques d'approche de la valeur de l'entreprise, qui sont encore l'apanage de spécialistes de l'analyse financière et qui ont parfois l'inconvénient de privilégier les projets minimisant le capital investi ou à investir, voire privilégier le désinvestissement. Il n'en demeure pas moins que ces nouveaux concepts, faisant peu de cas des apparences bilantielles, vont de pair avec l'approfondissement du potentiel économique des projets et des flux de liquidité qu'ils génèrent.

Un **nouveau modèle d'innovation** apparaît aujourd'hui, fondé sur trois piliers : l'internationalisation du processus cumulatif d'enrichissement des connaissances, l'accès à ce stock mondial de connaissances, la recombinaison créatrice des éléments comptables puisés dans ce stock. **L'innovation en solitaire est devenue un mythe.**

La globalisation et la déréglementation des marchés financiers pousse à la convergence internationale des structures de financement, ce qui se traduit en France, depuis une dizaine d'années, par le déclin continu de l'influence gouvernementale sur l'allocation des capitaux. Le système financier français peut être considéré aujourd'hui comme achevant sa mue. Il convient que les carences rencontrées, notamment pour financer suffisamment l'innovation et optimiser l'emploi des ressources qui lui sont dédiées, ne restent pas des carences structurelles. **Aussi, est-il de la responsabilité de chacun de faire évoluer les esprits et de faire vivre les nouveaux outils.**

3 - LA GESTION D'UN OUTIL DE CAPITAL-INVESTISSEMENT

La diversité des problèmes rencontrés par des entreprises de tout profil, ainsi que les origines disparates des capitaux qui s'investissent dans ce secteur induisent un **vaste choix de stratégies possibles** pour les acteurs du capital-investissement... **à moins qu'il n'y en ait qu'une,** celle qui conduit à la meilleure rentabilité du capital investi sur l'horizon convenu !

Dans la mesure où le capital-investissement est aussi un partenariat, les composantes du choix ne seront pas indifférentes non plus aux entreprises en quête de capitaux et à leurs actionnaires.

On caractérise le profil de l'outil par un grand nombre de paramètres, principalement :

■ Le statut juridique et fiscal

Tout capitaliste peut utiliser une structure juridique à sa convenance pour y loger ses investissements. Contrairement aux activités bancaires classiques, protégées (dans une certaine mesure) par la loi, aucun agrément préalable, aucun parrainage, aucune surface financière minimale, aucune expertise ne sont requis pour pénétrer sur le marché. Tout détenteur de fonds disposé à les investir dans des entreprises avec vocation d'y demeurer minoritaire, est un concurrent potentiel (1).

Dans les groupes bancaires, ces activités sont très souvent **filialisées** pour de multiples raisons : indépendance de la gestion, motivation des collaborateurs, contrôle de la performance, déontologie, meilleur impact commercial, etc.

La plupart des organismes sont construits autour des statuts suivants :

- **société financière :** assujettie à la loi bancaire, la société financière peut être habilitée à consentir des crédits, à long, moyen, voire court terme en effectuant des financements relais, à garantir certaines opérations. Elle est en mesure d'apporter un partenariat global au plan financier ;
- **société de capital-risque :** non exclusif du choix précédent, le statut de SCR, plusieurs fois remanié depuis son institution en 1985, est purement fiscal, et peut être retenu, sur simple option, par tout type d'intervenant, dans une optique de neutralité fiscale pour ses propres actionnaires.

La société de capital-risque est une société anonyme dont la situation nette doit être présentée de façon constante à concurrence de 50 % par des parts, actions, obligations convertibles, titres participatifs ou certificats d'investissement émis par des sociétés ayant leur siège dans un Etat de la CEE, non cotées sur un marché réglementé, exerçant une activité industrielle ou commerciale ou les holding de contrôle de ces dernières (loi de finances pour 89) et soumises à l'impôt sur les sociétés au taux de droit commun.

La situation nette comptable s'entend après déduction de la valeur nominale des participations détenues par une SCR dans une autre SCR ; par ailleurs les participations détenues pour compte de tiers, ou grâce au concours de tiers qui en assument le risque financier n'entrent pas dans le portefeuille non coté ci-dessus défini.

Une SCR ne peut employer en titres d'une même société plus de 25 % de son capital.

Elle ne peut servir d'instrument de contrôle à un groupe : un de ses actionnaires directs ou indirects ou bien elle-même ne peuvent détenir directement ou indirectement plus de 40 % des droits de vote d'une société. De plus, un groupe familial ne peut détenir plus de 30 % des droits dans ses bénéfices.

La SCR bénéficie de l'exonération de l'ensemble des produits de son portefeuille à l'exclusion de placements financiers tels que les dépôts, les prêts ou les contrats à terme. La distribution des produits exonérés exclut l'admission au bénéfice de régimes fiscaux particuliers pour ces revenus (régime mère-fille ; déductibilité des dividendes ; avoir fiscal).

---

(1) A la limite une personne physique fortunée peut être tentée d'investir directement, ce qui présente pour la cible des avantages (ambiance plus cordiale, intimité) mais aussi parfois des inconvénients (horizon de réflexion plus restreint, contrôle tatillon, nervosité en cas de retournement de conjoncture, incapacité à participer à un deuxième tour de financement).

La loi de finances pour 1991, a abrogé pour les SCR l'obligation, en régime de croisière, de distribuer 50 % au moins des produits exonérés, ainsi que l'obligation de souscrire la moitié du portefeuille à l'émission :

- **fonds commun de placement à risques (FCPR),** formule qui convient bien à la satisfaction d'objectifs très ciblés sur un horizon limité de quelques années. Le statut de fonds à risques comporte néanmoins quelques restrictions à la liberté de gestion :
  - le fonds doit être géré par un organisme agréé, notamment une banque,
  - le gérant doit détenir un quantum de parts,
  - le calcul de la valeur liquidative s'effectue sous le contrôle du commissaire aux comptes. La Commission des Opérations de Bourse s'intéresse en outre de très près à ce type d'investisseur, notamment au cas où il fait appel publiquement à l'épargne,
  - la palette des interventions est limitée par la réglementation (pas d'intervention en compte courant ou sous forme de prêt à plus de deux ans).
  - La loi de Finance pour 1997 a institué le **fonds commun de placement dans l'innovation, FCPR dont l'actif est constitué pour 60 % au moins de valeurs mobilières émises par des sociétés soumises à l'I.S. et comptant moins de 500 salariés, contrôlées par des personnes physiques et investissant dans l'innovation.** L'ANVAR est chargé de reconnaître le caractère innovant des produits et d'instruire les dossiers qui lui sont présentés par les investisseurs.

■ L'origine des capitaux

Sans revenir sur la segmentation des investisseurs évoquée précédemment, il est clair que **l'origine des capitaux proposés induit une conception du métier de capital-investisseur,** plus ou moins interventionniste (un bien ou un mal), plus ou moins hardi, plus ou moins strict dans la rédaction des clauses contractuelles et leur application, et dont la poche est plus ou moins profonde au cas où un nouveau tour de financement serait souhaité.

La puissance financière de l'investisseur doit être utilisée à bon escient. Ce dernier ne saurait être considéré comme une simple sécurité financière par l'entrepreneur. Un véritable partenariat suppose entre les hommes qui le conduisent des préoccupations de même nature. Aussi, un investisseur très puissant ne saurait-il s'imposer par cette seule qualité à une petite entreprise et, vice versa, un fonds dont les moyens sont limités ne peut espérer jouer un rôle significatif dans le tour de table d'un très grand groupe.

■ Le diviseur de risque

Classiquement les opérateurs en capital-investissement appliquent un **diviseur de risques** à leurs prises de participations, de sorte que l'une d'entre elles ne vienne pas déséquilibrer leur portefeuille, ou leur résultat lorsqu'un sinistre a lieu.

Dans le cadre d'une approche prudente, on admet un diviseur de risque de 20 à 40 (pas de participation d'un montant supérieur à 5 % voire 2,5 % de la capitalisation de la structure).

Toutefois, cette règle de gestion interne **ne s'applique pas à tous les fonds** car certains recherchent au contraire à augmenter la valeur unitaire de leurs lignes de façon à **gérer plus activement un petit nombre de relations.** En outre, la règle est difficile à identifier de l'extérieur, car elle s'applique normalement à la valeur réelle, non à la valeur comptable du portefeuille. Enfin, un coup de foudre pour une entreprise peut inciter à transgresser des normes... Un regard sur la composition du portefeuille de l'institution sera néanmoins toujours instructif pour le chef de l'entreprise candidate à l'affiliation.

■ Le mode de fonctionnement de la structure

Parmi les principales questions qui appellent une réponse précise, on évoquera :

- **l'origine des dossiers** (réseau captif, immersion dans un milieu professionnel, prescripteurs indépendants commissionnés, démarchage direct, notoriété de l'institution, participation à des syndications de place...) ;
- **les méthodes de sélection** (organisation du processus de décision, composition du comité d'investissement, positionnement du chargé d'affaires, formalisme ou non dans la conception même du dossier). La rigueur de la sélection n'exclut pas la qualité du partenariat futur, mais l'approche doit être précise, fondée sur de vrais arguments, aller à l'essentiel, et surtout permettre des décisions rapides ;
- **le positionnement dans le tour de table :** sauf cas particulier, les opérations se doivent d'être syndiquées en un petit nombre de partenaires complémentaires : un investisseur égoïste est dangereux à terme car une certaine convivialité s'impose (la volonté d'être seul s'accompagne néanmoins dans l'immédiat le plus souvent, de sacrifices en termes de prix ou autres dont l'entrepreneur avisé saura profiter) ; mais, à l'inverse, l'opérateur ouvert au partage maximum, voire au saupoudrage, est sans doute impécunieux et peut s'avérer incapable de mener une syndication efficace. L'entrepreneur ne doit pas avoir à rendre compte à un trop grand nombre de financiers, et ce n'est que rarement son intérêt de « curiacer » les investisseurs (les affaiblir en les traitant isolément) ;
- **la volonté d'être présent ou absent des organes de gestion :** en ce domaine, la doctrine a évolué depuis que le pouvoir judiciaire se montre plus nuancé vis-à-vis des administrateurs des entreprises en difficulté, spécialement s'ils sont l'émanation de groupes bancaires. La structure dualiste Conseil de Surveillance/Directoire est favorablement perçue par les investisseurs. La désignation au Conseil (CS ou CA) d'un représentant du ou des financiers n'a cependant d'intérêt que si cette présence est utile pour l'ensemble des parties concernées. Elle ne doit être que la face visible d'un partenariat qui se construit, lui, au quotidien.

■ L'horizon de la réflexion

Il ne peut y avoir de capital-investissement sans espoir de sortie pour le partenaire financier. Cet aspect essentiel de la conduite d'une structure éclaire la logique de ses décisions. Ainsi, ne saurait-on tenir rigueur à la filiale d'un groupe bancaire de refuser d'entrer dans le capital d'une entreprise cliente qui, même en parfaite santé, ne laisserait pas entrevoir même à moyen terme, la possibilité de désinvestir dans des conditions convenables aux plans financier et relationnel.

Espoir de sortie, sans doute, mais sans être trop pressé non plus de le faire. Le cycle d'entreprise est long. La présence au capital qui a été vendue à l'entrepreneur comme le moyen privilégié de franchir une étape, ne saurait prendre fin avant que le cycle en question (réalisation et montée en régime d'un important programme d'investissement, conquête d'un marché étranger, venue à maturité de la diversification produits etc.) ne soit réalisé. Ceci implique un partenariat généralement compris entre 3 et 7 ans, ce bail pouvant faire l'objet d'une prorogation ou d'un renouvellement, sans que l'on puisse finalement programmer d'entrée de jeu la durée effective de l'investissement.

NOTES

Les protocoles d'investissement : principaux points à négocier

Une intervention minoritaire en capital suppose habituellement que les parties concernées consignent sur divers documents les modalités de leur coopération ainsi que les droits et obligations qui accompagnent cette mise en commun.

1 - PROTOCOLE D'INVESTISSEMENT

Contrat d'émission établi entre la société et les nouveaux investisseurs.

■ Contenu type :

1 - Reprise des caractéristiques de la société

2 - Objet du contrat : fixer les modalités de prise de participation des investisseurs nouveaux.

3 - Modalités et réalisation de l'investissement :

- forme de l'investissement : augmentation de capital, obligations convertibles,...
- apport financier et modalités de l'opération :
  - montant de l'investissement,
  - forme des titres,
  - nominal,
  - prime d'émission,
  - libération,
  - montant du nouveau capital,
  - engagement des nouveaux investisseurs d'effectuer un apport financier,
  - rémunération de l'apport : engagement de la société de remettre les titres en contrepartie,
  - possibilité de résiliation anticipée dans le cas où l'opération ne serait pas réalisée.

4 - Dispositions en vue de la réalisation de l'opération financière :

- désengagement des parties si l'une d'entre elles ne respecte pas les obligations et conditions fixées pour l'investissement ;
- renonciation des actionnaires de la société à leur droit préférentiel au profit des investisseurs nouveaux ou conditions de la cession des droits ;
- formalités à remplir par la société pour la réalisation de l'opération (tenue d'assemblées, réunion du Conseil d'Administration, déclarations exactes sur la situation financière de la société, signature des accords, publications).

5 - Catégories des actions :

- privilégiées (mention des privilèges) ou ordinaires ;
- dividendes versés à chaque catégorie d'actions ;
- remboursement selon chaque catégorie en cas de liquidation.

6 - Clause promissoire en cas de différend entre les parties :

- règlement entre les parties puis, en cas de désaccord persistant,
- constitution d'un arbitrage ou compétence du tribunal de commerce.

2 - PACTE D'ACTIONNAIRES

Contrat établi entre les actionnaires anciens de la société et les nouveaux investisseurs, définissant les modalités actuelles de l'équilibre entre actionnaires (ou groupes d'actionnaires) et les conditions de sa modification.

■ Contenu type :

Exposé des motifs (financement de la structure ; accessoirement, liquidité des fondateurs) et description de l'apport financier des investisseurs : augmentation de capital, obligations convertibles...

1 - Droit de préemption/clause de la nation la plus favorisée

- promesse de rachat éventuel d'actions aux investisseurs financiers suite :
  - à la réalisation par les actionnaires anciens d'une opération réduisant leur participation globale dans le capital de la société en deçà d'un certain seuil (50 ou 66 2/3 %) ou dès le premier franc ;
  - à la prise de participation dans une société modifiant sensiblement le périmètre d'exploitation (activité ; structure du financement et du compte de résultat consolidé etc.) ;
- droit de sortie totale ou proportionnelle en même temps que l'actionnaire majoritaire en cas de cession à des tiers ;
- droit de préemption accordé par les investisseurs financiers aux actionnaires anciens ; dans la mesure où le pacte permet aux financiers de sortir seuls ;
- exclusion des cessions internes au groupe investisseur (OPCVM ; fonds d'intéressement de la structure...) ;
- clause « buy or sell » par laquelle le refus de donner suite à une proposition dans un sens entraîne l'obligation d'intervenir dans l'autre sens au même prix.

2 - Comptes sociaux et budget : droit d'information

- engagement du groupe majoritaire de fournir dans des délais et suivant un détail à préciser, des renseignements aux investisseurs (comptes sociaux ; consolidés ; tableau de financement ; budgets) ;
- recours possible des minoritaires au service d'un expert aux frais de la société pour conforter le suivi de la participation.

3 - Présence des investisseurs dans les instances sociales

- nombre et désignation d'administrateurs pour compte commun.
- droit de veto des investisseurs sur les décisions sociales les plus importantes (investissements, désinvestissements, cessions, acquisitions, financement de la société mère et/ou des filiales).

4 - L'introduction en bourse

- engagement de confier l'introduction éventuelle en bourse de la société à l'un ou plusieurs des partenaires investisseurs ;
- engagement de l'ensemble des investisseurs de céder des titres, lors de l'introduction, proportionnellement à leur part ou autrement.

5 - Obligation de non concurrence

Engagements des entrepreneurs relatifs à l'interdiction :

- d'exercer des activités qui pourraient faire concurrence à la société :
  - durant l'exercice de leurs fonctions de mandataires sociaux,
  - tant qu'ils sont salariés de la société,
  - pendant une durée déterminée après démission ou licenciement,
- de débaucher une personne salariée de la société ;
- de prospecter des clients de la société.

La clause précisera également le montant de l'indemnité qui pourrait être exigée par la société si les engagements précités n'étaient pas respectés.

6 - Clause promissoire en cas de différends entre les parties

- réglement entre les parties puis, en cas de désaccord persistant,
- constitution d'un arbitrage ou compétence du tribunal de commerce.

3 - GARANTIE D'ACTIF/PASSIF

Convention signée par la société et les actionnaires anciens.

■ La société

- confirmation de la régularité de l'opération et de son contexte juridique et fiscal (société régulièrement inscrite ; propriétaire immeubles, fonds de commerce, brevets, état des sûretés, principaux contrats et litiges en cours ; pas de passif privilégié ; à jour des charges sociales etc.) ;
- capital : montant, libération, description des actions ;
- répartition du capital : liste des actionnaires ;
- composition du Conseil d'Administration ;
- états financiers : bilan, compte de résultat.

La garantie

- engagement du garant sur :
  - la non surévaluation des actifs (stocks ; immo ; amortissements, créances etc.) ;
  - l'absence de passifs non révélés et le provisionnement suffisant de passifs incertains ;
  - l'absence d'événements ou d'actes de gestion significatifs depuis l'arrêté des comptes (rythme et rentabilité des affaires ; acquisitions ou cessions ; événements accidentels ; décision de distribution de dividendes ; contrats de travail pour les dirigeants etc.) ;
- détermination du montant de la franchise en deçà de laquelle la clause de garantie ne jouerait pas ;
- stipulation d'indemnisation des investisseurs par la société et/ou les actionnaires anciens en cas d'inexactitude des déclarations faites et de non respect des garanties données ;
- modalités de mise en jeu et date de validité des garanties.

Droits de priorité intellectuelle et industrielle

- garantie conjointe et solidaire de la société et des actionnaires anciens sur :
  - propriété de droits de reproduction ou industrielle ;
  - propriété de brevets ;
  - absence de privilège, gage ou nantissement ;
  - absence de contrat, licence ou autre accord pouvant entraîner le paiement de redevances ou honoraires ;
- absence de contrefaçons ;
- contrats réglementaires avec les tiers utilisateurs des droits ou brevets.

Autres engagements

- actionnaires anciens libres de leur stratégie de développement et libres de tout engagement, de non-concurrence ou autre, envers leurs employeurs précédents ; responsabilité personnelle en cas de différend ;
- dépôt et régularité de la marque, propriétaire et concession éventuelle ;
- publication du procédé exploité à l'étranger.

Chapitre II

Accéder et faire appel au marché boursier

Le cadre institutionnel de l'appel public à l'épargne et les motivations des protagonistes étant supposés connus (1), le présent chapitre se propose essentiellement de traiter des modalités techniques de réalisation d'opérations, en s'efforçant de souligner l'interaction entre le fond et la forme, dans un domaine où réglementation et procédures se fondent le plus souvent sur le vécu, en France, ou à l'étranger,et sont par conséquent en constante évolution.

Ici plus qu'ailleurs, la définition, la compréhension ou l'application de la règle n'ont en effet de signification qu'en liaison avec les comportements qu'elle cherche à dissuader, canaliser ou encourager.

Aussi convient-il de **situer l'entreprise par rapport aux exigences de marché avant d'examiner les modalités d'accès et d'appel à celui-ci.**

---

(1) Cf. Le marché financier, structures et acteurs, par A. Choinel et G. Rouyer, 6e édition (La Revue Banque Editeur).

Plan du chapitre

Section 1

L'entreprise et les opérations financières publiques

L'entreprise doit s'insérer dans le marché sans s'y fourvoyer et sans perdre son identité.

1 - L'INSERTION DE L'ENTREPRISE DANS LE MARCHE : UNE APPROCHE FACULTATIVE

L'entreprise non cotée désireuse de réunir des fonds auprès de souscripteurs autres que ses actionnaires existants, ses banques, des institutionnels, ou quelques personnes physiques ou morales proches d'elle, doit en tout premier lieu se positionner par rapport aux **principes directeurs de l'article 72** de la loi sur les sociétés commerciales, aux termes duquel sont réputées faire appel public à l'épargne :

« les sociétés dont les titres sont admis aux négociations sur un marché réglementé, à dater de cette inscription ou qui, pour le placement des titres quels qu'ils soient, ont recours soit à des établissements de crédit, soit à des établissements mentionnés à l'article 99 (désormais 18 al 7) de la loi n° 84.46 du 24 janvier 1984 relative à l'activité et au contrôle des établissements de crédit, ou prestataires de services d'investissement, soit à des procédés de publicité quelconques, soit au démarchage ».

Elle doit savoir qu'en outre, **la Commission des Opérateurs de Bourse a défini une doctrine** en la matière, qui fonde également l'appel public sur l'effectif des souscripteurs potentiels sollicités (au-delà de 300 personnes sollicitées).

Selon les cas, **une réglementation décrivant des conditions d'accès, des formalités et sujétions** (agréments, visas, contrôles, note d'information...) plus ou moins lourdes aura à s'appliquer.

Il n'est pas rare que, percevant celle-ci comme une contrainte administrative excessive, certains émetteurs, voire – hélas – certains conseils d'entreprise recherchent des **solutions permettant d'en contourner les aspects les plus désagréables** et de s'exonérer de certaines obligations, en matière d'information, de diffusion de titres etc.

Il n'est pas raisonnable de vouloir, d'une façon ou d'une autre, substituer à la règle de droit, déjà lacunaire en matière de protection de minoritaires, tel ou tel engagement verbal, parrainage privé, ou campagne dans les médias, pour forcer le placement d'un papier ne présentent pas encore les garanties requises même si les potentialités de l'entreprise émettrice sont grandes.

Il convient de **prendre du recul vis-à-vis de ces solutions qui entretiennent dans l'esprit du public une confusion permanente entre le véritable appel public à l'épargne et l'ersatz.** Sans doute est-il difficile pour un intermédiaire opérant dans un marché devenu très concurrentiel, de faire preuve de fermeté vis-à-vis d'une relation qui se dirige sans retenue vers des dangers qu'elle ignore, ou qu'elle feint de négliger parce qu'elle veut réaliser un « coup ». Pour autant, il faut toujours garder à l'esprit que, lorsque les caractéristiques de l'opération envisagée ne s'accordent pas à un véritable appel à l'épargne publique, d'autres moyens de financement en fonds propres, d'autres formes de communication institutionnelle et financière existent, à commencer par le partenariat avec un investisseur à risques, dont c'est le métier d'en prendre, après étude.

Au demeurant, la réglementation n'édicte en certains domaines que des minima au-delà desquels il est nécessaire d'aller pour asseoir une opération (volume minimal de diffusion des titres par exemple). Elle est évolutive et s'efforce de répondre aux besoins de la place financière dont le développement est subordonné à un minimum de sécurité pour les investisseurs. Même s'ils la trouvent parfois pointilleuse ou lourde, par rapport à une réalité d'entreprise qui leur paraît fondamentablement saine, l'émetteur, l'intermédiaire responsable ne sauraient donner d'eux-mêmes une image laxiste ou de démagogue en décrivant comme bureaucratique ce qui n'est que la traduction concrète du respect du souscripteur.

Fondamentalement, c'est bien du respect du souscripteur qu'il s'agit. Il ne suffit pas de borner à respecter la lettre des règles ou de s'en exonérer en s'infiltrant sur des marchés libres simplement parce qu'ils sont permissifs. C'est à ce prix que l'entreprise sera la bienvenue dans une communauté d'opérateurs qui, face à certaines défaillances, n'a pas la mémoire courte.

2 - PRINCIPALES CONDITIONS D'ELIGIBILITE A LA COTATION

Classiquement, le marché recherche, selon une hiérarchie qui dépend des préférences de chaque investisseur, liquidité, sécurité et performance. A des degrés divers, l'entreprise doit déployer des attraits minimaux dans chacune de ces sphères.

■ Le potentiel de liquidité

Même si, comme on le verra, des dispositifs techniques accompagnent les premiers pas d'une entreprise sur le marché boursier, l'entreprise ne saurait compter exclusivement sur des intermédiaires pour assurer à des actionnaires marginaux la faculté de recouvrer leur liquidité. Dès lors, une entreprise doit-elle être pourvue d'une taille minimale, pour servir un « flottant » suffisant :

- sur le marché financier le critère de taille ne s'exprime guère en chiffre d'affaires mais en **capitalisation boursière** présumée, ce qui revient à calculer une valeur approximative d'entreprise, avec une marge d'erreur admissible importante puisqu'il ne s'agit pas encore de vendre mais simplement de calibrer, de réfléchir sur la faisabilité d'une introduction ;
- au calibrage de la valeur s'ajoute la détermination de la valeur des titres effectivement susceptibles de changer de mains sur le marché boursier : cette part du capital que l'on appelle le **« flottant »** s'oppose à celle qui reste détenu par le groupe de contrôle, et dont ce dernier n'entend pas se départir même lorsque la cotation amènera la valeur au prix d'équilibre, ni, par la suite en régime de croisière, quelques mois après la première cotation.

Un échange de titres régulier et spontané ne peut se concevoir que si la société répartit entre **plusieurs centaines d'actionnaires, plusieurs dizaines de milliers de titres,** correspondant à un **flottant de plusieurs dizaines de millions de francs,** dans un marché dont la liquidité instantanée peut être estimée à **plusieurs milliards.**

■ La pérennité d'entreprise

La pérennité d'entreprise résulte de multiples facteurs au premier rang desquels on citera :

- **la diversité du portefeuille d'activités et l'indépendance de ses composantes ;** la bourse n'aime pas pour autant les holdings financiers auxquelles elle affecte traditionnellement une décote. Elle souhaite également une certaine homogénéité dans l'approche des métiers, des industries, des circuits de distribution et des marchés. Elle admet une entreprise dont l'existence repose sur un seul contrat de licence, de concession ou de distribution, pour autant que les termes du contrat et sa profitabilité s'inscrivent en droit et en pratique dans l'horizon qui est le sien lorsque sont actualisés les flux futurs de revenus que procure un investissement. Elle est sans enthousiasme vis-à-vis d'entreprises sous-traitantes, sans technologie ou savoir-faire particuliers, dont la réussite repose davantage sur les efforts des dirigeants que sur leur couple produits/marchés, car elle en craint la précarité ;
- **la position de l'entreprise dans son groupe :** si la société tête du groupe asssure à l'entreprise candidate l'image d'autonomie dans la stratégie qui est fondamentale pour en assurer la crédibilité aux yeux de la communauté financière, **la position de filiale ne condamne pas l'entreprise à rester fermée :** de nombreux groupes sont désormais représentés en bourse par plusieurs entreprises, soit après avoir pris le contrôle de sociétés déjà cotées, soit de façon volontariste, par la cotation délibérée de leurs filiales.

Cette approche suppose que des apaisements soient donnés aux investisseurs. L'étanchéité de la société par rapport aux autres sociétés du groupe est essentielle et il ne paraît guère concevable qu'elle opère dans les mêmes métiers et sur les mêmes clients que le reste de son groupe, ou qu'elle dépende d'une mère, d'une soeur ou d'une cousine pour une part significative de ses approvisionnements, de ses processus de fabrication ou de ses débouchés.

La **composition de l'actionnariat** pourra s'avérer un appoint intéressant pour achever de rassurer le marché, dès lors que seront associés durablement au groupe de contrôle, à leurs risques et périls (la révélation d'un « portage » ou d'une option de sortie serait moins favorablement perçue) des investisseurs institutionnels et les managers salariés.

■ La visibilité de la performance future

Il est peu recommandé de présenter au marché une entreprise dont le potentiel de croissance résiduel est faible ou en présentant comme récurrents des résultats exceptionnellement bons.

Il n'est pas impensable, en revanche, de proposer au public de s'associer à un projet de développement dont les premières étapes ont provoqué un tassement provisoire des résultats.

Toute configuration expliquée de façon circonstanciée et loyale au marché peut être admise par les opérateurs, pour autant que les hypothèses qui la sous-tendent soient jugées réalistes, et les aléas susceptibles de porter atteinte aux performances, normaux.

Le marché n'a pas la mémoire courte. Il se souvient des supercheries. Aussi n'est-il ni correct ni même efficace de doper les premiers cours au moyen d'allégations par trop optimistes : est-il de bonne gestion que d'altérer l'image boursière d'une société dont on aura un peu trop bien vendu 10 ou 15 % du capital mais aussi gardé en portefeuille beaucoup plus ?

3 - L'APPEL PUBLIC A L'EPARGNE SANS COTATION

Qu'il s'agisse de titres de créance ou de titres de capital, certains candidats à l'épargne publique désirent, de façon parfois un peu ingénue, parfois un peu suspecte, parfois cependant justifiée, vendre des titres sur un marché, sans assurer une cotation derrière.

Si de telles pratiques sont techniquement réalisables, elles doivent inciter un intermédiaire à la plus grande prudence : au risque d'entacher sa signature en accompagnant une opération peu marchande, il ajoute celui d'exposer sa clientèle d'épargnants, voire ses propres capitaux à un risque d'immobilisation excessif. L'insuffisance de rentabilité, parfois même la perte pure et simple du principal, sont la sanction finale de la plupart de ces placements.

En la matière, la vigilance de l'autorité de tutelle se traduit par des exigences d'information qui n'ont rien d'anormal, mais aussi par des avertissements spécifiques portés sur les notes soumises à son visa.

La lourdeur des procédures en regard des capitaux à collecter et le peu de cas que fait la communauté financière de ces opérations incite à conseiller généralement d'y substituer des placements privés.

Section 2

La réalisation pratique de l'introduction en bourse

A supposer que l'entreprise s'y prête, que les actionnaires y trouvent un avantage et que le marché soit bien orienté, une introduction en bourse peut être envisagée.

La plupart du temps, notamment lorsque les actionnaires de l'affaire sont des personnes physiques, le délai qui sépare la décision de principe, de la réalisation effective de l'opération est de plusieurs années.

En effet, un certain nombre de **choix fondamentaux** doivent être opérés et mis en force avant que ne soient consignées sur un **calendrier** les principales étapes de la procédure dont le premier aboutissement est la **vente des actions** mais dont le bilan ne pourra être effectué que quelques mois plus tard, en fonction de l'**acclimatation du titre.**

1 - CHOIX FONDAMENTAUX

Des choix fondamentaux doivent être effectués et le cas échéant mis en force assez longtemps à l'avance. Ils tiennent à la préparation de l'entreprise et de son actionnariat d'une part, à la définition de la configuration générale de l'opération d'autre part.

■ Préparation de l'entreprise et de son actionnariat

Un premier chantier consiste à **procéder au toilettage des pesanteurs inhérentes à la société non cotée :**

- répartition nette du patrimoine entre le chef d'entreprise et l'entreprise elle-même ;
- séparation précise du périmètre à introduire par rapport aux autres activités qui ont vocation à demeurer en dehors du champ de l'opération ;
- clarification des modes de rémunération des dirigeants actionnaires ;
- établissement de comptes consolidés le cas échéant.

Simultanément, des décisions peuvent être prises pour **assurer un actionnariat stable et cohérent avec les objectifs poursuivis :**

- rachat d'intérêts minoritaires ou repositionnement de ceux-ci dans une structure de groupe (par exemple remontée au niveau de la société future cotée, par échange de titres) ;
- transmission du capital en tout ou partie aux héritiers ;
- renforcement du contrôle par création éventuelle d'un holding.

L'un et l'autre de ces groupes de préoccupations peuvent prendre du temps : maturation de la décision, négociation avec des actionnaires familiaux, attrait d'options alternatives pour les uns et les autres allongent le cheminement du processus.

Au cas où des titres changent de mains pendant cette période, il faut également veiller à ce que l'évaluation sous-jacente de l'entreprise n'apparaissent pas insuffisante aux yeux du fisc en comparaison de celle que fera apparaître, par la suite, le marché. Certains minoritaires sortis ne doivent pas se sentir lésés par une différence de traitement excessive.

Ces différentes considérations conduisent le banquier à **s'intéresser à l'entreprise introductible plusieurs années avant la réalisation effective de l'opération,** de façon à participer aux montages financiers réalisés en amont, ce qui permet au demeurant de globaliser une prestation de conseil et d'assurer une position de chef de file, qu'une fidélité de banquier dispensateur de crédit ne suffit pas toujours à préserver.

■ Choix des partenaires

A ce stade il paraît essentiel de fixer la composition de l'équipe des conseillers de l'entreprise et déterminer la rémunération des banquiers chefs de file.

Le nom du **chef de file bancaire** de l'opération est parfois dicté par le passé, notamment dans le cas où un partenariat actif s'est établi à la faveur d'une prise de participation préalable dans l'optique du capital développement ou du préfinancement de la sortie sur le marché. L'émetteur doit également prendre en compte l'expertise de l'établissement en matière d'introductions en bourse et sa capacité à suivre ultérieurement le marché du titre, au besoin en accompagnant la croissance par une intervention en capital.

Un ou plusieurs **co-chefs de file** peuvent compléter le groupement d'introduction. Cette désignation, qui correspond davantage à la reconnaissance de services rendus qu'à la recherche d'une prestation effective en la circonstance, ne doit pas avoir pour conséquence d'alourdir de façon excessive le coût de l'opération ou la conduite des nombreuses réunions qu'elle appelle.

Le choix de **l'intermédiaire boursier** est important : il aura la responsabilité de suivre au quotidien les mouvements du titre, de faciliter les cotations, de localiser les blocs, d'en contrôler et en promouvoir les échanges. Même dans le marché décentralisé actuel, la responsabilité particulière de l'entreprise d'investissement (ex-société de bourse) introductrice est à mettre en évidence. Cette position n'est en aucune manière une rente de situation, rien n'empêchant l'émetteur de travailler par la suite davantage avec un autre teneur de marché s'il l'estime plus efficace.

Par opposition à l'ambiance consensuelle qui est de règle au cours du processus de préparation, le banquier rencontre parfois une phase de négociation difficile lors de la fixation de ses honoraires, car l'empilage des rémunérations des différents experts sollicités vient parfois en concurrence avec celle du leader de l'opération. L'émetteur ne devra pas sous-estimer le **travail de conception**, sous ses différents facettes, y compris patrimoniale, que réalise la banque, la valeur intrinsèque de son parrainage à l'introduction mais aussi à terme ainsi que le **service de garantie de bonne fin et de placement** de l'opération, que tous ceux qui gravitent autour de lui en mettant en exergue leur savoir faire relationnel ne sont pas en mesure de lui proposer.

Il est à noter que les intermédiaires peuvent également **trouver une rentabilité complémentaire en entrant dans le capital** (titres à l'émission ou titres anciens) quelque temps avant l'introduction. Les autorités de marché, qui avaient eu à connaître de pratiques générant des plus-values substantielles et jugées indues, ont défini des règles de bonne conduite destinées à parfaire l'équilibre entre les risques pris, le temps d'immobilisation des capitaux et la plus-value obtenue. L'exercice est difficile car l'unification des normes de tolérance conduit à s'abstraire des caractéristiques propres à chaque situation ou de l'évolution des conditions de marché au cours de la période.

Enfin, la **détermination du prix minimum de vente ne saurait se fixer qu'en phase finale de préparation de l'opération,** après que l'évaluation de l'entreprise ait été finalisée, le pouls du marché pris et la procédure d'introduction choisie. **L'émetteur avisé ne fondera donc pas le choix de son chef de file sur le mieux disant de ses banquiers un semestre à l'avance** mais sur celui en lequel il aura le plus confiance pour trouver le moment venu un juste équilibre de marché entre les aspirations des actionnaires vendeurs et l'offre de capitaux.

■ Détermination du marché et du lieu de cotation

La détermination du marché et du lieu de cotation restent essentiels. Si les modifications dans le système de cotation, désormais national et informatisé ont fait perdre beaucoup de son intérêt à la distinction Paris/Province, qui ne se justifie plus que pour des raisons fiscales (exonération de l'impôt de bourse pour les transactions portant sur des titres cotés sur une place régionale de province) ou culturelles, deux débats subsistent : OTC, Nouveau ou Second Marché ? cotation en France et/ou à l'étranger ?

Sans revenir sur des aspects institutionnels supposé connus, on remarquera simplement que l'OTC (ex hors cote) n'offre qu'exceptionnellement les garanties souhaitées par les investisseurs. Au demeurant, la réglementation de l'appel public à l'épargne s'applique indifféremment aux affaires cotées sur un marché réglementé ou inscrites sur un marché de gré à gré dès lors que l'opération envisagée suppose un visa de la Commission des Opérations de Bourse. L'acclimatation progressive des sociétés à la bourse par un passage préalable plus ou moins long sur l'OTC semble ainsi dans la plupart des cas, un objectif peu pertinent.

La tentation de **la cotation à l'étranger** (notamment au NASDAQ) peut réserver d'autres déconvenues : elle paraît souvent inappropriée à une première cotation, car, quelque soit la place retenue, les marchés réglementés d'origine française paraissent soutenir valablement la comparaison avec les autres places européennes en termes de coût de fonctionnement ou de liquidité. En outre, les coûts apparents (commissions, honoraires) et diffus (temps consacré) de l'entrée sur le marché et de la maintenance de la cotation, doivent être soigneusement comparés.

Certaines sociétés envisagent une **multicotation.** Ceci ne sera un peu plus qu'un effet d'annonce que si le flottant mis sur le marché est suffisant pour nourrir deux places, et si les teneurs de marché effectuent en permanence les arbitrages nécessaires. Ces conditions étant réunies, la multicotation aura l'avantage d'institutionnaliser davantage l'entreprise dans un pays où elle entend pousser ses exportations ou avoir des implantations On n'aura garde d'oublier que la multicotation s'avère judicieuse surtout pour les entreprises dont l'ampleur des besoins dépasse les capacités jugées insuffisantes d'un marché financier national, ce qui n'est pas le cas des affaires moyennes françaises.

2 - CALENDRIER DE REALISATION

La phase finale de préparation d'une introduction en bourse suppose un compte à rebours d'un petit semestre.

■ Nature des diligences

Il s'agit d'un travail d'équipe organisé autour des thèmes suivants :

- la confection d'un prospectus conforme aux aspirations des autorités de tutelle, dont le contrôle de plus en plus serré du contenu a ouvert la voie vers une harmonisation des règles nationales avec des standards européens, puis anglo-saxons ;
- en parallèle, **la révision comptable et, le cas échéant, la certification des comptes consolidés intermédiaires** constituent une lourde charge de travail, spécialement s'il s'agit d'une première expérience pour le groupe à introduire ;
- un **dispositif spécifique de communication** en direction de la presse professionnelle puis financière, puis des analystes et gestionnaires de la place est mis en place de façon à faire progressivement monter en puissance la

notoriété de la société, en affiner l'image, tout en préservant jusqu'à la conférence de presse traditionnelle, le secret de l'information sur les caractéristiques de l'opération proprement dite ;

- un certain nombre de modifications doivent souvent être apportées aux **statuts** pour assurer la parfaite cessibilité du titre sur un marché, (suppression des entraves à la liberté de cession, division du nominal pour qu'un nombre de titres suffisant – plusieurs dizaines de milliers, et de préférence plus de 100 000 – puisse circuler). L'Assemblée générale qui en résultera sera parfois l'occasion de remettre à jour les **autorisations d'émettre** données au Conseil d'administration. Pour autant, cette mise à jour ne doit pas s'apparenter à un blanc seing organisant en tout légalité une forte dilution du public après l'introduction ;
- par ailleurs, les modalités d'introduction proprement dite se définissent au sein d'un **contrat de placement** qui comportera notamment l'indication d'un prix minimum de vente, le nombre de titres et la répartition de leur origine, l'ordre des cessions et les modalités de leur règlement. Le contrat de placement souvent accompagné d'un **contrat de garantie** sera ensuite relayé par le **contrat de liquidité** ou **d'animation** qui organise la contrepartie sur le titre ;
- ces diligences s'appuient sur une **évaluation** effectuée de concert par les analystes de la société de bourse et des banques introductrices.

Le banquier introducteur assume donc **la responsabilité de la coordination de travaux de diverses natures, dont l'achèvement à l'intérieur du délai prescrit est essentiel.** Le nombre de réunions et de contacts nécessaires pour réaliser cette concertation (émetteur, autorités de tutelle, commissaires aux comptes, conseils juridiques et fiscaux, société de communication, introducteurs banquiers et entreprises d'investissement) est toujours important, même si chacune des parties concernées, forte d'expériences précédentes (30 à 50 introductions en bourse par an sur la place de Paris), se montre compétente et diligente sur le dossier.

3 - TECHNIQUE DES PREMIERES COTATIONS

Selon le cas l'introduction apporte la liquidité aux anciens actionnaires ou facilite la souscription d'une émission, ou les deux à la fois.

Toutefois, les titres cédés sur le marché pour une première cotation sont toujours, pour des raisons de commodité, des actions dont la création est certaine. Le contraire serait complexe juridiquement et administrativement, peu envisageable commercialement. **Les actions « nouvelles » peuvent être issues d'une augmentation de capital récente,** garantie, voire souscrite et portée par le groupement d'introduction. Dans ce dernier cas, l'entreprise aura reçu préalablement à l'introduction le produit net de l'émission, la cession des titres assurant la sortie du portage et le paiement a posteriori aux anciens actionnaires d'un droit préférentiel de souscription, calculé d'après l'écart entre le premier cours coté et le prix d'émission.

La jouissance des actions vendues doit être étudiée en fonction de la date de paiement du dividende de l'exercice échu. La vente jouissance courante constitue la solution la plus pratique, ce qui peut amener à moduler le prix de cession (ainsi que, dans le cas d'une émission préalable, le prix d'émission).

■ Préplacement garanti

L'opération boursière proprement dite est de plus en plus fréquemment précédée d'un placement garanti qui consiste, sous l'autorité du banquier centralisateur, à organiser une partie (voire la totalité) de la vente des titres, le plus souvent de façon non proportionnelle aux montants exprimés dans les ordres reçus.

Très utilisée pour constituer un noyau dur dans les grandes opérations de privatisation, la technique a également l'intérêt, pour les introductions de « small et medium caps » (petites et moyennes capitalisations) d'éviter l'atomisation du flottant, toujours difficile à gérer dans un marché spéculatif.

Le placement garanti assure tant pour l'émetteur (augmentation du capital) que pour ses actionnaires vendeurs (cession de titres anciens) la bonne fin de l'opération à un prix prédéterminé, ce qui peut être appréciable dans certaines configurations de marché.

On lui reproche parfois de faire la part trop belle aux institutionnels proches du groupement d'introduction et de mettre de côté le petit porteur client des réseaux bancaires. Cette critique doit être tempérée par plusieurs observations :

- l'introducteur peut parfaitement réserver une part du placement aux petits ordres, (notamment ceux qui émanent de son réseau car les réseaux concurrents sont généralement peu actifs) ;
- la présence d'institutionnels est un élément rassurant qui valide le niveau de prix et protège les investisseurs contre le retour de papier ;
- la constitution d'un groupe d'actionnaires minoritaires puissants et proches permet d'internationaliser le placement et de préparer dès l'introduction un futur appel au marché, tout en améliorant l'image de la valeur.

■ Procédures boursières d'introduction

Les procédures boursières d'introduction pratiquées en France sont au nombre de trois (1) ; le choix de l'une d'entre elles dépend essentiellement des circonstances de marché, de la taille de l'entreprise ou des difficultés rencontrées pour fixer a priori le prix de vente optimal.

---

(1) On doit également mentionner pour la bonne règle l'arbitrage, autre mode de réalisation de l'opération, par prélèvement des titres sur un marché existant, qui s'applique en cas de multicotation, transfert de l'O.T.C., ou passage au règlement mensuel.

La procédure de cotation directe consiste à proposer au marché une fourchette de prix comprise entre le prix minimum d'offre en deçà duquel les actionnaires ne sont pas vendeurs et 110 % à 120 % de ce prix. Elle permet de maîtriser une première cotation tout en ménageant une marge de manœuvre pour en fixer le cours. Très utile dans un marché peu réceptif ou pour faire suite à un préplacement de 100 % des titres à vendre, cette procédure n'est pas adaptée à un emballement du marché. Si le marché est très bien disposé vis-à-vis de la société, un fort déséquilibre risque de rendre impossible toute cotation le premier jour. Il est alors loisible de poursuivre la recherche d'une première cotation avec échange de titres en déplaçant la fourchette vers le haut (110 % à 121 % du prix minimum d'offre initial). Mais, le plus souvent, en raison de l'encombrement du calendrier des introductions à certaines époques de l'année, et du souci de l'ensemble des parties à en finir vite, le groupement d'introduction, en accord avec la tutelle, doit agir de façon volontariste pour coiffer la demande par une allocation au marché de titres supplémentaires.

L'offre à prix ferme (ex offre publique de vente) qui peut être mise en place d'entrée de jeu, ou en complément d'un placement garanti ou bien encore pour faire suite à une procédure de cotation directe qui n'aurait pas réussi, est dotée des vertus inverses de cette dernière. Il s'agit ici de fixer a priori un prix ferme et définitif (qui ne saurait être supérieur à celui d'un éventuel placement garanti préalable), dont il est espéré qu'il permettra un échange de titres : les autorités de tutelle admettent usuellement en OPF une réduction de la demande jusqu'à 125 fois (1 titre servi pour 125 demandés). L'OPF est donc conçue pour une cotation rapide à prix déterminé. Mais elle comporte le risque d'être réalisée à un prix trop élevé par rapport à l'appréciation du marché (rendant difficile sinon la vente du premier jour, du moins la gestion des cours ultérieurs) ou au contraire trop bas (ce qui pénalisera les actionnaires vendeurs et pourra en outre provoquer des variations erratiques du cours, forte hausse suivie d'une forte baisse difficiles à endiguer).

Aussi, la procédure **d'offre à prix minimal (ex mise en vente),** troisième solution, paraît-elle parfois a priori la plus attractive, bien que la plus complexe. A l'instar de la procédure de cotation directe, un prix minimum de vente est fixé, mais à la différence de celle-ci, le premier cours coté n'est pas borné a priori par un plafond. En outre les ordres aux prix du marché sont interdits et la tutelle se réserve le droit de qualifier comme tels les ordres à cours limité dépassant un chiffre qu'elle ne communique pas à l'avance et qui sera en fait déterminé au vu de la répartition des ordres. Par ailleurs, la réduction de la demande est également plafonnée. Il est alors loisible de fixer a posteriori la plage d'acceptation des ordres (zone B) en éliminant les parties gauche (zone A) et droite (zone C) de la courbe page 348.

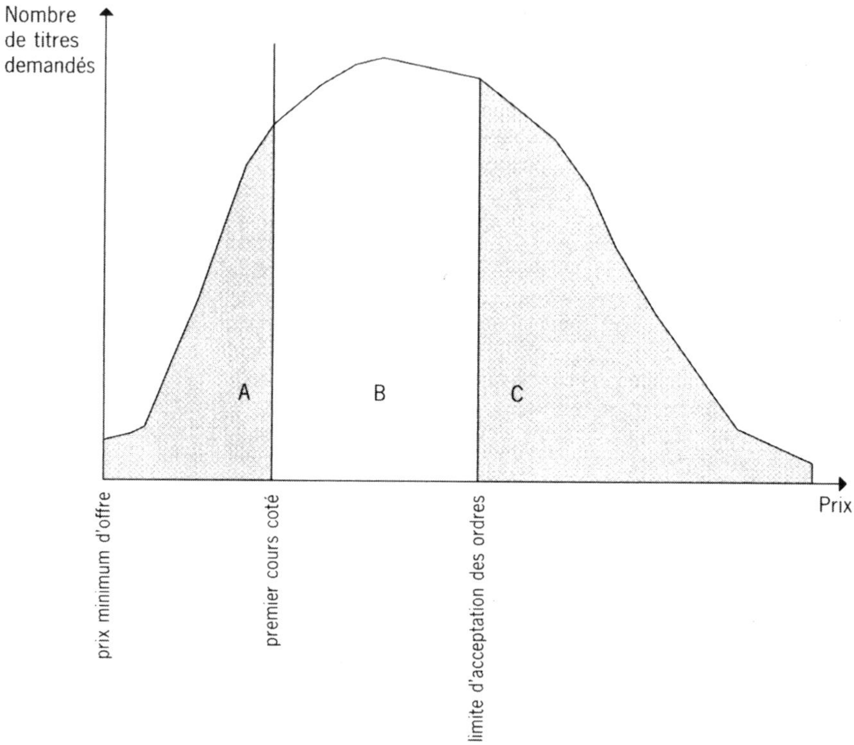

Cette procédure est délicate à piloter et suppose la mise sur le marché d'un nombre très significatif de titres :

- anticipant le succès de l'opération et le découpage tripartite décrit ci-dessus, mais sans savoir exactement où se situera la plage centrale qui correspond aux seuls ordres servis, **les investisseurs** ont tendance à gonfler artificiellement leur demande globale en plaçant des ordres à différents cours limites (par exemple de 20 F en 20 F) tout en sachant qu'une partie d'entre eux seulement sera exécutée ;
- les **actionnaires vendeurs,** qui n'ont pas toujours pleinement conscience de ce comportement, surestiment l'appétit du marché pour la société, et deviennent moins réceptifs aux exhortations de modération que leur prodigue le groupement d'introduction pour la détermination du premier cours ;
- **les autorités de tutelle,** souhaitent une cotation rapide, réaliste et équilibrée. Elles ne sauraient admettre une réduction excessive de l'écart entre les extrémités de la zone B ;
- **le groupement d'introduction** met l'accent sur la nécessité de trouver un cours qui ménage une possibilité de hausse du titre, et qui se situe par conséquent à proximité de la médiane des ordres.

Au cas, exceptionnel, où aucun cours répondant à ces diverses spécifications ne pourrait être trouvé, un report pourrait être envisagé, avec vraisemblablement un blocage de fonds.

Le blocage des fonds apparaît en effet, dans chacune des trois procédures, comme l'arme ultime permettant de ramener la demande à de plus justes proportions, ne serait-ce que parce qu'elle la fait coïncider au pouvoir d'achat des donneurs d'ordres. Elle a pour inconvénient de pénaliser les particuliers qui ressentent davantage une contrainte de trésorerie qu'un investisseur institutionnel dont l'immobilisation de capitaux se réduit à un surcoût.

Le petit spéculateur aurait tort de regretter d'être de facto mis à l'écart des introductions « chaudes ». A quoi bon être servi pour quelques titres alors que les minima de courtage effaceront l'essentiel de la plus-value de cession au cours d'équilibre ? De son côté, le petit porteur désireux de jouer à plus long terme l'avenir de la société, pourra trouver, l'engouement des premiers jours passés, un paquet de titres à sa mesure, à un prix qui ne sera pas toujours tellement supérieur au premier cours. Néanmoins, pour lui préserver une place dès l'introduction, nombre d'émetteurs procèdent, à l'instar de ce qui se pratique lors des privatisations, à une **segmentation des ordres par classes de montants, de façon à servir prioritairement les plus petits.**

■ Gestion des premiers cours

Le déséquilibre qui résulte de la comparaison entre la puissance financière de la place et la taille d'une entreprise moyenne candidate à son introduction en bourse permet de parier qu'en dehors de circonstances de marché très difficiles, les titres trouveront preneur le premier jour.

La mission du groupement d'introduction ne s'arrête pas là. Il convient en effet d'assurer une progression convenable et régulière du titre pour l'amener à un cours d'équilibre satisfaisant et durable, avec un étoffement progressif du flottant. A ce stade, l'ingénieur financier va progressivement céder le leadership de l'opération à l'opérateur de marché.

Pour gérer convenablement les premiers pas d'une société sur le marché, il convient d'être attentif à l'évolution parfois imprévisible de la demande de titres, tout en surveillant le « retour de papier » provoqué par les prises de bénéfice des spéculations à court terme. Une réserve en espèces et la possibilité de vendre un lot complémentaire de titres sont les instruments indispensables à la bonne fin de cette action.

Exemple de gestion des premiers cours

Date	Cours	PER (année en cours)	% variation par rapport à la veille	Quantité de titres demande	offre	servis
20.5	Introduction directe à 165,00	15	–	24 398 300	240 000	Report
24.5	OPF à 205,00	18,6		12 161 256	243 200	servi à 2 %
27.5	Cours indicatif à 213,00	19,4	+ 4 %	501 512	58	pas de cotation
28.5	Cours indicatif à 234,00	21,2	+ 10 %	537 432	1 924	pas de cotation
29.5	258	23,4	+ 10 %	620 672*	62 732**	servi à 10 %
30.5	268	24,4	+ 4 %	121 616	31 816***	servi à 25 %
31.5	276	25	+ 3 %	49 286	47 269	équilibré
3.6	270	24,6		13 672	14 521	"
4.6	265	24		14 208	14 795	"
5.6	270	24,6		3 618	4 572	"
6.6	269			3 130	2 837	"

* dont 580 972 au prix du marché
*** dont 10 000 cédés par les actionnaires d'origine
52 732 retour de papier
*** dont 15 000 cédés par les actionnaires d'origine
16816 retour de papier

Cet exemple appelle le remarques suivantes :

– le prix d'OPF est peut-être timoré compte tenu de l'engouement du marché, manifesté dès le 20.5 lors de la première tentative, mais, emporté par l'élan, le marché n'aurait-il pas réagi positivement quel que soit le niveau du premier échange de titres ?

– lorsqu'un jour de bourse ne donne pas lieu à cotation, le cours indicatif du lendemain peut s'établir 10 % au dessus. Les journées du 27 et du 28 mai serviront à s'approcher d'un cours d'équilibre. A ce niveau de demande, il n'est pas possible de servir de nouveaux titres, et il faut attendre les premières manifestations du retour de papier ;

– le 29, les premières prises de bénéfice interviennent. Il est à noter parallèlement que la demande ne fait que croître, en raison de la médiatisation du succès de l'opération. La forte proportion des ordres au prix du marché (validité fin de mois civil), incite également à donner un signal de fin de hausse ;

– les 30 et 31, dans un marché dont l'ampleur va diminuant, le groupement d'introduction injecte encore, mais de façon modérée, un lot de titres supplémentaires pour gagner sans à coup, le cours d'équilibre ;

– début juin, le rétrécissement du marché et la relative stabilité du cours signalent l'entrée en régime de croisière.

4 - L'ACCLIMATATION DU TITRE

L'entrée de la société dans le cercle des entreprises cotées ne met pas fin aux responsabilités de ses parrains, loin s'en faut. En particulier, il conviendra d'entourer le marché du titre et de pratiquer une politique régulière d'information.

■ Le marché du titre : les opérations de contrepartie et de gestion de blocs

Le Second Marché est doté depuis sa création en 1983 d'un dispositif original de contrepartie, fondé sur les engagements décrits dans un **contrat de liquidité,** qui facilite la cotation avec échange de titres dans des marchés étroits. En revanche, le contrat de liquidité est de peu d'intérêt lorsque le flottant de la société est important et divisé.

Pour l'entreprise moyenne, la cotation trouve surtout sa justification lorsqu'un **marché de petits blocs** s'active (quelques millions de francs). Il est le garant d'un cours réaliste et la preuve d'une capacité de l'émetteur à solliciter ultérieurement le marché pour un apport d'argent frais. Sa gestion dépasse le plus souvent le cadre un peu étroit du contrat de liquidité, et suppose un certain volontarisme des intermédiaires qui entourent le titre ainsi que de l'émetteur lui-même.

Le Nouveau Marché fait même de l'animation du marché secondaire **(tenue de marché)** un des fers de lance de son argumentation commerciale.

En aucun cas les capitaux consacrés à la liquidité ne doivent intervenir en contre tendance. La société a par ailleurs, sous certaines conditions, la possibilité d'acquérer ses propres titres à hauteur de 10 % maximum. Si elle juge le marché du titre trop déprécié, l'acquisition pourra être suivie d'une réduction de capital dont bénéficieront les actionnaires demeurés fidèles.

■ La politique d'information

L'entreprise doit s'attendre à devoir maintenir une **politique très ouverte d'information,** même si cela ne correspond pas à sa culture. L'effort de communication réalisé lors de l'introduction ne doit pas être sans lendemain. Il y va du respect de la réglementation, mais aussi de la qualité de l'image de l'émetteur.

Cette politique est conduite **au rythme des temps forts de la vie de l'entreprise,** assemblée générale ordinaire annuelle, opération de croissance externe ou de cession, obtention d'un marché très significatif, changement du portefeuille d'activités, révision des prévisions, et bien entendu, peu avant une opération financière publique, afin de la préparer et la mieux faire comprendre.

Section 3

La collecte de capitaux sur le marché boursier

L'affaire récemment introduite est une société cotée de plein exercice qui, en théorie, peut puiser dans l'arsenal désormais très riche des opérations financières publiques, sans restriction réglementaire.

1 - SEGMENTATION DES SOLUTIONS

La description même très résumée, des pratiques du marché financier en la matière, dépasserait le cadre de cet ouvrage. En revanche il paraît opportun de donner quelques indications sur les opportunités qui s'offrent à l'entreprise moyenne. Celle-ci, après avoir été chouchoutée par ses parrains pendant l'année qui précède sa cotation, est brutalement soumise à la dure compétition entre des émetteurs de taille et de profil très diversifiés. Aussi doit-elle jouer sa carte de façon raisonnable mais résolue.

■ Les handicaps

Le plus souvent, la taille relativement modeste de l'entreprise, et donc de ses besoins financiers, la faiblesse vraisemblable de ses fonds propres normalement bien inférieurs à sa capitalisation boursière, déterminent une incapacité de s'imposer sur **le marché des obligations classiques** aux côtés d'émetteurs aussi prestigieux que l'Etat, les grandes entreprises nationales, les banques ou les principales sociétés privées.

De même paraît-il peu opportun de multiplier les lignes de cotations sur **le marché des titres donnant accès au capital :** dans un premier temps, le flottant est encore faible. Le public en attend l'élargissement, non l'éparpillement, et il convient de prendre au sérieux cette aspiration, même si la tentation est grande pour certains de limiter la dilution de leur pouvoir en travaillant les produits sans droit de vote.

L'émission de **produits à base de bons de souscription** est enfin à déconseiller en raison du faible encours que représenteraient lesdits bons, déjà difficiles à gérer de par leur volatilité dans un marché plus étoffé.

Les opportunités

Pour l'entreprise moyenne, la stature de société cotée devient une opportunité irremplaçable lorsque le besoin se fait sentir d'en **augmenter le capital** sans que les actionnaires d'origine puissent ou désirent réinvestir dans l'affaire. Comment pourrait-on d'ailleurs le reprocher à ces derniers, puisqu'on leur aura fait se diluer précédemment, à un prix en principe inférieur, d'une part de leurs intérêts pour alimenter le marché ?

L'offre à prix ferme de lots de droits avec engagement de souscription constitue alors un moyen classique de servir l'intérêt de l'entreprise, tout en ménageant un prix de vente convenable pour les droits du groupe de contrôle sans oublier l'assainissement induit du marché du droit pendant la période de souscription. Cette procédure, lourde, présente surtout l'intérêt de multiplier le nombre d'actionnaires, ce qui peut rendre ultérieurement le marché plus actif, ou la constitution de blocs hostiles plus malaisée.

Une autre stratégie, moins polarisée sur les risques de perte de contrôle ou au contraire fondée sur le souci de bien identifier quelques actionnaires importants afin de les lier par un pacte, consiste à **placer des actions nouvelles auprès d'investisseurs, institutionnels en principe, dans le cadre d'une opération avec suppression du droit préférentiel de souscription.** Elle a les mérites et les inconvénients inverses de la technique précédente et peut s'avérer moins coûteuse à conduire puis à gérer même s'il est d'usage de rémunérer le service de reclassement par une commission.

On peut également citer le cas de l'**opération réservée à un bénéficiaire dénommé** qui souscrirait seul, conformément à une décision préalable de l'assemblée des actionnaires, par hypothèse contrôlée par le groupe initiateur de l'introduction. Cette procédure, si elle devait intervenir peu de temps après l'introduction, pourrait être mal perçue par les porteurs récents, écartés de l'émission.

L'entreprise moyenne peut enfin se tourner avec succès vers le marché des **obligations convertibles,** qui admet plus fréquemment que le marché obligataire classique des émissions de taille inférieure à 100 millions et qui trouve par ce produit un moyen de s'intéresser à la valeur tout en limitant ses risques.

2 - CALCULS INDUITS

Les opérations financières précitées provoquent des calculs et des ajustements dont la maîtrise est indissociable de la pratique des opérations financières. On évoquera successivement valeur des droits et ajustement des cours.

La valeur du droit

• Souscription en numéraire

C1 cours de l'action droit attaché
a nombre d'actions anciennes
n nombre d'actions nouvelles souscrites
E prix d'émission
ds droit de souscription
C2 cours droit détaché

$$C1 = ds + C2$$

$$ds = \frac{n(C1 - E)}{a + n} \qquad ds = \frac{n(C2 - E)}{a}$$

$$C2 = \frac{a\,C1 + nE}{a + n}$$

$$F = \frac{C2}{C1} = \frac{a\,C1 + nE}{(a + n)\,C1}$$

• Attribution gratuite

même cas que pour une souscription en numéraire, mais E = 0

n nombre d'actions gratuites
dr droit d'attribution

$$C1 = dr + C2$$

$$dr = \frac{n\,C1}{a + n} \qquad dr = \frac{n\,C2}{a}$$

$$C2 = \frac{a\,C1}{a + n}$$

$$F = \frac{C2}{C1} = \frac{a}{a + n}$$

• Opération mixte (1)

C1 cours de l'action tous droits attachés
a nombre d'actions anciennes
n nombre d'actions souscrites
n' nombre d'actions gratuites
E prix d'émission
ds droit de souscription
dr droit d'attribution
C4 cours de l'action tous droits détachés
C2 cours de l'action droit de souscription seul détaché (ds avant dr)
C3 cours de l'action droit d'attribution seul détaché (dr avant ds)

---

(1) Cas où les actions souscrites n'ont pas droit aux actions gratuites.

Droits détachés ensemble

$$C1 = ds + dr + C4$$

$$ds = \frac{n}{a} \cdot \frac{a\,C1 - (a + n')\,E}{a + n + n'} \qquad ds = \frac{n(C4 - E)}{a}$$

$$dr = \frac{n'}{a} \cdot \frac{a\,C1 + n\,E}{a + n + n'} \qquad dr = \frac{n'\,C4}{a}$$

$$C4 = \frac{a\,C1 + n\,E}{a + n + n'}$$

$$F = \frac{C4}{C1} = \frac{a\,C1 + n\,E}{(a + n + n')\,C1}$$

Ds détaché avant dr

$$C1 = ds + C2$$

$$ds = \frac{n}{a} \cdot \frac{a\,C2 - (a + n')\,E}{a + n'} \qquad ds = \frac{n}{a} \cdot \frac{a\,C1 - (a + n')\,E}{a + n + n'}$$

$$dr = \frac{n'\,C2}{a + n'} \qquad dr = \frac{n'}{a} \cdot \frac{a\,C1 + n\,E}{a + n + n'}$$

$$C2 = \frac{a + n'}{a} \cdot \frac{a\,C1 + n\,E}{a + n + n'}$$

$$F = \frac{C2}{C1} = \frac{a + n'}{a} \cdot \frac{a\,C1 + n\,E}{(a + n + n')\,C1}$$

dr détaché avant ds

$$C1 = dr + C3$$

$$dr = \frac{n'}{a} \cdot \frac{a\,C3 + n\,E}{a + n} \qquad dr = \frac{n'}{a} \cdot \frac{a\,C1 + n\,E}{a + n + n'}$$

$$ds = \frac{n(C3 - E)}{a + n} \qquad ds = \frac{n}{a} \cdot \frac{a\,C1 - (a + n')\,E}{a + n + n'}$$

$$C3 = \frac{a(a + n)\,C1 - n\,n'\,E}{a(a + n + n')}$$

$$F = \frac{C3}{C1} = \frac{a(a + n)\,C1 - n\,n'\,E}{a(a + n + n')\,C1}$$

- **Emission d'obligations convertibles**

C1 cours de l'action droit attaché
a nombre d'actions anciennes
n nombre d'obligations convertibles
n' nombre d'actions correspondant à n obligations converties
E prix d'émission

ds droit de souscription
B prix de l'obligation
C2 cours de l'action droit détaché

$$a\,ds + nE = n\,B$$

$$n\,B = n'\,C2$$

$$a\,ds + n\,E = n'\,C2$$

$$C1 = ds + C2$$

$$ds = \frac{n'\,C1 - n\,E}{a + n'} \qquad ds = \frac{n'\,C2 - n\,E}{a}$$

$$C2 = \frac{a\,C1 + n\,E}{a + n'}$$

$$F = \frac{C2}{C1} = \frac{a\,C1 + n\,E}{(a + n')\,C1}$$

- **Remarque générale**

1 - F coefficient de correction (opération blanche)

2 - Toutes ces formules ne tiennent pas compte de la différence de jouissance éventuelle entre actions anciennes et actions nouvelles.

Pour en tenir compte, il suffit d'ajouter à E, la différence de jouissance j.

■ L'ajustement du cours de bourse

L'ajustement de cours est une opération qui consiste à rendre comparables dans le temps les cours successivement observés sur une action.

Lorsqu'une opération sur le capital détruit l'homogénéité de la série des cours observés, les analystes chargés d'évaluation de titres ont l'habitude d'appliquer à la série des cours précédant l'opération un coefficient technique dont la définition a été mise au point de longue date, sous l'autorité de l'ancienne Chambre Syndicale des Agents de Change.

La formule du coefficient de correction peut s'analyser de la façon suivante :

Le coefficient d'ajustement traduit la dilution du capital provenant de l'émission d'un nombre de titres nouveaux venant s'ajouter aux titres anciens.

Cette dilution est éventuellement corrigée par un apport net d'actif qui correspond au rapport $\frac{NC + Y}{NC}$.

Leur produit est donc $\frac{N}{N+n} \times \frac{NC+Y}{CN}$

soit en simplifiant par N : $$k = \frac{NC+Y}{(N+n)\,C}$$

où . k = coefficient par lequel il y a lieu de multiplier les cours antérieurs à l'opération

N = nombre d'actions composant le capital avant l'opération

C = Premier cours coté le jour précédant l'opération

n = nombre d'actions nouvelles émises dans le cadre de l'opération (ou des différentes opérations si elles sont simultanées). Dans le cas de l'émission d'obligations convertibles, n est égal au nombre total d'obligations émises, multiplié par le taux de conversion

Y = Apport net d'actif résultant de l'opération (ou des opérations si elles sont simultanées), c'est-à-dire :
- le montant en numéraire souscrit (cas d'émission d'actions en numéraire)
- le montant des apports d'actifs (cas d'émission d'actions d'apport)
- le montant total de l'émission d'obligations convertibles.

Lorsque l'opération (ou les opérations simultanées) ne comporte pas d'apports d'actif, Y est nul. C'est le cas des attributions gratuites d'actions.

L'application du coefficient d'ajustement s'effectue dans les conditions suivantes :

Intervient d'abord le choix du **cours de référence** (variable « C » dans la formule utilisée)

- lorsque l'action est cotée au règlement mensuel, l'opération sur le capital se traduit dans les cours le jour des reports (détachement du droit). Le cours de référence utilisé est le 1er cours coté à terme la veille du détachement, soit le jour de la liquidation ;
- lorsque l'action est cotée au comptant seulement, le cours de référence est le 1er cours coté au comptant la veille du début de l'opération (veille du détachement du droit).

L'application de la formule générale est différente selon les **types d'opérations :**

- émissions en numéraire :

Pour les émissions en numéraire Y = n (nombre d'actions émises) × e (prix d'émission). Toutefois, lorsque e (prix d'émission) est supérieur à C (cours de référence) il n'y a pas lieu de procéder à un ajustement. Ce cas ne concerne que les émissions avec suppression du droit préférentiel.

- attribution d'actions gratuites. Dans ce cas, Y étant égal à 0, la formule se réduit au rapport $\frac{N}{N + n} = k$
- émission d'actions d'apport. Dans ce cas, il n'est pas procédé à un ajustement, k étant égal à 1 ;
- émissions réservées aux salariés : ces émissions ne donnant lieu à aucun effet mécanique sur le cours de bourse, on ne procède pas à un ajustement ;
- émission d'obligations convertibles : le prix d'émission des obligations convertibles nécessaire pour obtenir une action étant supérieur au cours coté de référence, on ne procède pas à un ajustement, ces opérations n'ayant pas d'effet mécanique sur le cours.

*
* *

Ces conventions modifient dans certains cas très sensiblement les résultats par rapport à ce que donnerait l'application stricte de la formule générale sur la seule valeur d'actif net avant et après l'opération. Elles sont justifiées d'un point de vue boursier, mais ne prétendent pas avoir de portée générale.

Chapitre III

Transmettre ou céder l'entreprise

On considère généralement que plusieurs dizaines de milliers d'entreprises sont appelées à changer de main au cours des prochaines années. Préparer la transmission de l'entreprise est (ou devrait être) un objectif essentiel pour maints dirigeants. La conduite d'un tel projet est même devenue un service bancaire de plein exercice.

Les dispositifs les plus couramment utilisés pour la transmission des entreprises ne constituent pas une recette globale, mais un **assemblage de techniques** juridiques, financières et fiscales mises en œuvre dans des conditions très différentes, et par conséquent non reproductible sans réflexion préalable devant chaque cas ponctuel ; dès lors, **les solutions adoptées ne doivent pas se borner à une exploitation systématique d'opportunités fiscales ou financières d'intérêt instantané mais faisant entrer le repreneur dans un univers de trop grande précarité.**

Les opérations de **transmission à titre gratuit** sont empreintes du droit des successions et des donations : elles nécessitent principalement une grande technicité juridique et fiscale dans leur mise au point.

Les opérations de **transmission à titre onéreux** relèvent d'une approche dans laquelle il convient davantage, au moins dans un premier temps, de prendre en compte les aspects économiques et financiers, ainsi que la **dimension relationnelle de la négociation** qui fait jouer un rôle clé aux intermédiaires.

L'entreprise en difficulté pose des problèmes spécifiques.

Plan du chapitre

Section 1

Les transmissions à titre gratuit : successions et donations

Lorsque son client n'est pas rompu aux montages financiers, **le conseil doit faire prendre conscience à l'entrepreneur** que :

- organiser l'avenir, c'est **devancer l'événement** et atténuer une partie des problèmes qu'il suscite ;
- préparer la transmission d'une entreprise familiale **exige du temps :** les choix en matière de dévolution patrimoniale, ou de management de l'entreprise doivent être pesés. Mais, la complexité et l'importance du sujet ne doivent pas pour autant servir d'alibi pour différer les décisions nécessaires ;
- la **préparation** de la transmission doit intervenir très tôt, et participer aux décisions prises dans le cadre plus général de la gestion de l'entreprise : c'est à chacun des stades de la gestion patrimoniale, du développement ou de la diversification de l'entreprise, que les problèmes doivent être résolus de façon à ne pas alourdir ou compliquer la transmission ;
- l'entreprise à transmettre doit se situer dans une **phase favorable** pour cette opération : son patron doit l'avoir sécurisée au maximum de façon à ce que son successeur ne soit pas confronté d'entrée de jeu à des arbitrages vitaux ; mais transmettre la barre dans une eau calme ne signifie pas non plus attendre trop longtemps : dans de nombreux cas, les entreprises à transmettre, du chef de l'âge du dirigeant, sont caractérisées par le ralentissement de leurs investissements et une faible croissance de leur activité. Il convient que l'entreprise soit reprise en main avant d'entrer dans une phase de déclin, d'autant que les entreprises transmises connaissent assez fréquemment une période d'adaptation qui augmente leur vulnérabilité ;
- **le successeur** ne peut pas toujours réunir sur sa tête les trois pouvoirs : direction, propriété et compétence. Si aucun membre du groupe familial ne peut répondre à ce cahier des charges, le successeur doit être trouvé ailleurs ;
- le successeur désigné doit **jouer un rôle effectif le plus vite possible dans l'entreprise :** il doit avoir la possibilité de prendre des initiatives, bénéficier d'une délégation large sur les décisions quotidiennes, et participer aux

décisions importantes. Un bon positionnement est la clé de l'acceptation du nouveau patron par le personnel et l'environnement ;

- **les héritiers non repreneurs doivent être désintéressés,** de préférence en dehors de l'entreprise. Leur exclusion de la gestion justifie qu'il leur soit trouvé des compensations financières, mais celles-ci ne sauraient se limiter à une position d'actionnaire minoritaire attentif au dividende sans faire courir le risque d'apparition de tensions familiales ;
- **le paiement des droits de succession doit être assuré,** de sorte que les héritiers n'aient ni à emprunter pour les payer, ni à brader le capital, ce qui ne pourrait qu'infléchir dans un mauvais sens le développement de l'entreprise et la fragiliser d'autant.

Forts de ces principes de bon sens, les chefs d'entreprise devraient donc, dans leur majorité préparer leur transmission. En réalité, il est encore assez fréquent de rencontrer (décès prématuré, insouciance du dirigeant, absence de solution évidente) des transmissions non préparées qui sont des successions pures et simples.

1 - LA SUCCESSION

Mode de transmission entièrement passif, la succession, conséquence du décès du chef d'entrerpise, est enfermée dans des règles juridiques qui dépassent largement le contexte des affaires, et peuvent constituer par conséquent une gêne pour la préservation de l'outil de travail.

■ Les règles successorales

Quatre principes fondamentaux du droit successoral sont en effet autant d'obstacles parfois difficiles à contourner.

• La succession est unitaire :

Mis à part le cas de la transmission d'exploitations agricoles, la loi ne considère ni la nature, ni l'origine des biens pour en régler la succession. Le principe de l'unité du patrimoine, même contesté, demeure.

• La succession est hiérarchisée :

La détermination des héritiers s'effectue en fonction d'un ordre prédéterminé. La liberté de disposer permet au moyen de donations ou de testaments de modifier ou d'aménager la succession, mais la loi limite les actes de cette nature lorsqu'il y a des héritiers « réservataires ». Seule la quotité disponible est libre. En outre, on notera que les droits d'enregistrement élevés frappant les parents éloignés ou les non parents du défunt, alourdissent le processus... Les héritiers autres que les descendants et les ascendants (frères, sœurs, conjoints) ne sont pas réservataires et peuvent être totalement évincés d'une succession.

Réserve

Descendants	Réserve		Quotité disponible
	par enfant	total	
1 enfant	1/2	1/2	1/2
2 enfants	1/3	2/3	1/3
3 enfants	1/4	3/4	1/4
n enfants	$3/4 \times \frac{1}{n}$	3/4	1/4
Ascendants : en présence d'ascendants seulement, 1/4 est réservé par ligne. Ce quart pouvant être converti en usufruit.			

- **La succession est égalitaire :**

Les procédures de réserve en sont la première ilustration. En outre, les règles de liquidation de la succession ont pour but de rétablir un certain équilibre (rapport des donations pour maintenir l'égalité du partage entre les héritiers et, le cas échéant, réduction éventuelle pour le respect de la part réservataire de chacun).

- **La succession est source d'indivision :**

L'appréhension effective des biens se réalise par le partage qui suppose un accord de tous les intervenants. Tant que la succession n'est pas réglée, les biens successoraux sont en indivision et les droits sur le patrimoine (en l'occurrence, l'entreprise) ne peuvent être exercés individuellement.

■ Le régime matrimonial

L'incidence du régime matrimonial doit être examinée **sous l'angle du décès** qui entraîne la liquidation du régime matrimonial, mais aussi **sous l'angle de l'héritage :** devenus propriétaires de l'entreprise, les héritiers doivent se préoccuper de l'incidence de leur propre régime matrimonial sur leur nouvelle situation.

- **Communauté :**

La succession est composé des biens propres du défunt et de la moitié de la communauté.

Pour les époux mariés sans contrat, avant 1966, seuls les biens immobiliers acquis avant mariage ou recueillis à titre gratuit au cours du mariage sont des biens propres.

Pour les époux mariés sans contrat, après 1966, le régime est celui de la communauté réduite aux acquêts : tous les biens immobiliers ou non, acquis avant le mariage ou recueillis à titre gratuit au cours du mariage sont des biens propres. L'époux qui revendique, pour un bien déterminé, la qualité de bien propre (en emploi ou remploi de fonds propres) doit en faire la déclaration et en apporter la preuve.

• **Séparation de biens :**

Chacun des époux est en principe propriétaire, seul, de la totalité de ses biens. Ce régime est souvent retenu par les époux exerçant des professions commerciales, industrielles ou autres, pour lesquelles la responsabilité personnelle du chef d'entreprise peut être grande. Pour l'entreprise individuelle, ce régime permet la déduction du salaire du conjoint sans être tenu par les limites forfaitaires prévues par le droit fiscal.

En pratique, la séparation n'est pas toujours absolue. Il existe des biens indivis suite à des acquisitions effectuées par les deux époux. De même, des biens sur lesquels aucun des époux ne peut justifier d'une propriété exclusive, sont réputés leur appartenir indivisément, à chacun pour moitié.

Enfin, pour atténuer l'inconvénient du caractère propre de l'entreprise qui prive le conjoint des plus-values en capital traduisant financièrement la réussite commerciale de l'autre, certaines mesures peuvent être prises par les époux (celles-ci ne doivent pas être susceptibles d'être analysées comme des donations déguisées, révocables et annulables à la demande des héritiers réservataires qui s'estimeraient lésés).

• **Participation aux acquêts :**

Cette formule assure un compromis entre les avantages et inconvénients respectifs des régimes de communauté et de séparation de biens. Complexe d'application, la participation aux acquêts permet aux époux d'être indépendants dans la gestion de leur patrimoine pendant la durée du mariage (en particulier, les créanciers d'un époux n'ont aucune action sur le patrimoine de l'autre). Le jour de la dissolution du mariage (en l'occurence le décès d'un époux) l'enrichissement obtenu par chacun est réputé appartenir pour moitié à l'autre.

• **Communauté universelle :**

Presque toujours assortie d'une clause d'attribution de la totalité de la communauté au conjoint survivant, elle réduit considérablement l'actif de succession de l'époux décédé qui comprendra simplement des biens propres par nature (vêtements, créances et pensions en réparation ainsi que tous biens et droits strictement attachés à la personne).

L'acceptation de la succession

A compter de l'ouverture de la succession, les héritiers et légataires ont une option globale entre trois termes :

- accepter purement et simplement la succession ou le legs ;
- renoncer ;
- accepter sous bénéfice d'inventaire.

Dans le cas d'une entreprise, **l'héritier se devra d'être prudent, et s'abstiendra, surtout si la situation n'est pas incontestablement bénéficiaire, d'effectuer des actes qui puissent être interprétés comme une acceptation pure et simple.** Toutefois, en cas d'urgence, il pourra accomplir des actes dits « conservatoires ». La frontière entre actes d'administration valant acceptation tacite et actes conservatoires étant souvent imprécise, il pourra être opportun, en cas de risque de dépérissement du bien, de demander en justice avant toute intervention, l'autorisation de gérer.

2 - L'ENTREPRISE EN SOCIETE ET LE DECES DU DIRIGEANT

Les conséquences juridiques du décès du dirigeant d'une société sont moins dramatiques que dans le cas d'une entreprise individuelle, car cet événement n'en entraîne pas la dissolution.

Les conséquences du décès sont néanmoins importantes du triple point de vue de l'organisation du pouvoir dans l'entreprise, des rapports avec les autres associés, et de la position des héritiers.

- **Dans les sociétés en nom collectif ou en commandite,** le décès d'un associé n'entraîne pas la dissolution de la société si (comme c'est le cas généralement) les statuts ont prévu sa continuation entre les seuls associés survivants ou, s'ils le précisent, avec également les héritiers ou les ayants-droit du défunt. L'acquisition du statut d'associé par les héritiers acceptant la succession peut être assortie d'une clause d'agrément, ce qui suppose l'évaluation des droits sociaux (en cas de refus d'agrément, les héritiers doivent être indemnisés).
- **Dans les SARL,** des clauses peuvent également subordonner le droit d'entrée des héritiers à un agrément préalable des associés survivants. En outre, le décès du gérant unique peut paralyser momentanément la marche de la société jusqu'à la réunion d'une assemblée désignant un nouveau gérant.
- Une entreprise unipersonnelle à responsabilité limitée (**EURL**) n'est pas dissoute par la mort de l'associé unique, sauf stipulation contraire des statuts. Tous les héritiers et ayants-droit de l'associé décédé entrent dans la société, ce qui, en cas de pluralité d'entre eux, entraîne le passage vers une SARL classique (sauf option pour le régime fiscal des sociétés de famille assimilable au droit commun de l'EURL).

- **Dans une société anonyme,** le décès d'un actionnaire ne pose pas de problèmes juridiques graves, même si le défunt était président du conseil d'administration. Un nouveau président peut être nommé par le conseil, ou un administrateur délégué pour exercer provisoirement cette fonction.

Même si les conséquences juridiques peuvent en être surmontées, l'impréparation de la transmission de l'entreprise suscite, lors du décès de son chef, une série de difficultés pratiques dont on a pu souvent mesurer la complexité :

- **au plan du management,** l'incertitude sur le repreneur et/ou sur les propriétaires de l'entreprise ne permet pas de prendre facilement les décisions de gestion qui s'imposent, à un moment ou celle-ci se trouve vulnérable, ce que risquent de mettre à profit les concurrents, les fournisseurs ou la clientèle ;
- **au plan fiscal,** le décès est générateur de pression fiscale et il est souhaitable d'en étaler ou d'en amoindrir la charge par des décisions préventives appropriées. On notera en particulier que, plus vite a lieu la transmission de l'entreprise en croissance, plus facilement peut-on en modérer l'évaluation, et par conséquent l'imposition qui en découle.

3 - LA DONATION SIMPLE

Elle permet de transmettre de son vivant l'entreprise à un héritier pressenti, mais elle peut être une source de déséquilibre entre les enfants.

Une donation est un contrat à titre **gratuit, accepté** par le donataire et qui se traduit immédiatement par le **dessaisissement** des biens donnés. Toutefois, dans de nombreux cas, l'analyse de l'opération peut poser problème :

- l'acte de donation peut **imposer des charges** au donataire, pour autant que la gratuité de l'acte subsiste malgré les charges dont il est affecté (appréciation souveraine par les tribunaux) ;
- la donation **peut être déguisée en vente :** ainsi en est-il d'une vente à un très faible prix, ou moyennant une rente viagère à verser à une personne dont l'espérance de vie est très faible. L'administration redresse l'assiette et/ou requalifie l'opération ;
- la donation peut être **assortie de conditions suspensives ou résolutoires.** Ainsi, le principe de l'irrévocabilité des donations est compatible avec une clause de retour au donateur (et à lui seul) en cas de décès du donataire ou en cas de décès du donataire et de ses héritiers. L'effet du droit de retour est de ramener les biens dans le patrimoine du donateur en pareil cas ;
- le donateur peut **transmettre simplement la nue propriété,** et se réserver l'usufruit, voire l'inverse. Cette dissociation présente plusieurs avantages : confort du donateur qui reste utilisateur du bien en tant qu'usufruitier, meilleur équilibre éventuel des capacités financières pour faire face au paiement des charges et, le cas échéant, réduction de l'assiette des droits d'enregistrement applicables. Il convient cependant de surveiller les risques d'antagonisme, inhérents à tout démembrement de la propriété, et en particulier en raison du caractère irréversible de la donation. La donation pourra

également s'avérer dangereuse pour des créanciers qui risquent de ne pas se rendre compte de la perte de surface de leur débiteur, les apparences restant inchangées grâce à la conservation de l'usufruit.

Le don manuel a été longtemps le support privilégié de la transmission occulte de l'entreprise familiale. Cependant, l'obligation pour les actions de la société non cotée de revêtir la forme nominative et la dématérialisation des titres rendent impossible cette solution désormais.

L'entreprise est parfois transmise aujourd'hui sous forme de **donation indirecte.** Plusieurs techniques – non dépourvues de risques fiscaux – pourront être utilisées pour ce faire :

- vente dont le prix ne sera jamais remboursé ou dont les remboursements sont fictifs ;
- cession progressive de titres anciens aux héritiers en dessous de leur valeur réelle ;
- renonciation à un droit préférentiel de souscription au profit d'un héritier, permettant à ce dernier d'entrer à un prix très faible dans le capital de l'entreprise ;
- création de filiales ou de sociétés sœurs dotées d'un petit capital (détenu significativement par le ou les héritiers) et d'un important compte courant (apporté par la société-mère ou directement par le chef de famille) auxquelles sont attribuées les activités les plus prospères ;
- transmission informelle de clientèle ou de savoir-faire, etc.

Soigneusement organisées pour déjouer la vigilance du fisc, de telles manipulations peuvent également s'avérer préjudiciables au banquier qui voit se vider de sa substance l'entreprise sur laquelle il a des risques. Au pire ne pourra-t-il d'ailleurs constater cette évolution qu'a posteriori.

4 - LA DONATION PARTAGE

Elle permet à un chef d'entreprise de régler de son vivant la transmission de tout ou partie de son patrimoine, en règle générale aux enfants.

On notera pour mémoire que la loi du 5 janvier 1988 a permis de mettre cette technique au service de la transmission d'entreprise à des non-successibles, lorsque certaines conditions sont réunies. (La donation partage à des tiers couvre essentiellement le cas de la reprise de l'entreprise individuelle lorsqu'aucun enfant n'est susceptible de la reprendre.)

La donation partage obéit aux règles suivantes :

- elle implique l'existence d'au moins **deux enfants ;**
- elle peut faire ultérieurement l'objet d'un **acte en réduction** s'il s'avère que l'un des enfants a reçu un lot inférieur à sa part de réserve ;
- elle ne comporte **pas nécessairement la totalité des biens composant le patrimoine du donateur,** mais doit porter sur des biens existants ;

– elle peut **porter sur la pleine propriété, la nue-propriété ou l'usufruit.** Or l'usufruit est réputé valoir $\frac{8 - x}{10}$ de la pleine propriété, x étant l'âge de l'usufruitier en dizaines d'années.

Age de l'usufruitier	Valeur de la nue-propriété	Valeur de l'usufruit
< 20 ans	3/10	7/10
< 30 ans	4/10	6/10
< 40 ans	5/10	7/10
< 50 ans	6/10	4/10
< 60 ans	7/10	3/10
< 70 ans	8/10	2/10
70 ans et plus	9/10	1/10

Elle permet :

– de **répartir entre les enfants le patrimoine familial,** en fonction de leurs affinités : tel enfant appelé à diriger l'entreprise en recevra les actions, tel autre, peu intéressé par l'exploitation recevra l'immobilier ;

– de **faire supporter le paiement des droits par le donateur** (à sa convenance) ce qui réduit l'assiette fiscale de la succession ;

– de **bénéficier d'une réduction des droits** selon l'âge du donateur ;

– de **tirer parti** (dans l'hypothèse d'une affaire en développement) **d'une valorisation modérée de l'entreprise** pour le calcul des droits.

Combinée à la création simultanée d'une holding dans laquelle les donataires logent leurs actions de la société cible, et d'une dissociation entre l'usufruit et la nue-propriété, la formule permet au chef d'entreprise de conserver le pouvoir et le revenu tout en ayant transmis son capital.

Situation d'origine

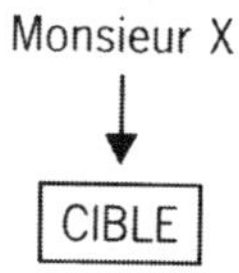

Montage

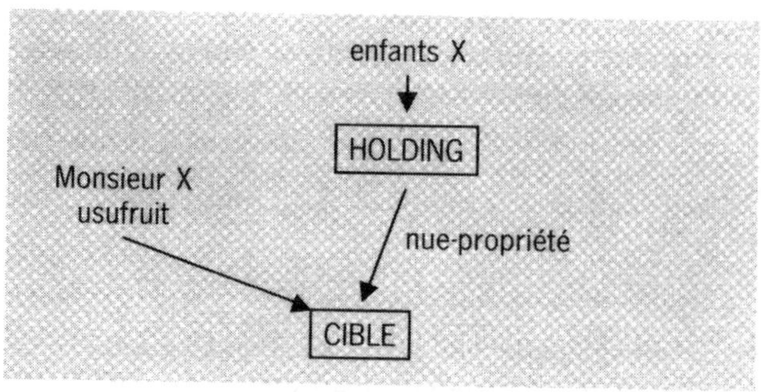

Le montage de la transmission permet ainsi d'économiser des charges fiscales à plusieurs niveaux par rapport à une succession pure et simple.

	SUCCESSION	DONATION PARTAGE
Assiette des droits	valeur de l'entreprise au jour du décès	valeur de l'entreprise au jour de la donation
Tarif	plein	réduction selon l'âge du donateur
Valeur des biens	pleine propriété	la donation partage peut ne porter que sur la nue-propriété sans droits complémentaires lors du décès du donateur
Paiement des droits	sont payés par les héritiers sur leur patrimoine ou sur le patrimoine successoral après paiement des droits	peuvent être prélevés sur le patrimoine du donateur

En cas de donation partage consentie par deux époux, il est tenu compte de l'âge de chacun pour déterminer le taux de réduction des droits applicables à chacun d'entre eux.

Lorsque la donation partage porte sur une entreprise individuelle ou des droits sociaux (titres non cotés), le paiement des droits peut être différé ou fractionné.

La liquidation d'une succession exige que l'on considère rétrospectivement les donations qu'a pu consentir le défunt. Les donations sont en effet rapportables à la masse successorale et ne doivent pas entamer la réserve faute de quoi, elles doivent être réduites. La valeur retenue est celle des biens au jour du partage successoral, en pleine propriété, sauf dans le cas de la donation partage pour laquelle, en règle générale, les biens peuvent être évalués au jour de la libéralité.

*
* *

Le schéma de la donation-partage, fréquemment pratiqué dans les transmissions à titre gratuit doit être étudié avec soin car il est **générateur d'abus et comporte des risques latents de mésentente** entre les dirigeants de la holding et ceux de la cible dans certains cas.

En effet, on peut imaginer qu'ayant réglé patrimonialement sa succession par la donation partage, l'ancien propriétaire demeuré usufruitier de la société cible, ait exigé, en contrepartie de la donation de la nue-propriété, que les titres donnés soient réunis dans une société civile holding dont il aurait statutairement la gérance. Cette forme sociale permet en effet une dissociation complète entre la propriété et le pouvoir, le gérant pouvant à la limite être choisi en dehors des associés.

Dès lors, le donateur aurait les moyens juridiques, en sa double qualité d'usufruitier et de représentant de l'actionnaire nu-propriétaire, de faire en permanence pression sur le management de ses héritiers, conduisant peu à peu l'entreprise à l'immobilisme. En outre, la holding, nue propriétaire et par conséquent sans revenus, serait totalement dépourvue de moyens d'action. La donation ne doit pas seulement être une bonne affaire fiscale, il faut avant tout qu'elle résulte d'une intention effective et qu'elle ne s'accompagne pas de dispositifs la vidant de sa substance.

Aussi, les montages de transmission familiale se sont-ils peu à peu sophistiqués pour correspondre à un meilleur équilibre entre les parties concernées. On a vu ainsi souvent apparaître des opérations dans lesquelles **une partie de la transmission s'effectue à titre onéreux (apport ou cession),** quitte à ce que les capitaux reçus en contrepartie ne soient pas exigibles immédiatement (compte courant).

Au plan fiscal, le montage d'une partie de l'opération sous la forme onéreuse peut présenter un certain intérêt, notamment lorsqu'en cas de dissociation usufruit/nue propriété, il est loisible d'utiliser les **tables de mortalité** des compagnies d'assurance, plus avantageuses que les barêmes fiscaux pour la transmission de la nue propriété.

Section 2

Les transmissions à titre onéreux : cessions et acquisitions

La cession ou l'acquisition d'entreprise sont des opérations lourdes qui se mûrissent et se préparent longtemps avant de se réaliser. L'intention de vendre ou d'acheter est le premier aboutissement d'une réflexion préalable au cours de laquelle des options stratégiques auront été retenues. Le support de la cession d'entreprise doit ensuite être étudié, sous l'angle juridique et fiscal notamment.

Segmentation des objectifs et différenciation des opérations selon leur nature constitueront le fil directeur du propos.

1 - MULTIPLICITE DES OBJECTIFS

Trois types de motivations bien distinctes, mais non exclusives les unes des autres, président au développement des acquisitions et cessions.

■ Pérennité des entreprises

Elle est à l'origine de l'intérêt croissant que portent les acteurs économiques au problème des cessions et transmissions.

• Affaire de famille

Le rachat ou le rapprochement peut dans bien des cas s'analyser comme une nécessité de fait lorsque l'actionnariat familial, qui est fortement impliqué dans la vie de l'entreprise et bien souvent la dirige, ne peut résoudre que par la cession des titres le problème de succession qu'elle pose.

Les années récentes, qui ont mis en évidence le rôle essentiel des petites et moyennes entreprises dans le développement économique et leur contribution à l'emploi, ont aussi démontré qu'il était souvent plus efficace d'empêcher de mourir une affaire faute d'actionnaires dirigeants, que de doper la création d'entités nouvelles, souvent très vulnérables.

Toutefois, au vieillissement des dirigeants correspond bien souvent celui des entreprises : décélération de la croissance, ralentissement progressif des investissements et perte de rentabilité en sont les manifestations concrètes qui rendent la transmission d'autant plus difficile qu'elle est traitée plus tardivement.

Le marché des titres de cette nature est en effet peu transparent en raison des atermoiements trop souvent constatés, de la recherche parfois hasardeuse d'une solution familiale préalablement à l'offre vers l'extérieur, enfin de la peur éprouvée par les dirigeants en place de porter atteinte à la crédibilité de leur entreprise en faisant savoir publiquement qu'elle est à vendre.

• **Filiale d'un groupe**

Lorsqu'un groupe industriel ou financier entend se séparer d'une filiale devenue marginale ou hétérogène par rapport à sa stratégie, ce qui s'avère être une composante d'importance croissante sur le marché des cessions et transmissions d'entreprises, l'approche du problème obéit à une logique bien entendu radicalement différente.

■ Synergies économiques ou financières

Les rapprochements d'entreprises peuvent avoir également pour objectif de tirer parti des synergies (supplément de valeur globale issu du regroupement) existant entre deux firmes :

• **Synergies de nature économique**

- Obtention rapide d'un avantage technologique, d'un outil de production, d'une « niche » commerciale ;
- renforcement de la taille de l'entreprise acquéreuse sur ses marchés, permettant de consolider son pouvoir de négociation (« bargaining power ») auprès de différents partenaires, clients, fournisseurs, banques, personnel, Etat,..., ceci débouchant sur la création de rentes de type monopolistique ;
- réalisation d'économies d'échelle portant sur l'efficacité de l'exploitation interne : charges de structure, frais de recherche, coûts de production ou de commercialisation voient ainsi leur partie fixe répartie sur un chiffre d'affaires plus conséquent, ce qui est d'autant plus probant que le secteur est lourd en investissements ;
- internationalisation ;
- asphyxie de la concurrence potentielle.

• **Synergies de nature financière**

- Réduction du risque de l'actionnaire grâce à la diversification du portefeuille d'activités : cet argument est parfois contesté car un regroupement sans justification d'ordre industriel ou commercial risque de créer des problèmes de management ; aussi, la stratégie d'un groupe peut au contraire consister à se spécialiser sur ses métiers principaux. « Stick to the knitting » autrement dit s'en tenir à ce que l'on sait faire peut dès lors devenir le maître mot d'une politique de recentrage ;

- conviction d'une sous-évaluation de la société convoitée, elle-même fondée sur la détention d'informations privilégiées ou sur une analyse de son potentiel de développement après la prise de contrôle ;
- modification des caractéristiques de son propre groupe pour se rendre moins vulnérable aux appétits des autres.

Dans l'un et l'autre cas, une politique de croissance externe permet de réaliser un plan de développement en gagnant du temps par rapport à des solutions alternatives purement internes, ce qui est précieux pour un compétiteur sur les marchés modernes.

■ Considérations patrimoniales

Le rapprochement peut avoir enfin, un objectif purement patrimonial, parfois déterminant, si l'on se réfère notamment à la pratique américaine.

• Gestion boursière d'un périmètre

Au plan boursier, l'acquisition par un groupe réputé dynamique et annonçant un fort taux de croissance, de sociétés réputées à taux de croissance lent, tout en justifiant a posteriori le fort taux de croissance de l'acquéreur, exerce un effet mécanique de valorisation de la capitalisation boursière globale des deux entités réunies. C'est ainsi que se sont constitués de nombreux conglomérats à partir des années 60 : illustrons ce phénomène par un exemple :

- **soit une société A jugée brillante :**
  - bénéfice net consolidé 10
  - capitalisation boursière 150 (15 fois le bénéfice)
- **et une société B jugée moyenne :**
- bénéfice net consolidé 10
- capitalisation boursière 100 (10 fois le bénéfice)

En prenant le contrôle de B, A porte son bénéfice net consolidé à 20 (hors coûts de financement éventuels).

Arithmétiquement, le rapport cours/bénéfice de A devrait tomber de 15 à 12,5, mais, le marché financier aura tendance à saluer les performances d'une affaire qui annonce des objectifs de croissance ambitieux et les tient, ce qui dans certains cas, aboutira même à porter le rapport au-delà du multiple initial.

Dans ces conditions, A peut payer B au-delà du prix du marché, ses actionnaires en tireront quand même avantage. Mais, si tous les actionnaires de A et de

B peuvent être satisfaits du rapprochement, au moins à court terme, on voit toute la fragilité des gains ainsi constatés, le risque d'effondrement des cours lorsque le taux de croissance se ralentit, et ainsi la nécesssité d'une politique de fuite en avant pour les dirigeants de A, rendant le titre de plus en plus volatil.

• **Restructuration d'actifs**

Une autre politique de rachat (peut-on encore parler de rapprochement) d'entreprises pour des raisons patrimoniales s'est récemment développée.

Elle consiste à identifier des entreprises à perspectives bénéficiaires faibles ou moyennes dont la valeur patrimoniale est supérieure à la valeur de rentabilité ou à la valeur boursière. En achetant l'entreprise un certain prix, puis en dispersant ses actifs et ses activités **(asset stripping),** un financier peut réaliser une plus-value significative. Ce type de montage, reposant le plus souvent sur des financements externes assis sur les actifs à céder et comportant une prime de risque élevée, nécessite un débouclage rapide ; de telles opérations de restructuration se sont développées sous la quadruple influence de l'exemple américain (pratique des **« raids »** boursiers), de la concurrence bancaire, de l'évolution des mentalités, et d'une législation plus permissive sur les plans juridique et fiscal.

*
* *

Tant les objectifs de l'acquéreur que ceux du vendeur doivent être cernés de façon précise de façon à optimiser nature, prix et dispositions annexes à la transaction.

Ainsi, si l'objectif de l'acquéreur est d'acquérir un immeuble, peut-être est-il préférable de l'acheter directement plutôt que de s'embarrasser à prendre le contrôle de la société qui le possède et ainsi se charger d'un passif qu'il n'est pas toujours facile de mesurer et d'une activité qu'il n'est pas toujours facile de gérer ou de céder.

De même les motivations du vendeur peuvent orienter la discussion vers la cession pure et simple de l'affaire à 100 %, ou au contraire la conservation d'une minorité, d'un poste etc.

Rien n'est prédéterminé : une opportunité, une modification de la conjoncture, une proposition alléchante, un argumentaire habile peuvent faire fléchir le plus têtu. En tout état de cause, quelque importance qu'il ait, le prix n'est pas le seul paramètre de la réflexion, loin s'en faut.

2 - NATURE DES OPERATIONS

La cession d'entreprise peut se réaliser suivant de multiples modalités. La cession d'actifs, qui est de règle pour l'entrepreneur individuel, est souvent substituée dans la société de capitaux, par la cession du contrôle. Enfin la formule de la location gérance peut présenter dans certains cas des avantages notamment fiscaux.

■ Cession d'actifs

Les opérations de cession d'actifs qu'ont à connaître les praticiens de l'ingénierie financière sont le plus souvent les cessions de fonds de commerce et les cessions d'immeubles.

• Le point de vue du vendeur

Ces opérations ont des **conséquences fiscales assez lourdes** pour le vendeur : la cession de fonds de commerce s'analysant fiscalement comme une cession d'entreprise, toutes les impositions qui sont dues dans ce cas s'appliquent à la cession :

- imposition immédiate des bénéfices d'exploitation de l'exercice en cours ;
- imposition des bénéfices en sursis d'imposition et en particulier des provisions précédemment constituées et devenant sans objet ;
- imposition des plus-values réalisées sur les actifs à l'occasion de leur cession.

Les **déficits** éventuels sont pris en compte.

Si la ou les cessions entrainent la **dissolution** de la société, le boni de liquidation est imposé entre les mains des associés. Si la société demeure, sous forme de tirelire chargée de trésorerie, les actionnaires ne peuvent appréhender les fonds, sauf à la vendre, généralement avec une **décote** qui rémunère l'immobilisation des capitaux de l'acquéreur pendant la période à l'issue de laquelle il sera couvert par la prescription fiscale et pourra la réemployer à un autre usage, à sa convenance.

Enfin, si les droits d'enregistrement sont à la charge de l'acquéreur, le vendeur est solidaire de ce dernier à l'égard du Trésor pour leur paiement.

La réalisation de l'opération est lourde sur le plan des formalités administratives (publicité) et notariales (immeubles). Le délai d'opposition offert aux créanciers peut retarder le paiement du prix (sequestre). Enfin, en cas d'opérations liées (immeubles et fonds) les actes sont complexes à rédiger et leur sort doit être identique en cas de difficulté.

Peu intéressante sur le plan fiscal en règle générale, et lourde à pratiquer, la cession d'actif a surtout l'avantage pour le vendeur de le dégager de son entreprise très rapidement : aucune contrainte ne pèse sur lui dès que la cession est achevée.

• **Le point de vue de l'acquéreur**

A moins de convention contraire (qui peut être un moyen de rabattre le prix indirectement en fin de négociation), c'est l'acquéreur qui supporte la charge du paiement des droits d'enregistrement. Ces droits sont très élevés tant pour la cession de fonds de commerce qu'en cas de vente d'un bien immobilier, même si le législateur entend désormais se montrer compréhensif pour ne pas apporter d'obstacles excessifs à la transmission des petites entreprises.

L'incidence des frais administratifs et fiscaux se traduit ainsi généralement par **un surcoût** de l'ordre de 20 % du prix payé au vendeur.

En revanche, l'acquéreur trouve son compte à effectuer un achat direct sur deux plans :

- **il est propriétaire d'actifs, sans interposition** d'une personne morale entre lui et le bien. Il subit donc moins de restrictions à l'exercice de ses droits sur la chose ;
- **il acquiert ses droits nets de tout passif :** à part quelques contrats qui, le cas échéant, sont transmis avec le fonds de commerce (contrats de travail, bail, assurances) l'acquéreur ne prend en charge aucune obligation ni aucune dette du vendeur. L'opération est donc en principe moins risquée qu'en cas d'achat de droits sociaux.

■ Cession du contrôle

Il s'agit là de transférer la propriété des titres de l'entreprise, non de biens composant son patrimoine.

L'acquéreur voit sa **liberté d'action limitée** par :

- la réglementation sur les sociétés du type de celle qu'il vient d'acquérir ;
- l'existence d'actionnaires minoritaires éventuels qui peuvent être gênants même si la loi ne leur permet pas toujours de défendre leurs intérêts avec efficacité ;
- un environnement dont les décisions, les intérêts ou les revendications peuvent aller à l'encontre de sa stratégie : ainsi pourra-t-il trouver sur son chemin aussi bien la Commission des Opérations de Bourse, que le procureur de la République, les Commissionnaires aux Comptes, l'inspection du Travail, les partenaires sociaux, sans oublier le contrôleur du fisc ou de l'URSSAF.

A l'inverse de la situation précédente, le repreneur est en effet en charge de tout l'actif, de tout le passif, des engagements latents, et des risques. **Le risque de mise en jeu de la responsabilité de l'acquéreur après cession du contrôle ou la perspective d'avoir à supporter des redressements fiscaux ou sociaux ne peuvent qu'inciter ce dernier à multiplier les expertises avant l'opération (audit), à faire baisser le prix, à prendre des garanties notamment des garanties de passif, à différer le règlement du prix etc.**

En revanche, **l'opération est plus confortable sur le plan fiscal :**

- le vendeur ne supporte en principe (sauf requalification de l'opération) qu'une seule imposition, celle qui frappe, aux taux réduits applicables aux cessions de valeurs mobilières, la plus-value réalisée lors de la vente ;
- l'acquéreur, redevable des droits d'enregistrement, acquitte un impôt au taux réduit (nettement plus faible qu'en cas de cession d'immeuble ou de fonds de commerce). Ces droits ne sont même pas exigibles sur les cessions d'actions non constatées par un acte : on ne s'étonnera pas dès lors, que les documents scellant la cession de contrôle soient présentés dans certains cas, de façon à ne pas faire apparaître la rencontre de consentements, la vente effective s'analysant ensuite comme une simple levée d'option.

Le plus souvent, la cession du contrôle se réalise par la vente de la majorité voire de la totalité des droits de vote par les actionnaires anciens au repreneur. C'est le cas de figure qui vient d'être commenté.

Cette hypothèse, la plus fréquente, ne doit pas faire perdre de vue que la cession du contrôle peut également se réaliser par une augmentation de capital dont bénéficie le repreneur, sous une forme quelconque : souscription, apport partiel d'actif, fusion, nécessitent certes l'approbation préalable des actionnaires anciens, mais permettent de réaliser une prise de contrôle sans que ces derniers cèdent leurs titres.

■ Mise en location-gérance

La location-gérance (ou gérance libre) est l'opération qui consiste pour un locataire, à gérer un fonds de commerce, et par extension une entreprise, à ses risques et périls et sous sa responsabilité, moyennant le versement d'une redevance (un loyer) à son propriétaire.

Mode d'exploitation, elle devient un mode de transmission à titre onéreux lorsqu'à l'expiration du contrat, l'entreprise est rachetée par le locataire-gérant soit sous forme d'achat des actifs, soit sous forme d'achat des titres sociaux.

La cession peut intervenir à la suite d'un accord négocié entre les parties à un moment quelconque de la location-gérance ou à son terme, mais, le plus souvent, elle résulte d'un échange de promesses « croisées » lors de la conclusion du contrat initial.

Le contrat de location-gérance s'accompagnant d'une cession à terme est généralement déséquilibré.

Pour le vendeur, la location-gérance est peu favorable car il n'a aucune garantie que l'opération se réalise effectivement :

- soit que le locataire-gérant lui rende l'entreprise au bord de la faillite ;
- soit qu'il s'installe en tant que concurrent ;
- soit qu'il n'ait pas les moyens financiers pour acquitter le prix ;
- soit que... l'engagement de reprise soit purement moral !

L'acquéreur potentiel trouve au contraire avec la location-gérance des avantages non négligeables, en particulier :

- n'achetant pas immédiatement l'entreprise, il n'a aucun investissement initial à effectuer, sinon le stock pour lequel il est d'usage de consentir des délais de paiement ;
- il gère comme il l'entend l'entreprise dès l'origine, et en teste l'intérêt avant de prendre une décision définitive ;
- les profits issus de la période de location-gérance peuvent être accumulés pour financer un apport personnel.

La location gérance ne comporte pas de coût fiscal particulier, sinon au titre de l'enregistrement de l'acte lui-même. La redevance est assujettie à la TVA et exonérée de droit de bail ; au moment de la cession des droits sociaux (ou du fonds de commerce) les impositions de droit commun s'appliquent.

Deux problèmes méritent cependant considération :

- les **redevances de location-gérance** ne sont déductibles fiscalement sur les livres du preneur que dans la mesure où elles ne dissimulent pas une cession de fonds, l'ensemble de l'opération pouvant être requalifiée si ses modalités le laissent supposer ;
- si **l'engagement d'achat** existe dès l'origine, il faut qu'il soit valide sur le plan juridique et en particulier que le prix d'achat soit déterminé, déterminable (sans que sa détermination puisse être entachée d'incertitude ou dépende de la volonté de l'une des parties) ou laissé à l'arbitrage d'un tiers.

Section 3

L'intermédiation en rapprochement d'entreprises

La réalisation effective d'une opération de transmission d'entreprise, notamment lorsqu'il s'agit d'une cession à titre onéreux, nécessite la mise en place d'une équipe d'étude et de négociation au sein de laquelle la banque peut jouer un rôle non exclusif mais fort important. On examinera successivement les phases pratiques d'une opération avec ou sans intervention bancaire et les problèmes spécifiques posés par l'intermédiation bancaire dans ce domaine.

1 - PHASES PRATIQUES D'UNE OPERATION

De la décision d'acquérir ou de vendre jusqu'au paiement du prix (acquéreur) et à l'extinction des garanties (cédant) un certain nombre de décisions ou d'options sont à prendre.

■ La décision d'acquérir ou de céder

Quelles qu'en soient les motivations, **la décision d'acquérir ou de céder doit être :**

- **Réaliste :**

L'affaire à céder doit être vendable. Si elle ne l'est pas immédiatement, elle doit s'y préparer (séparation ou regroupement d'activités et de patrimoine, mesures de gestion visant à résorber des charges, améliorer la productivité et les résultats, investissements...). L'acquéreur responsable préfère les réalisations effectives aux supputations. L'incertitude, et plus généralement les risques qu'il assume en achetant l'entreprise, participent négativement à sa valorisation.

Le vendeur ne doit pas être trop gourmand. Le cumul des objectifs, vendre cher et conserver une position dans l'entreprise en tant que manager, actionnaire, prestataire de services, loueur d'immeuble, fournisseur ou client n'est pas toujours possible, loin s'en faut !

Phases pratiques de la négociation

<table>
<tr><th>Phase</th><th>Acquisition</th><th>Cession</th></tr>
<tr><td>1 - Promouvoir l'activité du département cessions/acquisitions</td><td colspan="2">– Faire connaître son expertise publiquement ;
– Contacter des prescripteurs (confrères, conseils d'entreprise, réseau bancaire) ;
– Démarcher une clientèle-cible.</td></tr>
<tr><td rowspan="3">2 - Sélectionner les interventions</td><td colspan="2">– Identifier les motivations du mandat</td></tr>
<tr><td>– Tester la crédibilité du repreneur
• capacités de gestion
• capacités financières</td><td>– Tester le réalisme du projet de cession
• entreprise vendable
• prix de vente</td></tr>
<tr><td colspan="2">– S'assurer de sa propre capacité à traiter l'opération :
• expertise du secteur économique
• zone de compétence géographique
• aptitude, le cas échéant, à accompagner financièrement l'opération.
(Il faut cependant éviter de lier plusieurs prestations de nature différente)</td></tr>
<tr><td>3 - Négocier un mandat</td><td colspan="2">– Positionnement en obligation de moyens (conseil)
– Identification précise de la mission
– Conditions particulières (exclusivité/durée/exclusions...)
– Modalités de rémunération
– Engagements de confidentialité</td></tr>
<tr><td rowspan="2">4 - Constituer et actualiser un dossier</td><td colspan="2">– Collecte d'information à l'extérieur et à l'intérieur de l'entreprise</td></tr>
<tr><td>– Confection d'un cahier de charges de la cible idéale à acquérir
– Liste des entreprises correspondant à ce profil</td><td>– Confection d'un descriptif aveugle et d'une note détaillée sur la société à vendre
– Traduction des documents</td></tr>
</table>

5 - Obtenir des marques tangibles d'intérêt	– Sélectionner des contreparties – Adresser un courrier aux contreparties retenues	
	– Demande de rendez-vous	• proposition d'un descriptif aveugle et d'un engagement de confidentialité • variante : vente aux enchères
	– Réception d'une marque d'intérêt	– Retour de l'engagement de confidentialité par la contrepartie et remise d'un dossier détaillé
	– Prendre rendez-vous • chez la cible	• chez le conseil ou la cible
6 - Négocier et réaliser la transaction	– Visite d'usine, d'implantations...	
	• préparation des questions complémentaires à poser au vendeur • réflexion sur les compromis acceptables • calibrage du besoin de financement	• préparation d'un dossier complémentaire d'information • réflexion sur les compromis acceptables • analyse des risques et des garanties à solliciter
	– Accord de principe – Audit – Protocole d'accord – Levée des conditions suspensives – Signature définitive – Publicité de l'opération	
7 - Gérer les incidents éventuels	– S'opposer à la remise en cause du rôle de l'intermédiaire et non-paiement de la commission ; – Dégager sa responsabilité d'intermédiaire en cas de litige entre vendeur et acquéreur ; – Assister le client mis en cause.	
8 - Contribuer à la réussite effective de l'opération	– Prolonger l'intervention sous forme de conseil stratégique et l'aider à céder certains éléments du périmètre acquis	– Participer au réemploi des fonds collectés par le vendur et l'aider à... faire une acquisition

L'acquéreur, de son côté, doit s'intéresser à des cibles à sa portée, culturellement et financièrement. La saga de la réussite des autres ne doit pas provoquer un mimétisme suicidaire chez la personne physique ; les schémas d'ingénierie financière pratiqués dans les groupes puissants ne sont pas applicables à la personne morale insuffisamment pourvue en fonds propres, voire déjà difficilement contrôlée, qui s'attaque à une cible plus grosse qu'elle !

• **Ferme et constante :**

Même si les méandres d'une négociation ultérieure peuvent déboucher sur une impasse, **les recherches purement velléitaires ne restent pas longtemps crédibles. A l'inverse, il convient de savoir être patient,** la réalisation d'une bonne opération pouvant mettre plusieurs années, surtout si la contrepartie, personne physique, hésite sur la conduite à tenir vis-à-vis de son environnement familial ou en raison de ses responsabilités de place.

■ La négociation

Cette phase, essentiellement tactique est l'occasion de mettre l'éclairage sur certains impératifs :

- **stimuler, voire susciter une concurrence** entre plusieurs contreparties éventuelles, facteur décisif d'émulation pour obtenir une offre, mais aussi pour éviter de s'anesthésier dans une relation exclusive ;
- **gérer le temps :** ne se dévoiler que progressivement, accélérer ou retarder le rythme selon les opportunités ;
- **alterner la discussion** entre décideurs finaux et entre experts interposés ;
- savoir écouter et chercher à **mettre en évidence les points d'intérêt commun,** consigner par écrit les accords partiels de façon à restreindre progressivement le champ de la négociation ;
- **rester loyal**, recourir à des rapports d'experts indépendants autant de fois que nécessaire ;
- **éviter d'allonger inutilement des conversations** ce qui serait préjudiciable à l'ensemble des parties.

■ La technique particulière de la vente aux enchères

Astuce commerciale et méthode de travail davantage que procédure spécifique, la vente « aux enchères » n'est en aucune manière une opération publique réglementée supposant l'intervention d'un commissaire priseur et des formalités de publicité légale. C'est un **processus de cession de gré à gré classique assorti d'un calendrier contraignant.**

La méthode traduit le **volontarisme** du vendeur et de son conseil, le souci de réaliser l'opération dans les meilleurs délais (au besoin en bousculant un peu les acquéreurs potentiels). Après qu'aient été sélectionnées méthodiquement plusieurs dizaines de contreparties possibles, un dossier succinct leur est adressé. Des dates limites sont indiquées pour marquer intérêt, puis demander des renseignements complémentaires (**« data room »** I et II), enfin formuler une proposition. Contrairement à ce que le terme « enchères » suggère, le vendeur présumé n'a aucune obligation de vendre au plus offrant – même si c'est le but généralement recherché – ni même de sélectionner un seul acheteur. La vente peut du reste avoir lieu en dehors de la procédure.

Le vendeur se trouve **apparemment dans une situation confortable** car le rapport de force est celui d'un seul, contre divers prétendants concurrents, sans aucune obligation de poursuivre jusqu'au terme. La technique est intéressante quand il est possible d'aller vite (vente d'une entreprise opérant sur un couple produit/marché facile à appréhender et pour la part de marché qu'elle représente), et que l'on est certain d'aboutir.

Quelques **déconvenues** peuvent poindre à l'horizon : les actionnaires brûlent leurs principales cartouches d'entrée de jeu alors que le résultat des enchères peut ne pas être satisfaisant ; il n'y a aucune possibilité de moduler le discours au fil de contacts successifs ; la hâte avec laquelle les acheteurs doivent se décider implique des garanties supplémentaires à donner ; un échec sera redoutablement médiatisé.

■ Le protocole d'accord

Le protocole d'accord est un document sous seing privé, qui récapitule de façon précise, à l'issue de la négociation, les intentions des parties. Il finalise le contenu des accords et c'est à partir de ce document que les juristes établissent les actes consacrant officiellement la cession. Les principaux éléments du protocole concernent :

• La quotité vendue

Comme on le verra encore dans l'étude du financement des opérations, la quotité vendue a son importance pour des raisons juridiques, fiscales et financières. Il est exceptionnel que le vendeur puisse trouver un intérêt à conserver de façon ultime ou provisoire une part du capital, sauf dans les circonstances suivantes :

- condition sine qua non de la vente (raisons financières ou commerciales) ;
- société devant être cotée, ou cotée et devant le rester ;
- espoirs sérieux de valorisation de l'entreprise et de nouvelle cession de son contrôle avec clause de sortie des minoritaires ;
- titres servant de support à un complément de prix ou à une garantie de passif ;
- prix de vente du paquet principal proche de la valeur objectif pour 100 %.

L'administration fiscale n'assimilant plus la cession de la totalité des titres à une vente de fonds, aucune précaution particulière n'est à prendre à ce titre. Si l'ancien propriétaire reste minoritaire, il doit veiller aux conditions dans lesquelles il recouvrera sa liquidité (délai, prix, garantie de paiement du prix), et d'ici là, peser les risques encourus par le maintien de sa position d'actionnaire.

• **Le prix**

La fixité du prix est un facteur de simplicité. Les parties acceptent cependant souvent un prix variable en fonction des performances de l'exercice en cours, (ou un prix fixe assorti le cas échéant de bons de souscription ou d'acquisition, ce qui revient au même).

Ces pratiques doivent être bornées par des considérations de risque :

- risque fiscal, au titre des droits d'enregistrement (acte ou engagement unilatéral ?) ;
- risque financier, de manipulation de l'index retenu pour calculer la partie variable.

L'indexation sur le niveau général des prix est interdite. Seul un indice lié à l'activité de l'une des parties ou à la chose vendue peut être retenu.

• **La garantie d'actif passif**

C'est **une attestation du vendeur** qui déclare que :

- la société est régulièrement constituée, n'est pas en cessation de paiement et tient sa comptabilité selon les normes ;
- la société est en règle en ce qui concerne ses paiements au fisc et aux organismes sociaux, et il n'y a pas de contrôles fiscaux ou sociaux en cours ;
- Aucun litige n'est en mesure d'affecter substantiellement l'actif net (ou au contraire, tel ou tel litige est provisionné).

En outre **le vendeur s'engage** à présenter des documents comptables comportant :

- un niveau minimum d'actif net et de résultat pour l'exercice échu (dont les comptes ne sont pas encore certifiés) ou pour tout ou partie de l'exercice en cours (situation ou comptes certifiés) ;
- compenser toute insuffisance d'actif ou toute aggravation du passif qui apparaîtraient postérieurement à la cession par rapport aux chiffres précités, le plus souvent avec une franchise par événement, et une limitation dans le temps à la prescription fiscale.

Lorsqu'elle joue, la garantie peut bénéficier soit à l'acquéreur (garantie de valeur des titres cédés), soit à l'entreprise (garantie de l'actif net).

Les exigences posées dans le dispositif de garantie sont d'autant plus sévères que le prix de vente aura été élevé, qu'il n'aura pas été possible d'auditer suffisamment la cible pendant la période de négociation, que certains postes sensibles (stocks, engagements commerciaux, etc...) jouent un rôle important dans la détermination de la valeur.

Les banques sont souvent appelées à cautionner le vendeur. Elles ne sont guère friandes de ces opérations dont l'instruction est lourde (l'analyse des protocoles, des documents comptables et de la solvabilité du vendeur sont nécessaires), **l'étendue difficile à cerner** (la garantie d'actif net n'a pas de limite, elle peut jouer pour une somme supérieure au prix encaissé par le vendeur ; la prescription fiscale en matière de droits d'enregistrement est longue) **et les garanties mal commodes à prendre** (peut on raisonnablement revendiquer de retenir le prix de vente pendant plusieurs années, même sous forme de placement en SICAV monétaires ?)

- **Les dispositions annexes**

Le protocole peut également régler des aspects non directement attachés à la vente mais qui font partie intégrante de l'accord, tels que le positionnement des anciens actionnaires demeurés dirigeants pour un temps dans la nouvelle structure, l'obligation de non concurrence, le sort de brevets possédés à titre personnel par les cédants, des contrats commerciaux dont la pérennité conditionne le principe même du rachat etc.

2 - LE METIER D'INTERMEDIAIRE EN RAPPROCHEMENT

On insistera plus particulièrement ici sur trois points sensibles : positionnement de l'activité, prospection et réalisation des opérations, qui soulèvent des problèmes d'ordre commercial ou juridique.

■ Positionnement commercial du département cessions-acquisitions

Les banques ont longtemps rencontré notamment sur le marché de la PME, plusieurs types de difficultés pour faire prévaloir une position d'intermédiaire rémunéré dans ce domaine ;

- la banque n'est pas toujours spontanément perçue par sa clientèle comme disposant d'une **expertise** particulière en ce domaine : en règle générale, les conseils habituels de l'entreprise (notaire, conseil fiscal, expert comptable...) auront été pressentis préalablement, notamment si des aspects patrimoniaux, juridiques et fiscaux doivent être traités en parallèle ; en fait, le banque est probablement, parmi les différents types d'experts envisageables l'entité qui dispose des compétences les plus variées et les plus pointues pour faire progresser un dossier ;
- l'interlocuteur habituel de l'entreprise cliente n'est en principe pas en mesure d'apporter une **valeur ajoutée directe et rapide** sur les opérations de croissance externe, se bornant à enregistrer les desiderata, souvent imprécis, de sa relation en matière d'acquisitions, sans pouvoir les satisfaire lui-même ou transmettre une information de qualité à ses services spécialisés ; la logique de la séparation des métiers, au demeurant protectrice pour le mandant est mieux perçue lorsque des politiques internes et externes de communication sont mises en place par la banque.

- la cession éventuelle de l'entreprise est encore souvent un **sujet tabou,** soit que l'exploitant ait peur d'indisposer son client, soit qu'il redoute une modification du contrôle génératrice à ses yeux d'une perte de substance pour son fonds de commerce (qualité de relation à reconstruire, exigences du repreneur en termes de conditions, risques de fermeture du compte si la redistribution des cartes ne convient pas à l'une ou l'autre des parties). De son côté le client répugne à confier ses intentions pour en préserver la confidentialité et ne pas entamer son crédit ;
- à supposer qu'une opportunité parvienne entre les mains du service spécialisé, encore faut-il que l'activité de ce service soit perçue tant par le client que par son collègue prescripteur, comme un **centre de profit autonome :** compte tenu de son appartenance à une structure plus vaste, le département cessions-acquisitions ne possède qu'un droit de refus limité sur le traitement de certains dossiers, même peu marchands, qui lui sont soumis ; en outre, cette même capacité multiple de la banque peut inciter le bénéficiaire d'une prestation à en revendiquer la gratuité eu égard aux excellentes relations entretenues par ailleurs ; enfin pour les petits dossiers, le coût (Hommes/jours) de la mission peut être prohibitif par rapport aux honoraires espérés ;

Ces difficultés diverses incitent parfois les établissements à capacité multiple à créer des filiales spécialisées avec le double objectif de mieux identifier la profitabilité de cette activité, et de faciliter l'obtention de mandats rémunérés. En outre, incidemment, ce dispositif facilite la personnalisation des rémunérations. Une telle approche est judicieuse dans la mesure où :

- ce choix ne provoque **pas de déperdition en termes d'image,** à l'intérieur et à l'extérieur de la banque, et ne se traduit donc pas par un tarissement des approvisionnements ;
- **la structure est dotée de moyens suffisants en hommes,** de capacités d'**accès à l'information** et d'**habilitation** à rencontrer la clientèle en toute indépendance, pour traiter avec elle en dernier ressort ;
- **les résultats attendus sont appréciés en moyenne période :** dans un métier où la constitution d'un carnet d'adresses prend du temps, où la notoriété repose sur les opérations déjà réalisées, on ne saurait tirer de bilans qu'à un horizon de deux ou trois ans, d'autant que le cycle de réalisation d'une opération est long et que l'existence ou non d'un « coup » exceptionnel peut faire varier le volume des commissions encaissées très sensiblement d'un exercice à l'autre.

■ Collecte des mandats

La clientèle des entreprises françaises est sans doute moins habituée que celle des pays anglo-saxons à mandater des intermédiaires pour réaliser une transaction portant sur une entreprise. Les difficultés sont ici de trois ordres :

- **Au niveau des acquéreurs :**

Les acquéreurs potentiels sont assez fréquemment des groupes assez structurés, rompus aux opérations de cette nature, dotés d'un réseau d'information étoffé. A ce niveau, le mandat, à supposer qu'il soit acquis, s'apparente à un engagement de principe sur les modalités d'une collaboration éventuelle. Il a peu de chances d'être exclusif, à moins que la cible ne soit précise et la mission délicate. Dans l'hypothèse où le mandant accepte d'assortir sa signature du versement d'une commission de prise en charge, il appartiendra au mandataire de réaliser une prestation tangible, de façon à ne pas se déconsidérer, même si son emploi du temps est chargé et les chances d'aboutir minces.

• **Au niveau des vendeurs :**

Les vendeurs potentiels comprennent plus spontanément l'**intérêt de mandater un intermédiaire** (élargissement du champ des opportunités, expertise dans la présentation, intérêt de négocier à deux niveaux notamment), **spécialement un groupe bancaire** qui dispose de la capacité multiple et peut éventuellement apporter un financement à l'acquéreur, supposé plus facile à obtenir d'un établissement qui connaît en profondeur l'entreprise cible (sous les réserves exposées ci-dessus).

En tout état de cause, n'a de réelle « valeur » qu'un **mandat exclusif,** témoignage d'une relation confiante entre mandant et mandataire. Seule l'exclusivité permet de travailler avec conviction un dossier, de le présenter à ses meilleurs contreparties sans qu'il soit déjà connu d'elles, et de ne pas encourir le risque de partage de la commission en cas de succès.

L'exclusivité du mandat n'exclut pas la limitation dans le temps de sa durée, voire sa dénonciation anticipée si l'intermédiaire pressenti ne paraît pas assez diligent.

Compte tenu de **l'importance de l'investissement « hommes/jours »** requis pour la préparation et le « toilettage » de certaines entreprises, familiales et secrètes jusqu'au jour où la décision de vendre est prise, il est opportun dans bien des cas, d'envisager une rémunération spécifique pour la mise au point des documents d'information interne (évaluation) et externe (descriptif aveugle, note détaillée, le cas échéant bilingue).

• **Au niveau de l'intermédiaire lui-même :**

La qualité d'un fonds de commerce de cessions acquisitions se mesure bien entendu par le « track record » (littéralement le registre du parcours, c'est-à-dire la liste des opérations réalisées) mais aussi par le portefeuille des mandats en cours et le volume des commissions annuelles.

En position structurelle de démarcheur, le chargé d'affaires « cessions-acquisitions » se doit de préserver son image, son emploi du temps, donc finalement sa crédibilité personnelle et celle de son établissement, en se consacrant exclusivement aux opérations ayant des chances sérieuses d'aboutir avec un minimum de rentabilité. De temps en temps, il peut être soumis à quelques tentations ou pressions :

- privilégier la collecte de commissions de prise en charge sur des dossiers sans espoir, pour alimenter un compte de résultat insuffisamment garni ;
- travailler sans mandat pour rendre service.

Ces tactiques ne sont jamais profitables et doivent être vigoureusement critiquées : il appartiendra au chargé d'affaires « cessions-acquisitions » mais aussi à son environnement (hiérarchie, actionnaires, prescripteurs) d'en être bien conscients.

■ Conduite de l'opération

Au cours du déroulement d'une opération de rapprochement, l'intermédiaire, spécialement lorsqu'il est aussi banquier, est confronté à un certain nombre de risques, dont la matérialisation se traduit par des déperditions d'image, voire dans certains cas comporte des conséquences judiciaires. On citera notamment :

• L'obligation de confidentialité

Elle se traduit par une conception particulière de la diffusion de l'information : parcimonie et confidentialité sont de rigueur, même si ce comportement, (voire l'apposition de la mention « confidentiel » sur certains documents qui ne semblent pas le justifier) ne paraît pas toujours justifié aux yeux des autres personnes proches de l'entreprise. Un manquement à l'obligation de confidentialité peut avoir des conséquences très graves pour le bon fonctionnement interne de l'affaire, pour la pérennité de son fonds de commerce, donc pour sa valorisation.

La confidentialité est également le meilleur moyen de gérer sans encombre le dossier d'une affaire difficile à vendre. Enfin, ne pas éventer une mission prémunit contre le risque de devoir partager les commissions avec des confrères parasites...

• Le devoir de réserve

Le caractère progressif des commissions perçues en fonction du prix ne doit pas inciter l'intermédiaire en cessions-acquisitions **conseil du vendeur** à faire outre mesure forcing auprès d'un client ou auprès des collègues financiers ou banquiers dispensateurs des capitaux nécessaires au financement de l'opération : le bluff doit être contrôlé et un activisme intempestif peut décourager les candidats acquéreurs et faire échouer une opération près du port.

S'il est **conseil de l'acquéreur,** sa mission est entre autres, d'obtenir pour ce dernier, le meilleur prix, mais il n'a pas pour autant à peser sur l'intime conviction de ce dernier car l'avenir de l'entreprise n'appartient qu'à celui qui la gérera, lequel, même en se montrant apparemment généreux, a peut-être une vision plus réaliste, dans le cadre de sa propre stratégie d'expansion, qu'on ne le croit. En revanche, si le prix sur lequel s'engagent les négociations paraît excessif eu égard à l'incertitude qui pèse sur l'évaluation des actifs, ou à la présence éventuelle de risques latents, il paraît prudent de jalonner les discussions d'audits et de rapports d'expertise. L'acheteur déçu après coup ne pourra alors s'en prendre qu'à lui-même.

- **Le droit à la commission :**

Une opération soigneusement conduite sur la base d'un mandat correctement rédigé ne suscite en principe pas de contestation de la part d'un mandant de bonne foi.

Ce dernier, en accord avec la contrepartie peut néanmoins souhaiter, pour des raisons notamment fiscales, un aménagement du mode de perception de la commission. Il convient d'être prudent et éviter de faire payer par l'entreprise un service rendu à ses actionnaires.

Section 4

La reprise d'entreprise dans le cadre d'une procédure collective

On évoquera successivement le cadre réglementaire général et la conduite effective de l'opération.

1 - CADRE REGLEMENTAIRE GENERAL

Le droit antérieur à la loi du 25 janvier 1985 comportait de grandes lacunes, le cadre habituel de l'opération de cession étant la cession à forfait, qui ne trouvait de place que dans la procédure de liquidation de biens, à l'issue d'une négociation le plus souvent menée par le syndic, le repreneur étant en position de force.

La loi de 1985, réaménagée en 1994, s'est voulue novatrice et a proposé la **cession d'entreprise** comme solution nouvelle permettant le redressement judiciaire au même titre que la **continuation.** La cession devient ainsi un mode spécifique de redressement.

La liquidation judiciaire est prononcée si aucune possibilité de redressement n'apparaît envisageable. Elle aboutit à la **réalisation pure et simple des actifs,** notamment grâce à la vente par unités de production.

Si la différence de nature apparaît nettement entre les solutions envisagées par les textes, la réalité des procédures collectives génère davantage de confusion : le cas le plus fréquent est en effet celui d'une offre de reprise d'activité et de tout ou partie des emplois moyennant un prix qui, en tout état de cause, ne pourra pas désintéresser la totalité des créanciers.

Une fois constatée la cessation des paiements et fixée s'il y a lieu la date, l'entreprise est désormais susceptible d'être vendue dès le début de la procédure de redressement judiciaire, l'éviction du propriétaire ancien pouvant être justifiée par la continuité de l'activité. Toutefois, les opérations de reprise ayant souvent eu par le passé un contenu trop spéculatif, le cadre juridique posé s'efforce, avec plus ou moins de bonheur, d'évacuer les manœuvres ne servant que l'intérêt du repreneur notamment en autorisant la location-gérance pendant la période d'observation. En effet, si la sauvegarde de l'entreprise est l'objectif premier de la mise en place d'une procédure de redressement judiciaire, l'article premier de la loi pose aussi le maintien de l'activité et de l'emploi et l'apurement du passif.

■ Continuation

Dès le prononcé du jugement d'ouverture de la procédure d'observation, l'administrateur judiciaire est habilité à recevoir des offres de reprise. Mais il doit préalablement examiner s'il peut proposer aux actionnaires un plan de continuation pouvant prévoir une modification du capital avec entrée de nouveaux associés.

L'assemblée peut être appelée à décider une réduction du capital puis une augmentation réservée à des bénéficiaires même non associés qui s'engagent à exécuter un plan de continuation. Les clauses d'agrément sont alors réputées non écrites.

En cas d'acceptation du plan par le Tribunal, la libération intégrale du capital à souscrire doit être immédiatement réalisée, la compensation de créances étant admise. A l'occasion de cette restructuration du capital, le tribunal dispose des pouvoirs les plus étendus. Il peut :

- ordonner le remplacement d'un ou plusieurs dirigeants ;
- prononcer l'incessibilité des titres détenus par les dirigeants actuels de droit ou de fait (il doit en tout état de cause autoriser leur éventuelle cession) ;
- décider que les droits de vote attachés à ces droits seront exercés par un mandataire de justice ;
- ordonner la cession de ces droits à prix fixé à dire d'expert.

Le jugement arrêtant le plan de continuation restitue au chef d'entreprise l'ensemble de ses pouvoirs de gestion et le passif né de cette nouvelle activité est soumis au droit commun alors que celui né pendant la période d'observation a pu bénéficier du privilège de l'article 40 de la loi.

Les créanciers, consultés individuellement ou collectivement doivent donner leur accord même tacite sur les propositions de remise mais peuvent se voir imposer des délais.

Le plan de continuation peut comporter certaines contraintes liées aux restructurations décidées : arrêt, adjonction ou cession de certaines branches d'activité. En cas de cession de biens de l'entreprise, le prix en est versé à l'entreprise, après paiement des créanciers titulaires de privilèges généraux et de sûretés.

Le Tribunal peut enfin décider que certains biens indispensables à la poursuite de l'activité ne pourront être aliénés sans son consentement, (ce qui en cas d'échec du plan de continuation pourra servir au désintéressement des créanciers).

■ Cession

L'administrateur ayant donné au tribunal tous les éléments des offres de cession, permettant d'en apprécier le sérieux sur les plans industriel, financier et social, ce dernier retient celle qui permet dans les meilleures conditions d'assurer le plus durablement l'emploi attaché à l'ensemble cédé et le paiement des créanciers.

C'est le tribunal qui ordonne, en un bloc ou en éléments globaux séparés, la cession. Ce n'est plus, comme antérieurement, l'admission ou l'homologation d'un plan : toute initiative est retirée au débiteur. L'entreprise peut donc être vendue sans l'accord des propriétaires, voire tout à fait contre leur gré. La cession forcée de titres, d'actifs et de contrats est possible.

L'exécution du plan de cession appelle notamment les remarques suivantes :

- en cas de cession de la propriété, tant que le prix de cession n'a pas été payé, le repreneur voit ses pouvoirs limités et peut seulement négocier les stocks. Le législateur a entendu en effet, interdire l'achat de l'entreprise avec les ressources mêmes de celle-ci. Cependant, trop de rigueur paralysant la gestion de l'entreprise, l'aliénation ou la mise en location de certains biens pourra être envisagée avec l'autorisation du Tribunal et un rapport préalable du Commissaire à l'exécution du plan. Le démantèlement de la propriété paraît en tout état de cause difficile à sanctionner une fois le prix payé ;
- en cas de cession de l'exploitation (location-gérance) le repreneur doit procéder au rachat de l'entreprise en location-gérance au bout de deux ans. En cas de manquement à cette obligation, les sanctions sont lourdes, pour l'entreprise dont le plan de redressement se trouve résolu et pour le locataire-gérant qui verra ouvrir à son encontre une procédure de redressement judiciaire sans même qu'il y ait à constater pour lui la cessation de paiement.

Dans l'un et l'autre cas, la porte reste ouverte en cours d'exécution du plan à la négociation des conditions et délais de paiement.

■ Vente d'unités de production

Le législateur a surtout songé à une approche globale, sans exclure cependant les opérations plus modestes : l'acquisition d'éléments d'exploitation formant une ou plusieurs branches complètes et autonomes d'activité est possible.

Toutefois, dans cette hypothèse, la tentation est grande pour le repreneur d'attendre le prononcé de la liquidation et la vente par unités de production, encore que les différences de procédure puissent peser sur son choix :

- dans le cas d'une cession d'entreprise, le volet social doit expliciter le niveau et les perspectives d'emploi, et les représentants du comité d'entreprise doivent être entendus par le tribunal ; mais le paiement complet du prix de cession emporte purge des inscriptions ce qui facilite l'apurement du passif (extinction même sans paiement) ;

– dans le cas de la vente d'unités de production, les mécanismes sont moins avantageux car le paiement complet du prix n'emporte pas purge automatique des inscriptions, ce qui fait que le repreneur prend le risque d'une surenchère d'un créancier inscrit tant qu'il n'aura pas été totalement désintéressé.

*

*   *

– la loi de 1985, en anticipant les procédures collectives par rapport à l'état antérieur, permet sans doute la reprise d'entreprise moins « irrémédiablement compromises » ;
– l'article 37 de cette loi, obligeant les banquiers à maintenir les crédits en cours pendant la période d'observation, permet de négocier plus sereinement une solution de reprise ;

Devenue en quelque sorte une opération « de marché » la reprise d'entreprise en difficulté reste soumise à un rapport de force qui demeure favorable au repreneur, à condition, bien entendu, qu'il soit en mesure d'évaluer correctement les risques, souvent, – mais pas toujours –, très élevés de ces acquisitions.

Ce dernier, s'il n'est pas en butte à la concurrence d'autres candidats aura souvent le temps comme meilleur allié. Ceci n'est pas vrai dans tous les cas, aussi voit-on fleurir des opérations de reprise menées avant que l'entreprise ait cessé ses paiements.

C'est notamment le cas de « spin off » ou de reprises pures et simples de départements ou filiales de grands groupes en difficulté, où l'ancien propriétaire se trouve bien souvent aussi directement ou indirectement fournisseur et/ou client, voire « banquier », ce qui facilite les négociations, sans qu'il soit nécessaire d'utiliser le canal de l'autorité judiciaire pour obtenir des délais, des remises ou des facilités financières.

Quand reprendre l'entreprise en difficulté

<table>
<tr><th></th><th>Hors procédure judiciaire</th><th>Après ouverture de la procédure judiciaire</th></tr>
<tr><td rowspan="1">Avantages</td><td>– Plus tôt la société est reprise, plus facile en sera la restructuration.
– Les cédants sont souvent prêts à accepter des sacrifices pour éviter le dépôt de bilan.
– Le cycle approvisionnement/production/vente n'est pas remis en cause.
– Délais de réflexion et de mise en oeuvre plus longs.
– Les intérêts des créanciers sont préservés, ce qui permet de négocier avec eux une meilleure structuration du financement.
– Les reports déficitaires et les amortissements différés sont maintenus.
– L'opération est peu coûteuse fiscalement.</td><td>– Plus grande facilité de restructuration.
– Conditions financières généralement favorables.</td></tr>
<tr><td rowspan="2">Inconvénients</td><td>– La restructuration ultérieure de l'activité, s'opérant dans un cadre de droit commun, ne bénéficiera pas des facilités procurées par les procédures judiciaires.
– Il est plus difficile d'obtenir des délais ou des remises substantielles sur le passif.
– Certaines aides financières ou fiscales ne peuvent être obtenues.
– Les mesures de sauvetage impopulaires, licenciement notamment, sont coûteuses financièrement et en termes d'image.
– La décision doit être prise à chaud et les risques pris sont moins faciles à mesurer.
– Les actifs rachetés demeurent complètement illiquides tant que le risque de cessation de paiement n'est pas écarté (actes de rachat ou de cession d'actifs entachés de nullité).</td><td>– Spécificité du milieu judiciaire.
– Risque de ne pas être retenu par le tribunal ;
– Pas de continuité des relations commerciales et financières ;
– Détérioration de l'image de l'entreprise.</td></tr>
<tr><td colspan="2">Dans les deux cas :
– Incertitude sur le coût global de l'opération.
– Perturbations vraisemblables sur les autres activités du repreneur (révision des budgets en baisse, temps consacré, pollution de l'image...).</td></tr>
</table>

2 - CONDUITE DE L'OPERATION

Seules les principales spécificités de la démarche seront évoquées ici.

■ Les interlocuteurs pour la négociation

Si le marché des entreprises en difficultés n'est pas mieux organisé que celui des entreprises en général, certaines filières sont plus particulièrement recommandées : mandataires de justice, organismes publics spécialisés dans l'approche des « canards boiteux », journaux d'annonces légales et banques de données spécialisées.

Après l'ouverture de la procédure judiciaire, la négociation de la reprise comporte trois aspects :

- démarche auprès des organes de la procédure (administrateur judiciaire, mandataire liquidateur, juge-commissaire) ;
- démarche auprès des organismes dispensateurs de l'aide publique et des organismes financiers susceptibles d'accompagner le projet avec plus ou moins d'enthousiasme ;
- démarche auprès des organes représentatifs du personnel dont l'influence n'est pas négligeable en pareille circonstance.

En vertu du principe d'incessibilité posé par la loi du 25 janvier 1985, un actionnaire ou un associé dirigeant disposent de peu de possibilités de cession de leurs droits sociaux en dehors du plan arrêté par le tribunal.

Si les cessions antérieures au jugement d'ouverture restent en principe valables, encore faut-il que les dirigeants concernés ne soient pas eux-mêmes l'objet à titre personnel, d'une procédure de redressement ou de liquidation judiciaire. De même, certains transferts, trop proches de la date d'ouverture, peuvent être réputés fictifs.

■ L'évaluation de l'entreprise

Le coût d'acquisition immédiat de l'entreprise est souvent symbolique, voire négatif : les associés ne sauraient recevoir un prix de cession de leur part alors que les créanciers ne sont pas indemnisés. L'évaluation de l'entreprise s'impose tout de même car les besoins de financement à satisfaire ultérieurement sont en revanche non négligeables. Ils dépendent :

- des besoins spécifiques engendrés par le projet de reprise ;
- de l'ampleur des dettes existantes, ainsi que du rythme de remboursement et du coût de l'apurement du passif tels que définis par le tribunal.

Le prix proposé devra tenir compte de l'ensemble de ces contraintes.

La procédure d'offre

La procédure est différente selon qu'il s'agit d'un redressement judiciaire ou d'une liquidation judiciaire, mais comporte néanmoins des points communs.

En cas de redressement judiciaire, toute personne physique ou morale, y compris les anciens dirigeants, peut soumettre une offre tendant au maintien de l'activité de l'entreprise. En revanche, ces derniers sont exclus s'il s'agit d'une liquidation.

L'offre doit préciser notamment le prix de cession et les modalités de règlement envisagées, la date de réalisation, les prévisions d'activité et de financement, le niveau et les perspectives d'emploi en résultant, ainsi que les garanties souscrites en vue d'en assurer l'exécution.

L'offre est remise à l'administrateur ou au liquidateur, selon le cas. En cas de redressement judiciaire, l'administrateur en étudie le caractère sérieux et après avoir instruit le dossier, le niveau de prix n'étant pas nécessairement le critère déterminant, le transmet au tribunal qui arrête le plan de cession à partir de l'offre qui lui parait permettre d'assurer dans les meilleures conditions l'emploi durable des salariés et le paiement des créanciers.

S'il s'agit d'une liquidation, le liquidateur retient l'offre la plus intéressante, selon les mêmes critères, et la fait autoriser par le juge.

N'étant lié par aucune considération impérative, le décideur, quel que soit le cas de figure, choisit en son âme et concience, ce qui ne laisse pas de provoquer des critiques parfois vigoureuses émanant notamment des repreneurs évincés.

La réalisation définitive de la reprise

L'acceptation de l'offre ne met pas fin à l'ingénierie de l'opération. Bien au contraire, la concrétisation de l'acquisition ne fait que commencer. En effet, Si l'offre ne peut s'analyser en une simple proposition d'entrer en pourparlers, le contrat définitif n'est pas encore signé.

Si le promettant ne saurait se dégager de son engagement sans mettre en jeu sa responsabilité, encore faut-il mettre en place des opérations de restructuration ou des aménagements préalables à la cession, réaliser les différentes conditions suspensives retenues, et finalement, souvent créer une structure intercalaire de gestion permettant au repreneur d'éviter d'assumer les risques de l'exploitation avant la cession effective.

Au cours de cette période, le cessionnaire est lié par son offre, mais uniquement dans la limite de celle-ci. Symétriquement, une défaillance non justifiée dans le respect des engagements pris est suceptible de provoquer une exécution forcée. En bonne logique, toutes les parties concernées ont intérêt à aller vite mais un rebondissement n'est jamais à exclure.

Chapitre IV

Acquérir en s'endettant

Mode de financement d'une transmission à titre onéreux, quelqu'en soit la dénomination précise, RES (« rachat » ou « reprise » d'entreprise par ses salariés) équivalent français du LMBO (leveraged Management Buy Out), LBO (opération identique à la précédente mais réalisée sans que le repreneur tire parti de son éventuelle qualité de salarié), LBI (Leveraged Buy In, variante de la précédente tenant compte de l'origine des actionnaires) ou autre, l'opération de reprise avec effet de levier présente des caractéristiques fondamentales identiques.

La finalité de l'opération consiste en effet dans tous les cas, à prendre le contrôle d'une société avec un apport en fonds propres aussi réduit que possible, grâce à la constitution, au sein d'une société ad hoc qui s'endette au maximum raisonnable, d'un pouvoir d'achat permettant d'acquérir les titres de la cible.

Dans ce cadre, les intermédiaires financiers sont susceptibles d'intervenir à différents stades :

- le montage juridique et financier (position de chef de file) ;
- l'apport en capital ou quasi capital à la holding ;
- le financement sous forme de crédit à la holding de reprise.

Autour de ces prestations centrales, s'ajoutent le cas échéant :

- en amont, la détection de la cible et/ou du repreneur ;
- en aval, le financement de la cible (exploitation et investissement).

Bien qu'il cumule rarement des responsabilités sur les cinq aspects du dossier, tout intermédiaire se doit de comprendre leurs imbrications, non seulement dans l'optique de la sélection de ses risques, mais aussi plus fondamentalement afin de se positionner vis-à-vis de son client, sur le plan stratégique ou commercial là ou il le désire. Dès lors une réflexion globale s'impose.

Plan du chapitre

Section 1

Le principe du levier juridico-financier

Le rachat d'une entreprise par l'intermédiaire d'une société holding ad hoc facilite l'exploitation d'un levier juridique et financier. En effet, une acquisition directe devrait être financée sur fonds propres ou à partir d'un endettement personnel qui fragiliserait le repreneur. La holding est un instrument commode qui permet de démultiplier les sources de financement, en les diversifiant, en les partageant et en négociant à plusieurs niveaux.

Eu égard à la complexité de la mise en œuvre du processus, la démonstration sera conduite à partir d'un exemple schématique, faisant abstraction dans un premier temps de certains aspects fiscaux (avoir fiscal notamment) de façon à mieux comprendre la stratégie d'un repreneur désireux de tirer le meilleur parti d'un pouvoir d'achat limité par rapport à la valeur de la société convoitée.

1 - CONCEPTION D'UNE OPERATION BASIQUE

Imaginons donc un repreneur (personne physique ou personne morale) désireux de prendre le contrôle d'une entreprise évaluée 100, lui-même ne disposant que de 25.

Pour la commodité de l'exposé on adoptera un processus didactique se décomposant en trois phases.

■ Première étape : endettement de la holding

Dans le cadre particulier du LBO, l'intérêt premier de la création d'une holding est de pouvoir l'endetter. L'endettement de la holding permet en effet de réduire fortement le montant des fonds propres nécessaires à la satisfaction des ambitions du repreneur.

C'est le cash issu de la cible (notamment par le versement de dividendes) qui remboursera le capital emprunté et assurera le service de la dette.

La quotité d'endettement admissible dépendra donc :

- **de la capacité de financement de la cible** (supposé riche ou rentable ou les deux) ;
- **de la quotité détenue par la holding dans la cible.**

Il serait regrettable que le repreneur, pourvu d'un contrôle simplement majoritaire, épuise une partie excessive des ressources financières procurées par la cible au profit d'un actionnariat extérieur (minoritaires de la cible) qui n'en demandait pas tant. Mais à l'inverse, le désir de ne pas partager le gâteau ne doit pas mettre la cible en mauvaise posture à cause de prélèvements excessifs de ses actionnaires.

Ratio $\frac{\text{Fonds propres}}{\text{fonds d'emprunt}}$ / Ambition du repreneur	$\frac{1}{3}$	$\frac{1}{1}$	$\frac{3}{1}$
Contrôle majoritaire simple (50 %) besoin de fonds : 50	fonds propres 12,5 dettes 37,5 Total 50	**fonds propres 25** **dettes 25** **Total 50**	fonds propres 37,5 dettes 12,5 Total 50
Grande majorité (66,67 %) besoin de fonds : 66,67	fonds propres 16,66 dettes 50,01 Total 66,67 %	fonds propres 33,33 dettes 33,34 Total 66,67 %	fonds propres 50 dettes 16,67 Total 66,67 %
Contrôle à 100 % besoin de fonds : 100	**fonds propres 25** **dettes 75** **Total 100**	fonds propres 50 dettes 50 Total 100	fonds propres 75 dettes 25 Total 100

Supposons dans notre exemple, que l'annuité de remboursement (capital + intérêt) se monte à 20 % du capital emprunté. La question peut se poser de savoir si, pourvu d'un capital de 25, notre repreneur doit choisir par exemple (cf tableau ci-dessus) :

- de prendre un contrôle majoritaire simple en endettant la holding à hauteur de 25 (solution 1 : ligne 1 colonne 2 ; priorité à la modération de l'endettement),
- de prendre le contrôle à 100 % en endettant la holding à hauteur de 75 (solution 2 : ligne 3 colonne 1 ; priorité au contrôle total).

(Les solutions de la colonne 3 ne lui étant pas accessibles en soliste).

Dans la solution 1,

- ayant emprunté 25, la holding doit rembourser annuellement 5 ;
- ne détenant que 50 % du capital environ, elle doit amener la cible à distribuer à ses actionnaires un minimum de $5 \times 2 = 10$;
- l'extérieur (minoritaires de la cible) reçoit 5 ce qui appauvrit d'autant le périmètre contrôlé par le repreneur.

Dans la solution 2,

- ayant emprunté 75, la holding doit rembourser annuellement 15 ;
- détenant 100 % du capital elle reçoit l'intégralité de la distribution ;
- la cible doit verser annuellement un dividende de 15, ce qui est très important par rapport à sa valeur présumée de 100.

Le repreneur, désireux de sécuriser le montage doit alors réfléchir à une deuxième étape, consistant à augmenter, par un apport de tiers, la capacité de financement propre de la holding.

Deuxième étape : ouverture du capital de la holding

A supposer que des tiers entrent en capital aux mêmes conditions que lui, le repreneur est en mesure d'obtenir :

- environ 25 s'il accepte de se diluer à 50 % dans la holding ;
- environ 12,5 s'il entend conserver la grande majorité dans la holding.

Muni de ces fonds propres supplémentaires, il peut opter pour l'un des choix suivants :

- **diminuer l'endettement de la holding ; (option 1) ;**
- **augmenter la quotité détenue par la holding dans la cible ; (option 2) ;**

ou le cas échéant, pour un panachage de ces deux affectations possibles des fonds.

Si l'on reprend les situations évoquées au cours de la 1re étape du montage :

Solution 1 : (priorité à la modération de l'endettement)

Affectation des fonds / Dilution dans la holding	Option 1 Réduction de l'endettement	Option 2 Augmentation de la quotité de contrôle de la holding dans la cible sans modification de l'endettement
à 50 % (fonds propres × 2)	• Endettement ramené à 0 • Suppression du levier financier et de l'obligation de distribution	• Endettement inchangé • Quotité portée à 75 % • Dividende minimum ramené à 6,67 (pour 100 %)
à 1/3 (fonds propres × 1,5)	• Endettement ramené à 12,5 • Effet de levier réduit de 50 % • Dividende minimum ramené à 5	• Endettement inchangé • Quotité portée à 62,5 % • Dividende minimum ramené à 8 (pour 100 %)

Toutes choses égales par ailleurs, la disparition de l'endettement fait perdre au montage la qualification de LBO dans un cas (mais l'effet de levier juridique subsiste). L'opération est fortement sécurisée dans les trois autres. L'obligation de distribution disparaît ou se réduit. Les tiers restent propriétaires de près de la moitié de l'entreprise comme précédemment, en raison de leurs détentions directe et indirecte.

Le choix en faveur de l'augmentation de la quotité de contrôle de la holding dans la cible a le double avantage de réduire à la fois le montant minimum du dividende à servir par la cible à ses actionnaires, et la part de celui-ci allouée à des intérêts minoritaires hors groupe.

Solution 2 : (priorité au taux de contrôle)

Affectation des fonds / Dilution dans la holding	Option 1 Réduction de l'endettement	Option 2 Augmentation de la quotité
à 50 % (fonds propres × 2)	Endettement ramené à 50 Distribution minimale 10	
à 1/3 (fonds propres × 1,5)	Endettement ramené à 62,50 Distribution minimale 12,50	

La holding détenant déjà 100 % de la cible, l'affectation des fonds propres supplémentaires n'intervient qu'au titre de la réduction de l'endettement. Le niveau des ponctions minimales à opérer sur la cible reste élevé, alors que les droits pécuniaires du repreneur sur la cible sont ramenés à 2/3 voire 50 %.

On notera :

- **qu'il est indifférent pour la cible, en termes de distribution, d'avoir un actionnaire unique holding à 100 % endetté à hauteur de 50 ou un actionnaire holding à 50 % entouré de minoritaires, la holding étant elle-même endettée à hauteur de 25 ;**
- **que la situation est en revanche très différente pour le repreneur qui prend beaucoup plus de risques en prenant le contrôle intégral de l'affaire.**

Il est cependant possible d'envisager une troisième étape, qui consiste à faire entrer les minoritaires de la holding à un prix plus élevé, de façon à améliorer le scénario pour le repreneur.

■ Troisième étape : négociation des modalités d'ouverture du capital de la holding

On a vu précédemment que, dans le cadre des familles de solutions 1, l'ouverture du capital de la holding permettait de ramener dans une zone apparemment raisonnable :

- l'endettement de la holding ;
- la part des minoritaires ;
- le volume du dividende minimum de la cible.

Cette sécurité ne pouvait pas être acquise dans les familles de solutions 2, où malgré l'ouverture du capital, l'objectif prioritaire de détention de 100 % du capital de la cible fragilisait :

- la holding, encore très endettée ;
- la cible, astreinte à une obligation de distribution toujours significative.

Considérant, à juste titre, qu'il assure la responsabilité du management de l'entreprise rachetée alors que les minoritaires invités à ses côtés ont davantage les caractéristiques de partenaires financiers plus ou moins actifs, le repreneur peut dès lors être tenté de **faire entrer** ces derniers **à un équivalent prix plus élevé que le sien,** de façon à détourner à son profit une partie du levier, tout en acceptant, le cas échéant, de conforter en contrepartie, la sécurité des investisseurs qui l'accompagnent.

Appliquée aux différentes hypothèses de travail de la solution 2, la négociation des conditions d'entrée des minoritaires peut améliorer sensiblement la profitabilité de l'opération pour le repreneur, tout en réduisant son risque.

Solution 2 :

Incidence de la dilution sur l'endettement de la holding et le dividende à verser par la cible en fonction de différentes hypothèses de prix d'émission pour les minoritaire ; contrôle holding sur cible de 100 %.

Entrée des minoritaires dans la holding	Au même prix que le repreneur		Avec une prime de 25 %		Avec une prime de 50 %	
50 %	Apports minoritaires	25	Apports minoritaires	31,25	Apports minoritaires	37,5
	Endettement H	50	Endettement H	43,75	Endettement H	37,5
	Dividende C	10	Dividende C	8,75	Dividende C	7,5
1/3	Apports minoritaires	12,5	Apports minoritaires	15,625	Apports minoritaires	18,75
	Endettement H	62,5	Endettement H	59,375	Endettement H	56,25
	Dividende C	12,5	Dividende C	11,875	Dividende C	11,25

La première colonne rappelle pour mémoire le tableau précédent. La seconde montre l'incidence favorable d'une prime d'émission de 25 % sur les capitaux collectés auprès des minoritaires, sur le niveau d'endettement, et sur l'obligation de distribution, effet accentué si la prime est portée à 50 % (3e colonne).

Dès lors, il peut être intéressant d'examiner les conséquences de ces prix d'entrée différents sur la rentabilité espérée par l'investisseur financier minoritaire.

Supposons qu'au bout de 5 ans la holding a remboursé la totalité de ses dettes et que la cible s'est valorisée de 50 %. L'ensemble holding + cible vaut dès lors 150.

Taux de rendement investisseur selon le prix d'entrée

Conditions initiales	Au prix du repreneur	Avec une prime de 25 %	Avec une prime de 50 %
Valeur d'origine implicite pour 100 % du capital	100	125	150
Montant de l'investissement pour 50 % du capital de la holding	25	31,25	37,5
Valeur de revent après 5 ans pour 50 % du capital	75	75	75
Taux de rendement annuel	24,5731	19,1358	14,8698

Dans cet exemple, le prix d'entrée est, du point de vue de l'investisseur :

- très attractif en hypothèse 1 ;
- encore acceptable en hypothèse 2 ;
- sans doute trop élevé en hypothèse 3.

Il convient de noter en effet que le risque en fonds propres ne saurait, sauf cas particulier, se contenter d'un espoir de rémunération inférieur à 15/20 %.

L'investisseur devra bien entendu tester le réalisme des hypothèses de travail, délai de remboursement des crédits engagés pour racheter l'affaire, et valorisation de celle-ci à 5 ou 6 ans de vue.

Poursuivant le raisonnement à partir de l'exemple ci-dessus, le taux de rendement est en effet fortement amoindri par un retard dans le remboursement du capital emprunté ou dans la réalisation des performances de gestion de la cible (les deux éventualités pouvant d'ailleurs être liées), voire, d'une erreur de jugement sur le potentiel réel de la société.

Taux de rendement investisseur après aléas

	Hypothèse 1	Hypothèse 2	Hypothèse 3
Taux de rendement objectif (rappel tableau précédent)	24,5731	19,1358	14,8698
Eventualité d'un retard d'un an sur la réalisation de la performance (revente à 150 dans 6 ans au lieu de 5 ans)	20,0937	15,7094	12,2462
Eventualité d'une insuffisance de 10 par rapport au prix objectif (revente à 140 dans 5 ans, au lieu de 150)	22,866	17,5032	13,2957
Eventualités cumulées d'un retard dans les objectifs de délai (6 ans) et de valorisation (140)	18,7207	14,3865	10,9629
Valeur de revente constante 100 sur 5 ans	14,8698	9,8561	5,9224
sur 6 ans	12,2462	8,1484	4,9115

En résumé, le montage d'une opération à prix prédéterminé nécessite une analyse particulièrement vigilante des points suivants :

- **valeur de la cible ;**
- **potentiel de résultat distribuable de la cible ;**
- **quotité de contrôle visée par le holding ;**
- **répartition du financement de la holding.**

La rentabilité de l'actif doit être supérieure au coût de la dette contractée faute de quoi la holding ne peut en aucune manière profiter d'un quelconque effet de levier.

2 - RAFFINEMENTS ET PERVERSIONS

Sans vouloir préjuger de la qualification qu'il convient d'attribuer aux fortifiants décrits ci-dessous, on peut distinguer quatre points à titre de complément du montage « basique ».

■ Utilisation des excédents de trésorerie de la cible

Les affaires acquises au moyen d'un financement de type LBO sont souvent, comme on le pressent, des sociétés stables, et bénéficiaires. Il peut être intéressant tant pour le cédant que pour le repreneur, qu'elles soient vendues coupon attaché :

- le cédant incorpore implicitement le dividende qu'il abandonne au repreneur dans le prix de vente. Ce supplément de prix est taxé entre ses mains comme une plus-value, le plus souvent à long terme, alors que le dividende reçu aurait eu la qualification de revenu mobilier. Pour le cédant personne physique, il en résulte donc une économie sur le plan fiscal ;
- le repreneur de son côté peut financer par un crédit à très court terme sur la tête de la holding, le complément de prix qu'il doit verser au vendeur. Ce crédit relais se dénoue lors du versement effectif du dividende après le changement d'actionnaire.

Acquéreur et cédant se partagent l'économie fiscale ainsi réalisée.

Dans certains cas, la structure financière est suréquilibrée et la trésorerie pléthorique. Un dividende exceptionnel supplémentaire peut être versé à l'occasion de la reprise : les excédents de trésorerie sont un élément significatif de la valeur de l'entreprise.

Il convient alors de vérifier si cette distribution exceptionnelle est possible sans friction fiscale (précompte). Seuls les dividendes correspondant à des revenus taxés au taux de droit commun et conservés depuis moins de cinq ans dans l'entreprise échappent en effet au précompte.

Dans l'hypothèse ou la distribution est prélevée sur des bénéfices. qui n'ont pas été soumis à l'IS au taux normal, ou qui proviennent d'un exercice clos depuis plus de cinq ans, le précompte est exigible.

Ceci est indépendant des dispositions récentes qui frappent d'un complément d'imposition par rapport au taux normal de l'IS, les bénéfices que l'assemblée des actionnaires décide de distribuer.

Si la manœuvre n'est pas pénalisante fiscalement, et si les conditions de l'équilibre financier futur de la cible le permettent, on peut même imaginer de tirer sur des crédits court terme pour financer la distribution de ce dividende exceptionnel. Une ponction trop massive sur le fonds de roulement n'est cependant pas sans altérer la marge de sécurité dont devra disposer par la suite le repreneur en régime de croisière.

■ Cession d'actifs non indispensables

L'entreprise dispose d'un actif qui est parfois surdimensionné par rapport aux besoins de l'exploitation. **Les réserves foncières et immobilières accumulées par l'ancienne gestion peuvent s'avérer très utiles pour asseoir le financement de la reprise :**

- ou bien, ce qui est souvent préférable, elles constituent **une simple marge de sécurité** à laquelle on ne s'intéressera que dans l'hypothèse où l'entreprise ne tient pas ses prévisions de résultat ;
- ou bien, et c'est parfois une tentation pour limiter d'entrée de jeu l'endettement de la holding, **ces actifs sont vendus ou mieux, font l'objet d'une opération de lease back.** La trésorerie dégagée par cet allègement est ensuite remontée à la holding. Le cas échéant, des ponctions fiscales peuvent en réduire l'intérêt.

En tout état de cause, la loi interdit à une société d'avancer des fonds, d'accorder des prêts ou de consentir une sûreté en vue de la souscription ou de l'achat de ses propres actions par un tiers (article 217-9 al. 1 de la loi sur les sociétés commerciales). **Mais ce principe :**

- **ne s'applique pas** aux opérations effectuées en vue de l'acquisition par les salariés d'actions de la société ou de l'une de ses filiales ;
- **est parfois contourné** dans les protocoles contenant des engagements indirects ;
- **s'avère peu contraignant** si une fusion holding/cible intervient peu de temps après la prise de contrôle, (dans la mesure où l'abus de droit ne serait pas invoqué).

Les financements mezzanine

Comme on l'a vu, la négociation des modalités de financement entre les partenaires présents dans la holding, capitalistes et bailleurs de fonds sous forme de crédit à court ou moyen terme, reflète le **partage des risques et des profits.**

A cet égard, **les intérêts des actionnaires de la holding et de ses banquiers dispensateurs de crédit sont antagonistes :**

- les actionnaires, afin de profiter à plein du levier juridique et du levier financier de l'opération sont généralement désireux de maximiser le recours à l'endettement ;
- les prêteurs sont attentifs à la qualité de leur risque et demandent un spread important si le versement de l'intérêt voire le remboursement de leur capital suppose un prélèvement sur la cible, significatif par rapport au potentiel de cette dernière.

Afin de concilier des points de vue divergents, il est loisible d'intercaler entre le capital et la dette classique une tranche hybride, dite « mezzanine » qui a pour vocation de préserver le souci de rentabilité du repreneur tout en améliorant la sécurité du banquier dispensateur de crédit.

Le financement mezzanine ou « subordonné » est organisé contractuellement (donc avec la plus grande souplesse) de façon à ce que les fonds apportés sous cette forme à l'acquéreur ne soient **rémunérés et/ou remboursés aux prêteurs qu'après versement des intérêts, et/ou du capital correspondant au remboursement des crédits classiques** (ces derniers prenant alors la dénomination de dette « senior »).

Contrairement aux banquiers seniors qui ont généralement obtenu un nantissement sur les actions de la société acquise, les créanciers subordonnés **ne bénéficient pas de garanties.**

Enfin, la **durée de vie moyenne de ces concours est souvent nettement plus longue et leur exigibilité retardée en cas de difficultés de l'entreprise** suscitant la mise en jeu des garanties accordées aux banquiers seniors.

Les supports du financement mezzanine sont des crédits ou des titres, tels que :

- **des comptes courants d'associés bloqués ;**
- **des obligations convertibles et/ou à bons de souscription ;**
- **des concours bancaires ou des titres subordonnés, le cas échéant assortis de bons de souscription.**

Ces apports de fonds sont **mieux rémunérés, de plusieurs points,** que la dette classique, une partie du rendement (notamment lorsque des bons de souscription sont alloués au prêteur mezzanine) étant fonction de la performance réelle de l'affaire.

Ainsi s'harmonisent mieux rémunérations et risques :

- pour le banquier classique, la dette accordée est moins longue et mieux couverte par les actifs de la cible. Il acceptera une marge plus faible ;
- pour le prêteur mezzanine, l'opération est très rentable en cas d'exercice des bons de souscription ou de conversion des obligations convertibles détenues ;
- l'investisseur en capital peut limiter son apport de fonds propres tout en concédant à ses partenaires, bailleurs de fonds « senior » et « mezzanine », une rémunération adaptée aux risques pris, à un coût global acceptable, qui, le cas échéant, incorpore une certaine dilution (mais celle-ci ne se matérialise qu'en cas de franc succès de l'opération).

Section 2

Les LBO à intégration fiscale

Le risque intrinsèque très important des opérations de reprise avec effet de levier n'aurait sans doute pas trouvé facilement un financement adapté si le législateur n'avait été désireux de promouvoir la transmission des entreprises à titre onéreux dans la double optique de la préservation du tissu industriel et du maintien de l'emploi.

Dans les structures holding/cible telles que définies précédemment, les positions fiscales des deux sociétés sont par définition inverses :

- la holding, endettée, subit un déficit fiscal ;
- la cible, distributrice de dividendes, est à l'évidence, un bon contribuable au titre de l'IS.

Tout dispositif fiscal permettant de compenser directement ou indirectement les déficits de la mère avec les bénéfices de la fille ne peut qu'être sécurisant pour une opération, en permettant, de façon liée :

- de réduire le coût réel de la dette après impôt ;
- d'atténuer le montant du dividende annuel nécessaire à l'équilibre de l'opération.

Le « cadeau fiscal » offert par l'Etat sous différentes formes depuis 1984 a rendu viables des opérations qui auraient été impraticables sous l'empire d'une réglementation de droit commun. La puissance publique a ainsi apporté une contribution significative à la transmission de maintes entreprises. Mais l'intérêt de la procédure conduit à l'utiliser également en l'absence d'un besoin réel de transmission.

Depuis 1988, il est institué un régime d'intégration fiscale qui s'applique sans contrôle préalable de l'administration et permet à l'intérieur d'un groupe la compensation des résultats de chacune de ses composantes.

Ce nouveau régime de droit commun s'applique sur option à l'ensemble des sociétés soumises à l'impôt sur les sociétés. La société mère peut n'inclure dans son périmètre d'intégration que certaines de ses filiales à 95 %. Ce périmètre peut varier chaque année.

Il remplace l'ancien régime d'intégration accordé sur agrément et parcimonieusement et s'est avéré le domaine d'élection du LBO lorsque la société mère en respecte les conditions.

Exemple simplifié d'imposition des résultats

Une société détient des participations d'au moins 95 % dans deux filiales.

Par simplification, il est supposé que l'imposition au niveau du groupe des résultats des trois sociétés ne nécessite pas de retraitement interne. On néglige également les intérêts des minoritaires.

Le taux de l'impôt sur les sociétés est de 42 %.

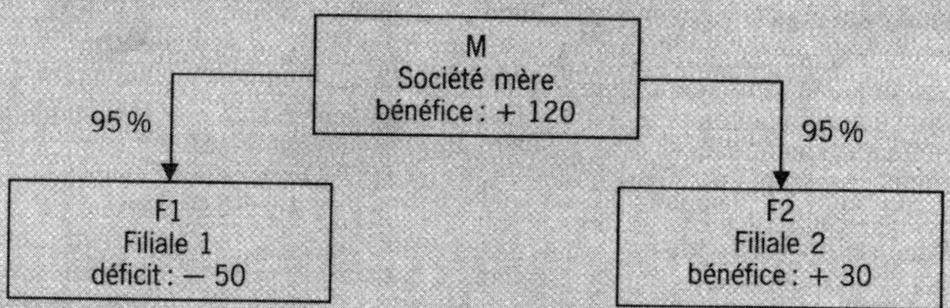

1) Impôt dû dans la situation actuelle
M(120 × 42 %) + F1 (déficit : 0) + F2 (30 × 42 %) = 63

2) Impôt dû avec le régime d'intégration fiscale
[M(+ 120) + F1 (– 50) + F2 (+ 30)] × 42 % = 42

Si les trois sociétés avaient été bénéficiaires, le montant de l'impôt dû avec le régime d'intégration fiscale aurait été identique à celui résultant de la situation normale.

1 - LE PRINCIPE DE L'INTEGRATION FISCALE

■ Entreprises concernées

Pour l'imposition des résultats, une société dite « **tête de groupe** » (en l'occurrence la holding de reprise) dont le capital n'est pas detenu à 95 % au moins, directement ou indirectement par une autre personne morale passible de l'impôt sur les sociétés, peut se constituer seule redevable de l'impôt sur les sociétés dû sur l'ensemble des résultats du groupe. Ce groupe est formé par elle-même et les sociétés dont elle détient 95 % au moins du capital, de manière continue au cours de l'exercice, directement ou indirectement, par l'intermédiaire de sociétés du groupe.

Seules peuvent être membres du groupe les sociétés qui ont donné leur accord et dont les résultats sont soumis à l'impôt sur les sociétés dans les conditions de droit commum.

Si la mise en place d'options de souscription d'actions a pour effet, au cours d'un exercice, de réduire à moins de 95 % la participation dans le capital d'une société filiale, la condition relative à la détention du capital est réputée satisfaite si le pourcentage de 95 % est à nouveau atteint à la clôture de l'exercice.

■ Détermination du résultat d'ensemble

Les règles de détermination du résultat d'ensemble reposent sur un **mécanisme de compensation arithmétique des résultats positifs et négatifs de l'ensemble des sociétés du groupe, filiales et mère.** Cette démarche suppose que chaque société membre du groupe ait, au préalable, déterminé son propre résultat fiscal selon les modalités de droit commun et l'ait déclaré. Ces diligences restent en effet indispensables pour calculer la participation des salariés, et procéder aux vérifications fiscales de chaque société dans des conditions de droit commun (la société tête de groupe supportant les conséquences des infractions commises).

Le résultat d'ensemble est ensuite rectifié :

• **Déductions :**

Quote-part des frais et charges à raison d'un dividende versé par une autre société du groupe (régime mère fille).

• **Majorations :**

Le résultat d'ensemble est majoré du montant :

- des dotations complémentaires aux provisions constituées par une société après son entrée dans le groupe, à raison des créances qu'elle détient sur d'autres sociétés du groupe ;
- des jetons de présence et tantièmes distribués par les sociétés filiales ;
- des déductions effectuées par des sociétés du groupe à raison des sommes versées pour la souscription de recherche et des sociétés implantées dans les DOM.

• **Cessions d'immobilisations**

- à des sociétés externes au groupe : la plus-value nette ou la moins-value nette à long terme d'ensemble est déterminée par le société mère en faisant la somme algébrique des plus-values ou des moins-values nettes à long terme de chacune des sociétés du groupe.
- entre sociétés du groupe : afin de neutraliser leur incidence, la plus-value ou la moins-value afférente à la cession entre sociétés du groupe d'un élément d'actif immobilisé n'est pas retenue pour le calcul du résultat d'ensemble au titre de l'exercice de cette cession. Corrélativement le montant des suppléments d'amortissements pratiqués par la société cessionnaire d'un bien amortissable est réintégré au résultat d'ensemble au titre de chaque exercice.

• **Dividendes versés à l'intérieur du groupe**

Bien entendu, n'est pas applicable un régime de déductibilité du bénéfice imposable des dividendes alloués aux actions émises en contrepartie d'apports en numéraire à l'intérieur d'un groupe.

■ Gestion des déficits

Le résultat d'ensemble déficitaire est reporté sur les exercices suivants jusqu'au cinquième exercice qui suit l'exercice déficitaire ou sans limitation de durée pour la fraction du déficit qui correspond aux amortissements régulièrement comptabilisés mais réputés différés en période déficitaire.

• **Déficits et moins-values subis par les sociétés du groupe**

- le résultat d'ensemble de la société mère est déterminé en faisant la somme algébrique des résultats de chaque filiale du groupe. Aussi, les déficits retenus pour la détermination de ce résultat ne sont pas déductibles des résultats de la société qui les a subis. Il en est de même des moins-values nettes à long terme retenues pour le calcul de la plus-value ou de la moins-value nette à long terme d'ensemble ;
- la société mère peut opter pour le report en arrière du déficit d'ensemble. Dans ce cas, le déficit d'ensemble déclaré au titre d'un exercice est imputé sur le bénéfice d'ensemble ou, le cas échéant, sur les bénéfices que la société mère a déclarés au titre des trois exercices précédant celui de la première application du régime de l'intégration fiscale dans les conditions de droit commun.

Une société filiale du groupe ne peut pas exercer l'option pour le report en arrière de ses propres déficits.

• **Déficit et moins-values subis avant l'entrée dans le groupe**

Les déficits subis par une société du groupe au titre d'exercices antérieurs à son entrée dans le groupe, y compris la fraction de ces déficits correspondant aux amortissements régulièrement comptabilisés mais réputés différés en période déficitaire, ne sont imputables que sur son bénéfice. Il n'est donc pas intéressant de faire entrer une affaire dans un groupe pour bénéficier de son report fiscal.

De même, les moins-values nettes à long terme, constatées par une société du groupe au titre d'exercices antérieurs à son entrée dans le groupe, ne peuvent être imputés que sur ses propres plus-values nettes à long terme, dans les conditions de droit commun.

• **Sortie d'une société du groupe moins de cinq ans après son entrée ; sort des déficits**

En cas de sortie du groupe d'une société moins de cinq ans après son entrée, si la somme algébrique de ses résultats et des sommes qui leur ont été ajoutées ou retranchées pour la détermination du résultat d'ensemble est négative, **une somme égale à une fois et demi le montant de l'excédent de déficit est rapportée au résultat d'ensemble** de l'exercice au cours duquel la société ne fait plus partie du groupe. La société peut alors reporter cet excédent de déficit selon les modalités de droit commun. Il en est de même en matière de plus-values.

■ Paiement de l'impôt

• **Impôt sur les sociétés**

La société mère acquitte l'impôt sur les sociétés sur le résultat d'ensemble et les pénalités éventuellement applicables.

L'imposition forfaitaire annuelle des sociétés du groupe qui est acquittée par la société mère est déductible de l'impôt sur les sociétés afférent au résultat d'ensemble à hauteur de l'imputation qu'aurait permis le résultat fiscal de chaque société du groupe l'année de l'exigibilité de cette imposition et les deux années suivantes.

Chaque société du groupe acquitte l'imposition forfaitaire annuelle dont elle est redevable au titre de l'année au cours de laquelle elle est entrée dans le groupe.

Chaque société du groupe est tenue solidairement au paiement de l'impôt sur les sociétés, de l'imposition forfaitaire annuelle et du précompte, dont la société mère est redevable, à hauteur de l'impôt et des pénalités qui seraient dus par la société si celle-ci n'était pas membre du groupe.

• **Régime de distribution**

Les dividendes distribués par une société du groupe à une autre société du groupe ne donnent lieu ni à avoir fiscal, ni au précompte lorsqu'ils sont prélevés sur des résultats qui ont été compris dans le résultat d'ensemble.

En outre, les sociétés du groupe qui allouent des dividendes à d'autres sociétés du même groupe ne peuvent pas bénéficier du régime de la déduction de ces sommes de leurs résultats.

Pour la liquidation du précompte par la société mère, le bénéfice disponible soumis à l'impôt sur les sociétés au taux normal s'entend du bénéfice net d'ensemble. Les bénéfices d'une société filiale ne constituent pas de bénéfices soumis à l'impôt sur les sociétés au taux normal pour la liquidation du précompte dû par cette société.

La société mère est substituée aux sociétés du groupe pour l'imputation, sur le montant du précompte dont elle est redevable, le cas échéant, en cas de distribution, de la fraction des avoirs fiscaux et crédits d'impôts attachés aux produits de participation qui ont ouvert droit à l'application du régime des sociétés mères.

2 - LES LIMITATIONS APPORTEES PAR L'AMENDEMENT CHARASSE

Le dispositif d'intégration fiscale tel qu'il vient d'être défini comportait un intérêt particulier pour les chefs d'entreprise à l'affût des avancées permises par une réglementation nouvelle et encore mal rodée.

■ Le principe du rachat à soi-même

En l'absence de restrictions particulières le montage suivant pouvait être réalisé :

- soit une entreprise familiale contrôlée par un actionnaire personne physique, quasi unique et désireux de se procurer de la liquidité sans pour autant perdre le contrôle de l'affaire. Par hypothèse cette entreprise vaut 100, génère un bénéfice net après impôt de 10, ces caractéristiques étant constantes. On supposera en outre un taux d'IS à 42 % et un taux d'intérêt à 7 %.

Il est aisé à cet actionnaire de créer une holding dont il est seul détenteur et qui rachète en s'endettant la totalité de l'entreprise familiale. Fiscalement, l'opération est intéressante à plus d'un titre :

- l'actionnaire familial, vendant ses titres à la holding encaisse 100, somme de laquelle il convient de retrancher l'impôt sur les plus-values. Il lui reste environ 80 ;
- la holding emprunte 100 pour acquérir 100 % du capital de l'affaire familiale et acquitte annuellement un intérêt bancaire de 7 (déficit fiscal) ;
- le schéma d'intégration fiscale permet de compenser le déficit fiscal de 7 de la société mère avec le résultat **avant** impôt de l'affaire familiale, ce dernier étant par hypothèse au minimum de $\frac{10}{0{,}58} = 17{,}25$ (soit 7,25 d'IS + 10 de BN) ;
- l'impôt désormais dû par le groupe est de $(17{,}25 - 7) \times 0{,}42 \cong 4{,}30$ contre 7,25. Le fisc subit un préjudice de 2,95. Le coût réel de l'opération net après impôt est de $7 - 2{,}95 = 4{,}05$;

- l'opération peut être garantie par le placement du capital prélevé à l'origine (80 environ après impôt sur les plus-values) et se répéter autant de fois que nécessaire, rien n'interdisant, à l'expiration de l'emprunt, voire avant, de fusionner holding et cible pour remettre au point un montage identique.

■ L'amendement « Charasse »

Baptisé du nom du ministre du Budget, l'amendement Charasse (loi de finance rectificative pour 1988) limite rétroactivement au 1er janvier 1988 les possibilités de déduction fiscale opérées dans le cadre d'achat de titres de la cible aux personnes qui la contrôlent directement ou indirectement. Il ne s'agit que des cessions, l'apport des titres à la holding n'est pas concerné par cette mesure restrictive.

Désormais, lorsque des titres d'une société du groupe sont achetés auprès de personnes qui le contrôlent directement ou indirectement, en droit ou en fait, ouvertement ou sous forme de portage, **les charges financières déduites par les sociétés concernées sont rapportées au résultat d'ensemble du groupe pour une fraction de leur montant,** selon le mode de calcul suivant :

$$\text{charges financières de l'exercice} \times \frac{\text{Prix d'acquisition des titres}}{\text{Montant moyen des dettes du groupe au cours de l'exercice}}$$

Cette réintégration est néanmoins réduite du montant des fonds apportés à la société cessionnaire lors d'une augmentation de capital réalisée simultanément à l'acquisition.

La réintégration est pratiquée pendant l'exercice d'acquisition des titres et les quatorze exercices suivants.

Ce dispositif, très pénalisant, a fortement ralenti la production d'opérations en circuit fermé par des actionnaires personnes physiques. Il s'avère moins gênant dans les groupes.

Section 3

La pratique des montages

On étudiera successivement le cadre général de la réflexion et la conception des protocoles d'accompagnement.

I - ARCHITECTURE OPTIMALE D'UNE OPERATION

Après avoir déterminé un cadre fiscal et accepté un prix d'acquisition, le repreneur doit équilibrer la structure de ses financements et lancer l'opération au bon moment.

■ Principes stratégiques des options fiscales

Les opérations à moins de 95 % présentent l'avantage de mobiliser moins de capitaux propres car elles requièrent une quotité minimum de détention de la cible simplement majoritaire. Elles dérivent généralement vers des **stratégies de holding « impure »** eu égard à la nécessité d'assurer à cette dernière un flux de revenus récurrents sans évaporation excessive du résultat en direction des minoritaires par le jeu du dividende.

En revanche, **le régime de groupe est plus contraignant** en raison du taux de participation qu'il requiert, parfois difficile à atteindre, notamment lorsque la cible est cotée.

■ Le juste prix

La détermination de la valeur de l'entreprise ne doit pas résulter de sa capacité à supporter des charges financières mais d'une analyse stratégique : **c'est le plan de financement de la société cible qui doit conditionner celui du holding et non l'inverse.**

Autre façon de dire les choses : les efforts du repreneur doivent être partagés équitablement, et ne pas être escomptés d'entrée de jeu au profit du vendeur, même si les intermédiaires parties à l'opération ne voient pas toujours un inconvénient à cela (commissions proportionnelles au prix de vente, volume supplémentaire de concours distribués, voire partage nécessaire du capital en cas de forcement du prix).

Le juste prix dépendra notamment des caractéristiques de la cible dans le futur :

- résultats ;
- besoins de fonds de roulement ;
- volume des investissements ;
- capacité d'endettement ;
- revente éventuelle d'éléments d'actifs.

D'autres paramètres, extérieurs à l'entreprise sont susceptibles d'exercer une influence sur le prix, y compris pendant la période de négociation et de montage.

- LBO en réaction d'OPA hostiles ;
- intérêt industriel stratégique de l'opération pour le repreneur ;
- modification du niveau des taux d'intérêt ou de l'impôt sur les sociétés ;
- marges exigées par les financiers, etc.

■ La structure des financements

Les montages LBO sont généralement structurés en trois stades, risque et rémunération allant croissant :

- **dette senior :** (30 à 50 % de l'acquisition) elle bénéficie des meilleures garanties et ressort avec une marge de 1,5 à 2,5 % en France, parfois plus, (à l'instar des pratiques américaines où le « spread » atteint fréquemment 4 %) ;
- **dette « mezzanine » :** (25 à 40 % de l'acquisition) la rémunération de la dette subordonnée et des obligations convertibles est pour partie fonction de la réussite de l'opération. Le risque est plus important qu'en dette senior ce qui justifie une marge minimale de 3 %,
- **fonds propres :** rarement inférieure à 20 %, la part des fonds propres dépend de la sécurité apportée par les autres éléments du montage (stabilité des performances de l'entreprise, importance de la dette « mezzanine », etc.) ; leur rémunération objectif est au moins de 30 %.

■ Le calendrier de l'opération

Trois règles essentielles déterminent un calendrier type d'opération :

- les exercices de chacune des entités du périmètre doivent avoir 12 mois et coïncider,

– la société mère doit opter pour l'application du régime avant l'ouverture du premier exercice d'intégration et indiquer le périmètre choisi ;
– les filiales intégrées doivent donner leur accord formel.

Ainsi, il conviendra d'être vigilant sur la date de l'opération : l'utilisation du régime de l'intégration fiscale ne permet pas la compensation des résultats financiers du holding et de la cible pour la période séparant l'acquisition par le holding des titres de la cible et la prise d'effet de ce régime, c'est-à-dire l'ouverture de l'exercice suivant (par définition identique pour les deux sociétés).

Cette sujétion peut être d'autant plus gênante qu'outre les intérêts de cette période intérimaire, les charges de mise en place du LBO (recherche de la cible, coûts de montage juridique et financier, conseils et honoraires divers) **peuvent être significatifs et générer des déficits fiscaux difficiles à utiliser par la suite,** la holding n'ayant pas forcément vocation à secréter du résultat imposable.

Aussi conviendra-t-il d'opter entre trois solutions :
– différer une opération vers la fin de l'exercice ;
– réaliser l'opération rapidement mais raccourcir les exercices en cours holding et cible (une AGE est peut-être nécessaire en tout état de cause pour harmoniser les dates d'arrêtés des comptes) ;
– accepter un surcoût provisoire.

2 - CLAUSES CONTRACTUELLES D'ACCOMPAGNEMENT

Elles sont indispensables compte tenu de la complexité des montages, du nombre de parties intéressées, de leurs intérêts divergents et de la durée de vie d'une opération.

Les modalités retenues pour l'opération de LBO nécessitent parfois une modification des statuts de la société cible de façon à permettre la création de titres assortis d'avantages particuliers (dividende privilégié en faveur des titres détenus par la holding par exemple) ou restreindre leur liberté de circulation.

Le plus souvent ce sont les pactes d'actionnaires qui définissent droits et obligations des parties. Y figurent notamment :
– **des engagements de porte-fort** qui permettent de contracter sans faire participer l'ensemble des actionnaires (cible et holding) et d'anticiper sur les décisions d'organes sociaux qui ne peuvent être liés par des conventions de vote (composition du conseil d'administration après la reprise, par exemple) ;
– **des obligations d'information** en faveur des principaux actionnaires de la holding ;
– **la définition des objectifs de l'entreprise cible** avec, le cas échéant, différents niveaux de réalisation déclenchant des droits ou des obligations pour certaines catégories d'actionnaires ou de détenteurs de droits potentiels

sur le capital (engagement par les financiers de non conversion partielle d'obligations convertibles, renonciation à l'exercice de bons si les performances sont supérieures à un certain seuil, permettant de préserver la part du contrôle détenu par les managers) ;

- **l'organisation de la « respiration » de l'actionnariat :** faculté de syndication offerte aux « arrangeurs » de l'opération, clauses de préemption et d'agrément, engagements de rachat, parités de sortie etc. ;
- **toute clause traduisant l'intuitu personnae du montage,** telle que la composition de l'équipe dirigeante, la répartition du capital des principaux actionnaires personnes morales, etc.

Toutes ces clauses ne sont pas nécessairement opposables aux tiers, ni même valides. Ainsi peut-on être dubitatif sur certaines dispositions limitant les pouvoirs de gestion des dirigeants de la cible (interdiction d'investir à l'étranger pendant une certaine période, engagement de réalisation d'actifs, etc.) même si les consignes en question ont pour but essentiel de préserver les grands équilibres définis par le plan de financement d'origine.

Section 4

Le marché français du LBO

Les techniques de prise de contrôle d'entreprises avec effet de levier ont pris leur essor en France à partir du milieu des années 1980, sous la conjonction d'un faisceau de facteurs incitatifs :

- un nombre important d'entreprises à transmettre en France ;
- l'observation des pratiques anglo saxonnes de ce genre de financement, parfois érigées en modèle ;
- la mise en place progressive d'une réglementation fiscale plus permissive ;
- une conjoncture globalement favorable aux opérations sur fonds propres (croissance économique forte, taux d'intérêt nominaux raisonnables) ;
- l'ampleur des capitaux détenus par les intermédiaires financiers, prompts à constituer des structures de réflexion et d'investissement spécialisées sur ces montages à fort risque mais à rentabilité très élevée.

Au plan individuel, le montage LBO soulève essentiellement des risques juridiques. En outre, un risque systémique peut apparaître, craint notamment par les autorités de tutelle à la lumière des sinistres retentissants essuyés à l'étranger sur des dossiers très audacieux.

1 - LES RISQUES JURIDIQUES

Les restrictions à la liberté des montages obéissent essentiellement au souci de protéger les minoritaires de la cible ainsi que ses créanciers. Certains aspects du montage LBO se heurtent en effet à des dispositions juridiques de portée générale.

■ La garantie des emprunts au moment du rachat

En vertu de l'article 217.9 de la loi sur les sociétés commerciales, **la société cible ne peut, en règle générale, consentir une sûreté en vue de l'achat ou**

de la souscription de ses propres actions par un tiers. L'acquéreur peut donc offrir à ses prêteurs une garantie sur les actions achetées mais non sur les actifs de la cible. Cette règle ne peut être contournée par la prise de sûretés réelles sur les actifs d'une sous filiale.

■ La remontée des dividendes pendant la période de financement

En principe, les actionnaires minoritaires de la cible ne sauraient se plaindre de recevoir des dividendes substantiels, votés généreusement par l'actionnaire majoritaire repreneur désireux d'honorer ses propres engagements de remboursement.

Toutefois, **des ponctions excessives sur la structure peuvent à juste raison conduire à évoquer l'abus de droit de vote, voire l'abus de biens sociaux.** Si l'on cumule des décisions de sortie d'actif, de ralentissement des investissements, d'accroissement de l'endettement pour financer les prélèvements des actionnaires, la pérennité même de l'entreprise peut être mise en doute et les divergences sur la stratégie débattues devant les tribunaux.

■ La fusion prématurée de la holding et la cible (fusion « rapide »)

Celle-ci revient à faire supporter directement par la cible les charges de remboursement de la holding, donc d'y transférer les risques des prêteurs « holding » d'origine. Tolérée mais sans enthousiasme, la fusion ne devrait donc pas se traduire par la prise de garanties a posteriori de la part des prêteurs « holding », ni alourdir trop sensiblement l'exploitation, faute de quoi l'ensemble du dispositif pourrait faire l'objet d'une **action en responsabilité** diligentée par des actionnaires minoritaires ou des créanciers (abus de majorité, abus de biens sociaux, abus de crédit, abus de pouvoir), ceci pouvant aller jusqu'à une **condamnation pénale au titre de l'article 437 de la loi sur les sociétés commerciales** (distribution de dividendes fictifs, usage des biens ou du crédit de la société, contraire à l'intérêt de celle-ci, à des fins personnelles, et de mauvaise foi...).

2 - LES RISQUES SYSTEMIQUES

Les opérations à effet de levier ont connu sur le marché américain leur apogée à la fin des années 80. Par la suite, les esprits ont été marqués par les difficultés du groupe CAMPEAU (septembre 1989) et l'échec de l'opération UNITED AIRLINES (octobre 1989). La faillite de DREXEL BURNHAM LAMBERT, un des principaux opérateurs sur le marché devait provoquer à partir de 1990 une crainte accrue vis-à-vis de ces montages, de la part des pouvoirs publics des principaux pays industrialisés.

La France n'a jamais connu ces excès. La place a su réaliser études et suivi des risques des opérations à effet de levier dont on peut distinguer plusieurs catégories :

- **le risque de prix :** la surévaluation éventuelle de la société achetée entraîne une consommation excessive de crédits bancaires : certains opérateurs recommandent de ne jamais payer une affaire plus de 9 fois son bénéfice avant frais financiers, amortissements et impôts, mais n'est-ce pas placer la barre déjà trop haut ?
- **le risque de contrepartie :** la cible peut réserver des déconvenues parce qu'elle ne réalise pas la performance économique voulue (aléas de marché et/ou moindre compétitivité de l'affaire qui investit peu en période de LBO), ce qui a toutes les chances d'altérer sa rentabilité et par conséquent sa capacité à honorer le service de sa dette ;
- **le risque de taux :** en période de hausse des taux, le risque de défaillance de l'entreprise objet d'un LBO augmente considérablement si elle n'a pas su se protéger par une structure d'endettement ou des techniques de couverture appropriées ;
- **le risque de marché** : à la suite des inquiétudes suscitées par l'affaire Drexel, la valeur des « junk bonds » avait baissé de 15 à 25 % aux Etats-Unis. Ces mouvements ont des répercussions financières directes dans les comptes des établissements chargés de titres de cette nature. Les banques sont d'ailleurs elles-mêmes soumises à un risque de taux compte tenu de leurs propres conditions de refinancement.

En dépit du caractère assez cyclique de l'intérêt pour ces opérations, lié notamment à la conjoncture générale et aux taux d'intérêt, un certain optimisme peut être maintenu car :

- la **rentabilité** en est **élevée** et fait contraste avec la tendance générale à l'érosion des marges des crédits bancaires ;
- les **engagements** des établissements de crédit français sur ces types d'opérations paraissent dans l'ensemble bien **équilibrées,** plutôt **divisés** et **moins exposés** que ceux de leurs homologues américains ;
- l'essentiel des encours est constitué de **dette senior** ;
- l'agent est susceptible d'organiser un **marché secondaire** des créances afférentes aux dossiers les plus importants.

Enfin, on notera des nuances dans les **stratégies de développement :**

- les **grandes banques à vocation universelle** sont présentes sur tous les segments du marché. Tout en intervenant dans le cadre des financements, elles peuvent assurer le montage, soit directement, soit par l'intermédiaire de filiales spécialisées en ingénierie financière ;
- les **anciennes banques d'affaires** interviennent plus volontiers dans la détection des cibles, l'analyse et le montage des transactions. Elles fournissent également, le cas échéant, des financements bancaires, en organisant une syndication davantage qu'en y exposant leurs capitaux ;

- des **sociétés spécialisées** (à actionnariat diversifié d'assureurs, de banquiers, ou de fonds de pension) occupent une part de marché significative. Ces organismes ont le triple avantage de la discrétion dans la préparation du montage, de leur indépendance de jugement par rapport au banquier dispensateur de crédit et de leur faculté de consortialisation des risques. En revanche, leurs moyens directs demeurent limités pour prétendre financer significativement les plus grosses opérations.

*
* *

Les excès de certains capitalistes américains, un moindre optimisme sur les perspectives de la croissance économique mondiale, les risques de surenchère entre les opérateurs français sur un marché très convoité ont provoqué dès la fin des années 80, une approche mesurée de ces dossiers, d'autant que la crise du Golfe a ensuite accentué les risques économiques et financiers, remettant en cause bien des anticipations.

Ainsi, la commodité de ces montages, la « recette » miraculeuse qu'ils offrent sur le triple plan du contrôle, de la rentabilité du capital investi et des avantages fiscaux induits n'a dans l'ensemble pas occulté l'importance d'une analyse stratégique préalable des projets et d'une juste appréciation du risque qu'ils représentent à court/moyen terme.

A l'inverse, les déboires qui frappent certains investisseurs engagés trop avant dans des processus de financement de cette nature à l'étranger n'ont pas pour autant généré une méfiance excessive vis-à-vis de la technique elle-même qui, bien maîtrisée, donne entière satisfaction à tous les partenaires concernés.

NOTE

L'effet de levier financier : composantes, excès, risques

Le schéma ci-dessous récapitule les différents éléments du levier en les poussant à l'extrême : l'apport des repreneurs représente seulement 2 % de la valeur initiale de la cible, ce qui est évidemment dangereux et complètement irréaliste.

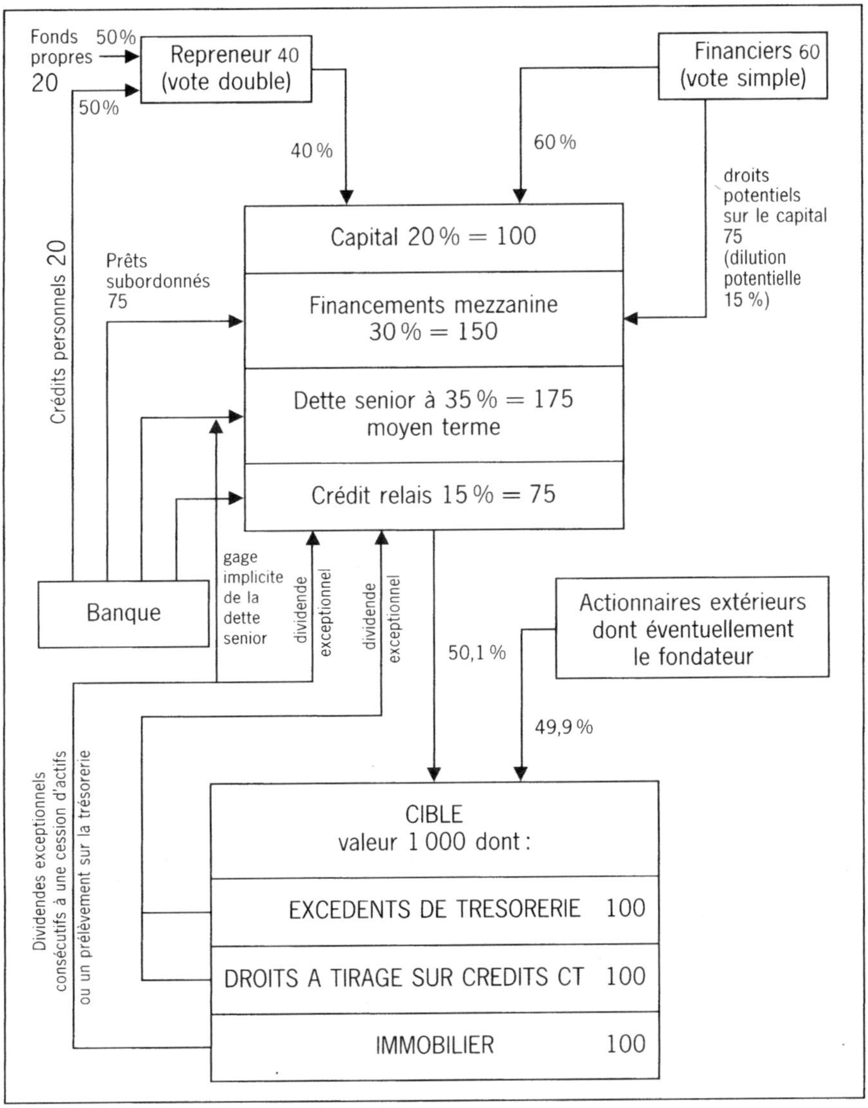

Le levier est important :

– la cible vaut	1 000	
– la holding doit réunir	501	
– l'effort en capital immédiat se monte à	100	
– le repreneur en fournit	40	
– dont fonds propres réels	20	(soit 2 % de la valeur de l'entreprise).

Mais :

- la moitié du capital de la cible est dehors. Toute ponction sur cette dernière profite autant aux actionnaires extérieurs qu'à la holding ;
- la conversion éventuelle des droits potentiels sur le capital peut affaiblir les repreneurs qui ne représentent à terme que moins de 35 % du capital (40/115e) ;
- les crédits personnels engagés ont peu de chances d'être remboursés par les dividendes reçus du holding : les prêteurs devront être patients.

Finalement (hors frictions fiscales), notamment impôt sur les plus-values et impôt de distribution) :

- l'appauvrissement de 150 de la cible permet d'assurer le remboursement du relais ;
- pour assurer le seul remboursement des intérêts (hypothèse du coût moyen à 10 %) la holding doit recevoir un dividende minimum de 32,5, ce qui correspond à une distribution globale de 65 ;
- la valeur résiduelle de la cible étant de 850, ce dividende représente 7,6 % de cette dernière ;
- toute variation pénalisante des taux d'intérêt rehausse l'exigence de distribution ;
- seule une accélération fiscale pourrait, sans certitude de réussir, conforter quelque peu le schéma ;
- les bénéficiaires de l'opération sont en réalité les actionnaires extérieurs minoritaires de la cible qui vont pouvoir profiter pleinement de la politique de distribution massive du résultat ;
- encore ces derniers pourront-ils s'inquiéter de l'appauvrissement constant de la société cible, et considérer que les ponctions incessantes mettent en danger la pérennité de l'entreprise.

Excès et risques

Les dispositifs succinctement décrits ci-dessus sont facilitants. Leur empilage peut avoir deux sortes de conséquences néfastes :

- inciter un repreneur pourvu d'un capital de départ insuffisant, à prendre des risques inconsidérés pour acquérir le contrôle d'une cible trop importante par rapport à ses moyens financiers ;
- pousser à l'inflation des prix de cession des entreprises.

Lorsque les vendeurs (c'est un comportement logique) et les acquéreurs (c'est plus discutable), influencés par des plans prévisionnels trop optimistes, fixent la barre de la transaction trop haut, c'est l'entreprise cible qui en subit les effets, en raison des ponctions récurrentes auxquelles elle est soumise.

CONCLUSION

Fer de lance d'une adaptation des structures industrielles et commerciales aux besoins du marché domestique et international, l'ingénierie financière peut contribuer significativement à l'obtention par les entreprises françaises de la compétitivité requise dans un univers très concurrentiel. Elle facilite l'accès à une taille critique des ensembles industriels, elle est au cœur de la recomposition des périmètres, source d'une meilleure productivité, elle organise la survie d'entreprises saines mais dépourvues de management ou à transmettre.

L'ingénierie financière a également le mérite de rénover et d'enrichir le métier de banquier en relation avec l'entreprise, en particulier avec l'entreprise moyenne : c'est peut-être par son intermédiaire que l'image d'Epinal du banquier frileux, versatile et attentif au profit immédiat, va pouvoir définitivement s'évanouir. Désormais, la banque et l'entreprise parlent le même langage et se fixent des objectifs communs fondés de plus en plus sur une analyse stratégique industrielle et mercatique, qui relègue parfois au deuxième plan une approche bilantielle jugée trop statique.

Ces vertus présumées de l'ingénierie financière ne sauraient s'épanouir sans heurts ou sans accidents, et ce serait faire preuve d'un optimisme béat que d'en louer les potentialités sans formuler en parallèle quelques mises en garde.

Passé de mode après la résorption du krach boursier de 1987, le concept de « bulle financière » doit rester présent dans les esprits et inciter à la vigilance vis-à-vis de montages dont le seul mérite est d'extérioriser davantage une « valeur papier » sans effort concomittant dans la sphère de l'économie réelle, qu'il soit technologique, industriel ou commercial. Les jongleries fiscales, le dépouillement intempestif des sociétés ou l'aspiration systématique de leurs résultats caractérisent des gestions qui ne font illusion qu'un temps.

L'ingénierie financière doit demeurer un simple outil au service d'une stratégie d'entreprise non financière et non l'inverse. Aussi, certains principes de comportement devraient-ils être respectés tant par les opérateurs financiers, par les institutions à capacité multiple que pour finir, par les entreprises elles-mêmes.

Dans les métiers de l'argent, le respect d'une déontologie même trop souvent bafouée, est de rigueur. L'écriture des principes s'est doublée d'une réglementation qui encercle la délinquance financière avec difficulté et concerne surtout les opérations de bourse.

Pour l'ingénieur financier, le respect de principes personnels apparaît dès lors d'autant plus important qu'une réglementation est plus ardue à mettre en place, dans le secteur du non coté, et que les pratiques d'un marché libre poussent les acteurs les moins scrupuleux à réaliser coûte que coûte des opérations afin de maximiser leur rémunération et enjoliver leur tableau de chasse. Les intérêts notoirement divergents et l'inégalité dans l'information lors des négociations ne pourront jamais disparaître nombre d'aléas, inhérents à la vie des affaires. Encore faut-il rechercher lorsque cela est possible, le bon accord qui permet à chacun de se décider en connaissance de cause, qui donne satisfaction à tous et partage équitablement les profits et les risques.

Le comportement des individus est évidemment la plupart du temps en ligne avec la culture de l'institution qui les emploie. Les établissements à capacité multiple se doivent d'être particulièrement vigilants pour faire respecter la primauté des intérêts du client auprès duquel ils postulent une mission de conseil, ou de gestionnaire de fonds. Ils doivent s'organiser pour trouver leur propre équilibre interne, sur le plan commercial comme sur la gestion des risques : coordination des démarches de sorte qu'une même relation ne ressente pas une quelconque dispersion des énergies ou une rivalité interservices pour le leadership en matière commerciale, mais aussi coordination entre les approches techniquement différentes d'un même client par leur département financier et leur département bancaire qui n'ont pas nécessairement une perception identique du risque de liquidité et du risque de défaut sur une même signature. Ils doivent être en mesure d'arbitrer clairement entre deux clients aux intérêts divergents, de façon à ne pas être soupçonnés de vouloir jouer un double jeu.

La modération du comportement doit enfin caractériser aussi l'entrepreneur donneur d'ordre. Respecter les entreprises dont on prend ou détient le contrôle et les intermédiaires avec lesquels on opère n'est pas une élégance superflue ou un luxe désuet, mais une source de motivation pour l'environnement avec lequel on travaille et un moyen de construire une image. Jouer constamment la plus-value financière à un rythme soutenu en consacrant l'essentiel de son temps à la négociation avec les avocats et les banquiers permet à un dialecticien talentueux d'obtenir des succès rapides et même de réaliser dans certains cas une croissance exponentielle. Il faut se souvenir parfois qu'un cycle d'entreprise demande une certaine patience, et que la mise au point d'une innovation, la montée en puissance d'une capacité de production ou la conquête d'un nouveau marché à l'export réservent elles aussi des satisfactions, peut-être plus substantielles et plus profondes que la seule quête du pouvoir et de l'argent.

Souhaitez-vous recevoir régulièrement l'annonce de nos nouveautés (ouvrages, revues, conférences) ? Si oui, dans quels domaines ?

☐ Économie ☐ Organisation ☐ Gestion patrimoniale ☐ Activités de marchés
☐ Comptabilité ☐ Fiscalité ☐ Droit ☐ Gestion collective
☐ Marketing ☐ Banques d'affaires ☐ Ressources humaines ☐ Audit-gestion

Quels thèmes aimeriez-vous voir développer dans nos revues, nos ouvrages ou nos conférences ?

....

Souhaitez-vous être informé sur le calendrier du Club Banque et des conférences ? ☐ Oui ☐ Non

Désirez-vous recevoir gratuitement pour information, un exemplaire de :

☐ *Banque* ☐ *Banque Stratégie* ☐ *Banque & Droit* ☐ *Banque & Marchés*

Pour vous abonner, retourner cette page à la Revue Banque.

ABONNEMENTS, TARIFS 1998

	France	Étranger	Quantité	Total
Je m'abonne pour 2 ans à Banque (22 numéros)				
Entreprises et autres personnes morales	**1 230** F	1 430 F	......	.... F
Particuliers (1)	**820** F	1 020 F	......	.... F
Étudiants ou personnels en formation (1) (2)	**620** F	760 F	......	.... F
Je m'abonne pour 1 an à Banque (11 numéros)				
Entreprises et autres personnes morales	**715** F	815 F	......	.... F
Particuliers (1)	**480** F	570 F	......	.... F
Étudiants ou personnels en formation (1) (2)	**345** F	440 F	......	.... F
Banque & Droit (6 numéros)	**1 120** F	1 170 F	......	.... F
Banque & Marchés (6 numéros)				
Entreprises et autres personnes morales	**2 500** F	2 600 F	......	.... F
Enseignants et étudiants (1) (2)	**1 000** F	1 040 F	......	.... F
Banque Stratégie (11 numéros)	**2 960** F	3 060 F	......	.... F
Total (TVA : 2,10 % incluse sur le tarif France)				.... F

Remises sur les abonnements d'un an groupés (revues différentes, quantités identiques).
☐ 10 % pour deux titres différents, ☐ 15 % pour trois titres différents, ☐ 20 % pour les quatre titres. .... F

Total à régler .... F

(1) Domiciliation à l'adresse personnelle de l'abonné. (2) Y compris CFPB, CESB, ITB. Joindre un justificatif.

NB : Nos publications étant des revues professionnelles, le montant de vos abonnements peut être imputé sur vos dépenses de formation continue, conformément à la circulaire n°471 du 17 août 1989.

Règlement à l'ordre de
La Revue Banque
18 rue La Fayette, 75009 Paris
Tél. 01 48 00 54 02 ; fax 01 42 47 16 15
Internet : www.revue-banque.fr

☐ par chèque
☐ par carte bancaire (sauf American Express et Diner's Club)
N° _ _ _ _ _ _ _ _ _ _ _ _ _ _ _ _
Date limite de validité _ _/_ _/_ _

Le règlement d'abonnements sur l'étranger est à joindre impérativement à la commande et doit être effectué en francs français, par chèque payable en France, net de frais.
Pour les virements bancaires et CCP, nous consulter.

Signature

Société ....
Nom ....
Prénom ....
Fonction ....
Service ....
Adresse ....
Code postal ....
Ville ....
Pays ....
Code TVA (pour les pays de la CEE) ....
Téléphone ....
Télécopie ....

ED

Achevé d'imprimer
sur les presses de Jouve
18, rue Saint-Denis, 75001 Paris

N° 252193C - Dépôt légal : Mars 1998